THESE TRUTHS

分裂的共识

上册 Vol. 1

一部全新的美国史

A History of the United States

[美] 吉尔·莱波雷 —— 著
邵旭东 孙芳 —— 译

Jill Lepore

NEWSTAR PRESS
新星出版社

重磅推荐

- 勇敢、抒情、富于表现力……（这部作品）捕捉到了过去的全部，希望从绝望中升起，复兴从毁灭中诞生，前进的动力从挫折中产生。

——杰克·E.戴维斯，《芝加哥论坛报》

- 在吉尔·莱波雷史诗般的新作品中，她帮助我们了解了我们从哪里来。

——娜塔莉·比奇，《奥普拉杂志》

- 这部作品精彩纷呈，充满了胜利、悲剧和希望，会让莱波雷的读者大饱眼福，也会为她赢得许多新读者。

——《柯克斯评论》（星级评论）

- 吉尔·莱波雷是一位才华横溢的作家，这部作品无疑是关于美国史的杰作。她以一种理智而诚实的方式讲述了我们国家痛苦的过去（和现在），她所创作的这本书真正囊括了美国故事中所有的痛苦和胜利。

——迈克尔·肖布，美国国家公共电台

- 这段生动的历史鲜活地展现了这个自由之地的矛盾和虚伪。

——大卫·阿罗诺维奇，《泰晤士报》

- 这是一部不朽的作品……它以全新的视角，清晰地呈现了整个故事……令人兴奋，引人入胜，是一本罕见的历史书籍，让人在阅读中感受到纯粹的叙事活力。

——西蒙·温切斯特，《新政治家》

- 吉尔·莱波雷是现代生活中集智慧、独创性和风格于一身的罕见人物。

——阿曼达·福尔曼，《泰晤士报文学增刊》

- 莱波雷凭借这部史诗般宏大的著作，出色地阐明了我们共和国历史的真相，再次确立了她作为我们这个时代真正伟大的历史学家之一的地位。

——小亨利·路易斯·盖茨，哈佛大学

- 令人震惊……（莱波雷）收集到的证据显示，美国比一些人想象的要好，比几乎任何人想象的都要差，也比大多数严肃的历史书籍所传达的要怪异。

——凯西·N.赛普，《哈佛杂志》

- 哈佛大学历史学家、《纽约客》撰稿人吉尔·莱波雷眼中闪烁着光芒,称其为"一本老式的公民书籍"。这部厚重、野心勃勃的单卷本历史书籍远不止于此。本着探究精神和热切的反传统主义,这本书诠释了它所描述的这个国家的建国理想。"

——《赫芬顿邮报》

- 撰写一部可读的美国史是一项大胆的事业,吉尔·莱波雷完全能胜任这项任务。但这部作品也是对这个国家如何发挥潜力以及在哪些方面没有发挥潜力的一次精明探索。

——商业内幕网

- 没有人比她更有激情、更出色地描写了这样一个事实:一个有缺陷、一触即发的美国如何坚守其建国之初的崇高理想。

——加里·格斯尔,《自由与强制》一书作者

- 尽管没有忽视征服、奴役或反复出现的偏见带来的恐怖,但莱波雷成功捕捉到了美国史史诗般的特质。

——林恩·亨特,《历史:为什么重要》一书作者

- 莱波雷知道"美国故事"与这个国家本身一样多元且易变,因此创作了一部内容丰富的作品,不仅值得阅读,而且值得一读再读。这本书将成为一部经典之作。

——夸梅·安东尼·阿皮亚,《谎言的束缚》一书作者

- 在这本鼓舞人心、发人深省的书中,吉尔·莱波雷完成了一项伟大的任务,告诉我们需要了解我们的过去,才能成为今天的好公民。

——沃尔特·艾萨克森,美国杜兰大学历史学教授,《创新者》一书作者

- 在人们对美国政治失望的时代,吉尔·莱波雷这本文笔优美的书应该是每个关心国家未来之人的必读书籍。她对美国史的描述提醒我们注意这个国家所处的困境,以及让其作为一个共和国生存了两个多世纪的制度优势。至少,她的书应该是每个联邦官员的必读书籍。

——罗伯特·达莱克,《富兰克林·罗斯福》一书作者

- 谁能用一本书写出一部全面而清晰的美国史?只有吉尔·莱波雷拥有这样的热情、智慧、视野和洞察力,来完成这本大胆而发人深省的书。这本书穿插讲述了许多生动的人物传记,揭示了激情和事业的起源,在一个需要我们能找到的所有真相的时代,这些激情和事业仍然激励着美国人,也分裂着美国人。

——艾伦·泰勒,《美国革命》一书作者

我们必须解放自己,然后才能拯救我们的国家。

——亚伯拉罕·林肯,1862 年

THESE TRUTHS

1　引言：论题的起因

第 一 部 分
理念（1492—1799）

- 002　第一章：过去的本质
- 031　第二章：统治者和被统治者
- 075　第三章：战争与革命
- 115　第四章：国家宪法

第 二 部 分
人民（1800—1865）

- 158　第五章：数字民主
- 194　第六章：灵魂与机器
- 240　第七章：船与船骸
- 282　第八章：战争的表象

第三部分
国家（1866—1945）

- 322　第九章：公民、个人、群众
- 374　第十章：效率与数量
- 436　第十一章：空中宪法
- 491　第十二章：现代性的残酷

第四部分
机器（1946—2016）

- 538　第十三章：知识的世界
- 607　第十四章：对与错
- 667　第十五章：战线
- 747　第十六章：美国纷争

- 815　结语：论题的答案
- 820　鸣谢
- 823　注释
- 947　译者后记

引言：论题的起因
INTRODUCTION: THE QUESTION STATED

历史的进程无法预测，如天气之变幻无常，如情爱之改弦更张；国之兴衰，难免个人兴致，机遇偶然；暴力之灾，贪婪腐败，昏君之虐，恶帮之袭，政客蛊惑，均在所难免。这些都曾是事实，直到有一天，1787年10月30日的那个星期二。那天，《纽约信报》（*New-York Packet*）的读者在报纸的头版看到了一则搭配历书消息（预示日出日落、天气变化、天长夜短）的广告，但也看到一条额外添加的全新内容：4400词之长的《合众国宪法》。文字似乎是想说明政府的分支和权力的分配，像是在谈物理学，像是在预示潮涨潮落，日月更换。[1]这标志着一个新时代的开端，意味着历史的进程或可预见一个新政府即将出现，统治它的不是暴力和偶然，而是理性和选择。那个想法的最初的源泉，它未来的命运，构成了美国史的整个故事。

这份宪法文稿自然引起了麻烦和争论。参加宪法会议的代表穿着及膝短裤，汗流浃背地在费城的某个密室里相聚，他们激烈地争论，房间门窗紧闭，就怕有人偷听。到9月中旬，他们起草了一份四页纸的文稿。他们把文稿送到了印刷厂，厂家将首句"我们"中的第一个字母"W"标为超大号，如鹰爪般犀利：

> 我们合众国人民，为建立更完善的联邦，树立正义，保障国内安宁，提供共同防务，促进公共福利，并使我们自己和后代得享自由的幸福，特为美利坚合众国制定本宪法。

随着由夏入秋，合众国的自由人发现了夹在报纸和历书里的宪法，他们被要求决定是否批准它，就在他们正压捆干草，磨制玉米，鞣制兽皮，哼唱圣歌，为长胖的父母加肥冬衣，为长高的孩子加长裤角的时候。

他们读了这份行文奇异、复杂难懂的文稿，对其中的想法展开争论。有人担心这个新建的体制是不是给了联邦政府太多的权力——给总统，给国会，给最高法院，或者全体。有好多人，如佐治亚州61岁的乔治·梅森——一个拒绝签字的代表——就要求宪法应该包括一项人权条款。他在大会上请求，"拿出这样的一项提案只需几小时"，但他的提议最终无果。[2]还有其他人对这项或那项条款表示异议，甚至连标点符号都挑剔。读懂宪法并不是件容易的事，有人说，要不干脆把现文扔掉，重新起草。"那些有权召开上一个会议的人，就不能再开个会吗？"有人好奇地说道："人民不再是自己的主人了吗？"[3]

他们所说的大多数话都成了历史记录。"大多数国家的婴儿期都已被掩埋在沉默中，或隐藏在童话里。"詹姆斯·麦迪逊曾这样说。[4]但这不适合美国。如同孩子的乳牙被保存在玻璃罐里，美国的婴儿期被保留了下来：在那四页纸的宪法古文稿里，在描绘古时天气预报的历书中，以及刊登着支持或反对新政府文章的数百份报纸中，和这些文章并列的是航运新闻、拍卖广告和一些人的回归告示——那些从未自己做过主的女人和孩子，以及那些为自己和后代寻求自由福祉而离家的人。

认可宪法的时间是在一个普通的秋收季节。在1787年10月31日出版的那一期《纽约信报》上，一位校长宣布他想在市政厅附近的教室开设一门"读写、算术和商业统计"的课程。主要由一家大型综合药品商店构成的吉尔里优胜者公司的不动产正在准备拍卖。许多来自伦敦和利物浦的多桅商船，来自圣克罗伊、巴尔的摩和诺福克的纵帆船在深港处抛锚；来自查尔斯顿和萨瓦纳的单桅船也把缆绳系在了码头。一个苏格兰人悬赏重金，要找回他被盗的棕色大马，这匹马足有14掌[1]高，"拉车有劲，英姿飒爽"。一个在佩克斯里普（纽约）拥有仓库的商人正在批发鳕鱼干、瓶装蜂蜜、整桶姜粉、约克的兰姆酒、腌制鳕鱼、写作纸张和男人的鞋子。印厂的商店里在出售附有或者没附宪法的《哥伦比亚历书》，纽约人可能会在那里打听这两个人的价格：

出售。一名有力的年轻黑人村姑，20岁，她曾经得过天花，但现在身体健康，有个男娃。

据说这位母亲是"家务的行家里手"；她的孩子"约六个月大"，还在吃奶。广告中没提到女人的名字。[5]他们不受制于理性和选择，而受制于权力和暴力。

除了每日可恶的售奴广告和最新药品广告，那天的《纽约信报》第2版还刊登了一篇文章，标题是《联邦党人1号文件》，未有署名，其实，作者是30

1　掌：英制长度单位，1掌=4英寸，1英寸=2.54厘米，故1掌约合10.16厘米。——编者注

岁的年轻气盛的律师亚历山大·汉密尔顿（Alexander Hamilton）。他告诉读者："这里要请你们为美利坚合众国慎重考虑一部新的宪法。"他还强调说，如果我们选错了自己的角色，可能会导致"全人类的不幸"。他坚信，合众国是一项政治科学实践，将在人类政治历史上创造一个新的世纪：

> 似乎下面的重要问题留待我国人民用他们的行为和范例来求得解决：人类社会是否能够真正通过深思熟虑和自由选择来建立一个良好的政府，还是他们永远注定要靠机遇和强力来确定他们的政治组织。[6]

这是那年秋天的核心问题。从某种意义上说，这也是此后每个季节，每个雪天雨天、阴天晴天的日升日落，伴随每次电闪雷鸣的问题。一个政治社会，真能让选举和深思、理性和真理来控制，而不是由机遇和强力、偏见和欺诈来管理吗？有没有一种政府形式——一种宪法——让人民自己管理自己，充满爱意，精心判断，公平而合理？还是他们的努力，不管他们的宪法如何，注定会走向腐败，判断被谣言所迷惑，理性因愤怒而废弃？

任何天气下的这个问题就是美国史的问题，也是本书的问题，一个400多年来美国实践中有关起因、进程、后果的问题。问题并不简单。我曾读过一本书，叫《简明宪法》[7]。宪法不可能简明，宪法最初就不想简明。

美国实践基于三个政治理念，托马斯·杰斐逊称之为"这些真理"：政治平等、自然权利、人民主权。"这些真理神圣无比，不可否认"，杰斐逊在1776年《独立宣言》的草稿中写道：

人人生而平等，造物者赋予他们若干不可剥夺的权利，其中包括生命权、自由权和追求幸福的权利。为了保障这些权利，人类才在他们之中建立政府，而政府之正当权力，则来自被统治者的同意。

这些理念的根基如亚里士多德一样古老，如《创世记》一样久远，如橡树的枝叶，无限伸展。这些理念成了这个国家的建国原则：这些真理决定了美国未来的样子。自那以后的几个世纪，人们为了这些原则，去赞同、去珍视、去崇拜、去战斗、去争夺、去反击。本杰明·富兰克林读过杰斐逊的草稿之后，挥起他的翎笔，批下了几个字："神圣无比，无可否认。"他还说，"这些真理"已是"不证自明"。这远非遁词。神圣无比、不可否认的真理本身就是神圣的、上帝给予的、有宗教意义的。不证自明的真理是自然法则，是经验的、可见的、有科学意义的。这种意义上的区分，后来几乎导致共和国的内部分裂。

然而，这种区分总是会被夸大的，也很容易被用于夸大杰斐逊和富兰克林之间的差异，这种差异体现在措辞风格上：富兰克林的修改比较强势而具有说服力。其实真正的争议并非在杰斐逊和富兰克林之间（他们都以各自的方式强调信念和理性，他们一直都在追求同样的两个目标），他们真正的分歧是在"这些真理"和事件的进程之间：美国的历史真能证明这些真理，还是辜负了这些真理？

在美国实践开始之前，撰写《独立宣言》和美国宪法的人早已奋力仔细研究过历史。他们一生都在研究历史。本杰明·富兰克林已经81岁了，弯腰驼背，签署宪法的手布满斑点，疙疙瘩瘩（1787年）。1731年，他25岁的时候，那可是如树苗一样挺胸直背。在一份被偶然保存下来的小报上，他写了一篇文章叫《读史随想》。[8]他一直在读史,一直在做笔记,一直在问自己:历史能教给我什么?

合众国依赖于对平等的推崇,这主要是一种道义观念,起源于基督教,但美国同样也崇尚质询,无畏且不屈不挠。合众国的创建者们同意苏格兰哲学家、史学家大卫·休谟的观点。1748年,休谟写道:"战争、阴谋、倾轧和革命,是如此多的尝试的集合。"[9]建国者们相信,找到真理,在道德理念中,也在研读历史中。

人们在21世纪(以前的世纪也一样)常说,美国人缺乏共同的历史背景,并且,在充满裂缝的根基之上建立的共和国也很容易破碎坍塌。[10]这种说法的一部分来自祖先观念:美国人是征服者和被征服者的后代,是奴隶主和奴隶的后代,是联邦和邦联州的后代,是新教、犹太教、伊斯兰教、天主教的后代,是移民和极力阻止移民的那些人的后代。在美国历史上——在几乎所有国家的历史上——某人眼中的恶棍就是他人眼里的英雄。但这种说法的一部分也与意识形态有关:美国是建立在一套观念之上的,而美国人之间如此分裂,以致无法达成共识,无论就过去的观念,还是就现代的观念而言。

我写这本书,是因为长期以来,美国通史都没有试图讨论这种分歧,我想这一点很重要,这一论题看起来也值得探索。理由之一是,从探索的角度去理解历史——这不是一件轻松惬意的事,而是会让人感到精疲力竭的事——才能触及一个国家诞生的核心。这也是一个新视角。西方最古老的故事,《伊利亚特》和《奥德赛》都是咏唱和传诵关于战争和国王、人和神明的史诗和故事。这些故事都是历史记忆,如同那些历史古迹,都有纪念碑式的意义。"我的作品并不是一篇想让当代人称赞的文字,"修昔底德说,"而应成为所有时代的财产。"希罗多德相信,书写历史的目的是"时间不会抹去一个人带到世上的东西"。一种全新的史书的写法——纪念性较少且令人更加不安的——到14

世纪才开始出现。"历史是哲学意义上的科学。"1377年，北非穆斯林学者伊本·赫勒敦（Ibn Khaldun）在他的世界史专著的序言中这样写道。他把历史定义为"对现存事物之缘起"的研究。[11]

只有时断时续的历史才不仅仅是一种记忆，还是一种调查研究。像哲学一样，历史也需要争议，前提遭到质疑，证据经过验证，观点被反驳。17世纪早期，在伦敦塔的一座监狱里，沃尔特·雷利（Walter Ralegh）爵士开始撰写他的《世界史》（History of the World），不过他得到特许，可以拥有500册的藏书。雷利说，过去的日子"让我们的头脑记住了祖先"，但"通过将他人的悲惨过去和我们自己的错误及恶报相对比"，过去的日子同样照亮了今天。[12]研究过去就是打破当下的牢笼。

这种对"过去"的新的认知是想把历史与信仰分离。世界上的宗教经典——《希伯来圣经》《新约全书》《古兰经》——均充满以信仰的形式呈现的神秘现象，以及只有上帝才知道的真理。在新时代的史学著作中，史学家们的目标是解开奥秘，发现他们自己的真理。从崇拜到探寻，从奥秘到历史，成为美国建国的关键因素。它不需要人们放弃天启教中昭示的真理，也不免除任何人判断是非的责任。但它的确要求对过去提出质疑，质疑为什么开端没有带来应有的结果。提出质疑——当然，必须要有证据。

"我能提供的只有简单的事实、直白的见解和普通的常识。"托马斯·潘恩（Thomas Paine，一个英国杂货商的脾气暴躁的儿子）在1776年出版的《常识》（Common Sense）中这样写道。潘恩说，国王没有权力统治人民，因为如果我们追溯到君主世袭制的源头——"如果我们能够揭开历史的黑纱，追溯到它的起源"——我们会发现"第一位国王其实和土匪头子差不了多少"。詹姆斯·麦迪逊阐释美国的历史怀疑主义（深刻的经验主义）时说："他们仔细研究了前代人和其他国家的思想，他们不会盲目崇拜古人的习俗和名望，不会让其影响自己的判断力和认知，以及他们自身经历得出的教训，这难道不是美国人的荣耀吗？"[13]对麦迪逊来说，证据就是一切。

"政治的新时代已经来临，"潘恩充满激情地写道，"一种新思维方式已经出现。"[14]宣布独立本身就是一个有关过去和现在关系的论题，一个需要特别证据的论题：历史证据。这就是为什么《独立宣言》中罗列了那么多的事实。杰斐逊写道："为证明这一点，让事实直面坦诚的世界。"

事实、知识、经验、证据。这些词都来自法律。17世纪前后，这些词进入当时所称的"自然史"——天文学、物理学、化学、地质学——当中。到18世纪，这些词同样应用于历史学和政治学。"这些真理"是理性、启蒙、调查和历史的语言，就是探求，就是历史。1787年，亚历山大·汉密尔顿提出"人类社会是否真的有能力靠思考和选择建立一个良好的政府，还是他们注定要永远依赖偶然和暴力的政治体制"的问题，这是那种一个科学家在实验开始前会提出的问题。时间本身会说明一切。但时光消逝，开端成为结局。那么，历史的判决又是什么？

本书试图以发端于1492年的美国史的故事回答这个问题，那一年，哥伦布的航行将两个大陆联系在一起，最终造就了一个不仅连接而且纠缠交织在一起的世界。本书按时序记载了北美殖民地建立的过程；美国国家的创建及其经历迁移、移民、战争和发明创造后的扩张；美国陷入内战；美国卷入欧洲战争；美国成为世界强国以及二战后在建立现代自由国际秩序（法治、人权、民主政府、开放边界、自由市场）中扮演的角色。本书重新论述了：美国对外与共产主义国家的冲突，对内面临的种族歧视问题；它的分化与分裂，它自2001年起发起的战争。那一年，两架飞机撞上世界贸易中心的两座大楼，离当年叫卖的年轻母亲和她六个月大的孩子，以及出售附有或者没附有宪法的《哥伦比亚历书》的印厂，只有八个街区之遥。

我用这些历史讲了一段故事。我尽力公正陈述。我写了开端，也写了结尾，试图跨越分界线，但我并不打算讲述一个完整的故事。没人能讲述完整的故事。这些篇章会漏掉很多东西。20世纪50年代，史学家卡尔·德格勒（Carl Degler）在他的美国史著作《走出过去》（*Out of Our Past*）中阐述了他的取舍原则。"读者注意了，这里没有写1868年至1901年的美国政府，也没提到美洲印第安人和17世纪的殖民地定居，"德格勒说道，"我只在脚注中提到了1812年战争。"[15]我还必须省略很多的内容。有些重要事件，甚至都没能进入书的脚注里，我必须不停地裁剪，像给婴儿剪指甲一样。

在决定取舍的过程中，我尽量选择（在我来看）构成一个民族的人民在21世纪初期应该怎样了解自己的历史的部分。主要原因是，这本书同时还想写成一本旧式的大众读物，一种关于民主制度的始终、城镇聚会至党派制度、选举大会到秘密投票、广播节目到网上民意调查的通俗解读。这本书讲的是政治史，它基本不关心军事史和外交史，也不关心社会史和文化史。但它的确包含了美国的法律史、宗教史、新闻史和科技史的一些内容——主要是因为这些都是常常要弄清真伪的领域。

作为一部美国简史和大众读者入门读物，本书还有另外一个写作目的，即揭示过去时代的本质。历史不仅是一个研究对象，还是一种研究方法。从整体来说，我的方法是让逝者为自己说话。在本书中，我把他们说过的话都插在各章节里，就像展示花朵的美丽或昆虫的丑陋。史学家的工作不是批评家或道德家的工作，而是侦探家和说书人的工作，哲学家和科学家的工作，故事传诵者、真事絮叨者和真理陈述者的工作。

这样说来，究竟什么才是美国的过去？其中肯定有大量的痛楚和更多的虚伪，没有哪个国家和哪个民族能够避免这些。但美国的过去同样有大量的光彩和希冀、繁荣和雄心，特别是还有更多的发明创造和优越之处。有些美国史著作不愿意批评美国的过去，有些书干脆只批评美国的过错。本书和以上两种倾向均有不同。美国建国所依赖的真理并不是不容置疑的神话信条，好像建国就是命中注定的，它所依赖的也绝不是谎言或编造的事实，未可知的、一个不存在真理的世界。一侧是崇拜和敬畏，一侧是轻蔑和反驳，中间有一条艰难的小道，远离了对前人虚伪的虔敬和狭隘的优越感，他们早在我们之前就拿出了自己的勇气，也犯下了自己的罪过。"不是我们神化了这片土地。"林肯在葛底斯堡说。我们行走在这片土地上，必须对得起现在活着的和已经死去的人。

最后说一下故事叙述以及真理。"这封信我写了五次开头，都撕掉了，"詹姆斯·鲍德温（James Baldwin）[1]在1962年给他侄子的信中写道，"我一直能够看到你的脸，同样也是你父亲的脸和我兄弟的脸。"他的兄弟死了，他想告诉侄子他作为黑人的经历，他为平等而进行的斗争，以及研究历史和思考起源是至关重要、无比紧迫的。他接着写道：

> 我了解你们俩及你们生活的全部，我曾背着、抱着你的父亲，亲他、拍他、扶他学走路。我不知道你是否曾经认识一个人如此之久，如果你曾经爱一个人如此之久，从婴儿期开始，到他长成少年、长成男人，你就会获得对时间、对人的痛苦和付出的不同见解，经受人生的痛苦和努力。别人不知道我每次看你父亲面孔时的感受，因为他今日的面孔背后是他过去所有的面孔。[16]

没人知道一个国家那么久远的历史，从它的婴儿期开始，无论瓶子里是否

---

1 美国著名黑人作家、散文家、戏剧家和社会评论家。——译者注

装着它的乳牙。但研究历史就是这样，观察一副面孔，看到它背后的另外一张脸，以及在那之后的所有面孔。"要知道你从哪里来。"鲍德温对侄子说。[17]过去是一种传承、一件礼物、一项负担。这是躲不开的，你带着它走遍天涯。你对它做不了什么，只能去了解它。

1767年，约翰·杜兰德（John Durand）描绘了这位早熟的6岁纽约姑娘珍·比克曼（Jane Beekman）的画像，她手持一本书并抓住了灵感。纽约历史协会

第一部分
理念
★★★★
1492—1799

在最初，全世界都像美洲。
——约翰·洛克

《政府论（下篇）》，1689年

第一章
过去的本质
THE NATURE OF THE PAST

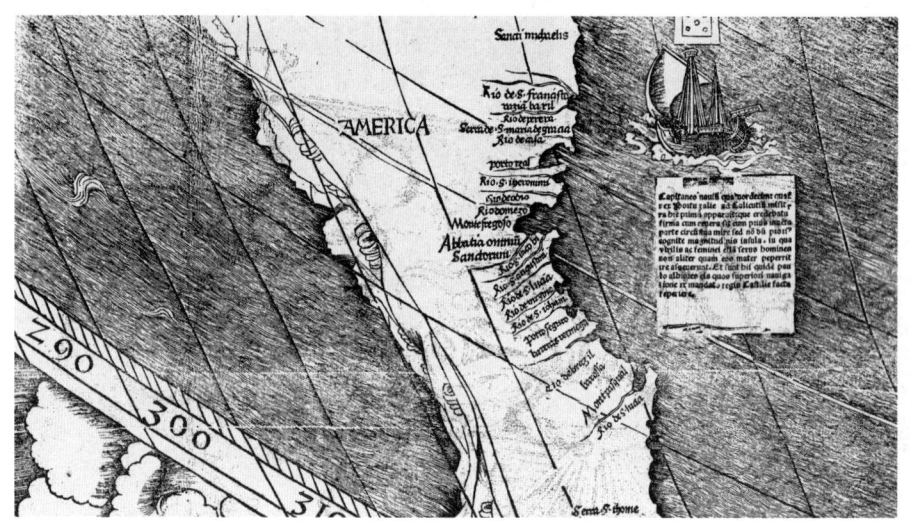

瓦尔德泽米勒地图细部，1507年，马丁·瓦尔德泽米勒绘。作为一块尚未划界的陆块名称，"美国"（America）一词首先出现在这张世界地图上。美国国会图书馆

"我们见到了赤身裸体的人。"一位宽肩膀的热那亚船长在日记里写道，这是他几周内只能盯着深蓝色海面后首次接近陆地时写下的。这至少也是克里斯托弗·哥伦布在1492年10月的一天在他的日记里想写的内容。墨笔滑过纸片，如蜗牛在大地上留下一条湿痕。没人能确切地知道船长在那天究竟写下了什么，因为日记最后丢失了。16世纪30年代，在日记丢失之前，一位身穿修士袍、名叫巴托洛梅·德拉斯·卡萨斯（Bartolomé de las Casas）的多明我会教士抄录了部分日记，但后来抄件也找不到了。直到约1790年，一位年长的水手在

一个西班牙公爵的图书馆里找到了它。1894年,另一家图书馆馆长的遗孀出售给某公爵夫人某些古文稿残片,似乎是哥伦布日记的原稿,有哥伦布的签名,而且封面上写的是"1492年"。此后,这位遗孀就消失了,她可能会收藏的任何原始文件也都不见了。[1]

一切都非常可惜,但也合乎常理。大多数曾经存在的东西已经消失。鲜肉会烂,木质会腐,墙会倒塌,书会被焚,还有天灾人祸。历史是对留存下来的事物的研究,只要能留存下来的,不管是什么东西——信件、日记、遗传基因、墓碑、硬币、电视广告、绘画、光碟、病毒、废弃的脸书网帖、国会辩论的笔记,以及楼宇的废墟——只要它能经历时间和战争的蹂躏最后残存下来。这当中的某些东西,残存下来纯属偶然,就像飓风吹过小镇之后某幢房子奇迹般地挺立一样。但历史学家的研究之所以能够留存,是因为它是被特意保存的——放在箱子里,挪到阁楼上,摆在图书馆的书架上,存在博物馆里,拍照记录,下载到电脑服务器上——都是经过精心保存,甚至是进行过编目的。所有这些偶然的记录和有意珍藏的历史(遗迹、遗物、知识宝库、继承物等),都可称作历史记录,但它既不全面,又不公平,令人抓狂,令人沮丧。

考察这些字迹斑驳的记录需特别谨慎。不过,证据的缺失也能说明问题。"我们见到了赤身裸体的人,"哥伦布的日记写道(至少据德拉斯·卡萨斯的抄录),"他们是一群一穷二白的人。"船长接着描述在被称作"海地岛"上看到的人。"海地"就是"山地",但哥伦布把这个地方叫伊斯帕尼奥拉(Hispaniola)——西班牙岛或海地岛——因为他认为此岛原本没有名字。岛上的人没有武器,他说,他们也没有工具。他认为他们根本就没有信仰。"他们好像没有任何宗教。"他们不知道诡计,也不知道猜疑和质疑。"我可以抓六个这样的人带给陛下看看,"他向西班牙国王和王后这样写道,"这样他们还可以学说话。"似乎无法想象他们会拥有语言。[2]后来他承认了真相:"我们当中没有一个人知道他们在说什么。"[3]

哥伦布抵达海地两个月之后准备返回西班牙，但他的三桅旗舰在海岸边搁浅了。哥伦布的手下抢救出了一些木料，用它们营造了一个据点。沉船的遗骸从此再也没有找到，连同海地人在一个奇怪的船长被冲上岸的那天所说的话一起消失在历史的长河里。在乘小型快捷的横帆船回家的路上，哥伦布思索着他见到的完全不能理解的那些人，他叫他们"印第安人"，因为他相信自己抵达了印度群岛。他也许突然意识到，他们并不是没有宗教或语言，只是这些东西对他来说过于神秘，超出了他的理解范畴，他无法了解。他需要别人帮忙。在巴塞罗那，他雇用了牧师兼学者罗曼·佩恩（Romón Pané），让他在下次航行中随行，去"发现和理解……印第安人的信仰和偶像，以及……他们怎样崇拜他们的神明"[4]。

佩恩随哥伦布于1493年出航。抵达海地后，佩恩遇到了一个叫瓜提塔巴努（Guatícabanú）的人，他通晓岛上人所说的所有语言，也学会了佩恩的语言——卡斯蒂利亚语（Castilian，即西班牙语），还教佩恩他自己的语言。佩恩四年来和原住民泰诺人住在一起，给哥伦布写报告，那份报告名为《印第安古风记》（An Account of the Antiquities of the Indians）。不久以后，这份报告就遗失了。

古书的命运与大海的深度相似，各不相同。《印第安古风记》遗失之前，哥伦布的儿子费迪南德（Ferdinand）写了一本关于他的传记，誊抄了该份报告。尽管这本传记在费迪南德1539年去世时仍未出版，但其中抄写的佩恩的神奇描述，随后又被其他学者大量转抄，其中包括学识渊博、顽强不懈的德拉斯·卡萨斯——他不会放过书里的每一页。1570年，一个威尼斯学者将佩恩的《印第安古风记》翻译成意大利文（他因被控是法国间谍而入狱，最后死在监狱里），他翻译的书于1571年出版。结果，这成了最接近佩恩原著描述的一个版本。而佩恩的原著也不过是经过多次转译的粗劣的意大利版，从其他语言到瓜提塔巴努的语言，从瓜提塔巴努的语言到卡斯蒂利亚语，后来又由佩恩写成西班牙语。[5]但无论如何，这份报告仍然是一件珍宝。

"我匆匆地记录，连纸都不够用。"佩恩深表歉意。他收集了泰诺人的故事，尽管他不理解其中的含义，因为其中太多的故事在他看来有些自相矛盾之处。"因为他们没有字母和文字，"佩恩说，"他们无法更好地描述他们是如何从祖先那里听到这些故事的，因而每个人说的都不是同一回事。"泰诺人没有文字，但与哥伦布的最初印象相反，他们确实有宗教。他们称上帝为玉卡胡（Yúcahu）。"他们相信他住在天堂，长生不老，无人可见，而且他有母亲，"佩恩解释说，"但他不知生于何处。"还有，"他们还知道自己从哪里来，太阳和月亮来自哪里，大海是怎么形成的，以及死人会到哪里去"。[6]

人们按他们故去亲人的故事、他们的上帝和原始法律传说安排自己的世界。泰诺人告诉佩恩，他们的祖先原来住在山洞里，夜里才出来，但有一次，有人回来晚了，太阳就把他们变成了大树。还有一次，一个叫牙牙的男人杀死儿子牙牙尔，把他的骨头装在葫芦里，挂在房顶上。当他的妻子把葫芦取来打开时，里面的骨头变成了鱼。人们把里面的鱼吃了。他们想把葫芦再挂起来，但葫芦砸到了地上，里面的水全洒了，那水就变成了海洋。

泰诺人没有文字，但他们的确有政府。"他们有法律，编进一首首古歌里，由此他们自己管理自己。"佩恩这样汇报说。[7]他们唱自己的法律，唱自己的历史。"这些歌在他们脑子里而不是印在书上，"另一位西班牙史学家观察道，"而且以此咏唱他们的祖祖辈辈，各任酋长，各届国王，各类领主，他们的所作所为，以及他们经历的苦难灾害和快乐时光。"[8]

这些歌诉说着他们的真理。他们唱到自从宽肩膀的船长发现了他们那个小岛后的日复一日、周复一周、年复一年，那是他们度过的最艰难困苦的时光。

他们的上帝玉卡胡曾预言："他们能享受的好日子不会太长，因为穿衣服的人会登岛征服他们，并杀了他们。"[9]这一预言最终还是实现了。这个山地之岛在哥伦布抵达时有300万人；50年后，这里只有500人；其他人都死了，他们的歌也不再唱响。

I.

人类起源的故事几乎总是始于黑暗、土地、水和末世般的暗夜。太阳和月亮从洞穴中升起，泰诺人告诉佩恩，海洋是从一个葫芦里涌出来的。大湖区的易洛魁族人说，一切都始于一个生活在乌龟背上的女人。加纳的阿肯人讲述了一个住在大地附近的上帝的故事，说他住在低空，直到一位老妇用木杵打他，才把他赶走。"起初，神创造天地，"据《创世记》说，"地是空虚混沌，渊面黑暗。"

地质学的历史也是一片黑暗，其证据来自岩石和骨头。宇宙创建于140亿年前，证据是流星留下的痕迹和后代的星辰——明亮而遥远，闪烁而暗淡。地球大约形成于40亿年前，证据是流沙、岩石、海床和山顶。很长一段时间以来，地球上的土地都聚在一起，直到3亿年前，它们才开始分离；脱落的各个部分因漂移而相互分离，如同一艘沉船的碎片四处漂流。

来自远古的证据难以获得，但它们的确存在于最不可能的地方，甚至是6000万年前爬行在北美大地的林鼠的巢穴里。林鼠用树枝、石块和骨头筑巢，并在上面撒尿，尿液像琥珀一样凝固后能够保护鼠巢，就像把它们装在了玻璃里。与林鼠生活在同一时期的动物和植物后来都消失了，永远找不到了，最后只能在林鼠巢中找到。它们的存在，不仅为进化论，也为地球变暖提供了证据。鼠巢不像是地质学记录，它更像是个储藏器，一个集合，负责收集和保存，也像个保存遗忘的旧手稿的旧书图书馆、一个动植物远古遗迹的记录。[10]

化石记录则更为丰富。查尔斯·达尔文把留存的古化石记录称作"非完整保存的世界史"。根据这一记录，直立的现代人大约在30万年前出现在今天东非的埃塞俄比亚一带。后来的15万年间，早期人类扩张到了中东、亚洲、澳洲和欧洲。[11]像林鼠一样，人类也会储藏和保存。早期人类的记录（不管多么不完美）不仅包括化石，还有工艺品（词本身就是"艺"和"工"的结合）。工艺品和化石记录一同讲述了大约在2万多年前，人类如何从亚洲迁移到了美洲——北美的西北端和亚洲的东北端在大陆浮出水面的时候曾一度相连，使人类和其他动物能够跨越现在的俄罗斯与阿拉斯加之间约600英里[1]的距离，直至海面再次升高，世界的一半才与另一半再次分开。

1492年，有7500万人居住在南美和北美。[12]密西西比河洪泛平原的卡霍基亚（Kahokia）是当时最大的城市，那里的人们建造了巨型广场和土丘，有些土丘甚至比埃及的金字塔还高。在大约公元1000年，即卡霍基亚没落之前，仍有1万多人住在那里。曾创造大规模古代文明的阿兹特克人、印加人、玛雅人在那里修建不朽的城市，留下了精心的记录和精确的历书。阿兹特克人于1325年建造的特诺奇蒂特兰城拥有至少25万人口，是15世纪世界上最大的城市之一。这些城市之外，大多数美洲人居住在较小的聚集区，靠采集和狩猎为生。有不少人是农夫，他们种植葫芦瓜、玉米、豆角，靠打猎和捕鱼生存。他们养猪、养鸡，但不养更大的动物。他们讲几百种语言，信仰许多不同的宗教。大多数民族没有文字。他们崇拜多种神明，也崇拜各种动物和大地本身的神性。[13]泰诺人的村庄有一两千人，领头人是位酋长。他们捕鱼、种地，和邻村开战。他们装饰身体，把自己涂成红色。他们咏唱自己的律法。[14]他们知道死去的人都去了哪里。

---

1 英里：英制中的长度单位，1英里=1.609千米。——编者注

1492年，大约有6000万人住在欧洲，比美洲少了1500万。他们生活在村镇、城市、邦国、王国和帝国境内，并接受管辖。他们建造了辉煌壮丽的城镇、城堡、教堂、神殿、清真寺，以及图书馆和大学。大多数人在围有护栏的土地上耕种劳作，种植庄稼，饲养猪马牛羊。"要生养众多，遍满地面，治理这地。"上帝在《创世记》中告诉亚当和夏娃："管理海里的鱼、空中的鸟，和地上各样行动的活物。"他们操着几十种语言，书写着几十种文字。他们在精美的卷轴和书籍上记载自己的宗教教义和宗教故事。他们是天主教徒和清教徒、犹太人和穆斯林；有时，不同信仰的人们长时间相处融洽；有时又长期相互殊死争斗。他们的信仰就是他们的真理，是他们的上帝透露给先知们的话。对基督徒来说，则是以"福音书"的形式记录下来的耶稣的话。

1492年之前，欧洲经受物资匮乏和饥馑。1492年之后，由压榨非洲奴隶得来并输送到欧洲的巨大财富带给各国政府新的力量，并推动了民族国家的兴起。

一个民族是有共同祖先的一群人。一个国家是一个通过法律来治理的政治共同体，至少在理论上，它将有着共同祖先的人们团结在一起（民族国家的另一个形成方式是从人口中以暴力形式清除掉那些有着不同祖先的人）。当一个民族国家出现，它需要通过讲述国家起源故事和编织神话来进行自我说明。比如，"英国民族"中的每一个人都有共同的祖先之类，当然，事实并非如此。很多时候，民族国家的历史只比掩盖了民族与国家之间接缝的神话好一点点。[15]

美国的起源就存在于这些接缝里。美国在1776年宣布独立的时候，虽然是一个国家，但是什么东西能使它成为一个民族？杜撰一个共同祖先的故事从表面上看是荒唐的；他们来自各个地方，而且在和英国打了一仗后，他们最不想庆祝的事情是他们的"英国性"（Englishness）。为了解决这个问题，美国最早的历史学家决定从哥伦布航行讲起，把1776年接缝到1492年。乔治·班克罗夫特（George Bancroft）在1834年出版了他的《美国史：从发现美洲大陆到今天》（*History of the United States: From the Discovery of the American Continent to the Present*），当时，这个国家的历史仅有50年出头，还是个刚刚出壳的雏鸟。班克罗夫特从哥伦布算起，将美国的历史向前推进了近三个世纪，美国成了一只羽翼丰满的老鸟。班克罗夫特不仅是一位历史学家，还是位政治家：他曾在三位美国总统的政府中任职，包括担任美国扩张时期的战争部部长。他坚信"天定命运"，即美国注定要从东至西统治这块大陆的信念。对班克罗夫特来说，美国的命运在哥伦布起航之日就已注定。通过向美国人提供一个更为古老的过去，他想说明，美国的成立是不可避免的，美国的成长是不可阻挡的，是上帝之命。他同样要为美国欢呼，美国不是英国的某个旁系子孙，而是一个四海一家的多元化的国家，它的祖先遍及世界各地。"法国推动了美国的独立，"他论述道，"我们的语言可以追溯到印度；我们的宗教来自巴勒斯坦；我们教堂里吟唱的赞美诗中有些最早出现在意大利，有些传自阿拉伯沙漠，有些传自幼发拉底河畔；我们的艺术来自希腊；我们的法学来自罗马。"[16]

但把美国的起源定于1492年也引来另一个更大的麻烦：建国的真相中充斥着严酷的暴力，惊人的残忍、征服和屠杀。美国史可以说是始自1492年，因为平等观念源于对不平等观念的弃绝；因为献身于自由出自对蓄奴制的愤怒抗议；因为那时还远非不言自明的自治权要通过刀剑和更为猛烈的笔伐来争取（更残酷的是出自羽笔）。反对征服、屠杀和蓄奴引出一个紧迫而持久的问题："凭借什么权力？"

将合众国的历史起点定于1492年，就是严肃认真地将美国观念本身作为一个起点。然而，远非其立国不可避免，其扩张命中注定的是，美国的历史，同其他国家的历史一样,几乎是一团由偶然、意外、奇迹和恐怖所组成的混沌,它出人意料、超出常理、令人错愕。

首先,权衡证据,有些令人惊讶的是,是西欧人而不是另外一些人在1492年横跨大洋发现了一个失落的世界。开启这场远航需要知识、能力和利益。玛雅人的领土从今天的墨西哥一直延伸到哥斯达黎加,他们早在公元300年就掌握了充分的天文知识和海洋导航知识。然而,他们没有海船。古希腊人深谙制图法,生活在公元2世纪的天文学家克罗狄斯·托勒密(Claudius Ptolemy)设计了一种方法,以近乎完美的比例将球体表面投射到平面上。但中世纪的基督教徒摒弃了他们视为异教徒的古希腊人的作品,丧失了很多这方面的知识。中国人在11世纪就发明了指南针,他们的舰船也相当优秀,郑和在1433年去世前,已经带领着200艘舰船和2.7万名水手航行探索了亚洲和非洲东部的大部分海岸。当时的中国是世界上最富有的国家,而且到15世纪末,它已经不探索印度洋以外的任何海域了,理由是世界上的其他地方已价值不大,或者毫无利益。西非人沿着海岸线和河流航行形成了巨大的内陆商业网,但盛行风和洋流阻碍了他们北上的行程,而且他们很少去探索海洋。北非和中东的穆斯林从未放弃古代知识和托勒密的计算,他们设计了精密的地图,建造了坚固的海船。但由于他们主宰地中海的贸易,还经由陆路与非洲进行黄金贸易,并与亚洲做香料生意,已经没有多少理由再去进一步探索。[17]

所以,这里面存在着某种铤而走险:欧洲最西端、最穷、最弱的基督教君主正与穆斯林打仗,他们嫉妒伊斯兰世界在贸易中的垄断地位,并且热衷于扩张他们的宗教,于是开始寻求通往非洲和亚洲的通路,但那需要横渡地中海。15世纪中叶,葡萄牙的亨利王子开始派船沿非洲西海岸航行。他们沿途修建要塞,在岛上建立殖民地;开始与非洲商人进行贸易,买人卖人,以钱换肉,贩卖奴隶。

繁忙的地中海港口热那亚市的市民哥伦布，自1482年起，在葡萄牙贩奴船上当水手。1484年，33岁左右的他向葡萄牙国王提出一项航行计划——跨海向西航行抵达亚洲。国王组织了一个学者团队来考虑这项计划，但最终否决了：葡萄牙致力于西非的探险，而国王的学者们看到的是，哥伦布明显低估了此次长途航行的距离。计算得更准确的是一位葡萄牙贵族巴尔托洛梅乌·迪亚斯（Bartolomeu Dias）。此人于1487年曾绕行非洲最南端，证明了从大西洋抵达印度洋是可能的。当通往东方的另外一条航线已被发现，为什么还要向西穿越大西洋呢？

然后哥伦布将他的建议提交给了西班牙国王和女王，他们起初也表示拒绝；他们在忙着发动宗教战争，清除人口中有不同祖先和不同信仰的人。1492年年初，当西班牙最后一座伊斯兰城市落于西班牙王室之手后，费迪南德和伊莎贝拉下令将所有犹太人赶出他们的领地，他们相信冷酷无情的宗教审判所已经将穆斯林、犹太人、异端者和异教徒逐出疆界，之后才令哥伦布开始航行和贸易，以及传播基督教信仰，也就是去征服、记录和宣扬真理，并书写下来。他的航行日志就是这样写就的。

写下某些东西并不意味着它们就是真实的。但真实的历史与书写的历史是捆绑在一起的，如同桅杆之于船帆。世界上有三个地方在三个不同时期发明了书写时段：公元前3200年的美索不达米亚，公元前1100年的中国，以及公元600年的中美洲。在世界历史上，大多数曾经活过的人要么不会写作，或者就算会写，也没有留下任何东西，这就是为什么历史记录极其令人感到不公的原因之一。把某些东西写下来是在制作一件心灵的化石记录。历史故事充满力量，饱含激情、真理、谎言、遁词和真诚。演讲通常比写作具有更大的张力和紧迫感，但大多数词一经说出口便会被遗忘，而写作却会留存，这是17世纪英国牧师塞缪尔·帕切斯（Samuel Purchas）得出的观点。帕切斯从未离开过他的教区超过200英里，但他认真研习所有旅行家的故事，因为他想写一本新的文字史。[18]在考察了若干世纪以来不同大陆上各个年代和区域的人们之间的全部差异后，帕切斯被他所谓的"文字优势"——书写的意义——所震惊。"通过写作，"他写道，"人类似乎能不朽。"[19]

真实历史的新篇章——美国将在某一天凭此昭告和宣布独立的真理概念的基础——始于哥伦布的第一次航海行动。如果历史上任何一个人曾有过"文字优势"，那个人就是克里斯托弗·哥伦布。1492年10月的海地阳光灼热，在两位船长的见证下，哥伦布（据德拉斯·卡萨斯记录）宣布"他将要占领（事实上他已经为国王和王后陛下占领）该岛"。随后他将这些记录了下来。[20]

此行动既新鲜又奇异。马可·波罗在13世纪游历了东方，他没有宣布中国属于威尼斯；约翰·曼德维尔爵士于14世纪游历了整个中东，曾有意占领波斯、叙利亚、埃塞俄比亚。哥伦布读过马可·波罗的游记和曼德维尔的游记，他好像在航海的时候都带着这些书。[21]与马可·波罗和曼德维尔不一样的是，哥伦布没有对他遇到过的人的行为方式和宗教信仰做过记录（只是后来才雇用潘佩做这些事）。相反的是，他认为他遇到的人都没什么行为方式和信仰。他把所见到的差异视作一种缺失。[22]他坚信这些人没有信仰，没有公民政府，因此是无信者和野蛮人，无权拥有任何东西，所以他通过书写这一行为来宣告对这些土地的占领。这些人属于一个不具备真理的民族；他要把自己的真理传给他们。他会告诉他们，人死之后会去哪里。

哥伦布与马可·波罗和曼德维尔的不同之处还在于：他的航行开始于德国铁匠约翰内斯·谷登堡（Johannes Gutenberg）发明印刷机之后不久。印刷术加速了知识的传播，拓展了历史记录。印刷出来的东西将比书写下来的东西更长久地保存，因为印刷可以产生很多的复本。这两个男人经常被同时提及。"我经常考虑两件事是可以被称作古老和不朽的，"一位16世纪的法国哲学家写道，"那就是印刷术的发明和新大陆的发现。"[23]哥伦布拓展了世界，谷登堡让世界转得更快。

但哥伦布本人并不认为他所踏访的土地是一个新世界。他认为他只是发现了一条通往旧世界的新路。倒是阿美利哥·维斯普西（Amerigo Vespucci）——意大利佛罗伦萨的一个大胆的公证员的儿子——在1503年穿越大洋之后这样描述他所发现的土地："我们应当称之为新世界。"维斯普西带回家的报告很快以《新世界》（*Mundus Novus*）为名出版，后被翻译成8种语言，出版了60多种不同的版本。维斯普西所报告的发现更令人难以置信。"我发现了一块大陆，人口密集，动物遍野，超过了欧洲、亚洲、非洲。"他写道。[24]这听上去像是"伊甸园"，一个之前只能想象的地方。1516年，英格兰国王亨利八世的顾问托马斯·莫尔（Thomas More）出版了一本虚构的小说，提及维斯普西的船队中有个水手走得更远一些，抵达了一个叫作"乌托邦"——一个不存在的地方——的完美共和国。[25]

找到一个地方，结果哪里都不是，到底是什么意思？整个世界似乎一直由三个部分组成。在7世纪，塞维利亚的大主教伊西多尔（Isidore）写了一本百科全书叫《词源》（*Etymologies*），曾以手抄本的形式广泛流传——仅留存下来的就有1000多种手写本。此书将世界描绘成一个圆，周围是大洋，大海将世界分割成三块大陆：亚洲、欧洲和非洲，分别居住着诺亚的三个儿子（闪、雅佛和含）的后代。1742年，《词源》成为首批印成铅字的书，大主教的地图成为第一份被印刷的世界地图。[26]20年之后，此书被废弃不用。

找到那个"哪儿都不是"的地方是制图者的工作，这是另一种宣告真理和所有权的书写形式。1507年，住在法国北部的德国制图专家马丁·瓦尔德泽米勒（Martin Waldseemüller），将他手里一本法语版的《新世界》刻成了12个板块的木质新世界地图。这是一套通用版的宇宙志刻本，印行了1000多册。人们将这12块印版拼在一起，像壁纸一样贴在墙上，形成一幅巨大的地图——4英尺[1]高，8英尺宽。壁纸褪色、剥落，最后只有一份瓦尔德泽米勒地图的复本留存了下来。但在那遗失已久的地图上，有一个词比瓦尔德泽米勒写下的任何一个词的留存时间都长。出于对维斯普西的致意，瓦尔德泽米勒发明了一个新词，献给世界的第四个部分——那个无人知晓的乌托邦："亚美利加"。[27]

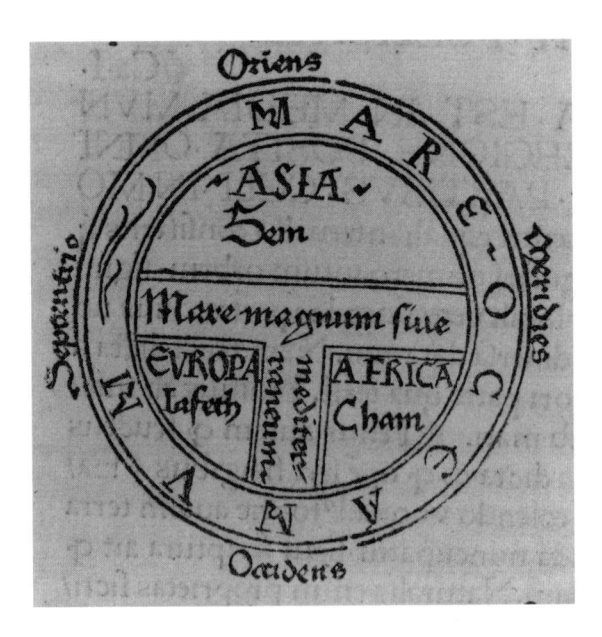

T-0地图，7世纪，塞维利亚的伊西多尔绘。该图于1472年成为世界上第一张印刷的地图；20年后，此图被废弃。英国伦敦大英博物馆©大英博物馆委员会/布里奇曼图片社

1　英尺：英制中的长度单位，1英尺=0.3048米。

这个名字能延续至今完全出于偶然。大多数其他词都没能留下来。泰诺人关于洞穴的故事，易洛魁人关于乌龟的故事，老女人拿着木杵的故事，《旧约》里亚当和夏娃的故事——所有故事如果没有被记录下来，都将无人知晓。这些东西的留存至关重要。现代就起源于为哪些故事是真实的而争斗的人们开始从不同角度思考真理的本质、历史的本质和统治的本质的时候。

II.

1493年，当哥伦布从他那难以想象的航程中返回的时候，一位生于西班牙的教皇（亚历山大六世）将佛得角以西300英里的那条经线以西的大洋彼岸的所有土地划归西班牙，而将这条经线以东的土地（西非）划归葡萄牙。这位教皇宣称他有权分配居住在那里的千百万人口及土地，好像自己就是《创世记》中的上帝。毫不奇怪的是，英格兰、法兰西和荷兰的领袖们认为教皇的宣言荒唐至极。"阳光照在我身上，也照在别人身上，"法兰西国王说，"我倒要看看这份将我排除在世界某一部分之外的亚当的遗嘱。"[28]西班牙对世界另外一边的主张同样遭到了反对。一个泰诺人告诉瓜迪卡巴奴，西班牙人"非常邪恶，强行夺走了他们的土地"[29]。瓜迪卡巴奴把此话又告诉罗曼·佩恩，后者将此记录了下来。费迪南德·哥伦布又重新誊抄出来，誊抄者中还有威尼斯监狱里的一名学者。这好像是那位泰诺人从自己的屋顶上拿下来装满儿子尸骨的葫芦，将其打开，涌出了一片观念的海洋。征服者的工作之一，就是假装大海能够重新灌回葫芦里。

观念的海洋无法重新灌回葫芦里，欧洲人和美洲人都在摸索，想知道如何记录共识和分歧。他们提出新问题，把老问题提得更尖锐：所有人都是一样的吗？如果是同一个民族，一个民族有什么权力占有另一个民族的土地和劳力，甚至夺取他们的生命？

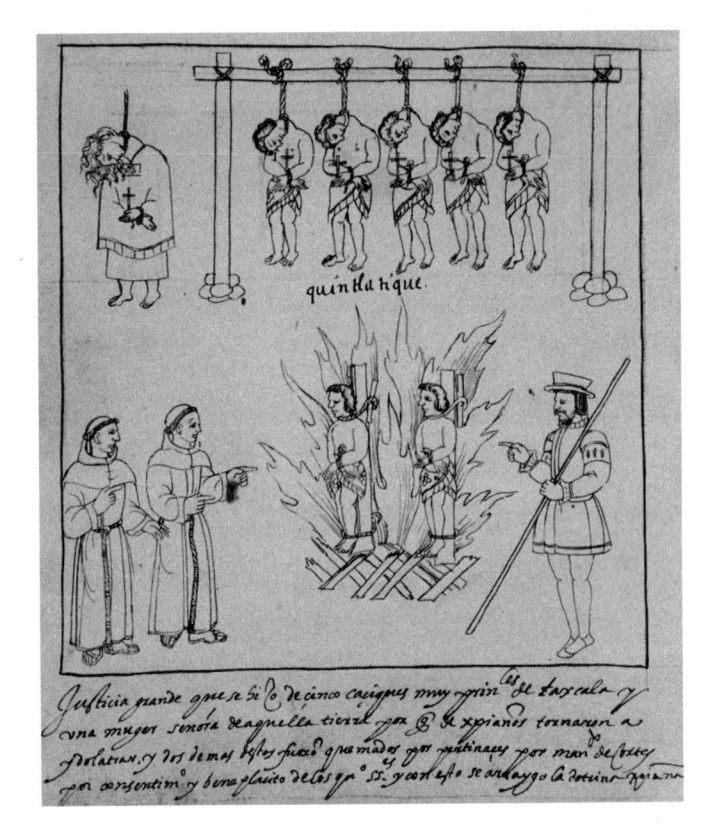

迭戈·穆尼奥斯·卡马戈（Diego Muñoz Camargo）《特拉斯卡拉的历史》（*Historia de Tlaxcala*）一书插图，16世纪，佚名艺术家绘。艺术家为16世纪混血儿卡马戈创作的作品描述了西班牙人如何惩罚皈依基督教后又叛教的当地人。苏格兰格拉斯哥大学图书馆/布里奇曼图片社

有关这些问题的任何历史性思考都始于计算和测量。1500年至1800年间，大约有200万至250万人移民美洲，他们强行携带1200万非洲人同往，多达5000万美洲原住民死亡，主要原因是疾病。[30]欧洲的面积约为400万平方英里，而美洲的面积是2000万平方英里。多少世纪以来，地理条件严重限制了欧洲人口和经济的增长，而随着欧洲人占有了五倍于欧洲面积的土地，那个时代走向了终结。拥有南北美洲为欧洲人带来了过剩的土地，它结束了饥荒，带来了长达

四个世纪的经济增长。这是前所未有的增长，许多欧洲人将此理解为上帝恩泽的证据。一个西班牙人在1592年给他在巴利亚多利德的哥哥写信说："这片土地和我们的土地一样好，因为上帝在这里赋予我们更多，我们一定会富起来的。"[31]甚至连穷人都变得富有了。

欧洲人攫取美洲的财富使资本主义的兴起成为可能——新式贸易、新的投资和新的利润。仅在1500年至1600年间，欧洲人记载了从美洲运回的黄金近200吨、白银1.6万吨，大多都是通过走私贩运的。"美洲的发现，以及经由好望角通往东印度群岛航道的发现，是人类历史上记载的两件最伟大、最重要的事。"亚当·斯密（Adam Smith）在他1776年出版的《国富论》（*The Wealth of Nations*）一书中写道。但哥伦布和迪亚斯的航行同样标志着另一个经济体制发展的转折点，那就是奴隶制：美洲的财富通过非洲人的强制性劳动流向了欧洲。[32]

几个世纪以来，奴隶制出现在世界的许多地方。人们要把他们的敌人变成奴隶，把眼中的异己者判为终身奴役。有时候（虽不经常），奴隶的身份是世代相传的：奴隶的孩子终身为奴。许多战争都和宗教有关，而且由于很多奴隶都是战俘，奴隶与他们的主人常常信奉不同的宗教：基督徒奴役犹太人；穆斯林奴役基督徒，基督徒奴役穆斯林。从中世纪开始，北非的穆斯林一直从奴隶制盛行的撒哈拉以南非洲买入非洲人。在非洲大多数地方，是劳力——而不是土地——构成了法律认可的唯一财产形式，这是一种巩固财富、赚取回报的形式，这就意味着非洲国家一般较小，当欧洲人为土地而战时，非洲人却在为劳力而战。商人、地方官和国王们在大型市场上买卖被俘的非洲人，自15世纪50年代起，葡萄牙船长也开始参与进来。[33]

哥伦布是这种生意的行家里手，他向费迪南德和伊莎贝拉报告说，奴役海地人易如反掌，因为"用50个人就可以把他们全部征服，让他们做什么，他们就做什么"。[34]在糖厂和金矿,西班牙人让他们的奴隶劳累至死,更多的奴隶死于疾病。不久之后,他们又转向了另外一个强制劳动力的来源:由葡萄牙人贩来的非洲人。

对每一艘船上的货物统计记账的欧洲人对一个极端不对称的现象感到迷惑。人口从欧洲和非洲流向美洲,财富从美洲流向欧洲,动物和植物从欧洲流向美洲,但很少有人或动植物流向非洲,至少没有成功的案例。"好像有一种无形的障碍在阻止物品流向东方,却允许向西流动。"后来一位植物学家写道。[35]人口的单向迁移是不言而喻的:人类控制船只,往西运的人远远多于往东运的,它们带来了士兵、传教士、定居者和奴隶。但直至19世纪末达尔文和细菌致病理论出现之前,完全令人迷惑的动植物单向迁移只能通过神圣的天道信仰来解释:基督徒们认为这表明他们的征服行动乃是受上帝之命。

标志的出现数不胜数。当哥伦布1493年第二次跨海航行时,他指挥着由17艘舰船组成的船队,带着1200人,还有另一种类型的军队:小麦、鹰嘴豆、甜瓜、葱头、萝卜、青菜、葡萄藤和甘蔗的种子或插条,还有马匹、猪、牛、鸡、山羊、绵羊,都是公母成对。偷渡者藏在人群、植物和动物中间。种子会粘在动物皮上,钻到斗篷或毯子缝隙处,也会藏在土块里。大多数种子在欧洲人看来是野草的种子,如蓝草、雏菊、蓟、荨麻、蕨类和蒲公英。野草在松土上长得最好,没有什么比军队松土松得更好的了——他们为了木材和取暖砍伐森林,他们的靴子、牛马的蹄子将地皮翻起。牲畜吃草,人吃牲畜:牲畜把草变成肉食供人享用。欧洲人带到新世界的动物——牛、猪、山羊、绵羊、鸡和马——在美洲没有天敌,却有着充沛的食物来源。它们以欧洲无法想象的数量繁殖。牛的数量每15个月就能翻一倍。不过没有什么动物能比得上猪。猪能把它所吃的20%的食物转化成肉食供人类享用(相比之下,牛的转化率是二十分之一,即5%);猪自己觅食,而且一窝能生10个猪崽,或者更多。在哥伦布第二次航行的几年间，他所携带的8头猪已经有了成千上万的后代。一位观察家说："所有山头上都有猪头攒动。"[36]

与此同时，新世界的人口却数百、数千、数万、数十万、数千万地死亡。美洲与世界的其他地方隔绝了数亿年，这意味着千年以来，欧洲人和非洲人已经获得其免疫力的那些疾病对美洲原住民来说是全新的。装载着人和动植物的欧洲船只也带来了疾病大军：天花、麻疹、白喉、沙眼、百日咳、水痘、黑死病、疟疾、伤寒症、黄热病、登革热、猩红热、阿米巴痢疾和流感。这些疾病已经与生活在人口密集的定居点——城市——的人类和他们驯养的动物一起进化，而人类和动物产生的废弃物养活了老鼠和蟑螂等害虫害兽。然而，绝大多数美洲原住民并不住在人口密集的定居点，即便是那些住在村庄里的人也常常随季节迁徙，解散村镇并在别处建立新的村镇。他们并不堆积污物，而且也不合群而居。他们没得过什么传染病。欧洲人面对这些疾病几千年了，已然建立了非常强的免疫系统，产生了针对某些细菌的抗体，而新世界的人从未接触过这些疾病。

后果完全是一场灾难。在每100个首次接触天花病毒的人中，就有近100人感染，25人至33人死亡。他们死前会感染更多的人。天花的潜伏期是10至14天，这意味着那些还没有感到不适的人准备逃离，结果在自己病倒之前把病毒传播到更远的地方。如果能得到很好的看护，有些受到天花感染的人的确可能恢复，但当三分之一的人都在生病、许多人又跑掉的时候，根本就没人留下来看护病人，结果病人死于饥渴、痛苦和孤独。[37]他们还死于折磨，拖着生病虚弱的身体劳累饥饿而死。在加勒比海的群岛上，那么多的原住民很快就死去，促使西班牙人决定尽快征服更多的领土，他们需要抓获更多的战俘用作奴隶，让他们来为金矿和银矿干活。

西班牙征服者最初在1513年踏上北美土地，几十年间，"新西班牙"不仅涵盖了后来的墨西哥，还囊括了一半以上如今的美洲大陆，其疆域在东西方向上从佛罗里达横跨至加利福尼亚，北至大西洋边的弗吉尼亚和太平洋沿岸的加拿大。[38]疾病走在了西班牙入侵者前面，摧毁了这个大陆上的大片区域。首先是在西班牙人中间，然后依次是法国人、荷兰人和英国人，这种将自身的财富和健康以及原住民所患的严重疾病视为上帝神迹的做法，变成了一种普遍甚至是必然的现象。"接触这些未开化的野蛮人，有件事我不得不提及，"一位法国移民写道，"非常明显，上帝希望他们把地盘让给新来的人。"死亡让他们立即确信了自己的权利及其信仰的真实性。"原住民，他们全都死于天花，"约翰·温斯洛普（John Winthrop）在1630年抵达新英格兰时写道："主已经赋予了我们拥有之物的所有权。"[39]

埃尔南·科尔特斯（Hernán Cortés）征服墨西哥，布面油画，17世纪下半叶，佚名作者绘。该图描述了1521年西班牙征服阿兹特克帝国期间特诺奇蒂特兰城陷落的场景

欧洲人渴望从他们的上帝那里获得征兆。否则的话，他们对这些土地的所有权，以及进行奴役的权力在人类法律中找不到任何根基，这常常会让他们暂停行动。1504年，西班牙国王召集了一个由专家和律师组成的小组为他提供建议，讨论究竟征服行动"是否符合人法和神法"。争论的关键在于两个问题：原住民真的拥有自己的土地吗？（他们是否拥有"统治权"？）他们是否能够治理自己？（他们是否拥有"主权"？）为回答这些问题，国王的顾问们转向了古代哲学。

国王的大臣们称，按照罗马法，政府的存在是为了管理财产关系，而据哥伦布所言，原住民根本没有政府，也没有财产，因而没有统治权。至于主权，国王的大臣们找出了亚里士多德的《政治学》（Politics）。"一些人统治，而一些人被统治，不仅必要，而且有益。"亚里士多德写道。"从他们出生的那一刻起，有的人就被打上了服从的标记，另一些人则被打上了支配的标记。"按亚里士多德所说，所有关系都是等级关系；灵魂统治肉体，人类统治动物，男人统治女人，主人统治奴隶。对亚里士多德来说，奴隶制不是个法律或习俗问题，而是个自然问题。"一个不属于自己而属于他人的人是个天生的奴隶；属于他人的人，虽为自然人，却同样是一件所有物。"那些从本质上讲是一件所有物的人在理智上低人一等；所以这些人"是天生的奴隶"，亚里士多德写道："对他们以及所有次等人而言，更好的方式是让他们处于主人的统治之下。"[40]

国王非常满意，原住民没有自己的土地，而且天生就是奴隶。征服在继续。然而在大洋的另一边，一位牧师却吹响了抗议的号角。1511年12月基督降临节（Advent）的第四个星期日，多米尼加牧师安东尼奥·德·孟德西诺（Antonio de Montesinos）在伊斯帕尼奥拉岛的一座教堂里进行了一次布道。他与国王大臣们的观点不同，他说征服者们犯下了难以言表的罪恶。"回答我，你们凭借什么权力和理由如此恐怖残忍地奴役印第安人？你们倚仗什么权柄对这些默默安居在自己土地上的百姓发动令人发指的战争，以前所未闻的谋杀和破坏夺取无数人的生命！"然后他质问道，"难道他们不是人吗？"[41]

1513年，这一抗议导致了一项令人不安的决议：西班牙征服者被要求向他们打算征服和奴役的所有人大声宣读一份名为《索求》（Requerimiento）的文件。简单地说，这是一部从创世到征服的世界史，一个为暴力辩护的起源故事。

文件开篇说道："主啊！我们的上帝，活泼而永恒地创造一个男人和一个女人，你们和我们，这世上所有人，以及我们之后的所有人，都是他们的后代。"它要求任何听宣的人承认"教会是全世界的统治者和首脑，其领袖被称为教皇，而（西班牙）国王和女王以教皇之名行事"。如果原住民接受《创世记》的故事，并宣称这些遥远的统治者有权统治他们，西班牙人承诺："我们将代表他们接受你们，以所有的爱和慈善，将你们的妻子、孩子和土地留给你们，完全自由，不受奴役。"但西班牙人警告说，如果原住民拒绝这些真理，"我们将强行侵入你们的国家，以任何方式、用所有手段与你们开战，让你们接受教会以及国王和女王陛下的约束和管辖；我们将夺走你们、你们的妻子、你们的孩子，并将他们全部变成奴隶"。[42]

手持《索求》文本，带着爱与仁慈的承诺，以及清除和毁灭的威胁，西班牙人穿越了北美大陆。1519年，埃尔南·科尔特斯，古巴圣地亚哥市的市长，决意要在马上取功名，他率领600名西班牙士兵和1000多人的原住民盟军，以15门加农炮扫荡了古巴岛。在墨西哥，他毫不留情地摧毁了特诺奇蒂特兰这座据说比巴黎和罗马更为雄伟的城市。他的人烧毁了阿兹特克图书馆，以及阿兹特克人用来记录历史的诗歌集。一些残存的《悲歌》（Icnocuicatl）描述了这场浩劫。有首歌的开篇这样唱道：

> 断矛横于路，
> 悲伤使人狂。
> 屋顶已不见，
> 鲜血溅满墙。[43]

1540年，一位叫弗朗西斯科·巴斯克斯·德·科罗纳多（Francisco Vásquez de Coronado）的年轻贵族率领一支西班牙军队横穿大陆，去寻求一座传说中的黄金之城。在今日的美国新墨西哥州，他们发现了一群蜂巢状的陶土住宅组成的居民区，西班牙人把这种小镇称作"印第安村"。科罗纳多尽责地宣读了《索求》，但祖尼人听到的是一种他们完全不懂的语言。"他们穿着铁制外套，头戴金属战冠，携带短杖式的武器，会喷火，响声如雷。"祖尼人后来这样描述科罗纳多的士兵。祖尼武士把玉米粉撒在路上，向西班牙人打手势，意思是他们不能越过这条线。一场战斗开始了。用弓箭作战的祖尼人输给了用枪的西班牙人。[44]

征服行动仍在疯狂地进行，争吵和辩论也是一样的，甚至美洲人、非洲人和欧洲人之间的立场和界限都开始模糊。西班牙人与后来的英国殖民者不一样，他们到新世界旅行并不带家属，甚至不带女人。他们是作为男性军人来到这里的。他们抓捕和强奸女人，然后爱上她们，和她们结婚，一起组成家庭。拉马林奇是一个纳瓦女人，被分配给科尔特斯做奴隶，后来成了他的翻译，和他生了一个儿子（大约发生于1523年），这象征着命中注定的结合。在"新西班牙"大多数地区，西班牙男人和印第安女人生的混血儿叫"麦斯蒂索人"，数量上早已超过当地印第安人。一种复杂的种性体显示出由欧洲人、美洲原住民和非洲人混合而成的肤色的渐变层次，就像植物制成的颜料：黄樟黄、甜菜红、角豆黑。后来，英国人只认可黑人和白人，而纯粹的黑人和白人只是不切实际的幻想，如同没有黄昏的夜晚和没有黎明的白昼。但是这两个种族体系——融合或假装不融合的文化——都将一个有关共同人性的问题抛至每个人面前：所有人都是一样的吗？

巴托洛梅·德拉斯·卡萨斯曾是1511年伊斯帕尼奥拉岛的定居者。当孟德西诺布道时质问"难道他们不是人吗"的时候，他深感不安，遣散了自己的奴隶并成为一名牧师、学者以及研究征服行为的历史学家，这使他后来抄写了部分哥伦布的日记和佩恩的《印第安古风记》。1542年，德拉斯·卡萨斯写了一本书，叫《印第安人被毁灭的简史》（*Breví Sima Relación de la Destrucción de las Indias*），这部历史不是辩护，而是良心的哭喊。一个受到良心谴责的人满怀激情地问道："什么样心智健全的人会对那些无害、天真、温和、赤手空拳并无力抗辩的人发动战争呢？"[45]八年后，一位西班牙新国王在巴利亚多利德城召集德拉斯·卡萨斯及其他学者进行了另一场辩论。新世界的野蛮原住民违反自然法了吗？比如他们自相残杀，所以我们应该依法向他们发动战争吗？或因他们对此违法行为一无所知，因此这种战争就成为非法的吗？

德拉斯·卡萨斯认为征服行为是非法的，他坚持所谓的自相残杀的指控是"纯粹的谎言和无耻的鬼话"。持相反意见的是西班牙皇家历史学家胡安·希内斯·德·塞普尔韦达（Juan Ginés de Sepúlveda），他从未踏足过新世界。作为亚里士多德著作的译者，塞普尔韦达引用了亚里士多德有关自然奴隶的理论。他说原住民和西班牙之间的差别就跟"猿与人"之间的差别一样大。他问道："我们怎么能够怀疑征服这些如此不开化、如此野蛮、如此污浊、如此不虔诚、如此淫荡的人是不正当的？"[46]

裁判者意见相左，未能达成结论。征服仍在继续。断矛横于路，鲜血溅满墙。

III.

在所有这些方面，英国确实姗姗来迟。西班牙人于1565年就已经定居佛罗里达的圣奥古斯丁（Saint Augustine），1607年，又在大约2000英里之外的圣达菲建立土坯房的定居点。法国人于1534年开启了首次美洲之行，至1608年建成了后来的石头城魁北克（Quebec）——一座山顶上的城堡。英国于1497年派遣约翰·卡伯特（John Cobot，又译约翰·卡波特）横渡大西洋，但他在返程途中消失，从未有人再见过他的影子，在他之后，英国几乎不再考虑远洋探险计划。"殖民地"这个词直到16世纪50年代才进入英语词汇表。尽管英国曾特许成立了几个贸易公司，如1555年的莫斯科公司（Muscovy company）、1581年的土耳其公司（Turkey Company）和1600年的东印度公司（East India Company），但它们的目标全部在东方而不是西方，对于美洲，英国举棋不定。

伊丽莎白和无敌舰队，1588年，佚名艺术家绘。伊丽莎白将手放在地球仪上，宣示对北美的主权

1584年，残酷而坚毅的英格兰女王伊丽莎白询问她最精明的大臣之一理查德·哈克路特（Richard Hakluyt），她是否也应该在美洲建立自己的殖民地。她想到了西班牙人，想到了他们的盲目崇拜、残忍、巨富和暴政。到伊丽莎白开始向西跨越大洋时，德拉斯·卡萨斯那本凄惨的《印第安人被毁灭的简史》早已被译成了英文，书名通常叫作《西班牙人的残忍》，后改名为《印第安人的眼泪》，并配以大量反映暴行的版画。英国人逐渐相信——作为属于"英国民族"的信条——他们比西班牙人更高贵、更公正、更聪颖、更优雅、更专注于自由。"西班牙人对印第安人的统治充满了傲慢和暴政"，哈克路特提醒女王，与任何被迫为奴的人一样，原住民"全部在大声哭喊着：自由，自由"[47]。英格兰应当解救他们。

英格兰认为自身是自由之地的观念是一个与英国国家故事联结在一起的英格兰民族的故事。西班牙是天主教国家，但当西班牙征服者正在打造一个"新西班牙"时，英国已然成了一个新教国家。16世纪30年代，亨利八世创立了英格兰教会，大胆地脱离了罗马教会。因忙于宗教和国内事务，英格兰向新世界的探索完全是试探性的。1547年，亨利八世去世后，他的儿子爱德华成为国王，但到1552年，爱德华病入膏肓。为防止他同父异母的姐姐玛丽继承王位（她是天主教徒），爱德华指定他的堂妹简·格雷（Jane Grey）女士做他的继承人。可当爱德华死后，玛丽夺得了政权，将简·格雷斩首，她由此成为英格兰的首位执政女王。她试图恢复天主教，迫害宗教异己分子，近300名异教徒被烧死。因宗教理由反对她统治的新教徒称她不具有统治权，因为她是个女人，而弱者统治强者"是对正常秩序的颠覆"。还有玛丽的新教徒批评者抱怨她的统治来自上帝的惩罚，上帝"匆匆让一个女人统治我们，而她的天性却是服从男人"。与此同时，玛丽的天主教维护者也争辩说，从政治上讲，玛丽是个男人，是"女性王子"。

1558年玛丽去世，新教徒伊丽莎白继位，而玛丽的拥护者却试图抗议伊丽莎白的统治，所以不得不去反驳他们原来的论点：他们无法很好地说明伊丽莎白是个女人而不能执政，因为他们之前坚称玛丽的性别不影响玛丽的王位。论战转移到另一个层面，让英国人厘清了许多关于统治本质的观念。伊丽莎白的最佳辩护者认为，如果上帝决定"女性应当进行统治和治理"，那么女性"本性羸弱、体形纤弱、胆小温柔"就没有什么关系，因为上帝可以使任何一个正当的统治者强壮。无论如何，英国宪法遵守"混合统治"，即君主的权威受议会制约，而且，"并非她在统治，而是法律在统治"。伊丽莎白本人又提出另外一条依据：人民的爱戴。[48]混合宪制、法治和人民的意志，这些英国观念有一天将被叫嚷着"自由"的美国人借为己用。

伊丽莎白的眼睛盯着西班牙，后者曾一直和英格兰、法兰西以及反叛的荷兰人（荷兰人直到1609年才第一个从西班牙帝国独立出来）激战。她决定在各个战场上同西班牙开战。在美洲建立殖民地的问题上，哈克路特向伊丽莎白提交了一份报告，题目是《关于西方近期的探索成果可能为英格兰王国带来巨大必要性和多种商品的专项讨论》。另一位顾问同时提交的报告题目很好地说明了英国女王是如何受对西班牙的仇恨之情所支配的：女王陛下应如何激怒西班牙国王。[49]

哈克路特坚信，英格兰向西班牙发动进攻的时刻已经到来，不仅是攻击西班牙战船。建立殖民地"将极大限度地传播基督教的福音"，他确信这"将给我们带来所有欧洲、非洲和亚洲的产品"。而且，如果英格兰女王在新世界开辟殖民地，英国人"将用所有的人道、礼节和自由对待当地人"的说法会很快传播开来，而原住民将"归顺她的政府，并发动反抗西班牙人的起义"[50]。英格兰将变得富强，新教将战胜天主教，自由将征服暴政。

伊丽莎白未被说服，她还有其他事情。1584年，她驱逐了一名西班牙大使，因为她揭穿了一个西班牙想通过苏格兰入侵英格兰的阴谋。她欣赏在新世界建立英国据点的想法，但她不想让皇家承担费用。她决定发放一个皇家专利（许可证）给她最受宠的臣子，即英俊潇洒的作家、诗人和间谍沃尔特·雷利，授权他在北美洲的纽芬兰（Newfoundland）以南登陆。纽芬兰的意思是新发现的土地，一个新世界，一个乌托邦，一个曾经不存在的地方。

雷利是个冒险家、行动家，他还是个文学家。晋升骑士之后，他在1584年发起过一次远征。他并没有亲自出航，而是派出了一支由7艘海船和600人组成的舰队，并为他们准备了一本德拉斯·卡萨斯的《西班牙人的暴行（精美插图版）》，用于向原住民说明，英国人不是西班牙人，他们心中充满了怜悯、爱、仁慈和自由。雷利可能还给了他的探险队一本新出的散文集，作者是法国哲学家米歇尔·德·蒙田。像威廉·莎士比亚一样，雷利深受蒙田的影响，后者于1580年完成的散文《论食人部落》作为人类历史上最为惊人的讽刺故事之一，证明了世界的一半与另一半相遇时所产生的暴力，不仅播下了毁灭的种子，还播下了其他东西。[51]

"野蛮人对我们来说并不比我们在他们看来更难理解，也没有什么更好的理由，"蒙田写道，"每个人都将和自己不一样的行为称为野蛮。"[52]他们对我们与我们对他们一样，都是真实的：这两种真实其实是一样的。

雷利的船队在今日北卡罗来纳外滩的一个岛屿上登陆，广阔的海岸边缘是海草、高耸的松树和棕榈树。海船开走了，留下了104个男人和很少的生活用品；补给船受创，差一点搁浅在沙洲上。选择这个登陆点是因为它比较隐蔽，常人难以抵达。这里也许曾是海盗们的藏身之处，却是建立殖民地最糟的地方。定居者计划熬过冬天，等待的救援物资春天就能到。同时，他们还想寻找金子，再找个更安全的深港。他们建了一个用栅栏围着的据点。他们的枪瞄准宽阔的水域，相信敌人是西班牙人。他们在据点的保护区之外修建了住房，对已经居住在外滩的人可能给他们带来的危险几乎没有任何概念。

他们在给家里的热情洋溢的书信中描绘了这片美丽迷人、富饶得令人吃惊的土地。远征队的领队拉尔夫·雷恩（Ralph Lane）写道："所有基督教世界的王国和国家，他们的生活用品加在一起都不会比这更多、更好了，因为共同取用是必要的、令人愉悦的。"然而，当补给船延迟到达，身处富饶之地的殖民者开始挨饿时，原住民（殖民者曾向他们传颂福音）开始和他们说："我们的主不是上帝，因为他让我们忍饥挨饿。"到了6月，一支船队抵达，指挥者是弗朗西斯·德雷克（Francis Drake）爵士，一个航行过全球的海盗。他的船上装着300名用锁链锁住的非洲人。德雷克告诉这些殖民者，要么他给他们留点吃的和一条船，可以让他们寻找更安全的港口，要么他把他们带回家。所有殖民者都选择离开。在德雷克的船上，殖民者占了非洲人的位子。德雷克可能只是把非洲人扔进了海里，因为他们是没人要的"货物"。

另一支于1587年出发的探险队在后来被称作罗阿诺克的地方登陆，他们的结果并没有更好。约翰·怀特（John White）是个艺术家和绘图家，他曾仔细地研究了英国第一次探险的各种报告，他的目标不是在岛屿上，而是在靠近切萨皮克湾的一个后来被叫作罗利的城市建立一个永久殖民地。然而，他的失误一个接着一个。怀特于当年秋天返回英格兰，希望能获得补给和援助。但他选的时机不能再糟了。1588年，一支由150艘西班牙舰船组成的舰队企图入侵英格兰。西班牙舰队最终被击败，但这场海战使怀特未能成功地组织起更多的船只前往罗阿诺克，定居孤立无援。

任何记载英国在罗阿诺克建立殖民地命运的文字，像世界史上发生的大多数事情一样，都已消失。当怀特最终于1590年回到罗阿诺克时，他找不到一个英国人，甚至找不到他的女儿和孙女弗吉尼亚〔Virginia，取自伊丽莎白"童贞女王"（The Virgin Queen）的称号〕。定居点仅剩的东西是刻在树干上的三个字母"CRO",这是怀特和殖民者在他离开前的约定,表明他们已经收拾好东西到内陆去找更好的地方定居。除了这三个字母,再无只言片语,此后无人再听说过他们的消息。

"我们发现这里的人大多都温和、可爱、忠诚,没有阴谋诡计,没有毁约叛逆,如同生活在'黄金时代'。"亚瑟·巴洛(Arthur Barlowe)说,他是雷利的一名船长,在早些时候写家信的时候,他将罗阿诺克描绘成一个伊甸园。[53]原住民不是野蛮人,他们是祖先,而新世界是最为古老的世界。

在这个从哥伦布航行到约翰·怀特航行的野蛮、血腥的世纪,一个想法从幻想和暴力中出现:在这个人们生活的世界上,存在着一个真正的伊甸园、一个在法律和政府出现之前的自然之国。这一想象中的美洲史成为英国人的《创世记》,成为他们新的真理。

英国人约翰·洛克写道:"在最初,全世界都像美洲。"在美洲,任何事情都是开端。

第二章
统治者和被统治者
THE RULERS AND THE RULED

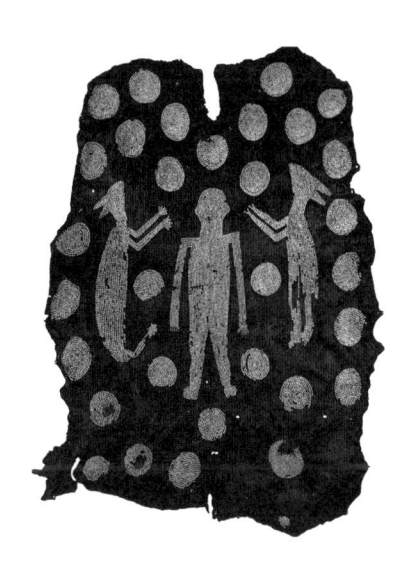

可能是波瓦坦（Powhatan）酋长穿过的鹿披风，1607年。17世纪中叶，这件披风被牛津一家博物馆收藏。英国牛津大学阿什莫林博物馆/布里奇曼图片社

他们用石头做成的刀具把鹿皮剥离下来，用一根肋骨把皮上的鲜肉和废油都刮干净。他们把鹿皮浸在木灰和玉米屑中，在木头架子上抻开，然后用筋把鹿皮缝在一起。在这些缝好的熟鹿皮上，镶着数百枚风干并清空的海蜗牛壳，在一个由34个圆形组成的图案中间是一个人，两侧分别是一只白尾小鹿和一头山狮。

这个人就是他们的统治者，动物是他的精灵，圆圈是他统治的村庄。他有一个名字叫瓦浑苏纳科克（Wahunsunacock），但英国人都叫他波瓦坦。他可

能把这件鹿皮衣当披风穿，也可能用它来表示对祖先的尊重。当英国国王詹姆斯在1608年送给他一件红色长袍和一顶铜制王冠作为礼物时，他可能把这件披风作为礼物送给了英国人——一袍换一袍。还有种说法是，英国人可能偷走了披风。某人通过某种办法用船将它运到了英格兰。1638年，一个英国人在英格兰的一座博物馆见到了它，把这件缀有蜗牛壳、用筋缝制的鹿皮称为"弗吉尼亚王袍"，但它也是波瓦坦王国的一张地图。[1]

英国人称波瓦坦为"国王"是外交辞令，而英国国王宣称自己是弗吉尼亚的国王：詹姆斯把波瓦坦看作他的臣民。两位国王统治的本质和历史说明了一些英格兰殖民者为此纠结了一个半世纪之久的问题：是谁在统治？凭借什么权力来统治？

波瓦坦大约生于1545年，父亲死后，他继承了统治权，掌管着六个邻近的部族，16世纪90年代，他开始扩大自己的统治。在大洋的另一侧，詹姆斯生于1566年，第二年，他的母亲玛丽一世被废黜后，他成为苏格兰国王。1603年，他的表亲伊丽莎白去世，詹姆斯加冕为英格兰国王。英国教会与罗马教会的分离提升了君主政体的地位，因为国王不再听从教皇，詹姆斯坚信他（像教皇一样）是君权神授。他在一部名为《自由君主制的真正法则》（*The True Law of Free Monarchies*）的论著中写道："质疑上帝的所为是一种亵渎，所以争论国王该做什么同样是在煽动叛乱。"似乎他不仅是绝对正确的，而且是高于法律之上的。[2]

詹姆斯是个教皇式的国王，事实证明，他在新世界建立殖民地的决心比伊丽莎白更坚决。1606年，他发布了一条特许令，授权一家公司或一群人在"美洲通常被称为弗吉尼亚的地方"建立殖民地。他宣称这里是他的财产，因为如特许令所言，这些土地"事实上不归基督教君主或人民所有"，而且那里的原住民"生活在黑暗之中"，这意味着他们根本不知道基督。[3]

与西班牙人（他们出发的目的是征服）不同，英国人的目的是要在美洲安家立业，这就是为什么他们最初是和波瓦坦进行贸易，而不是和他开战。詹姆斯授权殖民地定居者"挖掘、开采、探寻各种金矿、银矿和铜矿"，这与西班牙最初的目的是一样的，但他同时要求他们将原住民转化为基督教徒，因为英格兰人和苏格兰人应通过"宣扬基督教"，"将居住于此的无信者和野蛮人带入人类文明，带入安定和谐的政府"[4]。他坚信，他们的目的不是带来暴政，而是带来自由。

詹姆斯的特许令就像波瓦坦的鹿皮披风一样，同样是一种地图。（特许令"charter"和拉丁文的"chart"是同一词根，意思是"地图"）詹姆斯的特许令将土地赐给"弗吉尼亚公司"和"普利茅斯公司"两个公司："我们将赐予他们建设住宅、开垦种植并发展为一个殖民地的许可证……在上述弗吉尼亚或美洲海岸的任何一个地方，任何他们认为恰当方便的地方。"[5]在那个年代，弗吉尼亚的范围从现在的南卡罗来纳一直延伸至加拿大：英格兰主张对这些地方拥有所有权。

英格兰帝国将会具备与西班牙和法兰西帝国不一样的特色。天主教可以通过受洗的方式令人皈依，但新教让皈依者阅读《圣经》，这意味着永久定居，意味着拥有家庭、社区、学校和教堂。而且，大英帝国会成为一个海上帝国——它的海军是它最强大的力量，它还会成为一个商业帝国。而且，对将从这些定居点发展出的那个国家来说，最重要的一点是，这些殖民者是自由人而不是家臣，他们的"英国自由民"身份要得到保障。[6]

詹姆斯的殖民者天高皇帝远，虽仍是国王的臣民，但他们将自治自理。他在1606年的特许令中称，国王将在英格兰指定一个由13人组成的委员会对殖民地进行监督。但对地方事务来说，定居者应该建立他们自己的13人委员会来"管理和安排所有事由"。最重要的是，殖民者将作为英国臣民保留他们所有的权力，就像他们从未离开英格兰一样。如果国王保证殖民者作为英国人的自由、特权和豁免权，如同他们将来返回英国后应得的自由、特权和豁免权，那么这些殖民者将会认为他们的上述权利在殖民地也得到了保障。[7]

17世纪至18世纪初期这段时间，英国建立了二十多个殖民地，构成了一个由海岸定居点组成的海上帝国，从纽芬兰的渔港到佐治亚的稻田，从牙买加和安提瓜到百慕大和巴巴多斯。自弗吉尼亚特许状开始，有关帝国臣民享受英国自由的想法根植于美洲大地，并且，英国国王对此拥有统治权。这一主张的理由是，像波瓦坦及其人民这样的人生活在黑暗里，且不具备政府组织，尽管英国人将他们的领袖称作国王。

然而，英国自身的政治秩序却岌岌可危。在英国殖民化初期，国王在大洋两岸的臣民都相信，人生来是不平等的，上帝已授权国王治理他们。这些是过去的真理，到17世纪末，约翰·洛克设想美国的诞生并借鉴了基督教神学的观点后认为，所有人生而"平等，所有的权力和管辖权在此状态下都是对等的，没有人比别人享有更多"，每个人"都拥有最大限度的平等，不受任何人支配"[8]。到1776年，国王在多个殖民地的很多臣民都完全同意洛克的观点，以至他们接受了托马斯·潘恩（Thomas Paine）的"朴素的真理"，即"所有人生而平等"，上帝授权某人和他的继承人去统治其他人的想法，完全是荒唐至极。"大自然不会让这种事情发生，"潘恩坚信，"否则的话，大自然不会频频嘲弄国王，向人们揭露'驴披狮皮'[1]的真相。"[9]这些成为他们的新真理。

在弗吉尼亚特许状与使那么多人相信"人生而平等"和"政府的权力完全是在被管理者同意的情况下产生的"《独立宣言》之间，发生了什么事情？答

---

1 出自《伊索寓言》，驴子披着狮子的皮，但是一叫就露馅儿。——译者注

案隐藏在鹿皮披风的红色长袍这种完全不同的人造制品中，隐藏在相去甚远的古堡废墟与缠绕着嘎嘎作响的铁链的奴隶船的船身之中。

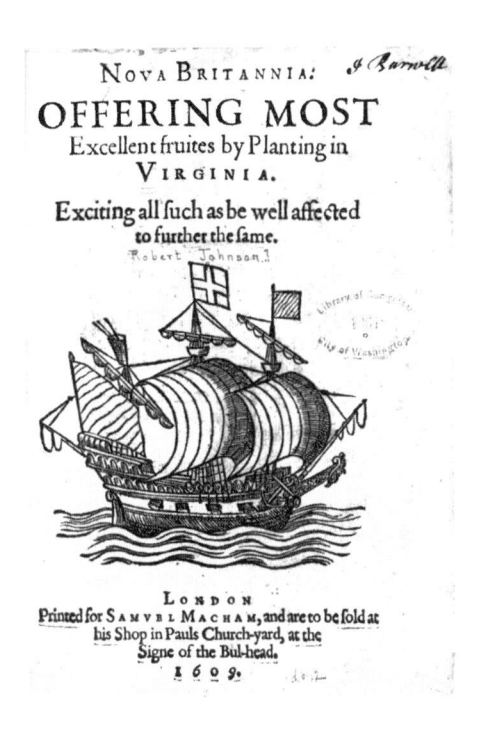

新不列颠，1609年。弗吉尼亚公司通过广告雇用殖民志愿者，许诺殖民者将得到"伊甸园"式的奖赏

I.

弗吉尼亚第一特许状是在首席检察官爱德华·科克（Edward Coke）的办公室写就的，科克是个刻薄的人，下巴尖尖的，他思维清晰，但经常口不择言。科克在弗吉尼亚公司有投资，是英国普通法（依几世纪以来的习俗和案例形成的不成文法律）的头号理论家，他一直寻求将理性主义规则纳入普通

法。"理性是法律的生命",科克写道,而且"普通法本身除理性之外别无他事"。1589年,37岁的科克成了一名议员。5年后,伊丽莎白任命他做首席检察官。1603年,在詹姆斯国王将沃尔特·雷利爵士打入伦敦塔之后,科克起诉雷利因谋害国王而犯有叛国罪。"你毒如蛇蝎,"科克在法庭上对雷利说,"你长着一副英国人的脸,但有一颗西班牙人的心。"雷利在监狱遭受了13年的折磨,在被斩首前一直书写他自己的世界史。与此同时,他的定罪放开了人们定居弗吉尼亚的权限(伊丽莎白授予雷利的权限)——在科克的审视下由詹姆斯重新宣布。殖民地特许状发布两个月之后,詹姆斯任命科克为普通诉讼法院的首席法官。[10]

为占据新的殖民地,弗吉尼亚公司组织了一群渴望赚取财富的人,以及曾经在反天主教及伊斯兰教的英国宗教战争中作战的士兵。26岁的约翰·史密斯(John Smith)健壮勇敢,在法兰西和荷兰与西班牙人打过仗,也曾在匈牙利和奥地利军队一起与土耳其人作战。他后来被穆斯林抓获,被当成奴隶卖掉,不过最终逃脱了。他的盾徽上刻着三个土耳其人的头像,还有他的座右铭:征服就是生命(vincere est vivere)。[11]乔治·桑迪斯(George Sandys)是弗吉尼亚公司的财务主管,他曾骑着骆驼前往耶路撒冷,写下了很多关于伊斯兰的文章;殖民地大臣威廉·斯特雷奇(William Strachey)曾到伊斯坦布尔旅行。与西班牙人非常相似,这些人和他们的投资人要在新世界建立殖民地,寻找金矿以资助击败旧世界的穆斯林的战争,尽管他们承诺不会对美洲原住民实施"西班牙式的残忍"[12]。

1606年12月,105名英国人(没有女人)登上了三艘船,带着一个装有一张弗吉尼亚公司指定的统管殖民地的人员名单的箱子,"不许打开,这些管理者在抵达弗吉尼亚之前也不可以知道。"在航行期间,史密斯被关在甲板之下,戴着手铐脚镣,罪名是发动"自立为王"的兵变。[13]1607年5月,当探险队最后在一条以国王名字命名的半咸水河岸登陆时，箱子打开了，人们发现上边写的是"史密斯"——尽管当时他还是个囚徒。[14]他身上的锁链被全部打开。

无论公司的商人希望看到一个什么样的"和谐政府"，殖民者们都是无法管束的。他们建造了一个要塞，然后开始寻找金子。但一群士兵和一些绅士、探险家不愿开荒或种植和收获庄稼；相反，他们从波瓦坦的人那里偷窃食物，将其视为粮仓。史密斯非常生气，他抱怨公司几乎什么也没给他，只给了一些没用的定居者。他清点出一个木匠、两个铁匠和一群男仆，其他人则被标注为"绅士""商人""下人""浪荡汉"等，他们足可以搞砸一个国家十次，但却不能创建或维持一个国家。[15]

1608年，史密斯当选为殖民地总督，他定了一条规则："不干活就别吃饭。"[16]他利用外交手法举办了一场精心安排的加冕仪式，加冕波瓦坦为"国王"，还把詹姆斯国王赠送的红袍披在后者的肩上。无论这一举动对波瓦坦来说意味着什么，英国人的本意是将此作为一个承认他们主权的行为，坚信如果波瓦坦接受这些礼物，就算接受了英国的统治："波瓦坦，他们的大国王自愿接受王冠和节杖，并完全认可他的职责和归顺。"[17]但英国人仍在挨饿，他们仍在掠夺当地人的村庄。到1609年秋，殖民者发起叛乱——这是此后众多叛乱的开端——他们把史密斯送回了英格兰，称在他的领导下，弗吉尼亚已经成为"悲惨、毁灭和死亡之地"。[18]

真正的地狱还没有出现。1609年至1610年冬天，殖民者没有很好地从事农耕、渔业和狩猎，除了把邻居变成了敌人，所收甚微，人数也从500人减少到了60人。"很多人由于极度饥饿，爬下那些没有铺盖的床，瘦骨嶙峋，如同骨架，哭喊着'我们要饿死了'，'我们要饿死了'"，殖民地副总督乔治·珀西（George Percy）——诺森伯兰郡（Northumberland）伯爵的第八个儿子——

报告说，"我们的一个士兵杀死了他的妻子，把婴儿从子宫里揪出来扔进河里，然后把他妻子剁成肉块，撒上盐，做成自己的食物。"[19]他们相互蚕食。

这种惨绝人寰的消息迅速传到英格兰，像大洋彼岸传来的所有消息一样，点燃了人们的思想。在弗吉尼亚公司董事会任职的哲学家托马斯·霍布斯（Thomas Hobbes）持续关注殖民地陷入无政府状态的过程。1622年，波瓦坦去世四年之后，原住民奋起反抗，试图将英国人逐出他们的领土，在英国人所谓的"弗吉尼亚大屠杀"中杀死了数百人。通过演绎自然的原始状态从而得出了一个有关公民社会起源理论的霍布斯，对弗吉尼亚的暴力事件进行了反思。"美洲许多地方的野蛮人……根本没有什么政府，至今仍以那样的粗野方式生活。"之后他在专著《利维坦》中总结说，自然的状态就是"所有人对所有人"的战争状态。[20]

殖民地奇迹般地恢复了生命力，人口在增长，经济随着一种新作物的种植兴旺发展：烟草——一种仅新世界有的、原住民长期种植的作物。[21]烟草带来了丰厚的利润，也带来了新的政治和经济秩序：殖民者自治，然后再统治其他人。1619年7月，11个殖民地中，每个殖民地推选出两名殖民者（共22人）为代表，组成了一个立法机构，即"市民议会"（House of Burgesses），这是殖民地第一个自治政体。一个月之后，20名非洲人抵达弗吉尼亚，这是英属美洲的第一批奴隶，来自恩东戈（Ndongo）王国，操金邦杜语（Kimbundu）。他们在安哥拉（Angola）总督指挥的袭击行动中被抓，然后步行到海边，登上了一艘叫"施洗者圣约翰号"（São João Bautista）的开往"新西班牙"的奴隶船。在海上，一艘启航于"新荷兰"的英国私掠船"白狮号"袭击了"施洗者圣约翰号"，抓住了全部20人，并把他们带到弗吉尼亚出售。[22]

20名英国人被选入市民议会，20名非洲人被贬为奴隶。美国建国史书的另一章开始了：自由和奴役成为美国的亚伯和该隐。[1]

II.

海浪冲击着船舷，如鼓槌在敲响。妈妈在哄孩子睡觉，男人则不停地哀号，唱着忧伤的歌。"欧洲人买来的黑鬼常常会发疯，"一个奴隶贩子写道，"很多人都死于这种状态。"其他人则是自杀，纵身跳入大海，希望大海能让他见到祖先。[23]

跨越大洋的英国人承受风险的情形虽然截然不同，但航行中的危险也在他们身上留下了印迹，风险留在了他们的身上，也留在了回忆录的故事里，以及他们之间的关系中。1620年夏天，即"白狮号"登陆弗吉尼亚海岸一年后，"五月花号"（一艘排水量为180吨的三桅横帆商船）停靠在英国普利茅斯城位于普利姆河口的港口。它很快就开始接收乘客，约60名探险者，加41名男子——英格兰教会的异见者——带着妻子、孩子和仆人登船。宗教异见者编年史家威廉·布拉德福德（William Bradford）称这些人为"朝圣者"。[24]

布拉德福德将会成为这些异见者所建立的殖民地的总督，也将成为该殖民地的主要史官。他说，写作"要用简单的风格，特别关注所有事情中的简单事实"。布拉德福德解释说，10年以前，朝圣者离开英格兰前往荷兰，定居在莱顿（Leiden），这是一个大学城，以其学术气氛好、宗教容忍度高而闻名。流亡10年之后，他们决定在别的地方重新开始。"他们考虑的地方是美洲某处地域广阔、人烟稀少的乡野，"布拉德福德写道，"那里地多丰产、适于居住，没有一个文明人，只有散居四处的未开化的人和粗俗的人，比起野兽强不了多少。"尽管他们对此远行充满恐惧，但他们把信仰寄托在慈悲的上帝身上，起

1　该隐（Cain）是《圣经》中的杀亲者，因为憎恶弟弟亚伯（Abel）而把亚伯杀害，后受上帝惩罚。——译者注

航奔赴弗吉尼亚。"所有人都挤在了一条船上，"布拉德福德写道，"好运之风再次把他们吹到了海上。"

船在布拉德福德所谓"浩瀚而狂暴的大海"上航行了66天（原预测并不准确）。在此期间，一个人曾坠入水中，最后靠抓住一条帆绳捡回性命；船漏水了；一根横梁开裂了；一条桅杆弯了，几乎折断。有两天，风刮得太猛，人只能聚集在船舱里，在橡下紧紧地挤在一起。风暴平息之后，人们忙着堵塞甲板，加固桅杆，再次升起船帆。伊丽莎白·霍普金斯（Elizabeth Hopkins）在这条摇摆的船上生了孩子，她给儿子起名为奥西那斯（Oceanus）。这条船被海风吹得严重远离了航线，没能在弗吉尼亚登陆，而是停靠在大风肆虐的科德角（Cape Cod）海岸。不愿再在海上冒险的朝圣者停船上岸，去寻找希冀中的一个新的、更好的英格兰，一个新的起点。但是，布拉德福德写道："除了一片奇形怪状、渺无人烟、到处都是野兽和野人的荒原，他们还能看到什么？"他们跪在地上，赞美上帝他们还活着。他们抵达的当天，在遭遇了布拉德福德所谓的"巨大挫折"之后，在一条他们想象的所有人同舟共济的国家之船上，签署了一份文件，承诺"立约并将大家结合成一个公民政体"[25]。他们以船的名字给协议命名，称《"五月花号"公约》。

在弗吉尼亚定居的人们得到过国王的特许状，但定居在他们称为"新英格兰"的地方的那些男人、女人和孩子没有任何特许状，他们是为了摆脱他的统治而逃出来的。17世纪，英格兰的宗教异己分子同样也是政治异己分子，他们面临着被监禁和处决的惩罚。但如果詹姆斯神圣的统治权受到逃离他权威范围的异己分子的挑战，那么议会也会质疑他的统治。国王和议会之间的斗争将会使另外几万人流亡大洋彼岸，到殖民地那里去寻求政治自由。冲突同样会激发人们心中对专制统治深刻而持久的反叛精神。

正当新英格兰的异己分子在他们命名为"普利茅斯"的殖民地的第一个冬

天苦苦挣扎时，议会议员开始挑战过去的传统，即只有在国王召唤的时候才会召开议会。1621年，爱德华·科克在雷利1618年被斩首后逐渐成为詹姆斯最狡猾的对手。他宣称议会有权讨论所有国家大事。国王将科克抓了起来，把他关进伦敦塔并解散了国会。雷利在监狱里写了一部世界史，科克将写就一部法律史。

为了收集反抗国王的法律依据，科克翻出了一本尘封多年、几乎被遗忘的古代法律文件，名为《大宪章》（Magna Carta）。1215年，约翰国王在《大宪章》中向贵族们承诺将遵守"国内法律"。《大宪章》的文本与科克整理的结果相比，重要性相差甚远。《大宪章》没有科克所说的那么重要，但通过论述它的重要性，科克使它变得重要，不仅是为了英国历史，也是为了美国历史，它将英格兰殖民地上每个人的政治命运，与中世纪一个坏国王的怪异行为联系在了一起。

约翰国王生于1166年，是亨利二世最小的儿子。年轻的时候，他师从父亲的首席大臣雷约夫·德·格兰维尔（Ranulf de Glanville）。格兰维尔曾致力于撰写一部有关英国法律的最早期评论，试图处理"法律如果没有被人写下来能否成为法律"这一相当微妙的问题。[26]格兰维尔承认，将国内所有法律和法规都变成文字是完全不可能的。他认为，这就意味着不成文法依然是法律，它们是大量先例和习俗的纪实，共同构成了"普通法"[27]。

格兰维尔的深思将他引入了另一个更微妙的问题：如果法律没有书写下来，或即便书写了下来，我们靠什么理由或力量来约束一位国王遵守这些法律？自公元前6世纪起，国王们一直以书面形式强调他们的统治权。[28]而至少从公元9世纪开始，他们一直以宣誓的形式接受司法的监督。[29]1100年，在《大宪章》中，"征服者"威廉的儿子亨利一世承诺要"废除所有使英格兰王国受到不公正压迫的邪恶习俗"，这（他并未遵守这一承诺）是一个先例，格兰维尔可能希望借此来限制亨利一世的重孙子约翰国王。[30]

不幸的是，国王约翰是个专制君主，无视《大宪章》的存在。他比以往任何一位国王征税都更高，而且他把大量的货币要么运出国境，要么放在他的城堡里，这样任何人都难以用钱来支付税款。当他的贵族成为他的债务人，他就把他们的儿子作为人质。他曾把一个贵妇和她的儿子饿死在地牢里。传言说他还下令砸死了一个办事员。[31]必须要做些什么了。

1215年，发动叛乱的贵族们占领了伦敦塔。[32]当约翰同意面见他们进行和平谈判时，他们聚集在伦尼米德（Runnymede，泰晤士河畔的草场），贵族们向约翰提交了一份长长的、后来被重写为宪章的要求清单。国王在宪章授予王国的"所有自由人"——也就是说，不是全国人民，只是贵族——"余等及余等之子孙后代，下面附利之各项自由。"[33]这就是《大宪章》。

《大宪章》几乎从成文之日起就被废除，到詹姆斯国王和难以管制的爱德华·科克产生争端之时，它变得更加模糊不清。但科克是个聪明的政治策略家兼法律学者，他在17世纪20年代复活了它，并开始称之为英格兰的"古宪法"。当詹姆斯国王强调君权——君主高于法律的古老权力时，科克以他的古宪法予以反击，坚持认为法律高于国王。"《大宪章》是这么个家伙，"科克说，"它没有君主。"[34]

科克复活《大宪章》充分解释了为什么在将来的某一天，英国殖民者会相信国王无权统治他们，为什么他们的后代会相信，合众国需要一部成文宪法。但《大宪章》还扮演了一个更加重要的角色，那就是它在真理的历史上扮演的角色——英格兰的历史进程与欧洲其他任何地方都不一样。

《大宪章》所确立的最关键的权利是陪审审判权。多少世纪以来，在整个欧洲，有罪和无罪或是由神判法（水审、火审）决定的，或是由决斗来裁定的。神判法和决斗既不需要证据，也不需要证词和审问。其结果本身就是证据，而且是唯一可接受的司法证据，因为终审权在上帝手里。不过，这种审判很容易被滥用，因为牧师很可能受到贿赂。于是到1215年，教皇取缔了神判法。在欧洲，神判法被一种新的神圣审判体制所替代：法庭拷问。但在英格兰（那里有一种召集陪审团来公审民间争执的传统，如邻里间房产地界争端），神判法不是由法庭拷问而是由陪审审判制所取代的。这种局势的出现有一个理由：就在教皇废除神判法的当年，约翰国王在《大宪章》中承诺："任何自由人，如未经其同级贵族之依法裁判，或经国法审判，皆不得被逮捕、监禁……"[35]在英格兰，不论是民间争执或者是犯罪调查，真相都是由人，而不是由上帝决定的，不是由刀剑之战决定的，而是由事实之争决定的。

这一转折标志着人类知识史上一个新时代的开始：它需要一套新的证据原则和新的调查方式，并最终催生了这样一种观点：被观察到或被目睹的行为或事物——事实的本体和内容——是真相的基础。法官判断法律，陪审团判断事实。神秘事物属于信仰问题，是一种不同的、只有上帝知道的真相。但是在宗教改革期间，当英格兰教会脱离罗马天主教会、反对教皇的权威并在《圣经》中寻找真理时，教会的奥秘被揭开，牧师的秘密也被揭露出来。神秘时代开始远去，很快，事实文化从法律层面进入了政府层面。[36]

在17世纪的英格兰，国王与议会之间问题的实质是对知识本质的争论。秉持君权神授观念的詹姆斯国王坚持认为他的权力不能受到质疑，而且不属于事实的范畴。他说："讨论与王权神秘性有关的问题是不合法的。"[37]争论国王的神圣权力，是要从神秘、宗教和信仰领域中移除王权，将这种权力纳入事实、证据和审判的领域。授予殖民地特许状，就是在事实的基础之上建立法律，是对神秘统治的否认。

国王凭什么权力进行统治？议会怎样才能约束他？1625年，詹姆斯死后，他的儿子查理加冕为王，查理同样坚信君权神授。3年后，科克（已76岁）回到了议会。他反对查理利用王权将士兵驻扎在臣民家里,未经审判将抗税的人关入监狱。科克宣称国王的特权应该受《大宪章》的制约。[38]在科克的建议下,议会起草并向国王提交了一份《权利请愿书》,其中引用了《大宪章》,坚持认为国王无权在未经陪审团审判的情况就关押臣民。如果科克在英国取得了成功,英格兰在美洲的殖民地就不会是后来的样子了。但事实相反,1629年,国王禁止科克出版他对《大宪章》的研究成果,并解散了议会。正是这一行动,使成千上万的国王臣民横渡那浩瀚而狂暴的大洋逃离英国。

1630年到1640年间,即国王查理在没有议会存在的统治期,一批2万多异见分子横渡大洋,逃离英国来到新英格兰定居。其中有一个叫约翰·温斯罗普(John Winthrop)的,他不苟言笑,但意志坚定,留着范戴克式的胡子,身着浆硬褶裥衣领衬衣。他决定加入在马萨诸塞湾建立殖民地的一次新远征。与布拉德福德想脱离英格兰教会的朝圣者不同,温斯罗普属于一群被称为"清教徒"的宗教异见者(因为他们想净化英格兰教会,但因议会解散而失去了职位)。1630年,温斯罗普(后来成为马萨诸塞的首任总督)给同行的殖民者写了一篇讲话,叫《基督教慈爱之典范》(A Model of Christian Charity)。《"五月花号"公约》将普利茅斯的殖民者联盟描述为一个政治团体,而温斯罗普将他的人描述为以爱为纽带联结在一起的基督的身体。"由于他们必须分享彼此的力量和软弱、喜悦和悲伤、幸福和痛苦,因此在这一特殊关系里的这具身体的各个部分之间的联系是如此紧密。"他引用《多林哥前书》第12章的第一段经文说。"若一个肢体受苦,所有的肢体就一同受苦;若一个肢体得荣耀,所有的肢体就一同快乐。"他说,在这里,在他们的新英格兰,他们将在山上建一座城,如同基督在《山上宝训》(Sermon on the Mount)(《马太福音》,5:14)中所要求的那样:"建造在山上的城是无法遮盖起来的。"[39]

殖民地沿大西洋海岸迅速涌现，如香蒲草一样沿池塘边生长。罗杰·威廉姆斯（Roger Williams）曾做过科克的速记员，也加入了马萨诸塞湾远征，尽管他于1635年因支持宗教宽容而被驱逐。第二年，他创建了罗得斯。1624年，荷兰人已定居于"新阿姆斯特丹"（后成为纽约）；1638年，瑞典殖民者建立了"新瑞典"，这是由后来的新泽西、宾夕法尼亚和特拉华州的一部分构成的殖民地，它甚至不是清教徒的殖民地，也是由这种或那种宗教异见分子建立的。以查理一世的天主教夫人亨利埃塔·玛丽亚（Henrietta Maria）命名的马里兰，作为天主教徒的避难所出现于1634年。康涅狄格和罗得斯一样建于1636年。纽黑文建于1638年，新罕布什尔建于1639年。

1629年，马萨诸塞湾启用了一枚殖民地印章，以此来美化殖民行为。印章上刻有一名几近裸体的印第安人，正乞求英国人"快来帮助我们"。马萨诸塞文档库版权

英国移民通常是举家移民,有时甚至是整个镇子移民,他们希望建立一个基督教共同体,一个与所有人的共同福祉相关、公共利益高于个人利益的宗教社区。"对公众事务的关注必须支配私人事务的方方面面,"温斯罗普说,"因为这是一条真理:个人财产无法存在于公共利益的废墟中。"他们期待着全世界的关注。"所有人的眼睛都在看着我们。"温斯罗普说。他们的世界是一个有序的世界,一个等级和服从的世界。他们把家庭看作"小国",父亲是领袖,如同大臣是会众的领导,国王是臣民的头儿。他们在饲养动物的公共用地周围修建城镇。他们并不认为对公共利益的承诺与追求富贵的渴望是矛盾的。他们相信天意:凡事有因,决于上帝。

财富是上帝恩宠的标志,为财富积累财富是一项大罪。新英格兰人期望通过农业和贸易而兴旺发达。"在美洲,宗教和利润同台共舞。"爱德华·温斯洛(Edward Winslow)在谈到普利茅斯时说道。[40]他们通过城镇会议自我管理。他们的生活以教堂或会议室为中心:在定居的前20年中,他们修建了40多座这样的建筑。在英格兰时,他们筹集资金,许诺将用于"传播福音",就是说,用于劝说印第安人改信基督教。马萨诸塞启用了一枚殖民地印章,刻着一个近乎裸体的印第安人,高喊"快来帮助我们",借用了《圣经》中期盼基督的马其顿人的典故。1636年,新英格兰的清教徒为教育英国和印第安青年在剑桥创建了一所学校:哈佛学院。第二年,在康涅狄格,殖民者和佩科特(Pequot)印第安人之间的战争爆发。战争结束时,殖民者决定将被俘的印第安人贬为奴隶,卖给加勒比地区的英国人。1638年,新英格兰的第一批非洲奴隶被装在"欲望号"上运到了塞勒姆(Salem),这艘船曾经将佩科特战俘运往西印度群岛。据温斯罗普的日记记载,这些战俘换来了"棉花、烟草和黑人"。新英格兰的非洲人不多,但新英格兰人的确在加勒比海的遥远海岸设有奴隶种植园。[41]

殖民地的英国人认为他们作为自由人的权利源自保证了即使是国王也要遵守当地法律的古宪法。卖掉印第安人并买下非洲人的是同一批人。他们凭借什么权力在山上的城市里统治其他人？当地法律是什么样的？

III.

英属美洲的非洲人特别多。英格兰在建立殖民地的进程中来晚了，在非法交易奴隶的进程中也晚了。但它一旦进入这种贸易，便开始占据统治地位。1600年至1800年，有100万欧洲人移民到了不列颠美洲，同期有250万非洲人被强行运到这里，运奴船一只接着一只，日夜不停。[42]非洲人死得很快，但作为移民人口，他们的人数超过了欧洲人，比例是2.5∶1。

奴隶市场，插画，选自尚邦（Chambon）《美国商业通论》（*Traite General du Commerce de l'Amerique*）。欧洲奴隶贩子在检查准备购买的奴隶时，有时会舔一下他们的皮肤，他们相信通过汗液的味道能够判断奴隶是否健康。法国南特市图书馆（PRC BW）

英国人曾经讲述美洲"西班牙人残忍"的血腥故事,他们也一直谴责葡萄牙人在非洲的奴隶贸易。一个叫理查德·乔布森(Richard Jobson)的英国商人在1621年告诉某个想卖给他奴隶的冈比亚人,"葡萄牙人和我们不一样。"葡萄牙人像买卖动物一样买卖人口;但乔布森说,英国人"不会进行这种商品交易,我们不买卖他人,或者和我们有着同样外形的东西"[43]。

但到了17世纪40年代,当英国殖民者开始在巴巴多斯种植甘蔗时,他们将这条长期坚持的信条弃之如敝屣。种植甘蔗比种植烟草需要更多的人力。为种植这种难以生长但利润巨大的新作物,巴巴多斯种植园主总是从西班牙人和荷兰人那里买进非洲人。1663年,英国进入奴隶贸易业不久,他们成立了"英国皇家探险者非洲贸易公司"(Company of Royal Adventurers of England Trading With Africa)。在17世纪的最后25年里,由英国船长掌舵、英国水手服役的英国海轮将500多万戴着镣铐的男人、女人和儿童(铐在船上的把手上)运到大洋彼岸。[44]他们的船不是克服了重重困难的国家之船,不是另一艘缔结契约的"五月花号"。他们的船是奴役之船,捆绑他们的是锻造的镣铐。他们低语、哭泣;他们尖叫、沉默;他们生病;他们悲伤;他们死去;他们忍耐。

英国奴隶商购买的许多非洲人讲班图语,他们来自今天的塞内冈比亚(Senegambia)地区;有些人讲阿肯语,他们来自今天的加纳;其他人讲伊博语,来自今天的尼日利亚。在前往非洲海岸的过程中,在跨越大西洋的航行中,在加勒比海的群岛上,在美洲大陆上,尤其在那些船舱里,他们的死亡人数相当惊人。他们相信人死后还活着。他们用阿肯语说"Nyame nwu na mawu",意思是"神明不会死,所以我也不会死"[45]。

英国人到底有什么权力把这些人变成奴隶?和在1550年与巴托洛梅·德拉斯·卡萨斯在巴利亚多利德(Valladolid)进行辩论的胡安·塞普尔韦达一样,他们同样也指望古代专家,然而发现这些专家并不能胜任。按照罗马法,所有人生而自由，只有国家法律才能在少数情况下判他们为奴隶，比如，当他们成为战俘，或为了还债而出售自己。亚里士多德曾反对罗马法，他坚信有的人生来就是奴隶。因为有关蓄奴制的法律与蓄奴制本身，这些古代传统没能为试图使他们的蓄奴制合法化的英国殖民者提供很大帮助，在14世纪就从普通法中消失了。巴巴多斯的一个英国人在1661年说，现在"无路可以引导我们朝哪里走，也没有规则告诉我们怎样管理这些奴隶"[46]。在无路或无规则引导的情况下，殖民议会（Colonial Assemblies）采取了一些新措施，设计出一些新法，以此为基础，试图以此在"黑人"和"白人"之间设定一条界线。早在1630年，弗吉尼亚的一个英国人因"和黑人躺在一起而玷污了自己的身体"，遭到当众鞭笞的惩罚。[47]采取这些措施并通过这些需要颠覆英国法律，因为现有的英国法律中的很多内容损害了奴隶主的诉求。1655年，一个母亲为非洲人、父亲为英国人的人援引英国普通法要求获得自由，因为普通法规定，孩子的身份跟随父亲而不是母亲。1662年，弗吉尼亚市民议会回答了"英国男人和黑人妇女所生的孩子是奴隶还是自由人"的问题。他们找到了一条古代罗马规则：partus sequitur ventrem（随你母亲）。自此之后，奴隶妇女所生的任何一个孩子都将继承母亲的身份。[48]

美国历史上令人感到相当不适的讽刺之一是，为奴隶制和管理奴隶而辩护的法律中，也写入了自由和自由人政府的新观念。1641年，为了给以佩科特人换非洲人的交易提供法律依据，马萨诸塞立法机构通过了《各类自由之主体》（The Body of Liberties），这是一份清单，列举了100项权利，其中许多出自《大宪章》（一个半世纪之后，其中的7条权利出现在美国的《人权法案》中），《各类自由之主体》包括此条禁令："我们不允许奴隶、农奴或拘役的存在，除非是在正义之战中获取的合法战俘，并且这些陌生人自愿卖身或由他人卖给我们。"取自罗马法的这一奴隶条款为殖民者出售1637年佩科特战争中被俘的佩科特人和阿尔冈昆人提供了特定的法律保护，也为买卖非洲人提供了保护——他们被描述成"陌生人"，即"被卖给我们"的外国人——所以这里没有需要讨论的法律问题。[49]再过一个半世纪，新英格兰人才愿意重新将蓄奴制的合法性拿出来争论。

船只穿梭的航线将殖民者与英格兰、加勒比和西非紧密相连，他们借此推动了自己的法律进程。当英格兰殖民者为蓄奴辩护，并坚持他们拥有不受限制的统治权时，这些国王的臣民仍在争取限制国王的权力。在什么条件下某些人才能有统治权，或反叛权，而其他人却没有这些权力？1640年，国王查理终于召集了一次议会大会，希望能筹集到资金去镇压苏格兰叛乱。新议会否决了国王的提议，通过了一条进一步限制国王权威的法律，要求议会每三年必须召开一次大会，无论是否经皇家召集。国王支持者和议会支持者之间的战争最终于1642年爆发。在这场争战中，国王神圣权力的法律拟制让位于另外一个法律拟制：人民的主权。[50]

这种将乘风破浪抵达大洋彼岸的思想，其基础是代表的观念。英国议会于13世纪首次召开，当时国王将贵族们召集到宫中谈话，要求他们承诺服从他的法律并向他缴纳税款。没过多久，这些贵族推说他们的这些承诺并非为了他们自己，从另一种意义上说，他们"代表"了其他人，即他们家臣的利益。这些在17世纪40年代参与谈判的贵族——现在叫"议会"——挑战国王，以他们自己的统治权来对抗国王的统治权：他们宣称代表人民，人民才是君主。他们这么说，是因为在远古的某个时候，人民就授权他们作为代表。保皇党人指出这纯属荒唐。在此刻"还是人民的，下一分钟就可能不是人民的人"，怎么可能行使统治权呢？人民到底是谁？还有，到底什么时候他们曾赋予议会代表他们的权利？1647年，平等派抱着解决这一细小问题的希望，起草了一份《人民公约》（*An Agreement of the People*），希望每个英国人都在上面签字，授权议会的代表们具有代表自己的权力。[51]这项提议没有实现。而在1649年,国王因叛国罪受审,并被砍了头。

诞生于同一争论的是有关言论自由、宗教自由和出版自由的基本思想,这些思想的前提被中世纪的教会视为异端,在自由和真理之间并无冲突。1644年,清教徒诗人约翰·弥尔顿——后来《失乐园》的作者——出版了一本小册子,攻击了一条议会通过的法律,即要求印刷商发表任何东西都要获得政府颁发的许可证,这一要求可以追溯到西班牙宗教法庭。弥尔顿争辩说,任何书在出版前都不应经过审查(尽管书在出版后可能受到指责),因为只有允许和谎言搏斗,真理才能确立起来。"让她和谎言去搏斗吧",因为"在自由和公开的碰撞中,谁曾见真理落于下风"。这个观点是基于对人的理性能力的认识。弥尔顿认为,人民并不"愚钝,而是思维敏捷、聪明灵巧、精神敏锐、善于发明、微妙健谈,绝不低于人类最高能力的任何一点"。[52]

在罗得斯,罗杰·威廉姆斯专注于"良心的自由"的成因,其观念是人们思考得越自由,就越有可能接触到真理。在一封写于1655年的信中,威廉姆斯借鉴了柏拉图《理想国》中的想法:政治社会如同船上的乘客,这是一个深受渡过了极其危险的大洋的人喜爱的比喻。"有很多船出海,每条船上有数百个灵魂,他们的幸福和伤痛是共同的。这是一个共同体、人类联合体或社会的真实图景,"威廉姆斯写道,"有时天主教徒和清教徒、犹太人和土耳其人可能登上的是同一条船。"威廉姆斯强调说,船长应该保护他们以他们想要的方式进行祈祷的自由,确保"没有一个天主教徒、清教徒、犹太人、土耳其人被迫参加船上举行的祈祷活动,也不能排斥他们自己特定的祈祷活动(如果他们信教的话)"[53]。

在宗教异己分子和政治异见分子日渐增长的年代,威廉姆斯在他的理想王国里的引人注目之处不仅包含了天主教徒和所有的新教徒,还包含了犹太教徒和穆斯林，他想象出的是一艘气势宏大的航船。在1649年到1660年间，英格兰没有国王，成为一个共和国，人们认真地对待共和国的概念，在同一条船上的每个人都和他人一样，也更容易假装这世间的确存在"人民"这样一种事物，而且他们是……他们自己的君主。在英格兰，新的宗派开始兴起，从浸礼会到贵格会。掘地派主张土地公有制。平等派呼吁政治平等。与此同时，在大洋彼岸，殖民地数量不断增长，殖民者也逐渐将自己看作人民。毋庸置疑，大部分英属美洲殖民地本身就是宗教叛逆和政治反叛的结果，每个殖民地都有自己的人民统治和言论自由的实践。大多数殖民地成立了议会（公众选举的立法团体）并制定了自己的法律。到1640年时，已有8个殖民地有了自己的议会。巴巴多斯（英国人于1627年开始定居）在1651年宣布，英国议会无权干涉其内部事务（不管怎样，这主要是关于蓄奴法）。

1660年君主政体的复辟和查理二世的加冕代表了对宗教宽容进一步的承诺，新国王保证"任何人不得因宗教见解的差异遭到骚扰和质询"。这种精神扩散到大洋对岸，特别是那六个复辟殖民地——那些在查理二世当政期间创建或纳入英国统治的殖民地。纽约和新泽西成为贵格会、长老派和犹太人的宗教避难所，1681年，查理二世赐给贵格派威廉·佩恩（William Penn）的宾夕法尼亚亦然。佩恩把宾夕法尼亚称作他的"神圣的试验"，并希望它能成为"一个国家的种子"。1682年，他在《宾夕法尼亚政府体制》（新殖民地宪法）规定了民选大会和崇拜自由，规定"生活在本省的任何人，只要他认可并承认一个全能永恒的上帝是世界的创造者、维持者和统治者，而且承认自己在良心上有义务和平、公正地生活在公民社会之中，就应该在任何情况下不因他们在信仰和崇拜方面的宗教派别和惯例而受到骚扰或歧视，在任何情况下都不得强迫人们经常性地参与或维持任何宗教活动，无论在什么地方，由什么牧师主持"[54]。和平依赖宽容。

威廉·佩恩手迹。1681年，查理二世将后来成为宾西法尼亚洲的土地赐给了英国贵格会议员佩恩，后者在这块殖民地上展开了一场"神圣实践"。美国国会图书馆

英属美洲的殖民者以新的章程、新的宪法、新的奴隶法推翻了假设，并重写了规范统治者与被统治者之间关系的法律。在一个世纪的有关内部事务的争吵中，英格兰和美洲之间的水域成了某种镜子：起草新法规的人在他们的反思中看到了政治哲学家；政治哲学家在他们的反思中看到了殖民地立法者。没有几个人能像约翰·洛克那样对这种关系进行深思熟虑。他是政治哲学家，同时又是殖民地的立法者。

洛克是牛津基督教堂学院的指导教师，他双颊凹陷，鼻子很长，看上去像是一只猛禽。他从未结过婚。他有一个学生是沙夫茨伯里伯爵（Shaftesbury）

的儿子。伯爵任英国财务大臣,病得不轻。1667年,洛克离开牛津,任沙夫茨伯里的私人秘书,同时还负责照顾伯爵的身体。他搬进了沙夫茨伯里的埃克塞特府。沙夫茨伯里恰好忙于殖民地事务,负责成立各种贸易和种植园会,包括卡罗来纳殖民地业主董事会(查理把这块殖民地特许给议会的八个曾经帮助他复辟的议员)。洛克成为殖民地大臣。

作为大臣,洛克在写完《论宽容》后不久,在撰写《政府论》(*Two Treatises on Civil Government*)的同时,起草并随后修订了殖民地宪法,这些著作后来对美国宪法的制定者产生了巨大的影响。[55]洛克从未到过大洋彼岸,但他对殖民地的土地挖掘至深,并埋下了微如他笔尖的革命种子。

与洛克《论宽容》的观点一致,他的《卡罗来纳基本法》(*Fundamental Constitutions of Carolina*)为宗教言论自由奠定了基础。"不承认上帝的、不公开而庄严地崇拜上帝"的人将不得定居并拥有土地,但除此之外,任何信仰都可以接受,宪法严格规定"异教徒、犹太人和其他对基督教的纯洁性持异见的人士也不得受到恐吓和疏离"。秉承同一种精神(加入到了始于1492年,并统治西班牙王室大半个世纪的论争之中),卡罗来纳宪法还规定原住民的异教教义不足以成为抢夺他们土地的基础。"那个地方的原住民,"宪法强调,"对基督教完全陌生,他们的偶像崇拜、愚昧或过错,并未赋予我们驱赶和虐待他们的权力。"[56]那么,英国有什么权力占据他们的土地呢?

回答这个问题要靠洛克的哲学。基本法中建立的政府是一种实践,但在《政府论》中,洛克试图从哲学的高度解释政府是如何出现的。他从设想一个自然状态开始,即政府出现之前的状态:

> 为了正确地了解政治权力,并追溯它的源头,我们必须考究人类原来自然地处在什么状态,那是一种完备无缺的自由状态,他们在自然法的范

围内，按照他们认为合适的办法，决定他们的行动和处理他们的财产和人身，而无须得到任何人的许可或听命于任何人的意志。

这不仅是一种思想试验，也是一个已知地点，他写道："在最初，全世界都像美洲。"

在洛克看来，这种自然状态就是"完全自由"，"同时也是一种平等"的状态。洛克的平等主义，部分来自他的基督教理念，以及上帝面前人人平等的理念，"最为明显的是，人们生来就享有自然的一切同样的有利条件，能够运用相同的身心能力，就应该人人平等，不存在从属或受制的关系"。在这种自然的、完全平等的状态下，人们创造了公民社会——政府——为的是维护秩序、保护财产。

要想理解政府是怎么产生的，就需要理解人们是怎样拥有财产的。在洛克看来，这需要借鉴美洲的例子。洛克《政府论》中有一半关于美洲的参考资料都在"论财产"这一章里。[57]例如，他考察过波瓦坦国王，洛克很可能把这位国王的鹿皮披风拿在手里把玩，并触摸上面的蜗牛壳，因为这件披风就存放在牛津的一家博物馆里。"美洲的印第安国王，不过是他们军队里的将军"，而这些印第安人没有财产，也"根本就没有政府"。波瓦坦这样的国王也不拥有主权，据洛克分析，因为他们不耕种土地，他们只是住在那里。"上帝将土地赐予人类所共有"，洛克写道，但"他的意图不是土地永远都是公有的，永远都是荒废的。他将土地赐予勤劳而富有理性的人（而'劳作'使这些人取得所有权）"。那些浪费了"巨大面积的土地"——未曾开垦——和那些土地公有的人，可以说还尚未"加入人类的大家庭"。一个不相信土地可以被拥有的族群不仅不能立约出售土地，也不能说他们拥有政府，因为政府只因保护财产而存在。

这种想法并没有什么特别的新奇之处。1516年，托马斯·莫尔在《乌托邦》（Utopia）中就写过，从那些"不会利用土地而任其闲置和荒废"的人手中夺走土地，是"战争最正义的理由"。[58]但洛克一面在不断推动宗教宽容度，一面又在极力区分英国的殖民与西班牙的征服，他觉得强调土地的缺乏开垦比强调宗教的差异更具说服力，更能为占有土地提供更好的理由，这种观点影响深远。

在《卡罗来纳宪法》和《政府论》中，洛克不仅探讨了财产，还探讨了奴隶制。事实上，《政府论》开篇第一个词就是"奴隶制"。他写道："奴隶制是一种可恶而悲惨的人类状态，直接违背我们民族的宽宏性格与英勇气概，一个英国人（别说是绅士了）会去为它辩护，这几乎令人难以想象。"这是对罗伯特·菲尔默（Sir Robert Filmer）爵士的驳斥，后者在他的《君权论》（Patriarcha）中认为，国王的神圣权力来源于上帝赐予亚当的统治权，不可置疑。在洛克看来，相信这些，无异于相信国王的臣民无非都是奴隶。洛克辩解道，国王的臣民应该是自由人，因为"人的自然自由，就是不受人间任何上级权力的约束，不处在人们的意志或立法权之下，只以自然法作为他的准绳"。洛克还说，人人生而平等，有天然的生命权、自由权和财产权。为了保护这些权利，他们一致同意组建政府。在洛克看来，奴隶制既不属于自然状态，又不属于公民社会。奴隶制是国家的法律问题，"仅仅是合法征服者和被俘者之间的持续战争状态。"因此，将奴隶制作为政治秩序的基础引入卡罗来纳，即建立一种与洛克所理解的公民社会不一致的制度。宪法中称，"卡罗来纳的每个自由人对他所拥有的黑人奴隶具有绝对的权力和权威。"这就是说，尽管洛克强烈肯定人的自然自由权，宣称绝对权力就是专制，但在美洲，一个人可以占有另一个人的权利——在自然状态下或在公民政府下难以想象，在其他任何制度安排（除非是战争状态）下也难以想象——不仅是可能的，而且是合法的。[59]

解决这一矛盾的唯一办法，即解释为什么有些人生来自由而另一些人则不是，乃是播撒另外一粒种子：种族观念。它需要很长的时间去生长，需要更长的时间才枯萎。

IV.

美洲革命并非始于英国的殖民者，而是始于他们所统治的人。早在列克星敦和康科德的枪声响起之前，在乔治·华盛顿穿越特拉华之前，在人们还没有想到美国独立之前，革命的传统就已成形，塑造此传统的不是美洲的英国人，而是发起战争的印第安人，以及发动造反的奴隶。造反、起义和叛乱接连不断。他们的革命行动一浪高过一浪，不断冲击着这块土地。他们不断提出同样的问题：我们凭什么遭受奴役？终有一天，这些殖民者自己也会发出同样的疑问。

英格兰殖民者似乎常认为这些叛乱属于一种阴谋，特别是，如1675年和1676年，叛乱接踵而来，这些都远在这群英国人为自身独立而战的一个世纪之前。1675年6月，一个由米塔科姆（Metacom）酋长（英国人叫他"菲利普王"）领导的、由新英格兰的阿尔冈昆人组成的同盟试图赶走他们土地上所有的外国人，他们向一座座城镇发起了进攻。"全国的印第安人都在起义。"一个英国人写道。战争尚未结束，新英格兰半数以上的城镇不是被毁，就是被弃。米塔科姆被击中、被开膛、被肢解、被斩首，他的头颅被挂在普利茅斯的柱子上——遭受国王式的惩罚。他九岁大的儿子被当作奴隶卖掉，运往加勒比海，那里的巴巴多斯奴隶叛乱正好爆发。巴巴多斯的英国人认为这些非洲人"企图杀死所有的白人"，他们的"宏伟构想是为自己选择国王"。（岛上的立法者颇感惊恐，他们迅速通过了一条法律，禁止购买从新英格兰运来的印第安人奴隶，唯恐会加剧暴乱。）其实新英格兰和巴巴多斯"尝到的是同一个杯子里的苦水"，一个新英格兰殖民者评论说。

这个"杯子"里的水洒了。新英格兰的战争持续升级，巴巴多斯被叛乱者占领，原住民开始攻击英国在马里兰和弗吉尼亚的城镇，弗吉尼亚总督威廉·伯克利（William Berkeley）被迫宣布，"新英格兰的印第安传染病"已经向南扩散。伯克利拒绝对印第安人进行报复，这导致了一个叫纳撒尼尔·培根（Nathaniel Bacon）的殖民者煽动叛乱。培根带领一支约500人的队伍冲入詹姆斯敦，将其焚为平地。若不是伯克利总督下台和培根患痢疾而死，肯定会有更多的混乱接踵而至。[60]

战争、反叛以及各种谣言充斥了殖民地的信件和报刊。消息传播得广阔遥远必然产生这样的效果，即种族分界线更加分明。在"菲利普王战争"开始前，新英格兰的大臣们曾试图让原住民改信基督教，教他们学英语，希望他们最终能和英国人生活在一起。战争之后，人们基本上放弃了这些努力。培根叛乱加深了白人和黑人之间的隔阂。在培根率兵火烧詹姆斯敦之前，贫穷的英国人基本没有什么政治权利。跨洋来到殖民地的英国男女，每四人中就有三人是负债人或是契约奴；他们不算奴隶，但也不是自由人。[61]选举权有财产要求，这意味着并非所有自由白人都可以投票。与此同时，奴隶可能被主人释放，这意味着黑人可能是自由人，而白人却可能是非自由人。培根叛乱之后，自由的白人男性获得了选举权，黑人男女则几乎不可能获得自由。到1680年，有位观察家指出，"黑人和奴隶这两个词"已"逐渐具有同等性质，可以互换"——你是黑人，你就是奴隶。[62]

对战争和叛乱的恐惧萦绕在英国殖民地的每一个角落，这里成了恐怖之地，政治动荡，令人担忧，物质条件十分脆弱。1692年，在马萨诸塞的萨勒姆城，19名男女因玩弄巫术而被治罪。不过，所谓的巫术，似乎是印第安人袭击的余波，是难以抹去的痛苦经历和恐怖记忆。在巫术审判过程中，莫西·肖特（Mercy Short）说魔鬼用火烧她，让她备受折磨，她描述这个魔鬼是一个"矮个子黑人……但不是非洲黑人，皮肤为深茶色，或印第安人的肤色"。魔鬼和他的女巫开始折磨莫西·肖特的两年前，她曾被阿贝内基人俘获，阿贝内基人洗劫了她在新罕布什尔的全家，杀害了她的父母和三个兄妹。莫西·肖特被迫步行到加拿大。在路上，她目睹了一桩桩暴行：一个5岁的男孩被剁成了几段，一个年轻的女孩被剥去了头皮，同时被俘的另一个人成为"残暴的牺牲品"——他被绑在桩子上用火烧，阿贝内基人从他身上一点一点地切肉。女巫称这魔鬼为"黑人"，波士顿总督考顿·马瑟（Cotton Mather）说："他们通常说他像个印第安人。"马瑟据此推测，黑人和印第安人是同一种魔鬼，是某种邪恶的工具。但折磨莫西·肖特的东西并非巫术，而是恐怖。[63]

即便在没有受到攻击的年代和地方，也常有它们的消息，这些消息都带着恐怖色彩。起义遍地都是，即便没有起义，也有对起义的恐惧。定居者们一直怀疑、猜测、镇压的阴谋，有些是真实的，有些是想象出来的，但都有一个共同点：一群奴隶或印第安人在计划推翻现政府并建立自己的政府。

战争、叛乱和传言：其实殖民者最害怕的是革命。1733年，90名非洲奴隶占领了丹属圣约翰岛，并将其控制了半年。1736年，在安提瓜岛（Antigua），一群黑人"筹划并展开行动，将岛上的白人全部杀死，在奴隶群中建立新政权，他们将完全拥有该岛"，他们的领袖是一个叫科特的人，他"在他的乡民中……承担国王的角色"。[64]有时候，反叛者会面临庭审，但通常情况下并没有审判。在对印第安人发动战争时，英国人倾向于放弃他们早先持有的关于战争在什么情况下是正义的观点；他们倾向于先发动战争，然后再为战争辩护。在镇压和惩罚奴隶起义方面，他们放弃了陪审团审判和禁止严刑拷打的规定。在安提瓜岛，根据新法律的条款，被指控犯有阴谋罪的人会受到酷刑，而且这项法律规定，各式各样的惩罚是合法的：黑人男子被车裂、被饿死、被慢火烤死、被活活绞死。1738年，在楠塔基特（Nantucket），英国殖民者认为他们发现了岛上印第安人的阴谋，这些人"要消灭所有英国人，先在夜间烧掉他们的房子，然后持枪进攻"。印第安人对此计划的解释是"英国人先强行抢走了他们祖先留下的土地，还永久占有"。[65]

征服永远是脆弱的，奴隶制永远不稳定。在牙买加，黑人和白人的比例是20∶1。有个叫库乔的人，逃出了种植园，自己在岛屿的内陆山区建立了若干小镇（英国人称之为Maroon，即"逃亡黑人"镇）。"第一次逃亡黑人战争"结束于1739年，停战条约的内容是英国人同意承认五个"逃亡镇"，并给予库乔及参战者自由和1500英亩土地。这曾是一场独立战争。

牙买加和安提瓜叛乱的消息在几个星期内就传到了卡罗来纳和佐治亚。几天后又传到新英格兰。大陆上的英国殖民者在这些岛上有家属——他们的奴隶在那里也有亲人。奴隶和他们的主人一样，焦急地在每一艘到港的船上打听消息，互换传闻。1739年，南卡罗来纳发生了一场"史陶诺动乱"。那里黑人和白人的比例是2∶1，100多名黑人发动了武装起义，杀死了20多个白人。"卡罗来纳看起来更像是一个黑人地区，而不是白人的定居地。"一名参观者写道。[66]叛乱者希望前往西属佛罗里达，那里的西班牙人已经承诺给逃奴自由。他们在行军途中高声呼喊着"自由！自由！"。他们的领袖叫杰米，生于安哥拉，会讲刚果语、英语和葡萄牙语，而且像其他叛乱领袖一样，他能读会写。[67]

什么样的法律能平息这些叛乱？什么样的惩罚能避免奴隶革命？这是殖民地立法者在砖瓦木石混合构建的会堂里争论的问题，尽管印第安人和非洲人威胁要拆毁这些会堂。1740年，"史陶诺动乱"之后，南卡罗来纳立法机构通过了《黑人与奴隶安顿和管理法》，其中包括一套新的处理统治者和被统治者关系的条款。它严格限制奴隶运动,确定了他们的待遇标准,设立了奴隶犯罪的惩罚制度,解释了他们的起诉程序,规定了审判他们的证据规程:在极刑案例中,起诉需由两名法官和一名陪审员(最少三人)在场听证。为防下一个杰米出现,像他那样教奴隶读懂书籍并宣扬自由,此法还规定,教授奴隶读书写字是犯法行为。[68]塞缪尔·帕切斯说,英国人相对于他们所统治的人民享有"文字优势",他们要保持这种优势。

反叛的消息在殖民地传播迅速,这是因为尽管奴隶被限制学习,但殖民者自身的文化水平在不断提高。殖民者开始印刷他们自己的册子和书籍,特别是发行自己的报纸。第一个成立于不列颠殖民地的出版社是在波士顿,于1639年成立。不列颠美洲殖民地的第一张报纸——《国内外公共事件报》(*Publick Occurrences*)于1690年在同一城市创刊。迫于审查,这张报纸只发行了一期,但创刊于1704年的第二张报纸《波士顿新闻通讯》(*Boston News-Letter*),却坚持了下来。这张报纸的印刷车间在狭窄拥挤的波士顿城的一条狭窄拥挤的街道上,离公共用地不远,在公共用地上能看到羊在吃草,时常能听到母牛的哞叫,在教堂钟声的映衬下发出无尽的嗡鸣。[69]

起初,殖民地印刷商报道最多的是欧洲的消息,但后来越来越多地开始报道相邻各殖民地实时发生的事情。他们还开始质疑权威,捍卫自身的自由,特别是新闻自由。这一观念最激烈的倡导者是本杰明·富兰克林,他1706年出生于波士顿,是一个清教徒兼蜡烛和肥皂制造商的儿子。

本杰明·富兰克林是父亲十个儿子中最小的一个,他的妹妹珍生于1712年,是父亲七个女儿中最小的一个。本杰明·富兰克林自学读书、写字,然后在家教妹妹。那时的女孩就像奴隶一样,几乎没人教她们写字(不过还是要教她们阅读,这样她们可以读《圣经》)。本杰明想当作家,父亲说可以,但只能负担得起他两年的学费(根本不送珍去上学)。他的哥哥詹姆斯在16

岁时成为一名印刷匠,本杰明就当他的学徒。此时詹姆斯·富兰克林(James Franklin)开始发行一份挑战权威的报纸,叫《新英格兰报》(*New-England Courant*)。[70]

《新英格兰报》不接受新闻界审查,它是新英格兰各殖民地中第一份"无执照"的报纸,意思是殖民政府没有给它颁发执照,也不在出版前审查内容。詹姆斯·富兰克林决定利用他的报纸批评政府和教会(当时二者基本上是一回事,而马萨诸塞奉行神权政治)。"你报纸的设计很简单,就是在取笑和辱骂上帝的神职人员。"考顿·马瑟生气地告诉他。1722年,詹姆斯·富兰克林因煽动性言论被捕。他入狱的时候,他弟弟这个勤奋的学徒接手报纸工作,那是本杰明·富兰克林的名字首次出现在报头。[71]

当他的小妹妹在家中浸蜡烛、熬肥皂的时候,年轻的本杰明·富兰克林决定将矛头指向政府。他刊登了《加图信札》(*Cato's Letters*)这本书的一些选段。本书由两位激进派作家所著,一位是英国人约翰·特伦查德(John Trenchard),另一位是苏格兰人托马斯·戈登(Thomas Gordon)。全书收录144篇有关自由本质的文章,包括言论自由和出版自由。"没有自由的思想,就不会有智慧;没有言论自由,就不会有公众自由。这些是属于每一个人的权利。"特伦查德和戈登写道。[72]珍·富兰克林也读到了这些文章,她在一个有叛逆思想的家庭中成长和学习,也开始考虑应该属于每一位女性的权利。

詹姆斯·富兰克林抗拒指控,出了狱,继续从事印刷出版,但在1723年,年轻的本杰明·富兰克林开始对哥哥嗤之以鼻,他放弃了学徒生涯,这也意味着他抛弃了妹妹珍。此后不久,15岁的珍结婚了。本杰明·富兰克林开始了他"从碎布到富人"的崛起。这个短语在当时既有比喻的含义,也有字面的含义:纸张是由碎布制造的,而富兰克林作为美洲第一个纸币印刷商,把碎布变成了财富。珍有12个孩子,其中11个死掉了,她过着远不如18世纪美洲普通人

（特别是女性）的生活，她生得贫穷：从碎布到碎布。

本杰明·富兰克林把妹妹留在波士顿，而他最终定居在一个干净整洁的贵格会小镇费城，于1729年开始出版自己的报纸——《宾夕法尼亚公报》（*Pennsylvania Gazette*）。在报纸上，他仍为出版自由而奋战。在1731年的一篇弥尔顿式的名为《印刷商的辩护》的文章里，他指出"人的见解如同他们的面孔一样千差万别"，但"印刷商接受了这样的教育，虽然人的见解不同，但争议的双方都有让公众听取他们见解的平等优势，当真理和谬误公平竞争时，前者将永远胜过后者"。[73]

事实文化已从法律扩散到政府的经验主义理念，但还没有广泛散播到报纸上。报纸上满是船运的消息和抓获逃奴的广告，也有奴隶叛乱、印第安战争、议会最新会议的消息。报纸对真理感兴趣，但也确立真理，如富兰克林所说，通过发表各方意见，让他们去争议。印刷商并不认为他们有责任只印刷事实，他们认为有责任通过富兰克林所说的"人们的见解"来确立真理，让最佳者获胜：真理自然彰显。

虽然事实文化尚未扩散到报纸，但它已经渗透到历史中。托马斯·霍布斯在《利维坦》中写道："关于事实知识的记录就是历史。"[74]美洲人从自己的历史事实中学到的一条教训与出版自由的限度有关，这些与他们的生活息息相关的事实，是他们决定捍卫的自由。

詹姆斯·富兰克林在波士顿陷入官司之后，下一场争取出版自由的战斗又在纽约打响。纽约是北美大陆最繁忙的港口，荷兰人的非洲奴隶曾在城边修筑了一堵墙，英国人手下的非洲奴隶又把墙拆掉，留下了华尔街。1732年，新总督抵达纽约，进驻市政厅办公室，市政厅是由非洲奴隶用拆墙的石头建造的。

威廉·科斯比（William Cosby）是个讲究体面的乡巴佬。与大陆所有殖民地总督（四个除外）一样，他也是由国王钦定的。他既没有任何特殊资质担当这一职位，也和他统辖的人没有任何联系。这个人贪婪、腐败。为了推翻他的统治，纽约的一个律师，本杰明·富兰克林的朋友詹姆斯·亚历山大（James Alexander）雇用了一个叫彼特·曾格（Peter Zengger）的德国移民，于1733年创立新报纸，名为《纽约周报》（*New-York Weekly Journal*）。报纸的大部分内容是《加图信札》的文章选登，以及主旨相近的文章，这些均由亚历山大所写，但匿名发表。"从古至今，没有哪个民族失去过言论自由、写作自由和出版自由，但他们因为成为奴隶而失去全部自由。"亚历山大写道。他说的"奴隶"用的是洛克的原意：屈从于绝对专制统治暴君的人。他明显指的不是在他自己家居住和干活的非洲人。纽约人中每五个人中就有一个是奴隶，奴隶建造了这座城，建造了城里巨大的石屋以及用木头和铁钉构筑的码头。他们挖土修路，也在黑人墓园挖好了自己的坟墓。他们挑泡茶的水，扛烧火的木，装船卸船，铺设奴隶市场的阶梯。但言论自由、写作自由和出版自由不属于他们。[75]

科斯比冷漠霸道，像许多飞扬跋扈、性情暴烈的后任统治者一样，不能容忍任何批评意见。他下令烧掉曾格发行的所有报纸，并以煽动性诽谤罪将曾格这个给别人打工的穷商人逮捕。

当所有人都认为政党破坏政治秩序的时候——"党派是多数人疯狂，几个人受益。"亚历山大·蒲柏（Alexander Pope）在1727年说——两个政治派别在乱哄哄的纽约城出现：宫廷党支持科斯比；国家党反对科斯比。"我们处在党派之争的烈焰当中。"丹尼尔·霍斯蒙登（Daniel Horsmanden）哀叹道。他是由科斯比任命的最高法院法官，但是个心胸狭隘、尸位素餐之人。但伦敦距此3000英里之外，需几个星期的航行时间，纽约什么时候才能从暴政总督的统治下得到解脱？纽约人开始相信，党派也许"不仅有必要存在于自由政府之中，而且会极大地有助于公众服务"。正如一个纽约人在1734年所写："政党之间是相互制约的，通过将彼此的野心控制在一定范围内来维护公共自由。"[76]

第二年，曾格在殖民地最高法院开庭受审，就是在那座石头建造的市政厅。人们并不知道报纸上的政论文章是由亚历山大所写，他担任曾格的辩护律师，直至科斯比任命的首席法官取消了他的辩护资格。后来是由费城精明老练的律师安德鲁·汉密尔顿（Andrew Hamilton）为他辩护。汉密尔顿并不认为曾格印发批评总督的文章涉嫌诽谤。相反，他说曾格所发表的文章内容是真实的——科斯比的确是一个十分恶劣的总督——相信陪审团不会不同意。在他的结束语中，汉密尔顿不仅借用了《加图信札》的素材，而且将此纽约的争议提高到史诗意义的层面，他雄辩的修辞手法到18世纪60年代已成常态，因为有更多的殖民地越来越痛恨英国的统治。汉密尔顿告诉陪审团，你们在此审理的"不是这位可怜的印刷商的事业，也不仅仅是纽约的事业。这是最重要的事业，是自由的事业"[77]。

陪审团成员一致做出曾格无罪的裁决。科斯比于第二年羞愧地死去。但纽约人对党派之争的热情并未减退。一段时间内，甚至出现过有关内战的谈论。国家党继续对饱受争议的科斯比继任者乔治·克拉克（George Clarke）提出质疑。克拉克向伦敦汇报说，他惊讶地发现纽约人的一种信念，"如果总督不称职，他们可以罢免他，再换一个"[78]。

人民可以罢免暴君，并用自己人替代暴君统治的想法当然并不令人吃惊：它隐藏在每一次奴隶反叛的背后。曾格审判事件后的几年里，他们担心这种阴谋会成为城市奴隶心中的恐惧，变成奴隶主自身难以摆脱的恶魔。1741年，全城燃起大火，克拉克的大宅——总督官邸——被焚为平地，许多纽约人坚信，大火是城中的奴隶点燃的。他们在计划一场反叛运动，除了更暴力些，就像18世纪30年代发生在安提瓜、巴巴多斯、牙买加和南卡罗来纳的反叛一样，而且与国家党掀起的反科斯比的叛乱并不完全相像。这些难道不是更可怕的党派之争的烈焰吗？

"黑人要起义了！"街头巷尾的纽约人高喊。城里的许多奴隶都是从加勒比地区来到纽约的；不少人来自发生过叛乱的岛屿。恺撒是一个荷兰面包师的奴隶，他同杰米（南卡罗来纳"史陶诺动乱"领袖）一样能读会写。恺撒还和一个白人女性生了孩子，是另一个跨越种族界线的例子。他是在纽约被捕的第一批奴隶之一，随之而来的是小道传言和他被屈打成招的消息。丹尼尔·霍斯蒙登觉得"城里的大多数黑人都是坏人"，他们计划杀害所有的白人，并选举恺撒为他们的总督。

纽约在18世纪30年代和40年代发生的事情在美洲政治史上奠定了一种格局。在霍斯蒙登的鼓动下，城里有150多名黑人被捕入狱，并遭到审讯。许多人遭受过折磨。曾格审判和恺撒等人的审判结果迥异。纽约白人认为，他们可以忍受党派之火的炙烤，可以容忍报纸上的政治异见，也可以忍受反对王室任命总督的政党，但以奴隶叛乱的形式出现，他们无法忍受。曾经裁定曾格无罪的法庭审讯定罪了30个黑人，判决13人绑在柱子上烧死，另外17人（与4个白人一起）被绞死。一个殖民者说1741年的处决行动是"一团黑人的篝火"。但这些也是党派的火焰。剩下的大多数被捕的黑人被迫离家，被卖到了加勒比海，这是一种被很多人看作比死亡更悲惨的命运。恺撒在绞刑架上拒绝认罪，被绞死在铁链上，他的尸体在街上示众达几个月之久，这样的处决是希望他的"例子和惩罚能够瓦解其他团体并引诱某些人披露邪恶的秘密"[79]。但邪恶的秘密并不是什么阴谋，而是蓄奴制本身。

反叛的浪潮冲击着英国的大西洋海岸达一个多世纪之久，从波士顿到巴巴多斯，从纽约到牙买加，从卡罗来纳又折回到伦敦。"统领大不列颠，统领巨潮；不列颠人从不做奴隶。"1740年出现在英格兰的一首诗成了帝国国歌，也是美洲的圣歌。谁也没有感到迷惘，早期现代世界里最强劲的自由呼喊来自这个世界的那块完全依赖蓄奴制的地方。

蓄奴制并非存在于政治领域之外。蓄奴制是一种政治形式，奴隶反叛是政治异见的一种暴力形式。"曾格审判"和"纽约奴隶阴谋"的意义远不止一场关于新闻出版自由的争论和一场被挫败的奴隶叛乱：它们是一场关于政治反对派本质的辩论的一部分，它们共同确立了政治反对派的界限。据说科斯比的反对派和恺撒的拥护者都在计划罢免总督。一种反叛受到称赞，另一种叛乱受到镇压——这种分裂将一直持续下去。在美国历史上，自由和奴役之间的关系立即变得阴暗和深邃：黑人反叛的威胁给白人的政治反对派以可乘之机。美洲的政治传统是由哲学家和政治家缔造的，由印刷商和作家缔造的，但也是由奴隶们缔造的。

1754年5月9日，本杰明·富兰克林在《宾夕法尼亚公报》上发表了一张木刻图，标题是《要么联合，要么死亡》。画面上是一条蛇，被切成了八段，从

《要么联合，要么死亡》，木刻版画，1754年，本杰明·富兰克林作。
该作品既可以看作一张政治漫画，又可以看作一张殖民地地图。
美国国会图书馆

头到尾用殖民地名称缩写标注：新英格兰、纽约、新泽西、宾夕法尼亚、马里兰、弗吉尼亚、北卡罗来纳和南卡罗来纳。

几个世纪以来，欧洲的国王和女王一直为如何瓜分北美而争斗，好像北美土地是一块可以分切的蛋糕。他们标注自己的领土，给城镇起名，然后发动战争；他们在地图上标注主权，通过画线、着色来划分区域。1861年，一张名为《北美主要部分分区图，分别标明属于英国、西班牙和法国的若干州》的地图被插进了伦敦印刷的一本地图集中，颜色是手工加上的。地图只简略地标注了土著人的土地，在靠近新墨西哥处模糊地写着"阿帕奇"（Apache）。像很多地图一样，它很快就过时了。英格兰和苏格兰在1707年结成了联盟，并继续与法国和西班牙进行断断续续的战争，战争蔓延到北美大陆，英国和法国都与印第安人结盟。殖民者以战时当政的国王或女王给这些战争命名：威廉国王战争（1689—1697）、安妮女王战争（1702—1713）和乔治国王战争（1744—1748）。北美最初分成了几大块，然后再继续分。

富兰克林的木刻画是一篇文章的插图，文章由富兰克林所写，内容是这些殖民地需要形成共同防御体系——对抗法兰西和西班牙，对抗印第安人的战争和奴隶的反叛。这时富兰克林48岁，已是一个有财富、有成就的人。他比其他贵格会市民穿着整洁，讲话温和有力。1754年4月，宾夕法尼亚总督任命他为专员，参加一个6月在纽约奥尔巴尼（Albany）举行的由各殖民地代表参加的会议，他们将与易洛魁联盟协商一项条约。易洛魁联盟即所谓的"六部族联盟"，包括莫霍克人、奥奈达人、奥农达加人、卡尤加人、瑟内萨人和塔斯卡洛拉人。"我们的敌人拥有巨大的优势，他们在同一个方向上，拥有一套行政体系和财务体系。"富兰克林写道，说明这种完整性是英国的美洲殖民地所缺乏的。[80]

自从1723年富兰克林从波士顿放弃学徒离开之后，他考虑过许多关于北美殖民地公民意识的计划，这些计划伴随北美殖民地的向西扩展远离海岸、远离群岛、远离伦敦，也远离彼此而生。其中许多计划主要是通过它们之间的相互交流来拉近各殖民地之间的距离。

作为新闻出版自由的斗士，富兰克林以各种方式推动知识的传播。1731年，他创建了美洲的第一个借阅图书馆——费城图书馆公司。1732年，他开始印刷出版《穷理查历书》（*Poor Richard's Almanack*）。此书遍及各个殖民地，给美洲人提供了一个共有的箴言商店，甚至成为一部可以共享的政治史。如6月的那一页，富兰克林加了这样一些话："公元1215年的本月15日，约翰国王签署了《大宪章》，宣布并确立英国自由。"1736年，富兰克林被选为宾夕法尼亚省议会文书；第二年，他就任费城邮政局局长，之后开始改进邮政服务。"建立新殖民地的最初艰辛任务（将人们的注意力仅限于必需品）现已圆满完成。"他在1743年的小册子《在英属美洲种植园中推广有益知识的提议》（*Proposal for Promoting Useful Knowledge Among the British Plantations in America*）中写道。美洲到处都有"思考之人"，他们投身实验、记录观察、勇于发现。"但考虑到土地幅员辽阔，这些人过于分散，很难见面、对话或相识，因此许多有益的细节知识仍得不到交流，随着发现者的离去而消失，永远不为人知。"所以他成立了美洲哲学协会——殖民地的第一个学者协会。[81]

本着和创立图书馆与哲学协会同样的精神，富兰克林致力于邮政局局长的事业：他想让思想得到循环，如同血液在殖民地的血脉中流动一样。他巡游各殖民地，检查邮政通路。他计算它们之间的距离，以及从农场到农场，从城镇到城镇所需的时间。他还做了某种人口普查，计算人口并测算他们之间的距离。

到1750年，尽管绝大多数移居英国殖民地的移民都去了加勒比海地区，但生活在英属美洲的五分之四的人都去了13个大陆殖民地的其中之一居住。这个比例与不列颠美洲帝国不同地区的人口死亡率有关,移民到加勒比海的人成群成堆地死去。在新英格兰,英国定居者都比较长寿。南方殖民地与加勒比海地区有更多的共同点:黑人多,死亡率高。中部地区的殖民地比较混杂,混合居住着苏格兰人、爱尔兰人、英国人、荷兰人、德国人和非洲人,人口的健康情况优于加勒比,但劣于新英格兰。尽管存在种种差异,但从某种程度上讲,大陆殖民地在18世纪中叶变得越来越相似:"从我走过的不同省份来看,我发现人们的行为举止和性格特征基本上大同小异。"苏格兰医生亚历山大·汉密尔顿在1744年写道。这是他带着非洲奴隶卓莫骑马从马里兰巡游至缅因后的发现。[82]

让美洲大陆殖民地变得更加相似的一个方法是,他们中的很多人专注于进行一次宗教复兴,产生一种更具表现力的宗教,对牧师的敬畏更少,多了精神的引力和天下所有灵魂的平等。乔治·怀特菲尔德(George Whitefield)是一个来自英国的满腔热情的福音派牧师,他吸引了成千上万的信徒。怀特菲尔德苛刻且狂热,但同时也患有对眼病——不太友好的人送他个外号叫"斜眼博士"(Dr. Squintum)。怀特菲尔德由寡居的旅店老板养大,是一个出身极为普通的平民,但在美洲殖民各地,他吸引了各个城镇的社会各个阶层的"见证者"。他告诉他的信众,他们可以再生,进入耶稣的身体,并催促他们尽早摒弃保守牧师的各种信条。他说:"我情愿为你们入狱,为你们而死,但没有你们陪伴,我不愿进入天堂。"[83]

这也代表着一种革命:怀特菲尔德以失去牧师权威为代价,强调普通百姓同样神圣。1739年,费城的一个正统教牧师聚会决定,所有牧师必须拥有哈佛、耶鲁、英国或欧洲大学的学位。但怀特菲尔德是百姓的布道者,他的信众是农夫、工匠、水手和仆人。[84]

乔治·怀特菲尔德的布道，1740年，约翰·科利特（John Collet）绘。怀特菲尔德的布道震撼了美洲的普通人，让他们心醉神迷，但他的布道也激发了人们的学习热情和思想独立，图中左下角戴着眼镜学习经文的女性便是一例。私人收藏/布里奇曼图片社

富兰克林对怀特菲尔德抱有怀疑，但对宗教，还有许多其他事情，他都有自己的判断。用他的话说，"反宗教的言谈等于是放虎归山"。在其他事情上，他有更多的言论。他巡视过众多的殖民地，测量过它们的面积，试图统计过人口数量，1751年，他写了一篇关于人口规模的文章，叫《关于人口增长及区域人口增加等问题的一些见解》。

富兰克林想知道的是：如果殖民地的规模增长到比他们原居住地还大，其

命运将会如何。殖民地的土地便宜，"便宜到一个懂农业、爱干活的人可以在短期内攒下足够的钱，买一块足够建一个种植场的新地。"如果这个人结了婚，有了孩子，他和妻子相信他们的孩子也会有广阔的地产。富兰克林猜测美洲大陆殖民地全部人口大约是"100万英国人"，而他推算，这个数字每25年将会翻一番。按这个速度，只需一个世纪，"海水的这一边将会成为英国人最多的地方"。

富兰克林的数字并不准确，他的估算不是太高，而是太低。当时，住在英属美洲大陆13个殖民地的人数是150万。这些殖民地的定居点比新法兰西或新西班牙的定居点人口更为密集。只有6万法国定居者生活在加拿大，路易斯安那还有1万多。新西班牙的定居点人口更分散、更稀少。在新法兰西和新西班牙，将定居者和原住民分开更加困难，甚至不可能，因为太多人在那里组建了家庭。在北美的英国殖民地，这种类型的家庭常不被认可，大多数是主动保密。

富兰克林像后来很多美国人一样，在遇到肤色问题时失去了一贯的冷静。西属美洲殖民地是混血儿的地方，奴隶主在他们的遗嘱中释放奴隶为自由人，至1775年，自由黑人的人数已超过黑人奴隶。类似情形也出现在新法兰西，在那里，法国贸易商和印第安人组成的家庭叫"梅蒂斯"。那里和新西班牙一样，来自世界各地的人异族通婚，一同生养孩子已经有了几代人的历史。肤色在很多情况下标志着身份，但并未在奴隶人和自由人之间画线，而且肤色就是肤色：红色、棕色、粉色和黄色等。英国本土殖民地建立了一种截然不同且更加野蛮的种族制度，该制度只设想两种颜色，黑色和白色；只设想两种身份，奴隶和自由人。法律禁止跨种族通婚，规定奴隶母亲的孩子也是奴隶，并阻碍或禁止解放奴隶。奴隶主经常会和女性奴隶生孩子，但奴隶主并不把这些孩子当亲生的抚养，不会赐他们自由，或干脆不认这些孩子。他们把这些孩子看作奴隶，叫他们"黑人"。考虑到种族界限，富兰克林在关于人口的文章中又加了一些观察和见解，他写了一个新种族——"白种人"。

"世界上，纯白人的人数相对来说非常少。"富兰克林以此开头。在他看来，非洲人是"黑色"；亚洲人和美洲本土人是"黄褐色"；西班牙人、意大利人、法国人、俄国人、瑞典人和德国人是"黝黑色"。剩下的那些以英国人为主的少数人是世界上独有的"白人"。"我愿意看到他们的人数增加，"富兰克林犹疑地补充道，"但也许我偏爱我国家人种的肤色，因为这种'偏爱'是人类的自然状态。"[85]

富兰克林在他"偏爱"自己人的"肤色"上卡壳了。这真的是"自然"吗？也许是。他显然对此感到困惑。但以其惯有的机警，他还是全写了下来，然后转向其他话题，即将人们团结在一起的纽带：要么联合，要么死亡。

在1754年奥尔巴尼会议（Albany Congress）上，富兰克林提出了一个"联盟计划"。联盟由"总主席负责，总主席由皇家任命和支持；联盟设大议会（Grand Council），由各殖民地人民代表各会议，选举产生"。联盟包括他在"蛇图"中标注的7个殖民地——纽约、新泽西、宾夕法尼亚、马里兰、弗吉尼亚、北卡罗来纳和南卡罗来纳，以及图中以"新英格兰"表示的4个殖民地——马萨诸塞、罗得斯、康涅狄格和新罕布什尔。

富兰克林的计划是按11个殖民地的人口多少分配代表人数（人口稀少的新罕布什尔和小小的罗得斯，每地2名；人口众多的弗吉尼亚和马萨诸塞每地7名）。政府在费城开会，有权通过法律、签署协议、征款征兵"来保卫任何一个殖民地"，并保卫整个海岸线。奥尔巴尼会议的参会代表批准了联盟计划，并呈送他们的殖民地议会。殖民地议会担心这样会失去自己的权威，表示拒绝，英国政府也没有批准。如富兰克林所说，"计划被认为过于民主"[86]。

富兰克林的联盟计划失败了。留存下来的是那幅木刻画，它和一个半世纪前缝制的波瓦坦鹿皮披风有许多共同之处。《要么联合，要么死亡》其实是张地图，但它是一张特殊的地图，被称作"分割的地图"。分割的地图是一种古老的拼图游戏，是用纸粘在木头上做的。最早的一张分割地图叫《以王国分裂的欧洲》，18世纪60年代出现在伦敦，制作者是个制图匠，曾给国王的地理顾问当学徒。那是个玩具，目的是教孩子们地理，同样教他们怎样理解王国的性质，以及统治的本质。

富兰克林的《要么联合，要么死亡》也有这等功效，他讲授了一堂统治者和被统治者关系的课，讲述了政治团体的性质。他对所有殖民地宣告：它们是整体中的部分。

第三章
战争与革命
OF WARS AND REVOLUTIONS

波士顿人约翰·辛格尔顿·科普利（John Singleton Copley）于1774年离开了殖民地，再未返回；1783年住在伦敦的时候，他画了一幅12英尺×8英尺的油画，描绘了1781年"泽西岛战役"（此图为局部）。通过中间的一个黑人射击，表达了他本人对美国自由的看法

本杰明·雷（Benjamin Lay）身高不过4英尺，弯腰驼背，大大的脑袋，还有桶一样的胸肚和两条细腿，看上去好像无法支撑他的体重。小时候，他在英格兰，在哥哥的农场里干活，后来给一个手套商当学徒，负责去毛和缝皮。21

岁的时候，他开始出海，闲暇之时躺在吊床上借着烛光读书。雷称自己是"穷水手和文盲"，但事实上，他读了很多书，游历也广。他曾航行到叙利亚和土耳其，在那里碰到了"做了17年奴隶的4个人"——曾被穆斯林贬为奴隶的英国人。他和这几个人在（运送非洲人的）英国奴隶贸易船上干擦甲板的工作，听到了很多阴森恐怖的离奇故事。1718年，雷乘船到了巴巴多斯，看到有人被烙上烙印，被折磨，被拷打，饿得昏死过去，他认为这些都是对上帝的冒犯，上帝"没有让别人成为我们的奴隶"[1]。

雷和他的妻子（同样一瘸一拐，弓着后背的贵格会讲道人）在巴巴多斯仅住了18个月便回到了英格兰。也许是驼背、不起眼、受冷落对他产生了一些影

本杰明·雷，1750年，威廉·威廉姆斯绘。为抗议蓄奴制，雷拒绝使用任何奴隶生产的东西。他当了隐士，住在山洞里。美国国家肖像馆

响,让他对蓄奴制的残酷、对打断脊背、残害身躯之事咆哮不止。1732年,他们乘船前往宾夕法尼亚,加入了威廉·佩恩的"神圣的试验"。在费城,雷成了书商,卖《圣经》和识字读物,还有他钟爱的诗人的作品,如约翰·弥尔顿的《失乐园》,以及他最喜欢的哲学家的作品,如古罗马斯多葛学派的散文集——塞内加的《道德论》。[2]他从一个镇到另一个镇,从一个殖民地到另一个殖民地,到处游历,全部步行(他不愿用马刺刺马),在总督、牧师和商人们面前公开谴责蓄奴制。"我们是一群什么样的伪君子和大骗子啊。"他说。[3]他的争辩被置若罔闻。他在妻子死后失去了最后的顾忌。1738年,他来到新泽西贵格会的一个会场,手里拿着一本被他撕掉了几页的《圣经》,他把一个装满深红色浆果汁的猪膀胱放进了书里。"哦,你们所有的黑人奴隶主,都在心安理得地把同类当作奴隶来掌控。"他高喊着走进会议厅,"你们声称'你们愿意别人怎样待你们,你们也要怎样待人'",你们应该看到正义,"以全能的上帝的眼光去看。他关注和尊重所有民族的人,任何肤色的人,对人类平等看待。"然后他从大衣里掏出他的《圣经》,从腰里抽出一把剑,用剑刺向《圣经》。让所有教民大吃一惊的是,《圣经》里奇迹般地喷出了鲜血,飞溅到人们的头上和衣服上。雷从他瘦小的躯体里发出了叫喊,"上帝也会这样,让那些奴役同类的人血溅当场。"[4]

下一个月,本杰明·富兰克林出版了雷的书——《所有奴役无辜者的奴隶主都是叛教者》(*All Slave-Keepers That Keep the Innocent in Bondage, Apostates*)——一本长达300页的、充满愤怒呼喊的论辩作品。富兰克林在他的书店销售这部书,2先令1本,12先令1打。雷免费分发。[5]后来,他就做了隐士,在费城外的一座小山上挖了一个山洞,里面有他的书斋,其中有200种神学、传记、诗歌和历史著作。他曾决定抗议蓄奴制:凡是由强迫劳力生产出来的吃的、喝的、穿的等任何东西,他都不用。他还拒绝吃动物的肉,靠水、奶、烤萝卜和蜂蜜生活；他养着蜜蜂，纺亚麻，自己缝衣服。富兰克林曾到山洞拜访他。富兰克林一度拥有一个叫约瑟夫的"黑仔子"。到1750年，他又拥有了两个奴隶——皮特和杰米玛，这是一对夫妻。雷不断质问他：凭什么这么做？

富兰克林本身是一个逃跑者，他知道，每一个印刷商知道，报纸的每个读者知道，每张报纸的字里行间都有革命故事隐含在逃跑者的故事中。以下是其中几例：贝特，她的"乳房上有块大疤"，1750年从长岛的一个男人家中出逃。她在寒冷的1月只穿了一条衬裙和一件夹克。普里默斯，37岁，某只脚的大脚趾少了一截，可能是以前企图逃跑所受的惩罚，他1753年从哈特福德逃跑，带上了他的小提琴。杰克，"瘦高个，非常黑，英语讲得很好"，1754年7月离开费城。山姆，木匠，30岁，是个"肤色较深的黑白混血儿"，1755年冬从马里兰乔治王子郡逃跑。"他可能潜伏在查尔斯县，"主人说，"因为那里住着一个黑白混血的女人，很长一段时间，他都称她妻子，但由于他是个有本事的家伙，能读能写，很可能设法逃到省外。"威尔，40岁，1756年夏天从弗吉尼亚的一个种植园逃跑，他的主人说，他"后背上有很多鞭答留下的疤痕"。[6]

1771年，当本杰明·富兰克林开始写自传的时候，他把自己逃跑的故事——跟随哥哥詹姆斯做学徒期间逃跑——变成一种隐喻，表达各殖民地对议会统治的日益不满。富兰克林写道："詹姆斯的粗暴和专制让我厌恶集权专制，这种厌恶会伴随我终生。"[7]每个关于奴隶逃跑的故事亦然，都不断见证他对专权的厌恶。

1757年4月，在富兰克林准备启航到伦敦之前，他起草了一份新的遗嘱，承诺在他死去之日，皮特和杰米玛将重新获得自由。两个月后，富兰克林到达伦敦，他写信给妻子黛博拉说："我奇怪你怎么会得到本杰明·雷的画像。"

她曾把这位侏儒隐士站在山洞外、手持开卷的画像挂在了墙上。[8]

美洲革命并非开始于1775年，而战争结束的时候，革命也没有结束。"雷先生取得的成功——在新世界和旧世界播撒……道义、贸易及政府革命的种子，应该会教导人类仁慈，如果他们在有生之年看不到慈善主张或事业结出的果实，也不必失望。"费城医生本杰明·拉什（Benjamin Rush）后来写道。拉什签署了《独立宣言》，他在大陆军中任军医总监。对他来说，革命起源于像本杰明·雷这样的人播下的种子，"有些种子在短期内长出了果实，但最为珍贵的种子，如古橡木，需几个世纪的成长。"拉什写道。[9]

1758年，当本杰明·雷的画像挂在本杰明·富兰克林家墙上的时候，费城贵格教会开始谴责奴隶贸易，贵格派成员买卖奴隶将失去教会资格。雷听到这个消息后说："现在我可以安心地死了。"然后他闭上双眼，撒手而去。[10]当年，另一名宾夕法尼亚贵格会成员安东尼·本尼泽特（Anthony Benezet）出版了一本小册子，名叫《关于奴役、进口和购买黑人的若干意见》（*Observations on the Inslaving, Importing and Purchasing of Negroes*）。书中指出，蓄奴制与"基督福音不能协调，与天然正义和人类共同情感相互矛盾，会产生无穷灾难"。[11]贝特、普里默斯、杰克、山姆和威尔根本没有白跑。

18世纪末的美国革命并非一场，而是两场：一场是从英国独立的斗争，一场是终结蓄奴制的斗争。只有一场斗争获得了胜利。

I.

本杰明·富兰克林在1757年航行至伦敦前写了一份新遗嘱，因为英法在海上互相攻击对方的轮船，他担心他坐的船会被击沉。两国的战役开始于三年前，也是富兰克林印刷《要么联合，要么死亡》蛇形图的几个星期之后。战役并非始于海上，而是陆地，就在富兰克林所在的殖民地——宾夕法尼亚。英国人非常想得到法国人在俄亥俄谷地宣称主权的土地，他们抱怨"法国人抢走了我们在北美十分之九的地盘，只把大西洋海岸的边缘留给了我们"[12]。抛开边缘不说，英国定居者已开始一步步向内陆挺进，进入原住民占领但法国声称拥有主权的领土。为了阻止他们，法国人在边界修筑了许多要塞，不可避免的小规模摩擦开始于1754年5月，一小股弗吉尼亚民兵及其印第安同盟在21岁的中校乔治·华盛顿率领下在谷地伏击了一个法国的营地。

华盛顿1732年生于弗吉尼亚的威斯特摩兰县，10岁时继承了第一批奴隶为私有财产，年轻时到西印度群岛旅行，20岁时接受了他的首次军事任务。他个头很高，显得很威严，给人留下很深的印象。不过，他缺乏经验，首次战役的结果就是弗吉尼亚人惨败。他们撤到附近的一个草甸，匆匆用木头搭起一个小小的堡垒，他们恰当地称其为"急救堡"。一天之内失去三分之一的士兵，就像麦秆被镰刀砍断一样，年轻的中校被迫投降。几个星期之后，殖民地代表在奥尔巴尼集会，讨论富兰克林组织防卫联盟的提议。他们通过了提案，但他们的殖民地议会拒绝批准。

战争起源都是相似的：东印度群岛贸易权、纽芬兰海岸捕鱼权、密西西比河上船运货物、西印度群岛甘蔗种植园。同所有战争一样，穷人肩负着最重的负担，他们在打仗，而销售武器和军需品的贸易商获得利润。"英格兰开始宣战——商人们普遍欢呼雀跃。"一个纽约人在1756年写道。[13]殖民者把这场战争称为"法印战争"，以他们在北美作战的人民的名字命名，但这场战争从孟加拉延伸到巴巴多斯，奥地利、葡萄牙、普鲁士、西班牙和俄国都卷入其中，参战的还有大西洋、太平洋、地中海和加勒比海的陆军和海军。法国和印第安的战争做到了富兰克林木刻中没有描绘的事：从北部的新英格兰，它将英国的北美殖民地连在了一起，尤其是它促使了《美洲杂志》（*American Magazine*）的诞生。杂志在费城印刷，由此地送到牙买加和波士顿的订阅者手上。正如其编辑们夸口的那样："我们的读者是一个巨大无比的群体,包含了不列颠美洲的所有党派和信仰者。"[14]

在英国和法国的一些早期战争中,殖民者大多自己作战,招募的是镇上的民兵和外省的军队。但1775年,英国将正规军团送往北美,由顽固而暴躁的爱德华·布拉多克(Edward Braddock)将军指挥。富兰克林把布拉多克的任命看作皇家故意让殖民地保持弱势。"不列颠政府并没有像奥尔巴尼会议上提出的那样,允许殖民地联盟,并把这种联盟与他们的防御结合起来,以免他们因此变得更加军事化",他写道,他们"派遣了布拉多克将军率领的两个英国正规军团"[15]。布拉多克肩负着抵抗法军防线的重任,他开始准备在俄亥俄河源头西部边界的迪凯纳堡(Fort Duquesne)与法军交战。富兰克林警告将军说他计划的路线如蛇一般卷曲,将暴露自己,并受到印第安人的攻击。富兰克林解释说:"那条细细的战线有四英里长,你的部队必须从那里通过,这很容易暴露自己,并突然遭到来自侧翼的袭击,就像一条线一样被剪成很多小段。"布拉多克似乎对富兰克林报以一种居高临下的微笑,好似国王对臣民的那种微笑。"这些野蛮人,在你们这些没有经验的美洲民兵眼里可能的确是个可怕的敌手,但对经过正规训练、纪律严格的军队来说,先生,他们根本不值一提。"他说。

布拉多克和他的部队继续行军,一路上恣意抢夺百姓。没过多久,不少殖民者都觉得,他们害怕英国军如同害怕法国人一样。富兰克林痛苦地写道:"就算我们曾真的需要任何帮助的话,这样的保卫者也足以让我们丢掉幻想。"布拉多克的军队被打得一败涂地,布拉多克也受了枪伤。在一次突围撤退的过程中,奄奄一息的将军被华盛顿救出战场。[16]

无所畏惧的新国务大臣威廉·皮特(William Pitt)决定打赢这场战争,一次性解决英国在北美的土地主权问题。为了纪念他,当英美军队最终夺取凯迪纳堡之后，他们将其改名为皮特堡。但皮特留下的巨额战争花费造成了长期影响。没过多久，一支4.5万人的军队在北美参战，其中一半是英国士兵，一半是美国士兵。皮特向殖民地人民许诺，将"以国王陛下的费用"打赢这场战争。正是因为英国违背了诺言，加上又给殖民地增加新税，最终导致了殖民地和英格兰彻底分离。

但是，在此之前，美洲那场历史上费用高昂的战争就已经让英国失去了北美殖民者的忠心。英国军队抢劫殖民地家庭，袭击殖民地农场。像布拉多克一样，他们也经常嘲笑殖民地民兵和外省军队的笨拙无能。在住处，在营房，在行军途中，双方都注意到了英军和美军的差别。英国发现殖民者缺乏经验，不懂纪律，不守规矩。但对殖民地的美国人（很少有人去过英国）来说，他们没有英国人那般贪婪好色，亵渎神明，以及专横无理。[17]

事实证明，冲突难以避免。在不列颠军中，级别就是一切。不列颠军官是富人和贵族，入伍兵征自贫穷民众。在殖民地军中，级别之间几乎没有差距。在马萨诸塞，每三个男人中就有一个参加过法印战争，无论是一文不名的职员，还是家底丰厚的商人。无论怎样，不列颠的头衔和级别的差别，都在殖民地并不存在——至少对自由人来说如此。在英格兰，不到五分之一的成年男性可以投票；在殖民地，这个比例是三分之二。大部分人能达到获得选举权的财产要求，以至于托马斯·哈钦森（Thomas Hutchinson）在1749年竞选总督失败后就在抱怨波士顿城是"专制的民主"。[18]

"太阳之下，没有哪个国家能比美国在级别和财富上更加平等。"南卡罗来纳总督查尔斯·平克尼（Charles Pinckney）宣称。这是真实的，只要不把被当成财产的人也算进去（平克尼本人绝不会这么做），把45个斯尼农场的奴隶算进去的话，为他家庭获取财富的一共有55人。这些人中，有一个木匠叫塞勒斯（平克尼估价120英镑）；塞勒斯的孩子，夏洛蒂（80英镑），山姆（40

英镑），贝拉（20英镑），他的孙女凯特（70英镑）；还有一个叫琼的老女人，可能是塞勒斯的母亲。平克尼给这位曾祖母的估价是零，她对他来说毫无价值。[19]

1759年，英军和美军打败了魁北克的法国人。这是一场惊人的胜利，易洛魁人由此放弃了长期的中立立场，加入英国人一边，这扭转了战争的势头。1760年8月，英国人占领了蒙特利尔，战争的北美部分结束于距离开战时600英里以外的地方，在不列颠帝国参差不平的西部边缘。

几个星期之后，年轻的乔治三世加冕为大不列颠国王，时年22岁，出奇地害羞，是个扮成大人的男孩子。他身穿金衣，脚穿白扣皮鞋，鞋子踩在一袭貂皮长袍上。他把自己打扮成动荡世界中新教信仰者和英国自由守卫者的样子。

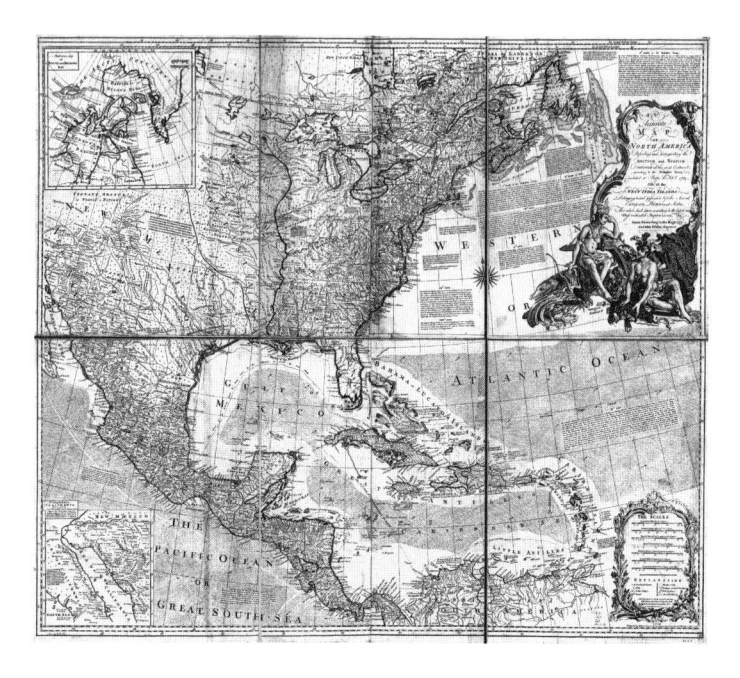

精确的北美地图。伦敦为纪念1763年结束了七年战争的停战条约而印制的地图，表现了加勒比和北美大陆的重要性。美国国会图书馆

在他还是威尔士王子的时候,他宣布过,"大不列颠的自豪和荣耀,及其制度的终极结果就是政治自由"。[20]但到了现在,北美的臣民在欢呼新国王加冕礼的时候,可能很容易想到富兰克林在20年前《穷查理历书》中的一条箴言:"即便是身处最高贵宝座上的伟大君王,也得受累用自己的屁股去坐。"[21]

1763年和平之日到来之时,地图绘制者削尖了羽毛笔,重新绘制了北美地图。按条约规定,法国将加拿大和密西西比河以东的新法兰西割让给不列颠;法国将密西西比河以西所有土地,称路易斯安那地区,割让给西班牙;西班牙收复了古巴,但将佛罗里达割让给了英国。不列颠沿大西洋海岸的裙边式殖民定居地,现在看来像一匹布在裁缝的地板上铺展开。

"我们在美国当然有无数条理由欢呼,"马萨诸塞著名律师小詹姆斯·奥蒂斯(James Otis Jr.)于1763年从波士顿写信说,"现在可以确切地说,不列颠的统治和势力是从大洋延伸到大洋,从那条伟大的河流延伸到地球的尽头。"如果战争使殖民者和帝国的关系变得紧张,那么和平则加强了帝国和殖民者的联系。奥蒂斯还说:"大不列颠真正的兴趣与她的殖民地利益是互惠的,是天意让两者连接在一起,谁也别企图将其分开。"[22]

但战争将不列颠带到了破产的边缘。战争几乎使不列颠的国债翻倍,皮特的承诺开始出现动摇。之后,国王的大臣也觉得,捍卫帝国在北美的新疆界需要一万人以上的军队,特别是当奥塔瓦人酋长庞蒂亚克(Pontiac)领导的印第安同盟占领五大湖区和俄亥俄河谷的不列颠若干要塞之后。据说,庞蒂亚克是被一种预言鼓动而采取行动的,那就是地球上"没有人的天堂"的创造。[23]乔治三世担心镇压印第安人起义所需的费用,于是颁布了一条公告,下令殖民者不可在阿巴拉契亚山脉以西定居——其实许多殖民者早已跨越了这条界线。

1764年,为了支付战争欠款并为保卫殖民地筹措资金,议会通过了《美洲岁入法案》，又称《糖税法案》（*Sugar Act*）。1764年之前，殖民地议会已经提高了他们自己的税收，议会管理商贸。议会通过《糖税法案》（主要是对早期的措施严格执行）之后，一些殖民者提出异议，他们争辩说，殖民地在议会没有任何代表，议会无权向殖民地课税。《糖税法案》本身不算激进，但反响却很激烈，这是代表权的思想不断获取新能量、殖民议会实力不断增长的结果。

税是百姓交付给统治者的钱，用于维持国家秩序和保卫疆土。在古代世界，土地拥有者用庄稼或牲畜缴税，没田没地者用自己的劳动缴税。征税使中世纪欧洲的帝王富有，只是到了17世纪，各国君主才开始把征税权让给了立法机构。[24]税收和代表权联系在一起，恰逢英格兰在北美和加勒比建殖民地时，也是英国人开始统治奴隶贸易之时。在18世纪60年代，这两个问题一直含混不清。马萨诸塞议员塞缪尔·亚当斯（Samuel Adams）问道："如果各种各样的税收摊派在我们身上，而我们却没有一个合法代表参与被摊派的讨论，我们不是从自由臣民的身份降格为悲惨的进贡奴隶了吗？"[25]

像亚当斯一样的人争辩说，纳税而无代表权就是强行统治，而强行统治就是蓄奴制。这一论点在一定程度上与债务有关。"借方是贷方的奴隶。"如富兰克林在《穷理查历书》中所说。[26]负债者可以被逮捕并被送进债务人监狱。[27]债务人监狱在英格兰比在殖民地更为普遍，殖民地从很多方面讲都是债务人的避难所。[28]但如果说殖民地对债务有一种不同寻常的容忍，那么负债者的数量也会特别多，因而在18世纪60年代，殖民地又突然涌现出相当数量的负债者。马萨诸塞总督汇报说，"所有贷款形式将会停止"，甚至会出现"整体破产现象"。[29]法国和印第安战争的终结导致信贷的缩减，随之而来的是严重的萧条，外加（特别在南方）连续几年的农作物歉收。切萨皮克市烟草种植园主严重亏欠英国商人，而英国商人自身已手无分文，非常急切地想收回债款。

特别是这些种植园主发现，他们把自己描述成债权人的奴隶很有政治用途。[30]不过，同样在这几年，加勒比以甘蔗为主要作物的殖民地得以繁荣，尤其因为《糖税法案》实行垄断，按某些条款规定，北美大陆的殖民者必须从不列颠属西印度群岛购买蔗糖。[31]人们并没有忽视这种差别。"我们的烟草殖民地从未像蔗糖群岛那样，经常给我们送回如此富裕的种植园主。"亚当·斯密在《国富论》中如此评论道。[32]

议会的下一个税收法案做出了更为强烈的反应。1765年的《印花税法案》要求殖民地所有印刷品——从付款通知到纸牌——都必须加贴政府发行的纸税印花。印花在不列颠帝国处处需要，而且按此标准，摊派到殖民地的税并不算高：殖民者的税费只是不列颠人税费的三分之二，但对信用危机下的大陆殖民地来说，这一条款很难承受。反对此法案的人开始采取"自由之子"（由爱尔兰18世纪50年代"自由之子"组织得名）的做法，把自己描述成反抗蓄奴制的人。债权人是"别人钱袋的主宰"，不列颠债权人和英国议会本身难道没有诈骗北美负债人的钱袋，剥夺他们的自由吗？议会难道没有把他们变成奴隶吗？约翰·亚当斯（John Adams），一个29岁的波士顿律师，是印花税的反对者领袖，他这样写道："我们可不做他们手下的黑人。"[33]

一场不断加剧的信贷危机正吞噬着不列颠帝国，从弗吉尼亚庄园主到苏格兰银行商再到东印度公司的茶叶出口商，殖民地也深陷其中，但殖民地的危机也有美洲的独特之处：《印花税法案》对所有印刷品，包括报纸，都征税，这相当于议会把税加在了那些最能抗议的人——报纸印刷商——身上。"这对印刷的影响超过其他任何行业。"富兰克林提醒大家，并恳求议会三思。[34]从波士顿到查尔斯顿的印刷商抗议说，议会企图用摧毁出版自由的方式将殖民者的地位削减到奴隶状态。《波士顿公报》（Boston Gazette）的印刷商拒绝购买印花，将报纸的格言改为"维护人民尊严的自由期刊"。在新泽西，一个叫威廉·戈达德（William Goddard）的印刷商发行了一份报纸，叫《宪法报》（Constitutional Courant），报头刊登的就是富兰克林的那幅切成一段段的蛇图。这一次，当被问到联合还是死亡的时候，所有殖民地决定选择联合。

10月，即《印花税法案》生效前一个月，来自9个殖民地的27名代表在纽约市政厅（约翰·彼特·曾格和恺撒在1735年和1741年分别受审的地方）举行印花税法案大会。印花税法案大会一致宣布："无人可征税，除非他们本人同意，或他们的代表同意，这是人民自由不可或缺的根本要素，也是英国人无可置疑的权利。"[35]他们吃完饭，把剩下的饭菜送给关在大楼顶楼监狱的债务人，与被债权人剥夺了自由的人们达成共识。[36]

人民主权、新闻自由、代表权和征税权的关系、债务如同奴役：上述每个概念都源自英格兰，但在殖民者抵抗《印花税法案》的呼声中找到了落脚之地。然而议会仍对此感到困惑。1766年，本杰明·富兰克林在议会下议院解释为什么殖民地拒绝缴纳印花税。年已60岁的富兰克林立即表现得像一个深谙世事之人，显示出一个美洲人特有的智慧、直言、深刻和朴实。

"美洲人用什么样的眼光看待大不列颠议会？"大臣们问道。

"他们认为议会是他们自由和权利的最坚强的堡垒和守护者，一直对议会报以最高的尊重和崇敬。"富兰克林答道。

"那他们现在对议会不再表示同样的尊重？"

"不再像以往一样，程度大减。"

如果殖民者失去对议会的尊重，为什么法案会通过？他们反对印花税的根据是什么？宾夕法尼亚宪章没有哪一条禁止议会行使自身的权力。

的确如此，富兰克林承认，殖民地宪章没有任何特别的规定。援引他们对"《大宪章》所宣扬的英国人的共同权利"的理由，他引述说，殖民者就像是兰尼米德（Runnymede）[1]在场的贵族男爵，乔治国王就是他们的约翰国王，《大宪章》就是他们的宪法。

"美洲人以前最自豪的事情是什么？"议会想知道。

"享有大不列颠的风尚和产品。"

"他们现在最自豪的是什么？"

"能一再穿旧衣服，直到做出新衣服。"[37]

这不，穷理查又带着他的格言来了。

不过，这场对抗并未延伸到魁北克地区和蔗糖群岛，那些地方的印花税负担更重。13个殖民地逐渐摆脱了英国的统治，另外13个还没有。大陆的殖民者举行抗议，组织了大会，拒绝缴纳印花税。但除了尼维斯岛（Nevis）和圣基茨岛（St. Kitts）发出一些模糊的、不够坚定的反对声，其他西印度群岛的英国园主几乎没有吭声抱怨（南卡罗来纳的经济状况更接近西印度群岛而非大陆殖民地，因此摇摆不定）。他们过于担心如果抗议英国，可能会引起另一场奴隶叛乱。[38]

大陆本土的白人比黑人多，比例为4∶1。在各群岛的黑人比白人多，比例为8∶1。不列颠美洲全部英国部队的四分之一驻扎在西印度群岛，专门在那里应对所有奴隶叛乱的威胁。为了这种保护，西印度群岛的种植园主情愿支付印花税。牙买加的园主设法从上次叛乱的伤痛中恢复，即1760年那次以塔基（Tacky）为首的阿肯人带领几百名武装人员烧毁了种植园，杀了60多个奴隶主，直至最后被俘。报复性惩罚极端残忍，塔基的头被钉在尖桩上，而且，像1741年在纽约一样，他的随从有的被铁链吊死，有的被绑在刑桩上烧死。但奴隶的反叛持续不断，这使得庄园主们开始怪罪大陆的殖民者：那些"自由之

---

1 《大宪章》由英国约翰国王在温莎附近的兰尼米德签署。——译者注

1759年牙买加黑人起义,弗朗索瓦·大卫(Francois David)雕刻。
18世纪中期的几十年里,牙买加在押的奴隶不断起义,迫使牙买加奴隶主必须依赖英国军队的保护,因而他们不愿加入大陆殖民者共同抵抗英国对殖民地的统治。
法国国家图书馆/布里奇曼图片社

子"知道他们在说什么吗?"当牙买加的黑人在主人的饭桌旁看到美洲人的抵抗为他们赚了多少钱而兴高采烈的时候,黑人将竭尽全力恢复自由,你会感到吃惊吗?"一个商人愤怒地说。[39]

让人并不吃惊的是,群岛上的种植园主不情愿地参与《印花税法案》抵抗运动,这让"自由之子"非常失望。"他们的黑人好像比主人更具有自由精神,"约翰·亚当斯怨声发问,"我们就不能想办法去惩罚巴巴多斯和牙买加的皇家港吗?"亚当斯是个少见的志向远大、才华横溢的人。他学会了更好地控制自己的情绪,但在18世纪60年代,他对那些拒绝支持抗税运动的人所表现出的愤怒是无法抑制的。"自由之子"想出的惩罚办法是抵制来自加勒比的货物。有的人的用词比亚当斯更加激烈。充满爱国热情的印刷商诅咒"那些充满奴性的巴巴多斯和安提瓜岛屿中穷困不堪、心地残忍、胆小怕事、卑鄙懦弱的克里奥尔人",因为"他们卑下地背弃了自由的事业,驯顺地屈服于英国的权威,懦弱地顺从于蓄奴制"。[40]

庄园主们蔑视所受的攻击,但挣扎于抵制惩罚带来的后果。"我们可能落入悲惨的境遇,我们缺乏木材,缺乏北方的食品供应,"一个安提瓜庄园主写道,"因为北美人决意不向《印花税法案》投降。"[41]但他们也绝不让步。有些人认为他们的北方邻居只不过是吓唬他们而已。"我看他们就像是狗,只会叫,但不会站起来。"一个来自牙买加的种植园主这样说。[42]

西印度的种植园主担心一次起义会刺激并引发另一次起义,这也没什么错。在查尔斯顿,"自由之子"在街头示威游行,高喊着"要自由,不要印花!"。跟随他们的只有奴隶,哭喊着"自由!自由!"的"自由之子"的成员中,从为自己的自由而战,到为终结蓄奴制而战的人并非少数。小詹姆斯·奥蒂斯在《英国殖民者权利宣言》(*Rights of the British Colonists, Asserted*)这本小册子中坚持认为:"根据自然法,殖民者生而自由,其实所有人都一样,无论白人还是黑人。"这本小册子出版于1764年,就在几个月前,他还为大英帝国的扩张欢欣鼓舞。奥蒂斯聪慧过人,但情绪无常,后来他失去了理智(1783年被闪电劈死前,他曾被人目击在街上裸奔)。但在18世纪60年代,他比同时代的人更清楚地看到了有关自然权利之争的逻辑推论。他发现有此想法的人简直是荒唐透顶,"奴役一个人是对的,因为他是黑人",或因为他"短短的鬈发像羊毛"。他坚信,蓄奴制"是最令人震惊的违反自然法则的行为",同样也是政治遭受玷污的根源。"那些每天在剥夺他人自由的人,将很快对自身的自由毫不关心。"他警告说。[43]

议会权威的抵抗情绪感到激动，直至《强制法案》出台。9月，来自13个大陆殖民地中12个殖民地的56名代表在费城一个木匠会馆举行会议，称"第一次大陆议会"。华盛顿作为弗吉尼亚的代表参加了大会。如果说抗议《印花税法案》暂时将这些殖民地联合在一起，那么《强制法案》在许多代表看来似乎只是马萨诸塞自己的问题。对弗吉尼亚人来说，马萨诸塞的代表显得放纵鲁莽，甚至是狂热——特别是当他们谈到有可能最终从不列颠获得独立时。10月，在和"波士顿人"谈话之后，华盛顿松了一口气，他信心十足，觉得可以"宣布一个事实，无论从整体来看，还是从个别殖民地来说，独立于英国不是政府或任何其他大陆团体的愿望或利益所在"。他表示："以我的经验不能再'确信'北美任何有思想的人都不需要这样的东西。"[56]

詹姆斯·麦迪逊的朋友威廉·布拉德福德从费城传播正在进行的大陆议会的传言。事实证明，布拉德福德是一位足智多谋的记者，也是一位更好的侦探。从费城图书馆公司（为大陆议会提供书籍资料）的馆员那里，他听说代表们正忙于阅读"瓦泰尔、布拉马基、洛克和孟德斯鸠"，这使布拉德福德让麦迪逊相信："我们可以推测他们的办法一定明智入理，他们之间的辩论都像哲学家一样。"[57]

他们可能是明智的，但这些哲学家面临着一个非常困难的问题，此后它一直困扰着联盟。大陆议会本应是一个代表者团体，那代表的人数是怎么计算的。弗吉尼亚代表帕特里克·亨利（Patrick Henry）——一个目光犀利的、魅力无限的演说家——建议代表的票数比例应以其所在殖民地的白人居民总数计算。由于缺乏任何准确的人口统计数字，代表们只能采取一种更为简单的办法：每个殖民地都有一票。无论怎样，会议的重点超出了殖民地代表集会和表达不满的范畴，促进了一个新政体的出现。亨利说："弗吉尼亚人、宾夕法尼亚人、纽约人和新英格兰人之间的区别已不复存在。我不是弗吉尼亚人，我是美洲人。"[58]很久以前地图上的一个词，如今已扩展为一种理念。

II.

大陆议会既没有陷入奥尔巴尼会议时的分裂和混乱，也没有接受印花税会议的恭顺请求。这个新的、更具雄心、更为广阔的组织，已经做好了最坏的准备，它要求殖民者召集民兵，筹备武器。它还同意抵制所有进口的英国货物，禁止与西印度群岛有贸易往来，切断与群岛的联系。抵制运动即将开始的那个月，牙买加议会恭恭敬敬地向国王呈上一份请愿书。牙买加人确切表示，此岛屿无意参加任何叛乱："本殖民地虚弱无力，白人居民非常有限，再加上拖带着20多万奴隶的累赘，怎么能想到我们企图或曾经企图抵抗大不列颠。"牙买加人解释说。不过他们还说，他们确实同意大陆殖民者的不满，宣称"英格兰人有权参与，并确实参与他们国家的立法事业是宪法首先确立的准则"[59]。

大陆议会不为所动，但带着诚意表示感谢："你们为了我们与王室进行可怜的调解，对此我们表示最诚挚的感激。"无论是国王，还是议会，都没有重新考虑《强制法案》的任何意向。殖民者所抗议的税务负担小得可笑，但他们的义愤之声却非常刺耳。首相诺斯勋爵请著名散文家塞缪尔·约翰逊（Samuel Johnson）针对大陆议会的抱怨写了一个回复。很明显，对付殖民者最容易的办法就是指控他们虚伪。约翰逊在《税收不是暴政》（Taxation No Tyranny）中冷冰冰地发问："我们听到最刺耳的关于自由的尖叫，都是来自拥有黑奴的人，这是怎么回事？"约翰逊反对蓄奴制远不止于口头上，有个自由的牙买加黑人——弗朗西斯·巴伯（Francis Barber）是他的伙伴、合作者和继承人。（他曾在战时说过一句祝酒词："为西印度群岛的下一次黑人暴动，干杯。"）但约翰逊指控的虚伪不过就是一年前费城医生本杰明·拉什做作的指控：拉什很奇怪，"一个是英国上议院议员试图奴役自己在美洲的同胞，违背法律和正义强迫他们纳税,一个是美洲爱国者尽力不让他的非洲兄弟陷入违背正义和人性的奴隶制束缚,这二者之间到底有什么区别"。[60]

到现在,本杰明·雷播下的种子开始结下果实,贵格会已正式禁止蓄奴制——任何宣称拥有另一个人的人将被开除教籍。1775年4月14日,费城第二次大陆议会召开前一个月,20多人(其中17人属于贵格会教派)在费城成立了自由黑人非法被押为奴救援协会。然而与1773年相同的情景再次出现,无论结束蓄奴制的使命如何紧迫,所有殖民地的注意力都再次被分散。5天以后,即1775年4月19日,鲜血洒在列克星敦潮湿墨绿的春草之上。

事件起于英军统帅托马斯·盖奇(Thomas Gage)将军,他查抄了波士顿城外靠近查尔斯敦和剑桥附近的殖民地军火仓库,并派遣了700名英军到列克星敦和康科德做同样的搜查。70名武装民兵,或称即招民兵(得到通知可立即进入战备的农民)在列克星敦与他们遭遇,在康科德看到的英军更多。英军打死了10个民兵,自己损失了2人。抵抗力量随后包围了英军占领的波士顿。保皇派仍留在城中,但他们人数不多:城中1.5万个居民中有1.2万人企图出逃,衣衫褴褛的和衣冠楚楚的,年老的和年轻的,都成了这场战争的首批难民。

约翰·汉考克(John Hancock)、约翰·亚当斯和塞缪尔·亚当斯骑马疾速赶往费城。逃亡拆散了家庭。《波士顿公报》印刷商本杰明·伊兹(Benjamin Edes)把报纸和铅字放上推车前往查理河,他划船过了河,但在波士顿,他18岁的儿子却成了战俘。[61]此时珍·富兰克林已经63岁了,她坐着马车出了城,只带了孙女而把孙子留下了。"我把东西装好,我期待追寻自由所用的东西,企图和上百个不知所向的人一起碰碰运气。"[1]她给哥哥写信说。富

---

1 珍的家信里的英文拼写和语法均属随意而为,此处勉强译出大意。——译者注

兰克林在英格兰住了几年，此时正在返回美洲参加大陆议会的路上。[62]

枪声已响，第二次大陆议会（于当年5月召开）的辩论比第一次紧迫得多。那些继续主张和大不列颠调停的代表（占大多数）现在必须面对更加愤怒、更加激进的马萨诸塞代表（他们带来了许多痛苦和悲伤的故事）。本杰明·富兰克林在写给妹妹的信中说："我向你和家乡的人表示最深刻的同情。你对他们失去家园的悲伤陈述令我感触至深。"[63]6月，马萨诸塞的第一枪打响之后的两个月，大陆议会投票决定组建一支大陆军，约翰·亚当斯提名乔治·华盛顿为总指挥。华盛顿是弗吉尼亚人，他性格坚毅、广受尊重，行为举止无人可比，他受命前往马萨诸塞领军，骑行赴任的举动成为南北联合的一种象征。

那年整个秋天，大陆议会都忙于战争的准备工作，招募新兵，组织部队，宣布独立的问题搁置在了一边。大多数殖民者仍是效忠国王的，如果他们支持抵抗运动，那是他们在为自身应有的英国人权利而战，并非作为美洲人为了独立而战。

不过，他们的奴隶打的是另外一场战争。"可以想象，我们的总督对奴隶的态度趋于缓和，其意图不过是万一发生内战，他们能派上大用场。"此时，年轻的詹姆斯·麦迪逊还在弗吉尼亚，他向在费城的朋友威廉·布拉德福德报告说。皇家任命的弗吉尼亚总督邓莫尔勋爵试图给愿意加入不列颠部队的奴隶以自由。"说实话，这是本殖民地唯一脆弱的部位，"麦迪逊承认道，"而如果我们被征服，就会像阿喀琉斯一样，倒在知道这个秘密的人手中。"[64]

但殖民者最惧怕的奴隶叛乱，即"阿喀琉斯之踵"，几乎不算秘密：这是殖民地特色。麦迪逊的祖父安布罗斯·麦迪逊（Ambrose Madison）最先定居于蒙彼利埃，1732年被奴隶杀害，当时他才36岁，明显是被毒死的。在麦迪逊所在的郡，奴隶下毒杀害主人的事件在1737年和1746年又有发生：在第一起中，犯人被斩首，他的头被插在县政厅门前的柱子上杀一儆百；第二起案件中，一个叫夏娃的妇女被活活烧死。[65]他们的尸体都变成了纪念碑。

没有哪个种植园缺乏"阿喀琉斯之踵"。乔治·华盛顿的奴隶至少从1760年开始就不断出逃，至少有47名奴隶尝试过逃跑。[66]1763年，一个冈比亚出生的23岁青年成为华盛顿的财产，华盛顿给他起名为哈里，让他去给一个大沼泽排水。1771年，哈里·华盛顿成功出逃，但最后还是被抓了回来。1775年11月，他在弗农山马厩为主人照料马匹，突然听到麦迪逊所惧怕的邓莫尔勋爵的通告：只要加入陛下的军队，一同镇压美洲叛乱，任何奴隶都可获得自由。[67]

在乔治·华盛顿组建大陆军的剑桥，他收到了一份关于弗农山奴隶的报告。"如果确定逃跑能够成功，每个奴隶都想离开我们。"华盛顿的表弟在那年冬天报告说，并加了一句，"自由很美"。[68]哈里·华盛顿耐心忍让，他将成为那500多名从主人手下逃跑的奴隶中的一员，一起参加邓莫尔的部队，其中有个叫拉尔夫的人，他是从帕特里克·亨利手下逃跑的，还有8人出自佩顿·伦道夫（Peyton Randolph）庄园所拥有的27个奴隶。佩顿·伦道夫是首届大陆议会的主席。[69]

爱德华·拉特利奇（Edward Rutledge）是南卡罗来纳大陆议会代表团的成员，他说邓莫尔的宣言的确"更有效地推动了大不列颠和殖民地之间的永久分裂——比其他任何可能想到的权宜之计都要好"[70]。不是税收和茶叶，不是列克星敦和康科德的枪声，不是波士顿被围，而是邓莫尔给奴隶以自由的承诺这一行为，让天平开始向独立倾斜。

这些并不是决定性的。约翰·亚当斯推算，有三分之一的殖民者是爱国者，三分之一是保皇派，另有三分之一从未做过决定。[71]除了邓莫尔给奴隶的自由许诺之外，北美独立最强劲的动力来自默默沉思、坚持不懈的托马斯·潘恩。潘恩1774年从英格兰移民费城,1776年,他匿名出版了一本叫《常识》(Common Sense)的小册子,47页的小书中充满了敏锐的政治见解。"我的目的是要使那些几乎不识字的人明白我的意思,所以我要避免任何文学上的修饰,而把它用通俗易懂的语言表达出来。"议会成员可能是哲学家,他们阅读洛克和孟德斯鸠,但普通美洲人阅读《圣经》《穷理查历书》和托马斯·潘恩的作品。

潘恩怀着愤怒书写,怀着闪光的思想书写。"美洲的事业在极大程度上是全人类的事业,"他宣布说,"这不是牵涉一城、一州、一省或一个王国,而是牵涉一个大陆——至少占地球上可以居住面积的八分之一——的事情。这不是一日、一年或一个时代的事情,实际上,子子孙孙都卷入这场斗争,并且,甚至永久地或多或少受目前行动的影响。"

他的实证来自乡土,他的比喻来自厨房和农场仓房。"如果认为一个大陆可以永远受一个岛屿的统治,那不免有些荒谬。"他接着将矛头直指大英帝国主义,"你还不如说,因为一个孩子是吃奶长大的,所以他永远不该吃肉。"

他说的并非没有道理。他融合了洛克的思想,将自然状态的观念解释给普通读者。"在宇宙万物体系中,人类本来就是平等的,这种平等只能为以后的某一桩事故所破坏。"他以老师教学生的口吻写道。一些人统治其他人,富人和穷人之间有了差别:这些形式的不平等都是非自然的,不是宗教规定的,这些差别都是行为和习俗的结果。最违反自然的差别就是把人们分成"国王和臣民",他解释说。[72]

潘恩同样提到《大宪章》,表明"在英格兰保护自由的宪章是在民间形成的,不是在上议院形成的,宪章是人民所支持的,并非王权的赐予"。他要求美洲人写一个他们自己的《大宪章》。[73]但《大宪章》不能为直接反叛辩解。那么,潘恩认为,最佳的应急措施就是不问先例,或不信教条,只问自然,并坚持天下存在一种进行革命的自然权利，像孩子离开父母一样自然。"我们假定有一小部分人在地球上某一个隐僻的地方住下来，同其他人不发生联系，他们就将代表任何一块地方的，或世界上的第一批移民。"他开始讲，像给孩子讲很久以前的故事。[74]他们会建立一个政府来保障他们的安全，还有他们的自由。而当那个政府不再保障他们的安全和自由时，他们就会站起来推翻它。他们永远有这种权利。

许多类似的语言最后出现在殖民地特别大会所通过的决议中，只有如此，殖民地才能在摆脱不列颠束缚的情况下讨论建立新型政府。"所有人在自然状态下都是平等自由和独立的，并拥有某种固有的权利，当他们进入社会状态时，不能通过任何契约形式剥夺或削减其后代子孙的同等权利。"1776年5月，由大胆的乔治·梅森起草的《弗吉尼亚权利宣言》这样写道，"所有权力都归属并最终来自人民。"詹姆斯·麦迪逊只有梅森一半的年纪，他被奥兰治县推选为大会代表。他对梅森的宣言提出了一条修改意见。梅森写的是"所有人在宗教上都应享有完全的宽容"，麦迪逊将此内容改写为确保"所有人在宗教信仰上都拥有完全的、自由的平等权利"。提议的修改得到了采纳，麦迪逊成为首位从宪法角度确保宗教自由的人。宗教自由不是容忍，而是一项基本权利。[75]

不可避免的是，蓄奴制以其长期不散的可怕阴影笼罩着这些原则性的叙述；事实上，正是蓄奴制才使这些原则性陈述成为可能。梅森的原稿并没有包括"当他们进入社会状态"后所获得的权利，这些词是后加的，因为大会成员担心原条款可能"有废除奴隶制的效应"[76]。如果从属于公民社会的所有人都是自由的、平等的，蓄奴制怎么可能存在？弗吉尼亚大会的回答是，非洲人肯定不属于公民社会，他们依然处于自然状态。

在18世纪的政治思想中，妇女也生存于公民社会的建构契约之外。1776

年,阿比盖尔·亚当斯(Abigail Adams)写信给丈夫约翰,问这种情况是否可以修正。她说:"我希望你别忘了那些女人,你对她们要比祖先对她们更慷慨、更喜爱。"这暗指了男人对女人的长期虐待。"不要将无限的权力都交在丈夫们手中。"她写道。她还说到了暴政:"记住,只要可能,所有男人都会是暴君。"她要求他要遵循代表权的原则和逻辑:"如果女性得不到特别的关怀和重视,我们就决定煽动一场叛乱,而且任何没有代表权和发言权的法律,我们都不会服从。"

她的丈夫没有表态。"面对你这份奇怪的法典,我只能付之一笑,"他回复说,"有人告诉我们,我们的斗争已经使各地政府放松了约束。孩子和学徒都不听管教——学校和院校变得骚乱不堪——印第安人藐视监护人,黑人对主人无礼……基于这些,我们觉得有比废除男权体制更重要的事情。"[77]妇女被遗落在国家奠基文档之外,遗落在国家创建者公民社会的思想之外,就像奴隶一样,被认为受到自然状态的限制。这将给未来几个世纪的政治秩序埋下后患。

在6月举行的大陆会议上,宾夕法尼亚代表约翰·狄金森(John Dickinson)起草了《邦联条例》(*Articles of Confederation*)。"邦联的名字应该叫'美利坚合众国'。"他写道,这可能是首次使用"邦联"这一短语,也可能是狄金森在议会使用的条约集中发现了"合众国"一词。《邦联条例》中包括1667年的一项条约,它把一个独立荷兰州联盟称作"低地国家合众国"。在狄金森的草案中,殖民地——现在称州——要组成一个友谊联盟,"为了共同的防御,为了保障它们的自由,以及它们相互的、普遍的福祉"。草案第一稿呈交大陆议会,号召各州为战争和政府筹款,按人口比例分配份额,因此也号召每三年进行一次人口普查。草案将经历多重修订,经过一年半时间的辩论,然后大陆议会才统一认定一个最终版本。最终版本去除了狄金森原稿中大多数权力归大陆议会的条款；最后的《邦联条例》更像是一份和平协议（在各主权州之间建立防卫同盟），而不像宪法（建立政府体制）。大多数条款都像是权宜之计。例如，所有各州进行人口普查的规定受到攻击，但另一种方法就得到赞同，即依据"每个州拥有土地的总价值"按比例捐资国库，而事实上没人知道各州土地的价值是多少，各州的上缴数额便由各州自己决定。[78]

无论如何，这些新的联合州在一步步走向独立。1776年6月7日，性情激烈的弗吉尼亚代表理查德·亨利·李（Richard Henry Lee）提出了一项决议，"这些联合起来的殖民地都是（也应该是）自由而独立的州。"对此决议的投票因故延迟，但大陆议会指定了一个五人委员会起草一项宣言，这五个人是本杰明·富兰克林、约翰·亚当斯、托马斯·杰斐逊、纽约代表罗伯特·R. 利文斯顿（Robert R. Livingston）和康涅狄格代表罗杰·谢尔曼（Roger Sherman）。杰斐逊同意准备初稿。

《独立宣言》不是战争宣言，战争在一年多前就已经开始了，它是一种国家行为，目的是在国际法中具有效力。《独立宣言》阐释了殖民地争战的目的，它试图明确革命的原因是国王把他的人民置于专制权力之下，使他们沦为奴隶："大不列颠现任国王的历史，就是一部屡屡伤害和掠夺的历史，其直接目的就是对这些州建立绝对的暴政统治。"许多读者发现这些语句说服力不强。1776年，英国哲学家和法理学家边沁（Jeremy Bentham）说宣言中的政府理论是"荒唐和空想"，它那自我求证的真理既不能自证，也不是真理。相反，他认为它们"对每一个事实上的和想象中的政府都具有破坏作用"[79]。

但本瑟姆认为的"荒唐和空想"代表着几个世纪以来政治思想和政治实践的概括总结。"《独立宣言》中没有哪种思想不是过去两年在国会中反复讨论过的。"亚当斯后来写道,嫉妒赞扬之词都归于杰斐逊。杰斐逊承认并指出,追求新奇在他的任务中不占一席之地。他宣称,《独立宣言》"既没有以原则或观点的新奇为目标,也没有抄袭某个以前的作品。它的本意是表达美洲人的内心"[80]。但它的思想,那些美洲人的内心表达,更为古老。

"我们认为下面这些真理是不言而喻的,"杰斐逊说,"人人生而平等,造物者赋予他们若干不可剥夺的权利,其中包括生命权、自由权和追求幸福的权利。为了保障这些权利,人类才在他们之中建立政府,而政府之正当权力,则来自被统治者的同意。任何形式的政府,只要破坏上述目的,人民就有权利改变或废除它,以建立新政府。"这里他借鉴并极大地优化了乔治·梅森所写的《弗吉尼亚权利宣言》。它说明了只要条件满足,人民就有革命的权利,剩下的就看人们是否具备这些条件。杰斐逊草稿的大部分内容都是对国王的不满和指控,要他解释为何"未经我们同意便向我们强行征税",解散殖民议会,在这里驻扎常备军,"剥夺我们享有陪审团的权利",而这都是早在《大宪章》中就规定的权利。然后,杰斐逊在初稿中用了最长的一段文字把非洲的奴隶制归咎于乔治三世的支持,控诉国王挑起"残酷的、反人性的战争,剥夺了一个远方民族的神圣的生存权和自由权,而那些人从未冒犯过他,他却拐骗和胁迫他们,让他们去充当奴隶",他阻挠殖民地宣布奴隶贸易为非法,"这恐怖组合并不需要任何明显的事实证据,现在他煽动同样一批人对我们发起武装起义"。这段文字后来被议会删去了,代表们不想在国家的奠基性文件中提到这个"恐怖组合"。

议会最后采纳的《独立宣言》是一份言辞犀利的精品,这是一次独具政治勇气的行动。它的出台同样标志着政治意愿上的不小的失败(以忽略的方式阻挡了反蓄奴制的浪潮),这样做都是为了这个最终不能,也无法持续下去的联盟。

7月，街头巷尾都能听到《独立宣言》的大声朗诵。人群在欢呼，大炮在轰响，教堂在敲钟。国王的铜像被推倒，熔化之后造成子弹。几个星期后，牙买加爆发了大规模奴隶暴动，奴隶主怪罪美国人的刺激和煽动。在宾夕法尼亚，一个贵格教会富商深受时代精神的鼓舞，不仅释放了他的奴隶，还发誓用余生寻找他以前拥有和出售过的奴隶，以及他们的孩子，为他们赎买自由。1776年8月，大陆议会后的一个月，代表们做出决定——在人类发展过程中，有时候，一部分人有必要切断与另一部分人的联系。哈里·华盛顿宣布了他自身的独立，他从弗农山出逃，参加邓莫尔的军队，参与作战，他白色的肩带上绣着他的座右铭："还奴隶自由"[81]。

III.

战争期间，美国有五分之一的奴隶离开家人，逃离美国奴隶制而寻求英国的自由。一个美国难民给自己改名为"英国自由"。新《扬基歌》在伦敦写成，歌词改成了"黑人向美国再见"。新歌中，逃亡奴隶离开了美国，"来到自由统治下的老英格兰，那里没有毒打，没有浑身的铁链"。[82]

没有太多人成功抵达那片自由的土地，甚至没多少人能进英方战场的前线。他们大多都被抓回去遭受惩罚。一个奴隶主抓住了一个逃往邓莫尔部队的15岁女孩，她受到的惩罚是80皮鞭的毒打，奴隶主还把滚烫的炭灰撒在她的伤口上。[83]不论这次逃亡多么绝望，多么不可能，似乎都值得一搏。精明的观察家预测英国能打赢这场战争，至少英军开始时有3.2万人的兵力，纪律严明，训练有素，而华盛顿的1.9万名战士却是良莠不齐，纪律涣散。美国获胜看起来像是场荒唐剧。但英国正规军远离家乡，补给不足，而当英军总指挥威廉·豪（William Howe）把目标定在纽约，然后在费城时，他发现这场胜利带来的好处微乎其微。合众国和欧洲国家不同，它没有首都，并非占领了都城就可以打开使其他城市投降的局面。更重要的是，豪一次又一次地放弃了最终与美国人决战的机会，因为担心自己的部队要承受巨大损失，严重的伤亡是否过于危险，而增援部队却还在那么遥远的地方。

另外，英国兵力分布太广，横跨全球，多条前线都有战争。对英国来说，美国革命只是场规模更大的战争，是帝国战争和世界战争的前线之一。像法印战争一样，那场战争的主战场是北美，但它也扩散到了其他地方，扩散到西非、南亚、地中海和加勒比海。1777年，豪占领了费城，但在北部，英军将领约翰·伯戈因（John Burgoyne）却在萨拉托加战役中蒙羞溃败。这场美国的胜利对约翰·杰伊（John Jay）、约翰·亚当斯和本杰明·富兰克林非常有利。他们作为外交官在法国谋求一项重要协议：1778年，法国作为美国的同盟加入战争，而此时此刻，诺斯勋爵热衷于保护英国在加勒比海的更富裕的殖民地不受法国侵犯，正想退出美洲舞台。西班牙于1779年加入法美同盟，德国也被卷入冲突中，但只提供雇佣军，美国人称他们为"黑森兵"（Hessians）。再者，由于荷兰曾一直向美国提供武器和弹药，英国于1780年向荷兰宣战。法国的参与将战火烧到富裕的西印度群岛，在那里，自1778年开始，法国先后占领了英国的多米尼加、格林纳达、圣文森特、蒙特塞拉特（Montserrat）、多巴哥、圣基茨、特克斯（Turks）和凯科斯群岛（Caicos）等殖民地。美洲大陆和英属加勒比的贸易中断给英国利润颇丰的蔗糖殖民地更添一层负担：非洲人饿得要死。仅安提瓜一个殖民地就有五分之一的奴隶在战争期间死亡。[84]

对美国人来说，革命战争不是世界战争，而是内部战争，是那些赞成独立的人和反对独立的人之间的战争。约翰·亚当斯粗略地估算了一下，殖民者中有三分之一的人仍效忠皇室，另有三分之一的人主意未定，但亚当斯的估算并没有包括更大数量的保皇派，而英国却将他们列入同盟者行列：美洲奴隶的全部人口和几乎全部的原住民。英军无法强化优势的原因之一就是他们不停地变换战场，变换到他们希望能得到更多保皇派支持的地区，不仅寻求商人、律师和农民的支持，还寻求非洲同盟、印第安同盟的支持。豪的继任者亨利·克林顿（Henry Clinton）相信这场战争的目的是"赢得美国的心，征服美国精神"[85]。这项策略失败了。当这一策略失败后，与其说英国失去了美国，倒不如说是英国放弃了美国。

起初，王室追求的是顺从。1778年，国王派全权特使提出废除英国议会自1763年以来遭殖民地反对的所有法案，但当大陆议会要求国王承认美国的独立时，特使均表示拒绝，同时，克林顿仍占领着纽约城并继续向西挺近，战争的舞台已经挪到了南方：英国大臣决定优先保住富裕的蔗糖群岛，放弃北方和中部的大陆殖民地，并试图占领南方殖民地以恢复西印度群岛的粮食供给。克林顿于1778年占领了佐治亚州的萨瓦纳，然后将目光转向南方最大的城市——南卡罗来纳的查尔斯顿。这一举动引发了议会关于武装奴隶问题的争论。1779年5月，议会提议在南卡罗来纳和佐治亚征集3000名奴隶当兵，报酬就是特赦他们为自由人。"你的黑人军队不会成功，"约翰·亚当斯警告说，"南卡罗来纳人如果连这点苗头都看不出来，他们就是昏了头。"[86]他说的完全正确。南卡罗来纳立法机构拒绝了这项提议，声称"我们觉得非常厌恶"[87]。克林顿于1780年5月占领了查尔斯顿。

1781年，为了夺取切萨皮克（Chesapeake），英国将军康华里（Cornwallis，另译康沃利斯）侯爵在弗吉尼亚约克镇设防，作为海军基地。他的部队不久就遭到了美法联合势力的包围和炮击。法军由拉斐特伯爵（Marquis de Lafayette）指挥，他在大陆军中服役，热情地为美国事业发声，包括到处游说以得到法国的支持。康华里的兵力比较薄弱，因为英国的海军大都被牵制在加勒比海。他于10月19日宣布投降，他没有意识到英军就在他投降的当天已从

与英国进行初步和平谈判的美国代表们，1783年，本杰明·韦斯特绘。韦斯特，美洲出生的国王御用历史画作家，开始创作一幅反映英美和平大使会面的油画，但这幅画没有完成。画面上包括本杰明·富兰克林、约翰·亚当斯和约翰·杰伊。亨利·弗朗西斯（Henry Francis）友情赠送，英国伦敦，编号1957.856

纽约起航前来援助。康华里在约克镇的失败结束了北美的争战，但并没有结束战争。对大不列颠来说，战争真正的结束时间是1782年。在西印度群岛的桑特战役中，英军打败了一次法国和西班牙对牙买加的联合进攻，其结果证明，不是帝国的势力虚弱，而是出于优先选择。不列颠保住了加勒比，但放弃了美国。

毫不奇怪，和平条款如同战争本身一样杂乱不堪、无序伸展。保皇派和帝国本身一样面临同样的抉择：是否应该放弃美国。"走还是不走——这是一个问题"，一首莎士比亚式的打油诗写道，"是该相信恶劣的天气……还是留在反叛者当中！我们留下定会激起他们最强烈的愤怒。"大多数人并没有像哈姆雷特那样优柔寡断，只要可能，他们还是走了，共7.5万人随英军一起撤离，相当于美国人口的四十分之一。他们去了英国或加拿大，去了西印度群岛或印度，他们继续帮助建设大英帝国。"这里除了撤离没别的消息，"一个爱国者从纽约写信说，"有些人满脸笑容，有些人忧郁哀伤，还有一类人陷入疯狂。"没有人比那1.5万名至2万名前奴隶更绝望地想逃离美国，他们也是大逃亡行动的一部分，是美国历史上亚伯拉罕·林肯签署《解放黑人奴隶宣言》（1863，以下简称《解放宣言》）之前规模最大的一次奴隶解放运动。[88]1783年7月，哈里·华盛顿（几年前离开弗农山加入邓莫尔的部队）设法到了纽约，从那里登上英国大船"丰收号"，向加拿大的新斯科舍（Nova Scotia）进发。一个职员有本叫《黑人花名册》的账册，记载着那年夏天随英国人撤离的2775名逃亡黑人，以及妇女和儿童，也记录了他的离去："哈里·华盛顿，43岁，是个好男人。以前是华盛顿将军的财产，7年前离他而去。"[89]

　　康华里在约克镇投降的时候，6万名保皇派人士争先恐后地站在英军后方。知道他们的财产会被没收（如果还没被没收的话），或他们本身会被抓住（作为别人的财产），但他们都选择了离开美国去不列颠或该帝国所属的其他地方。他们前往纽约、萨瓦纳或查尔斯顿，那时，这些地方还是英国所控制的城市，随后不久，再从那里出发。在从查尔斯顿启程的9127名保皇派人士中，5327人是逃亡奴隶。在弗吉尼亚，2000名康华里指挥下的黑人士兵（被称为"黑人群"）从包围中逃生，在沼泽和森林中艰难跋涉，希望能赶上一艘英国船，依据投降条件，华盛顿允许该船驶向纽约。他们忍受疲惫，忍受饥渴,忍受疾病。在逃出托马斯·杰斐逊的故乡蒙蒂塞洛(Monticello)的30人中有15人在找到康华里之前就因患天花而死,其他人逃到了法国。"我们收获了一批真正的家佣。"一个深感意外的法国官员写道。武装逃奴追缉队追捕逃奴,抓获了成百名康华里的士兵和他们的家人,包括曾归华盛顿所有的两人,曾归杰斐逊所有的五人。在踏上英军前线的竞赛中,怀孕的妇女照样得奔跑,希望她们的新生儿能得到一张文书来认可自由身:"英军前线生而自由。"[90]

抵达纽约、查尔斯顿或萨瓦纳只是全部征程的开始。在纽约,有一个南卡罗来纳的逃奴叫波士顿·金(Boston King),他听到谣言说,城里所有奴隶,约2000人,"都将被送还给他们的主人",他忧心忡忡,生怕美国奴隶主进军城内,"在街头抓获他们的奴隶,或甚至从床上把他们抓走"。金是个木匠,他在回忆录中写城里的黑人恐惧到夜不成寐的程度。一个黑森[1]军官报告说,当时大约有5000多名奴隶主进城重新抓捕奴隶。乔治·华盛顿确实下令保存那本黑人花名册,以便将来奴隶主可能就英国船只带走的奴隶寻求补偿。在查尔斯顿,士兵们到码头巡逻,阻挡了成百上千个绝望出逃的人。他们大多数都意识到,这将是他们为自己和子孙后代争取自由的最后机会。尽管有巡逻,但仍有很多人从码头上跳水,拼命游向驶往英国战舰(包括命名恰当的"自由不列颠号")的最后一批长艇。游泳的人抓住拥挤不堪的长船栏杆,企图爬到船上。他们死不松手时,船上的英国兵就会砍断他们的手指。[91]

革命最激进之处是它对奴隶制的挑战,最保守之处是这个挑战失败了。不过,这种体制开始出现裂缝,如同一扇玻璃窗有裂纹,但还没碎。1783

---

1 黑森:指美国独立战争期间为交战双方服役的雇佣兵。——译者注

年，当拉斐特听说特使们在巴黎即将达成和平协议时，他写信给华盛顿表示祝贺，并提议共同完成革命开展的任务。"让我们联合购置一小块土地，在那里尝试进行解放黑奴的实践，"他提议说，"如果我们在美洲获得成功，你的成功例证可能成为一种普遍实验。"他们可以将此实验应用于西印度群岛。华盛顿回信说"我会很荣幸地加入你的这项伟大事业"，并表示希望会面商谈细节。[92]

任何一个有思想的人都会受到自由之战对蓄奴制的影响，蓄奴制是美国的"阿喀琉斯之踵"。在费城，1783年，詹姆斯·麦迪逊离开大陆议会，打点行装，准备返回蒙彼利埃。他不知道该怎么安顿比利。比利是他刚到议会参政时从弗吉尼亚带来的一个23岁的青年。比利自1759年出生之日起就是麦迪逊的财产，当时麦迪逊才8岁。1777年，宾夕法尼亚立法机构通过了西方世界的第一个废奴法案，规定任何女奴在1780年3月1日后生出的孩子将在28岁时成为自由人，并禁止进行奴隶买卖。纽约的约翰·杰伊宣称，反对奴隶解放将证明"美国向上天祈祷自由都是不虔诚的"[93]。1782年，弗吉尼亚立法机构通过了一条法律，允许奴隶主赦奴隶自由，一个弗吉尼亚贵格派教徒说，在解放奴隶问题上，他已经"完全相信自由是全人类的自然权利，我的职责是，在同样情况下，用自己希望得到的对待去对待别人"[94]。没有几个人响应他的号召。1782年，麦迪逊在费城买了一大批书，其中包括霍布斯的《利维坦》，尽管他手里的钱不多，还抱怨很快就要"到必须卖掉一个黑人的地步了"，他指的就是比利。[95]

一个在未来起草宪法的人要卖掉另一个人去购买哲学书籍，这个可悲的反讽被宾夕法尼亚1780年的废奴法阻止了。事实上，麦迪逊不能在费城卖掉比利。1783年，当他准备离开费城前往弗吉尼亚时，也确实不知道按宾夕法尼亚法律，他是否有权利强迫比利和他一起走。"我想了，最稳妥的办法是不要强迫比利回弗吉尼亚，就算这样做是合法的，"麦迪逊把这件事告诉了父亲，"我相信他的内心已过多地受到污染，无法再和弗吉尼亚的奴隶伙伴相处。"就是说，比利在费城——一个很多黑人都是自由人的城市——伺候麦迪逊已有三年半时间，再回到种植园会是一个麻烦：他会煽动起义。奴隶贸易在宾夕法尼亚是非法的，麦迪逊也许可以把比利偷渡出宾州，把他卖到更南的地方，或者卖到加勒比，但他告诉父亲："鉴于我们已经为自由付出了代价和鲜血，还不断宣称那是值得追求的属于每个人的权利。我不愿意只因他渴望自由就将其转卖来施以惩罚。"最后，麦迪逊还是决定把比利卖掉，不是作为奴隶，而是作为一个七年期的契约劳工卖掉。比利给自己改名为威廉·加德纳（William Gardener），七年契约已满，成为自由人，给商人做代理并和妻子一起养家（杰斐逊在费城时，她给他洗衣服）。[96]

加德纳在费城找到了自由，但其他男人和妇女却面临着更糟的命运。近3万名保皇派人士从纽约乘船到了新斯科舍，其中就有哈里·华盛顿。这个华盛顿和大约1500个家庭一样在新斯科舍定居，这里成为北美最大的自由黑人社区，聚集在一个卫理公会牧师摩西·威尔金森（Moses Wilkinson）和一个浸礼会教徒戴维·乔治（David George）周围。但是，他们和白人保皇派带到新斯科舍的1200多个黑人奴隶比邻相居，这给自由黑人社区带来了持续不断的挑战。"白人反对我。"乔治说。当他准备给一个白人男子和女子举行洗礼时，一伙白人暴徒将他从布道坛上推倒。一个新斯科舍白人这样评论自由黑人，"从经验得知，这些人是在受奴役的蓄奴制下长大的，他们得有主人的帮助和保护才能开心"。骗子们夺走了他们分得的土地，卖掉"他们这群黑人的土地，连许可证的影子都没见到"。一个土地勘测员沮丧地写道。自由黑人的社区在萎缩。"许多穷人不得不卖掉心爱的大衣，换5磅面粉，免得饿死。当他们被迫卖掉所有衣服甚至毯子的时候，几个人摔倒在街头，饿死了，"波士顿·金记录道，"有些人把自己家的猫和狗杀死吃掉。"[97]此情此景，如当年的詹姆斯敦一般恐怖。

当美国流亡者在加拿大为生存挣扎之时，本杰明·富兰克林正在巴黎商讨和约的条款。"你做的是上帝都会赞扬的伟大事业。"他的妹妹写信说。[98]1783年9月，美国代表团签署了《巴黎和约》。英国同意认可合众国的独立和主权，美国同意付清英国债权人的债务。他们还就保皇派及其财产问题、战犯的释放问题达成了协议。西班牙和法国基本上被排除在协商之外，故所得甚少，而英国最终得到的是一个不同于1775年时的格局，但广加蔓延的新的帝国。

和平条款将大英帝国非洲奴隶的人数减少了一半，这意味着英格兰的反蓄奴运动得到了更多人的关注，赞成奴隶制的游说大幅削弱。合众国的情形完全相反。美国革命之后，奴隶主在南卡罗来纳等州赢得了政治权力，而西印度群岛的奴隶主则丧失了这些权力。西印度群岛的种植园主对英国禁止群岛与美国进行贸易义愤填膺，最终导致了暴乱的发生。那些离开合众国去往大英帝国其他地方的被释奴中有相当一部分最终都到了加勒比海。在牙买加，他们开始要求选举权：他们说无代表权而纳税就是专制统治。到最后，美国对帝国的挑战构成了一种对奴隶制的政治批判和道义谴责，对此，大英帝国的感受比美国的感受更深切。[99]

和平协议达成了，乔治·华盛顿骑着一匹灰色的大马进入纽约城。在这里，一面由十三道条纹和五十颗星星组成的星条旗在巴特里公园（Battery Park）的旗杆上高高飘扬。就在几小时之前，英国国旗还在旗杆上面。最后一支英国部队离开了1776年前一直占领的城市，最后一艘英国船开走了，还没有彻底远离视线。华盛顿和士兵们从百老汇大道行进，城市在欢呼声中沸腾。那一夜，华盛顿在一个小旅店举行公众晚餐。他举起酒杯，提议祝酒十三次，敬祝新国家，敬祝自由，敬祝美国同盟等。"为纪念那些为了我们的自由而倒下的英雄，干杯！"并且，"祝美国成为地球上所有受害者的避难所！"最后是："祝今日的记忆成为王公们的教训。"[100]

英格兰将没有奴隶。美国将没有国王。

第四章
国家宪法
THE CONSTITUTION OF A NATION

《美国宪法》第一页,1787年9月17日。美国国家档案和记录管理局

詹姆斯·麦迪逊,36岁,天资聪颖,喜欢读书。1787年5月3日,他抵达费城,比制宪会议召开早了13天。他住在豪斯太太旅馆的一间房中,是他经常住的地方。这是一家坐落在第五大道和市场街交界处的包食宿旅馆,在大陆议会开会期间,他都在这里居住。为了准备大会,他翻看有关合众国建设的个人笔记。乔治·华盛顿于5月13日到达,即大会召开的前夜。他的到达根本谈不

上平静无声，伴随他的是人群的欢呼声，教堂的钟声，一个团的骑兵和鸣枪13响。当华盛顿到达他准备居住的豪斯太太旅馆时，富裕的费城商人罗伯特·莫里斯（Robert Morris）在那里迎接他，并坚持让华盛顿住在他的豪宅里，他的豪宅距大会召开地仅有几个街区的距离。第二天早晨，华盛顿和麦迪逊穿过薄雾，一同步行到宾夕法尼亚州政厅。[1]

与会代表没有几个人到达。"会议的开始没有像希望中那样准时。"麦迪逊在5月15日写给远在巴黎的杰斐逊的信中抱怨，他很不开心。[2]无论延迟还是不延迟，从大会程序一开始，麦迪逊就在细心地做笔记，他确信"这能够为宪法历史资料的收集做出有相当贡献的价值，因为这部宪法是一个年轻民族的福祉基础"。穿过一道拱形门就是州政厅的会议厅。室内窗子高大，光线充足。大会在此处从5月14日开到9月17日——从播种的季节开到秋收的季节。麦迪逊一天都没有落下。"甚至每天离开的时间也不超过几分钟，"他说，"这样我才能不错过任何一次演讲，除了非常短的。"[3]

麦迪逊讲话轻柔但并不流畅，完全不像他写作的风格。他在给自己做记录的同时也把费城那年夏天发生的事情替杰斐逊记录下来。自杰斐逊1784年离开美国之后，麦迪逊就一直为他记录议会审议的全部内容。但麦迪逊知道，最重要的是，他在为后代子孙记录，记录一部宪法如何最终形成了文字。

构成某种东西是去制作。一个身体是由其部件构成的，一个国家是由其法律构成的。"人的构成是自然产品，"卢梭在1762年写道，"国家的构成是艺术作品。"[4]到18世纪，"构成"逐渐具有了"法律、制度和惯例的总集的意思，源于某种确立的理性原则……根据这些原则，民众群体同意接受统治"[5]。英国人夸口说"英格兰是目前世界上唯一的（恰当地说）拥有'一种构成'（即宪法）的君主政体"[6]。但英国的宪法没有被书写下来，不是一个书面文件。英国的宪法是其法律、惯例和先例的总和。潘恩在和保守派埃德蒙·伯克（Edmund Burke）辩论时说，事实上，英国的宪法并不存在。"那么，伯克先生能拿出英国宪法吗？"潘恩问道，"如果不能，我们可以得出一个公平的结论，虽然有很多讨论，但英国没有，也不曾有'宪法'这种东西存在，或许曾经存在过。"[7]美国的创世之书——宪法——将会被写下来，印出来，收藏起来。

几个世纪以来有关自然状态——政府出现之前的时段——的探讨，终于可以结束了。人们不必再想象一个民族如何建立政府，这个可以得到见证了。"我们没有理由在蒙昧的古代荒野上漫游，搜寻信息，也不用冒着猜测的风险，"潘恩写道，"我们被带到了见证政府开端的节点上，仿佛我们曾生活在时间的起点上一样。"[8]正是怀着这种想法，麦迪逊才成了一个谨慎的历史学家。好像他当时正生活在时间的起点上。

I.

美国宪法不是世界历史上第一部成文宪法。从1776年开始，美国各州起草了世界上第一部成文的、得到广泛批准的宪法。在解散了他们自己的政府之后，他们的确认真地思考了一种理念，即他们需要为自己重建新政府，好像他们已经回到了自然状态一样。

三个州已经采用了成文宪法，甚至在大陆议会宣布从英格兰独立之前就采用了，因为他们发现若非如此，他们将没有政府。"我们认为我们必须建立一种政府形式。"新罕布什尔州于1776年1月召开宪法议会宣布。这是在保皇派总督带领议会的大部分成员逃离新罕布什尔之后发生的事。[9]13个州中有11个州在1776年或1777年设计起草了宪法。杰斐逊于1776年写道，起草宪法的工作是"目前争议的全部目标"[10]。

大多数宪法都由州立法机构起草，有些是由特别会议选出的代表起草。

1775年春，性情暴躁的约翰·亚当斯催促大陆议会"让每一个州的人民尽快召开这样的大会，以各州的权威建立自己的政府，因为人民是权威的源泉和权力的源泉"。新罕布什尔是第一个采取行动的州，也是第一个将宪法交予人民批准的州。人民的认可是一项程序，其结果远非必然。1778年，马萨诸塞立法机构起草了一部宪法，交予人民讨论认定，人民表示拒绝，并呼吁召开特别会议。特别会议于1779年在剑桥召开，亚当斯作为代表之一，成为新宪法的主要起草人。马萨诸塞人民于1780年批准了这部宪法。这一举动——人民投票选举政府的构成形式——代表着与过去的决裂。亚当斯没有错过这一点，他写道："哪个民族曾享受过如此待遇，能够为自己和后代的政府做出选择，超过了对空气、土地或气候的选择！"[11]

每个州都是一个大实验室，每部新宪法都是另一种政治实验。许多州的宪法，如弗吉尼亚和宾夕法尼亚的宪法，都包含了《权利宣言》的内容。宾夕法尼亚宪法写于1776年9月，开篇便呼应《独立宣言》的导言，"所有人生来同样自由、独立，并具有某些自然的、继承的、不可剥夺的权利，包括享受和维护生命与自由，取得、拥有并保护财产，以及追求和获得幸福与安全的权利。"马萨诸塞的宪法强调革命的权利，规定当一个政府令人民失望时，"人民有权改变政府，为捍卫他们的安全、繁荣和幸福采取必要的措施。"[12]

人民得到了完全的尊重，而"民主"一词则保留着一种明确的负面含义。18世纪的美国人从亚里士多德那里借用了一种观念，即政府有三种形式：君主政体、贵族政体以及平民政体，也就是国家由一人统治，由几个人统治，以及由许多人统治。每一种政体在寻求自身利益而不是公众利益的情况下都可能出现腐败。腐败的君主政体就是暴君统治，腐败的贵族政体就是寡头政治，腐败的平民政体就是民主。防止腐败的方法就是恰当地融合三种形式，让任何一种政体的腐败都可以得到抑制或其他政体的监督。

在过于君主制的政府和过于民主制的政府之间，马萨诸塞律师、后来的邦联议会成员费舍尔·埃姆斯（Fisher Ames）宁可选择前一种。"君主制像是条商船，它航行得不错，但有时会撞上礁石，最终会沉底，"他在1783年写道，"而共和制像是木筏，永远不会沉底，但你的脚永远在水里。"[13]

与发出反对声的埃姆斯不同，许多正在起草州宪法的人明显倾向于民主制。在构建新政府的过程中，若干个州都降低了投票权的财产要求。按照宾夕法尼亚的新宪法，任何住在该州并缴税——任何税——的人都有权投票；以前是三分之二的白人男子可以投票，现在90%的人可以投票。但不少有钱人发现这一举措需要警惕，他们相信，穷人和女人一样，缺乏做出英明政治决策的能力，因为这些人要依赖他人，这部分人的判断并不是自己的。马萨诸塞宪法给政府求职者和普通市民的选举设立了财产限制。正如亚当斯解说的那样："这是人心理上的弱点，那些没有财产的人，很少能做出自己的判断。"[14]

大多数州建立的是一个具有三个分支的政府，州长负责行政，高级法院负责司法，参议院和众议院负责立法。但有些州试图更正殖民地式的架构（王室任命的总督和他的政务会比选举出来的议会拥有更大的权力），把最重要的决策权交给立法机构的下院，而不是留给上院或者行政部门。宾夕法尼亚的宪法像它的贵格教成员一样，是最为激进的，在一些人看来是值得警惕的过度民主。它规定进行年度选举，不设州长，实行单院制立法机构，议员任期有限。在法律提案印刷出来交由民众审议前，民众有一年的时间考虑，然后才是立法机构投票通过。[15]

各种立宪过程也是多渠道的政治实验。佛蒙特1777年宪法中的"权利宣言"特别强调了禁止蓄奴制：男性在21岁之前、女性在18岁之前可以做契约劳工，但超过此年龄则不得受奴役之约束（这条规定本当使佛蒙特成为第一个废除蓄奴制的州，只是在1777年，佛蒙特不是一个州，而是一个独立的共和国，它直到1791年才加入合众国)。

1781年,贝特(马萨诸塞州奴隶,其丈夫在战争中死亡)提起了一项诉讼,说新的州宪法已经废除了蓄奴制。贝特的主人约翰·阿什利(John Ashley)是当地的法官。她听过他与其26岁的法律助理西奥多·塞奇威克(Theodore Sedgwick)谈论自然权利。阿什利的妻子要用锅铲打贝特的妹妹,贝特挡住了抡起的锅铲,但被严重烫伤。她逃了出来,找到塞奇威克,决定在他的帮助下,为自由起诉。"所有人生来都是平等自由的,并具有某些自然的、基本的、不可剥夺的权利,其中可认定为包括享受和维护生命与自由的权利;取得、拥有并保护财产的权利,以及追求和获得安全与幸福的权利。"亚当斯在"马萨诸塞宪法之权利宣言"第一条中是这样写的。贝特援引了亚当斯的这段话,打赢了官司,赢得了自由。她给自己起了个新名字,叫伊丽莎白·弗里曼(Elizabeth Freeman[1])。[16]

两年以后,马萨诸塞最高法庭正式判定,蓄奴制与州宪法规定不符,并说:"平等自由难道不是一条自然法则吗?自然法不是上帝之法吗?上帝之法不是反对蓄奴制吗?"第二年,宾夕法尼亚把1775年的"自由黑人遭非法奴役救援会"改名为"宾夕法尼亚废除蓄奴制促进会"。同年,佛蒙特的法官判一名逃奴胜诉,尽管主人拿出一份卖身契证明他的所有权:法官说,如需证明他对另一个人的所有权,必须提供一份"全能上帝"开具的卖身契。[17]

毫无疑问,一些州的宪法比其他州的宪法更为有效,没太能发挥效用的是《邦联条例》。大陆会议起草的这个条例匆忙,目的是向不列颠宣战,而这方面做得也不好(军队缺粮,士兵缺饷,退役没有抚恤金)。条例于1777年成文,直至1781年才得到各州的最后认可(拖延的主要原因是各州竞相争夺西部

---

[1] Freeman的意思是"自由人"。——译者注

地区土地所有权），即便当时条例已经生效，土地所有权问题仍未完全解决。一切企图修订该条例的努力都毫无成果，哪怕大陆会议没有解决各州之间的争端，也无权设定标准或控制州际贸易。新国家仍是问题重重，13个州使用13种不同货币，拥有13支独立海军。

更紧迫的事情是，邦联议会缺乏筹集资金的权威。国家需要钱，不仅是按约偿清债务，还要供给西北地区的防卫部队（西北地区是指阿利根尼山脉以西、俄亥俄河以北、密西西比河以东的联邦政府从各州征得的土地）。1783年的《巴黎和约》要求各邦联州支付债款，当各邦联州债务违约时，大不列颠就会威胁将对写在《巴黎和约》中的一项承诺违约，即拒绝将西北要塞奥斯威戈（Oswego）、尼亚加拉和底特律交给合众国。

即便是邦联国会拥有税收的全部权力，如何计算每个州的税务负担仍无法确定——每个州应该按其人口比例纳税，还是按其资产比例纳税？在国家的大部分地区，资产以"人"的形式存在。那么为了税收的目的，奴隶应该算作人

1775年第二届大陆会议发行的5美元纸币。纸币的价值在波动，革命战争末期，以大陆会议名义印发的纸币几乎一文不值。哈佛商学院收藏

口,还是算作资产?1777年,宾夕法尼亚人塞缪尔·蔡斯(Samuel Chase)认为只有白人居民才能算人口,因为从法律上说,黑人更像牲口而不像人。这一观点对南卡罗来纳人托马斯·林奇(Thomas Lynch)来说似乎非常重要,他曾威胁说,"如果就他们的奴隶是否算作财产的问题展开争论,联盟将走向终结"。在此问题上,本杰明·富兰克林打了个讽刺的比方,说若想说清楚人和财产之间的区别,办法很简单:"绵羊永远不会发起暴动。"[18]

邦联议会先后在1781年和1783年试图修订"条例",以赋予自身收缴进口税的权利,这使问题重新回到了如何计算每个州税务负担的辩论上:根据人口数量,还是根据土地价值。土地的价值是难以衡量的——仅凭英亩数字不是个好办法,因为田地要比沼泽值钱——而且,如亚当·斯密在《国富论》中所说:"一个国家繁荣的最具有决定性的标志是居民人数的增加。"人数似乎更易计算,更有意义,不仅能用于税收,还能用于代表权人数,这就引发出一种妥协,牵涉分数比例。税务委员会提出"两个黑人算一个自由人"的方案,其他提议接踵而来,直到"麦迪逊先生说,为了证明他对自由的认可是真诚的,他提议奴隶应该算五分之三个人"。

这个数学公式几乎是随便给的,但它将决定后来70多年的美国选举进程,这在当时同样引发讨论:这个方法从来没有实施过,因为州议会拒绝认可任何收税的修正案。[19]但当时提出的比例——五分之三——没有被人忘记。

邦联一瘸一拐地跟着前行,体弱无力,步履蹒跚。法国和荷兰在催债款,而且只要硬通,不是合众国变幻无常的纸上承诺。"一文不值"这一描述邦联议会印行的纸币的短语,已经成为一个词语。邦联议会没有钱付给债权人,而到1786年,邦联政府几乎破产。各个州的情况也是一样的凄惨,它们可以征税,但不能指望收到税款。马萨诸塞曾征税以支付该州的战争债款,不能缴税的农户财产可能被没收或拍卖。这些农户中有很多人参加过战争,从1786年8

月起,他们决定拿起武器再战:马萨诸塞州西部足足有一千名武装农民愤怒异常,孤军奋战,在退伍老兵丹尼尔·谢斯(Daniel Shays)的领导下抗议政府,包围市政厅,占领邦联军械库。[20]

看起来好像这个刚刚诞生的国家有可能陷入内战,然后开始永无止境的革命循环。"我希望可怜又困顿的国家能够吸取历史教训",珍·富兰克林给哥哥写信说,不要"总是陷于战火之中"[21]。麦迪逊担心起义将一直蔓延到弗吉尼亚。华盛顿开始思考这个国家到底需不需要国王,他给麦迪逊写信说:"我们已接近无序和混乱状态!"麦迪逊向杰斐逊报告说,谢斯起义甚至"玷污了"最坚定的共和主义者的信仰。[22]

修改《邦联条例》以恢复各州秩序的最后努力决定在1786年9月11日开始。各州代表特别会议在安纳波利斯(Annapolis)举行,麦迪逊作为代表出席。他很有可能是这次会议做决定的人。为了准备这次会议,他把自己埋在自己收集的很多政治史的书堆里。1785年,杰斐逊从巴黎给他海运了几箱书。"我一直在家,因此有空闲时间浏览藏书,对于你出于情谊送的书,我十分感谢。"1786年3月他写信给杰斐逊,汇报说弗吉尼亚那年冬天下了很大的雪,蓝岭山脉的顶端当时还是白色的。那年春天,当积雪开始融化的时候,麦迪逊写成了一篇题为《古代现代邦联考》的长文,对他能读到的所有邦联政府都一一做出分析和评价:它们的构架,它们的优点,尤其是它们的弱点。[23]

那是一个非同寻常的多雨之时。麦迪逊在夏天离开弗吉尼亚,在湿漉漉的麦田中穿行。他骑马直奔纽约料理商务,然后转头南下到马里兰,心中仍反复思考着他读过的东西,并给杰斐逊写信提供更多购书指南,以丰富他的藏书。"如果你看到路格都尼·巴塔沃拉姆于1632年出版的《伍波·艾米厄斯描述希腊城邦》,请帮我买一本。"他直接要求说。[24]

舟车劳顿的麦迪逊于9月抵达安纳波利斯,他神情沮丧。邦联一蹶不振,邦联政府十分虚弱，13个州中只有5个州派了代表参加会议。他们聚集在乔治·曼（George Mann）客栈——一幢有六面山墙围绕的旅店。这远达不到法定的表决人数，来自5个州的12个人赞同由纽约的亚历山大·汉密尔顿起草的一项决议，各位代表（希望是来自全部13个州）于次年在费城召开会议，"对《邦联条例》进行他们认为必要的修改，使其能够成为构建联邦政府宪法的必要根基，能够应对邦联面临的危机。"[25]

如果更多的代表确曾参加安纳波利斯大会，他们很可能就《邦联条例》提出一项单一的修正案，授予邦联议会提高税收的权力。颇具讽刺意味的是，惨不忍睹的出席率为采取更多彻底的行动提供了可能。但是，当决议送交邦联议会时，议会那时在纽约召开会议，拖了几个星期都没有考虑这个问题。可以说，只有马萨诸塞州的事态发展才促使了邦联议会采取行动。1787年1月，马

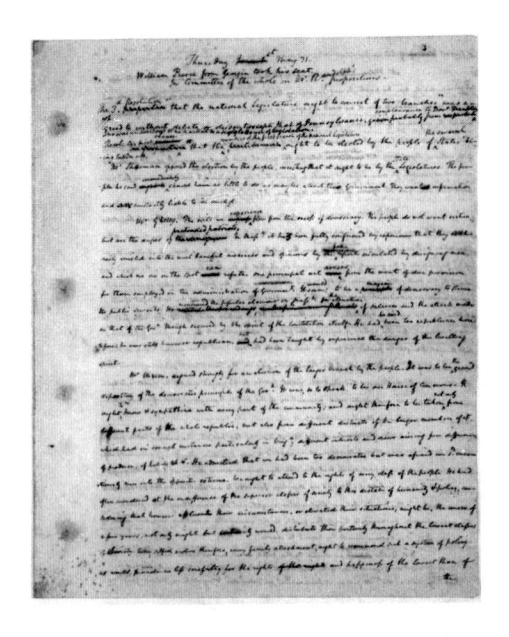

詹姆斯·麦迪逊关于制宪会议的笔记（第一部分，图片56，LOC），
1787年。麦迪逊对制宪会议的进程进行了详细的记录。美国国会图书馆

萨诸塞州州长派一支3000人的民兵队伍横跨该州，试图镇压谢斯起义，夺回军械库（所有这些行动都未经邦联政府授权）。州内实施了戒严法。在纽约，邦联议会也最终采取行动，批准了有关费城大会的提议："以尽快修改《邦联条例》为唯一目的。"[26]此时，没人提到要起草宪法。

安纳波利斯会议之后，麦迪逊返回家乡弗吉尼亚，继续进行研习。1787年4月，他写了一篇文章，名叫《美国政治制度之缺陷》。文章伊始举出了11个缺点："1. 各州未遵守法定征用令要求……2. 各州侵犯邦联政府的权威……3. 违反国际法和条约法……"文章结束时，他总结了这些缺点的成因，他认为问题主要在于"人民自己"。他这样说的意思是强调多数人给少数人带来的危险。"在共和政府中，多数人无论成分如何，最终成为法律。所以无论何时，只要有明显的利益或共同的热情能够团结多数人，那什么能限制他们不正当地违反少数人或个人的权利和利益呢？"[27]什么力量能使好人不去做坏事？诚信、性格、宗教——历史证明，这些是靠不住的。不，唯一能限制人们走向暴政的力量是一部完整的宪法。宪法必须像铁门一样，制作得精致完美。

II.

本杰明·富兰克林还有余热。1787年5月初，他一直在等那些迟到的代表处理他的信件。他的妹妹珍从波士顿写信说，她一直在读关于他的消息。"我想告诉你，能看到报纸对你持续、生动的报道，我十分开心。"她骄傲地写道。此时，富兰克林已经81岁了，珍也74岁了。她对他说，这些消息"让你看起来像个25岁的年轻人"[28]。

在12个州选出的75个大会代表中，富兰克林是年纪最大的（罗得岛不愿认可这次大会的必要性，拒绝选送任何代表）。代表中有一半人是律师，19个代表仍然拥有奴隶，但最终只有55人出席了大会，由于他们行踪不定，通常每天只有30人参加会议。到14日大会即将开幕的时候,几乎还没有任何代表抵达。麦迪逊只能怪罪天气。

除了富兰克林和麦迪逊,另外两名宾夕法尼亚代表——加弗努尔·莫里斯(Gouverneur Morris)和詹姆斯·威尔逊(James Wilson)——已在城中,还有两名弗吉尼亚的代表:乔治·华盛顿和埃德蒙·伦道夫(Edmund Randolph)。6人于16日晚在富兰克林新扩建的别墅见面(房子的扩大见证着他的崛起)。与他和妹妹说的一样,他加了偏房,又在卧室里开了一扇门,直通他的书房,即便是穿着拖鞋和睡袍也可以过去。"亲爱的妹妹,当我看着这些建筑时,将它们和父母教育我们的地方相比,其差别让我大吃一惊。"他写道,回想起波士顿弯曲街道上的他们出生的那间小木屋,那时的美洲更小。[29]

那天夜里,在富兰克林家餐厅的烛光下,这六位率先到会的人一致同意,大会不只是修订一下"条例"("条例"几乎是各主权州之间的协约),而且应该讨论设计出一个国家政府。第二天,麦迪逊开始起草所谓的"弗吉尼亚计划"。富兰克林又开始给妹妹写信。"我们都很好,一同给你和你家人问好。"他写道。[30]他在思考邦联的现状。他的妹妹有一条建议。"我想在参会的这么多聪明人的帮助下,你会取得辉煌的成就,停止使用强制暴力,因为它们令人厌恶。"她力劝哥哥支持结束征兵与结束极刑的提议。"我宁愿听到利剑被敲断,变成犁锄,缰绳变成拉车的绳子,通过这种方法,达到彼此的和平共存。"富兰克林的妹妹像许多美国人一样,在战争中饱受折磨。她失去了家,她的一个儿子在邦克山战役中因伤死亡,另外一个儿子最后疯了。她受够了枪声和暴力。富兰克林折起她的信,沉默不语。[31]

大会推迟了11天,直到5月25日才正式召开,那时29名投票代表才到齐。55岁的华盛顿还像个年轻人一样引人注目,被代表们一致推选为会议主席。(他的牙齿影响了俊美的脸庞,他蛀牙严重,换成了象牙做的假牙,还有9颗是从奴隶嘴里拔出的。）[32]华盛顿深受尊敬，在许多美国人看来，他代表着合众国最高的一切。没有什么比他在战争结束时放弃总司令一职更能证明他的公民美德了：他没有夺取权力，而是放弃了。[33]作为制宪会议的主席，他的角色具有仪式性，但与其他仪式性角色一样，要有必不可少，甚至激动人心的"表演"。

5月29日，大会在埃德蒙·伦道夫颇有礼节地对《邦联条例》的初创者表示感激中开始，那份文件留下的缺憾很难怪罪他们，他们处在"科学、宪法和联盟的婴儿期，已经尽了作为爱国者的所有职责"。伦道夫是一位令人敬畏的律师，他的父亲是保皇派，1775年逃出了弗吉尼亚，他叔叔佩顿（Payton）的奴隶加入了邓莫尔的部队。他知道什么叫混乱。他认为，"因政府的松散而导致的混乱局面随处可见"，因而他提出了一系列关于大会可用手段的具体措施，以避免混乱。[34]

代表们面临的最紧迫的问题、最混乱的局面是邦联议会的债务，邦联资金匮乏，无法增税，不能平息反叛，也不能解决州与州之间的争端。但伦道夫像其他代表一样，相信此次大会的目的就是要针对州宪法之间的不同倾向。"我们的主要危机来自各州宪法中强调的民主部分。"他说。马萨诸塞州的煽动者埃尔布里奇·格里（Elbridge Gerry）认为各州都在承受"过度民主"的痛苦。伦道夫相信会议的要点是"医治美国深受其害的恶疾，而人们在民主带来的动荡和愚蠢行为中找到了恶疾的源头，因此必须寻求某种监督体制，阻止我们各级政府中出现此类倾向"[35]。

那些反对建立国家政府的代表原以为他们来到费城就是为了修改《邦联条例》，他们不想让公众了解讨论的内容，担心后者听到会议厅的低声交谈会惊恐不安。不过代表们承诺，将对大会的审议内容保密，时间为50年，这对麦迪逊这样的人会大有好处。在大厅内，则允许代表直言不讳，畅所欲言。

起草于费城的宪法成为对独立革命的检验，对激进倾向的制止，如果说革命在政府和自由的平衡中倾向于自由，宪法则在平衡中倾向于政府。但从许多方面来看，宪法还兑现了革命时期的承诺，特别是对代表权的承诺。在新国家政府的总设计中，代表们坚定地拒绝了由州立法者——而非人民——选举国会议员的提议。"在现存邦联体制下，议会代表州，而非代表人民，"乔治·梅森说，"他们的行动作用于州，而非作用于所有个体。这种状况将在新政府方案中得以改变。人民将被代表，因此他们应该选择自己的议员。"[36]

无论代表们在大会上如何谴责某些州宪法的过度民主，或后悔有些州降低了选举权的财产要求，他们并没有在联邦宪法中设立相关限制。富兰克林争辩说，没有地产的穷人在战争中打过仗，没有理由不让他们在新政府中投票。"谁是邦联众议员的选举人呢？"麦迪逊问道，"不论贫富、有无知识、出身名门或出身微贱，全部一视同仁。选举人应该是合众国的绝大部分人民。"关乎政治，也关乎原则。康涅狄格代表奥利弗·埃尔斯沃思（Oliver Ellsworth）说得更简单："如果人们觉得国家宪法有可能剥夺他们的选举权的话，他们不会轻易接受它。"投票资格交给各州决定。

宪法也没有规定竞选联邦公职的财产要求。"谁是公众选举的对象呢？"麦迪逊问，"凡是其功绩能赢得国家的尊重和信任的公民都是这种对象。"还有更具颠覆性的话语吗？"财富、门第、宗教信仰或职业都不得限制人民的判断或者使人民的愿望受到挫折。"麦迪逊坚定地说。[37]

秉承同样的革命精神，宪法要求国会议员必须有报酬，这样政府公职不会仅限于有钱人。宪法要求移民只需短期在美居住便可竞选联邦官职。主张更强限制的代表必须考虑这些移民，如出生在西印度群岛的汉密尔顿，出生在苏格兰的詹姆斯·威尔逊（他不知道在"他参与制定的宪法规定之下，是否有资格占有一席之地"）。

如果这些问题比较容易解决，那么其他问题则更加困难，大会发现它面临着一个几乎无法弥合的分歧：在一个由面积差距巨大的各州组成的国家政府中，怎样才能公平分配国会代表名额。有项提议涉及重新绘制合众国地图。"把邦联地图放在桌上，"新泽西的一个代表建议重新画图，"把现存的州界涂掉，整体重新分割为13等份。"[38]但麦迪逊指出，问题不仅是各州的面积大小，还有各州的人口状况。他解释说："各州之所以被划分为不同的利益集团，不是因为它们的大小不同，而是因为它们是否拥有奴隶。"[39]

以人的形式存在的财产问题比革命前更严重。战后的几年时间见证了历史上美洲最大规模的非洲奴隶输入——仅10年就有100万人成为奴隶。合众国的奴隶人口在1776年是50万，1787年飙升为70万。《巴黎和约》之后，不列颠承认合众国独立时，英国把以前的殖民地看成外国，这意味着包括西印度群岛港口在内的英港禁止美商通行。其结果就是，奴隶贸易在合众国境内增长，因为南方的奴隶主将他们的财产卖给了穷乡僻壤的肯塔基、路易斯安那和田纳西的定居者。南方各州的奴隶人数在增长，北方的奴隶人数在下降。到1787年，奴隶制在新英格兰得到有效的废除，在宾夕法尼亚和纽约则受到了很大的挑战。从经济角度看，这里的意味非同寻常。13个州中只有5个州、南方只有2个州（南卡罗来纳和佐治亚），奴隶制成为经济发展的障碍。

在会议上，回避蓄奴制问题是不可能的，不仅因为代表权的问题触发了它，还因为人们对专制本质的理解要依赖它。当麦迪逊指出多数人压迫少数人的现象不可避免时，他引证的是古代史，讲述在古希腊和古罗马富人如何压迫穷人。但他同样引证了当代美国史。"我们已经看到，在最开明的时代，在人类有史以来实行最压迫统治的土地上，仅存在肤色的差别。"[40]麦迪逊指出这种压迫现象，但没有企图把蓄奴制作为论述的要点（尽管他不可避免地会这样做，因为那天他说的话透露了他认为这"只不过是肤色差异"，不应该作为奴役他人的依据)。他想说服所有代表的是,一个共和政体要够大,要有大量的派系,这样多数人便无法压迫少数人,但蓄奴制是他所理解的压迫方式。

蓄奴制成为费城会议分歧的关键,因为奴隶被纳入两种计算方法当中:在富人看来,他们代表财产;在人口计算中,他们代表人。其实两者不可分割。

大会中最困难的问题是代表权问题。人口众多的州自然要求在联邦立法机构中的代表人数与人口成比例。人口少的州则要求每个州都有人数相同的代表。奴隶众多的州要求将奴隶算作人民,计算时只算为代表人数,而非纳税人数。没有奴隶的州的要求则相反。"如果我们放弃代表权与人口成正比这个原则,那就失去了这次会议的目的。"宾夕法尼亚代表詹姆斯·威尔逊在6月9日提醒大家。[41]当天晚上,本杰明·富兰克林整理好了他的信件,向全世界主要反蓄奴制领导人分发了一份"宾夕法尼亚废除蓄奴制促进会"新章程,"因为在这件事情上,每个国家的人道精神的盟友都是同一民族、同一宗教的。"[42]富兰克林就代表权问题在大会上发言,他的宾夕法尼亚同胞威尔逊对这个问题采取了公正的态度。威尔逊比其他代表聪明的是,他理解政治分歧的性质,这种分歧会瓦解联邦。

7月11日,威尔逊质问,如果黑人算人民的话,为什么他们不能"被当作公民"对待?还有,"为什么他们不能与白人公民一样被平等对待"?如果他们不算人民,"那么他们是被当成财产吗?那为什么其他的财产不能纳入统计数字?"

大会几乎陷入僵局,只有另一项涉及"西北地区"的共识才算得以缓和局面。《西北条例》规定,任何在俄亥俄河以北进入联邦的新州,将彻底废止蓄奴制,而俄亥俄州河南部各州将维持蓄奴制存在。这一条款在7月13日得到通过。4天以后,大会接受了所谓的"康涅狄格妥协案",在参议院建立等额代表制，每个州选举两名参议员，在众议院建立人口比例制，每4万人选举1名众议员（在最后1分钟这个数字变成了3万）。而且，出于对代表权的考虑，每个奴隶将按五分之三个人计算——麦迪逊于1783年提出的设想。设立联邦人口普查以统计人口，每10年一次。[43]

如此重大决策的最大成果，是让奴隶州比非奴州在国会中拥有更多的代表席位。1790年，美国的第一次全国人口普查计算出新罕布什尔有14万自由公民，这意味着"花岗岩之州"在众议院得到4个席位。但南卡罗来纳有14万自由公民和10万奴隶，它得到6个席位。马萨诸塞的人口比弗吉尼亚多，但弗吉尼亚有30万奴隶，所以它又多了5个席位。如果不是那个"五分之三"的规定，自由州的代表席位将以57∶33超过奴隶州的代表席位。[44]

在8月大会休会期间，麦迪逊忙于处理个人事务。一个叫安东尼的17岁奴隶，从蒙彼利埃出逃，麦迪逊问从前是财产的比利（现在叫威廉·加德纳）是否知道安东尼的下落。[45]安东尼去寻找能成为"五分之五"个人的地方了。

富兰克林利用休会的时间休息，并继续思考蓄奴制的问题。他原本计划提出一项提案，呼吁发表一份谴责奴隶贸易和奴隶制本身的原则声明，但北方代表说服他撤回了该提案，因为目前达成的妥协本来就已相当脆弱。马萨诸塞代表鲁弗斯·金（Rufus King）在休会期间重新思考就"五分之三"做出的让步。而当大会重新开始时，金提出国会至少要拥有废除奴隶贸易的权力，但南卡罗来纳代表则清楚地表示，任何限制奴隶贸易的企图都将迫使他们离开大会。

路德·马丁（Luther Martin）不能容忍这种现象。马丁是新泽西一个农户的儿子，当律师之前曾是一名校长，1778年被任命为马里兰司法部部长。他宣称奴隶贸易"与革命原则不符，有损美国的名誉"。他个头不高，脸涨得通红，尽管他很聪明，却很邋遢。据说"他的才气和恶习一样令人瞩目"[46]。但他证明了自己是个有原则的人。他退出了大会，拒绝在宪法上签字，反对宪法的批准，并警告说，"在这个世界上，国家级的犯罪通常只能遭到国家级的惩罚"。[47]约翰·拉特利奇（John Rutledge）对马丁的说法置之不理。拉特利奇48岁，是南卡罗来纳议会印花税法案代表大会和大陆议会的议员，他是南方利益的最坚定的捍卫者。他坚定地说："目前真正的问题是南方各州究竟是否应该成为联邦的一部分。"

新英格兰人放弃了这一点。"让他们想进口什么就进口什么吧。"康涅狄格的奥利弗·埃尔斯沃思说。埃尔斯沃思是个虔诚的基督教徒，原准备从事牧师职业，后来当了律师。"蓄奴制的道德准则和价值判断是每个州自己应该考虑的事情。"他说，并相信这一制度正在衰落，"随着时间的推移，蓄奴制将不再是我们国家的污点。"

反对奴隶贸易的人和赞成奴隶贸易的人之间最终以一个动议达成妥协，即国会在20年内不干预各州的奴隶贸易。麦迪逊觉得很不开心。他更希望在宪法中完全不提奴隶制的事。"若是一个词让国格显得很不光彩，宪法中就应该只字不提。"他提醒说。加弗努尔·莫里斯被车轮轧断了一条腿，被开水壶烫坏了一条胳膊。他对整个讨价还价的过程非常震惊，决定发表一段演讲。"佐治亚和南卡罗来纳的居民去到非洲海岸，违背了人类最神圣的法制法规，把同类从他们最亲爱的亲友身边夺走，使他们陷入最残忍的奴役状态，如今将在一个试图捍卫人类权利的政府中拥有更多的选票，而宾州和新泽西的居民目睹着受人赞美的恶行，选票数却更小，多么恶毒的举动。"他说他"将很快提出一项税案，为美国所有黑人赎买自由，免除这样的宪法留给子孙后代的负担"。正如莫里斯所指出的，代表们在这里构建一个共和国，但没有什么东西显得比蓄奴制更具贵族制特点。他说这叫"上天的诅咒"[48]。

宪法无法摆脱这种诅咒。相反，它想把诅咒隐藏起来。在宪法定稿中，

"奴隶"或"奴隶制"的字眼根本没有出现。"这套确立管理自由人权利的新原则要以源于奴隶的势力为基础。"宾夕法尼亚的约翰·狄金森深感疑惑,但结果证明他是对的。他预言:"忽略那个词将被看作对一个令我们羞愧的原则的极力掩饰。"[49]

大会结束前5天,乔治·梅森提议增加一条权利法案。"只需几小时就能写成这样一条法案。"他说。但梅森的提议被否决了,没有哪个州投赞成票,主要是因为大多数州都有了权利法案,也因为代表们都筋疲力尽了,巴不得早些回家。

1787年9月17日,星期一,经过几个月的激烈争论之后,一份经润色的宪法草案最终可供大家签署了。在宪法文件首次被大声宣读之后,被痛风所累的富兰克林挣扎着想从椅子上站起来,但像会议中几次出现的情况一样,他发现自己已疲惫得无法发表任何讲话。威尔逊只有富兰克林一半的年纪,由他来宣读富兰克林写好的意见。

"主席先生,"他以称呼华盛顿为开端,"我承认,这部宪法有些部分我目前不同意,但我不能肯定我会永远不同意。"他表示可能会在某一天改变看法。"因为我活了这么大年纪,在很多事情上,甚至在重大问题上都改变过我的初衷。年纪越大就越怀疑自己的判断,越尊重别人的判断。"为了让其他不愿妥协的代表也放开思想,他提醒人们情绪狂热的代价。"很多人像宗教派别一样,认为自己拥有真理,认为别人若和他有分歧,错在他人。"但在这种情况下,谦逊难道不是最佳的选择吗?"由此,先生,我同意这部宪法,"他结束道,"我不相信,要是召开另一个制宪会议能够制定出一部更好的宪法。"[50]

下午4时,代表们开始在4页文稿的最后一页上签字。梅森属于拒绝签字的几个人之一。华盛顿坐在窗前。富兰克林理解政治舞台的重要意义。他说,会议期间，每当他不知道时间的时候，他会想到透过窗户能看到的太阳，这也是映在华盛顿椅子后的这个太阳，到底是在升还是在落。但现在他终于知道，那是朝阳，不是落日。[51]

大会结束之后的第二天，严格保密如此之久刚被写在纸上的文件终于被传抄和公布，它们被印在了报纸上，出现在传单上，而且"我合众国人民"总是用特大号字体。华盛顿给身在巴黎的拉斐特送了一份："现在它已成为幸运之子。"如麦迪逊所说，宪法"就像它赖以承载文字的那张纸，是空白的，除非它能得到它所顾及的人们的认可……即人民自己"。[52]

《独立宣言》是由大陆议会成员签署的，没有经过公众投票。《邦联条例》经过了各个州的认可，但认可者是州立法机构，而不是普通百姓。除了《马萨诸塞州宪法》（1780）和第二个《新罕布什尔宪法》（1784），还从来没有哪部宪法、哪个构建政府体系的文件交由全体人民批准。"这是人类史上全新的事件。"康涅狄格州州长在该州的宪法批准大会上这样说。[53]

有关批准宪法的争论激发了美国历史上最为激烈的政治创作，不仅出现在美国报刊上，还出现在成百上千份传单和小册子上。赞成批准宪法的文字不断发表，词语雄辩、说服力强，共85篇文章，合集为《联邦党人文集》（The Federalist Papers），于1787年10月至1788年5月以普布利乌斯（Publius）的笔名写作出版。亚历山大·汉密尔顿写了51篇文章。他年轻气盛，一头红发，在制宪大会上还不是个重要角色，他认为宪法构建了一个太过民主的政府。麦迪逊写了20多篇文章，其余的文章出自约翰·杰伊之手。

争论出现在宪法批准集会上，但在国家周报上表现得更加激烈，它确立了这个新国家的两党制结构。反对联邦的人不幸得名"反联邦主义者"，他们反对批准宪法。如果不是这种二选一的选择，还有以派别划分的新闻媒体的话，

《窥视1787》，1787年，版画，埃默斯·杜利特尔（Amos Doolittle）作。这幅画描绘了联邦主义者和反联邦主义者向相反方向拉一辆货车，车上写的是"康涅狄格"，车陷在了沟里，车上装满了债务纸和（一文不值）的纸币。美国国会图书馆

合众国很可能建立起一种多党制的政治文化。

反联邦主义者普遍指控宪法蓄意侵犯他们的自由权，尤其是因为它缺少一项权利法案。杰斐逊在巴黎抱怨道："权利法案使人民有权反对世上任何一个政府。"[54]反联邦主义者还指出国会规模太小，这里他们引用约翰·亚当斯说过的话，一个立法机构"应该是一个缩影，是对人民的精确描摹"。受孟德斯鸠的《论法的精神》（*The Spirit of the Laws*, 1748）的影响，反联邦主义者相信一个共和国应该规模不大，性质统一，而合众国规模太大，不适于这种政

府形式。他们还指控宪法晦涩难懂，这种晦涩进一步证明它是刻意不想让普通人读懂，仿佛是故意让人难以理解。反联邦主义者认为，"明智而自由的人民的宪法应该像我们的字母表一样表达明确"，像《常识》一样通俗易懂。"宪法应该像一座灯塔，树立在人们眼前，人人都能看懂。"帕特里克·亨利宣称。[55]

反联邦主义者，包括以前制宪大会的代表，还反对"五分之三"的条款。路德·马丁把这叫作"对上帝的严重嘲笑和侮辱"，并说这条款"涉及按一个州违反自由权的程度增加其权利这件荒唐事，这与该国家侵犯自由权利的程度是成正比的"[56]。麦迪逊在捍卫这一条款，认为没有别的办法计算奴隶的人数，除非把他们既当成人，又当成财产，这是"他们生存之下的法律所赋予他们的特性"[57]。

宪法的批准过程扣人心弦。到1788年1月9日，5个州——康涅狄格、特拉华、佐治亚、新泽西和宾夕法尼亚——已经批准了宪法。在马萨诸塞，于1月开始的论争变得更为激烈了。"你知道我们有些爱挑剔宪法的人，"珍·富兰克林从马萨诸塞向哥哥汇报说，"但是看来，这些人的判断力并不好。"她安慰哥哥，想让哥哥放心。[58]在联邦党人承诺他们将在新联邦国会的第一届会议上提出一项权利法案之后，马萨诸塞州在2月以187票对168票的微弱优势通过了该法案。3月，当初就拒绝派代表参加制宪大会的罗德斯，如今拒绝举行宪法批准大会。马里兰于4月通过宪法，南卡罗来纳是5月，新罕布什尔是6月。这样共有9个州赞成宪法，达到了认可宪法的最低要求。

不过从实际角度看，弗吉尼亚和纽约的认可才是最为关键的。在弗吉尼亚会议上，帕特里克·亨利指出宪法侵犯了各州的主权："他们提议在各州之间签订协议了吗？如果签了，这就是个联邦，但显然它不是，而是个联合政府。"那问题就转到了那件可怜的小事上——就是那句表达，"我是合众国人民"，而没说是各个州。[59]联邦派最终获胜，以89票对79票于1788年6月25日认可了宪法。

7月4日，当詹姆斯·威尔逊以高昂的激情在费城的游行队伍中演讲时，纽约的宪法批准大会正在进行。"你们听说过斯巴达，听说过雅典和罗马，听说过他们令人羡慕的宪法，还有他们享有的至高无上的自由。"他对听众说。然后他问了一些修辞问题，但他们的宪法是成文的吗？听众大声回答："不是！"他们是由人民书写的吗？不是！他们把宪法交给人民讨论批准吗？没有！"人民的批准或拒绝影响兴衰了吗？"回答还是没有。

3周以后，纽约以微弱优势（30票对27票）批准了宪法。[60]就是这3票，使宪法成了法律。不过政治斗争仍在激烈地继续。投票后的第二天，托马斯·格林利夫（Thomas Greenleaf）——在联邦主义者主导的纽约城中唯一一个反联邦派出版商——傍晚回到家中，发现一群联邦派成员用猎枪射击他的家。他把两支手枪上好子弹，放在床旁边的箱子里，然后上床睡觉，但半夜被房子外边的几个人的喊声所惊醒。当一伙暴徒开始破门、砸窗、扔石头的时候，格林利夫从二楼的窗子朝人群开枪。他本准备再装子弹，但后来决定逃跑。在他的妻子和孩子从后门死里逃生之后，暴徒冲进了他的房子和办公室，捣毁了他的打字机和印刷机，对一个建立在言论自由基础上的国家来说，这是一个不祥之兆。[61]

宪法认可的过程非常痛苦，它也很可能走上另一条路。一个难以控制的新的共和国，诞生了。

III.

国会第一次大会于1789年3月4日在纽约市政厅召开，这就是德国出版商约翰·彼特·曾格1735年受审的地方，也是一个叫恺撒的黑人1741年面临最终命运的地方,还是《印花税法案》代表大会开会的地方,每一次都是为了争取自由的审判。该大厅被重新命名为"联邦大厅",有了新的用途,它扩建了,更新了,更宏伟了,装上了托斯卡纳石柱和多里克石柱,采用的是法国建筑师皮埃尔·查尔斯·郎方(Pierre Charles l'Enfant)的设计(当联邦政府迁移到波托马克河畔的时候,他设计了国家首都的布局)。在郎方的设计中,市政厅比原来扩大了三倍,其美学理念开创了一种新的建筑风格:联邦式。在宽敞的新阳台(面朝华尔街)之上是一只巨鹰,配有13支箭,似乎要射穿云端。屋顶是圆形的,有扇半圆形窗户,面向天空。[62]

联邦大厅极其壮观辉煌,是共和主义的纪念馆——大楼的门向人民敞开。宪法要求"每个议院都要保存一本会议日志,定期出版"。《议会记录》曾经出版过,因为它必须公开,但国会决定以一种全新的方式将会议过程公之于众。1776年,宾夕法尼亚宪法规定,"议会的大门……将一直敞开,所有行为得体的人都可以进入",而众议院遵守了这个先例,从第一次会议开始就敞开了大门。众议院大厅有拱形,呈八角形状,有两层楼高,有很多大型画廊供游客参观。[63]

新总统直到4月30日才宣誓就职,延迟的主要原因是举行第一届总统选举需要时间。华盛顿当选没有任何异议,但仍有一个计算票数的过程。新总统将如何就职并不是一目了然的事情。宪法只规定总统宣誓,郑重承诺将"珍惜、保护和捍卫美国宪法"。

在预定的华盛顿宣誓就职仪式开始的几小时前,国会的特别委员会决定,如果总统在宣誓时将一只手放在《圣经》上,也许会非常得体。不幸的是,联邦大厅中没有一个人带着《圣经》,人们便飞速去找《圣经》。正午时分,华尔街上挤满了人,华盛顿站在阳台上宣誓,头上是那只在空中俯瞰大地的巨鹰。

1789年4月30日，乔治·华盛顿在联邦大厅（前纽约市政大厅）的阳台上宣誓就职。埃默斯·杜利特尔根据彼得·拉库尔（Peter Lacour）的画创作了这一作品。

温特图尔提供：水彩画，亨利·弗朗西斯赠礼，编号：1957.816

他宣誓，然后亲吻了那本借来的《圣经》。宣誓仪式后，华盛顿走进联邦大厅，发表演讲，亚历山大·汉密尔顿为他起草了演讲稿。宪法并没有要求总统做就职演讲，但华盛顿对这一时刻的理解很深。他以称呼"参议院和众议院的公民同胞们"开始他的演讲。他在那个有拱顶的八角大厅对国会讲话，但呼吁的是人民。"维护神圣的自由之火和共和制政府的命运，系于美国人所遵命进行的实验上。"[64]

华盛顿所做的每一件事几乎都成了先例。倘若他在宣誓就职前决定解放自己的黑奴，那将是怎样一种情况？他对蓄奴制失去了幻想，他自己的奴隶，还有他妻子所拥有的更多的奴隶，对他来说都是一种道德负担，而且他非常明白，由强制之下无偿劳动所创造的财富，还有蓄奴制本身的存在，对国家来说，都是一种道德负担。有一种微弱的迹象表明，华盛顿草拟了一份声明，说他准备在就任总统之前解放他的黑奴。（或由于那份声明像华盛顿的就职演讲一样是由汉密尔顿——纽约奴隶解放协会成员——起草的。）华盛顿知道，这同样会成为一个先例：在他身后的每一位总统都必须首先释放自己的奴隶。他不会，也不能那么做。[65]华盛顿的决定中很少有哪一桩因未采取行动而造成长期的可怕后果。

宪法没有太多地谈到总统的职责。"总统应为美国陆海军总司令，"根据第二条第二款规定，"他得要求每个行政部门长官就他们各自职责有关的任何事项提出书面意见。"但宪法没说需要总统内阁。不过，首届国会成立了若干个行政部门，由华盛顿任命首长：国务卿是杰斐逊；财政部部长是汉密尔顿，战争部部长是亨利·诺克斯（Henry Knox）。

国会面临的最大行政压力是起草一份权利法案。麦迪逊已经准备了一份提案，在"反对宪法的那些人看来，这将使宪法更为完善"。他于6月8日向众议院提交了一份12条修正清单。他本希望修正条款能写入宪法，放在恰当的地方，但它们全被放在了最后。[66]

在麦迪逊的修正提案讨论和修改的过程中，国会讨论了国家司法权的问题。第三条第一款规定"合众国的司法权，属于最高法院和国会不时规定和设立的下级法院"，但细节问题留给了国会。1789年9月24日，华盛顿签署了司法提案，确定法官人数为6人，规定法庭的权限（非常小），创立了司法部部长的职位，华盛顿任命埃德蒙·伦道夫担任此职。

在宪法规定下，最高法院的权力非常有限。行政分支手里有利剑，如汉密尔顿在"联邦党人第78号"（《联邦党人文集》）中所写，立法机构手里有钱包。"与此相反，司法机构对利剑和钱包都没有影响，它既不能驱使社会力量与财富，也不能主动做出决议。"法官所能做的所有事情就是审判。"司法机关是三个权力部门中最弱的一个，"汉密尔顿总结说，并在一个脚注中引用了孟德斯鸠的话，"在上面提到的三种权力中，司法权几乎为零。"[67]

最高法院在联邦大厅没有专门的办公室。最高法院开会（若开会的话），就把会场设在宽街和水街交界处的石头大楼（称"商务交易楼"）二楼的一个通风不错的屋子里。楼下是一个拱廊，用于股票交易。楼上办演讲和音乐会。在法院召集开会的第一天，只有三名法官露面，不够法定投票人数，于是宣布休庭。[68]

华盛顿签署司法法案的第二天，国会将麦迪逊的12条宪法修正条款交由各州批准。与此同时，国会讨论其他问题，而立即面对的就是蓄奴制。1790年2月11日，一组贵格教派的人提出了两条请愿，一条来自费城，一条来自纽约，都是要求国会终止奴隶进口，并逐渐解放在押奴隶。在联邦大厅的八角厅，在佐治亚代表和南卡罗来纳代表起身谴责请愿之后，麦迪逊决定把请愿提交给委员会。第二天，国会收到了宾夕法尼亚废奴协会提交的请愿，催促国会"在他们拥有的权限条件下，采取明智的措施，促进废奴，阻止各种形式的奴隶贸易"，提案的签字人中包括本杰明·富兰克林。

几小时的辩论（当着画廊参观者的面）之后，国会以43票对11票决定将所有三项提案一并交给特别委员会（11张否定票中有7票来自佐治亚和南卡罗来纳）。3月8日是委员会提交报告的日子，南方代表成功地拖延了报告日期。佐治亚州的詹姆斯·杰克逊发表了长达两小时的演说，说宪法是一个"神圣的协约",南卡罗来纳的威廉·劳顿·史密斯(William Loughton Smith)的讲话又是两小时,他反对解放黑人,坚持认为,如果黑人成为自由人,他们就可能和白人通婚,"白人种族将会灭绝,美国人民将全部变成黑白混血儿"[69]。

纽约几英里之外,那些参加会议讨论的人曾经拥有过的男人、女人和孩子,也开始了他们之间的争论。哈里·华盛顿在1783年离开纽约去了哈利法克斯,他在考虑是否要把全家搬到西非的一个新殖民地上。首批航行者曾于1787年5月从伦敦抵达塞拉利昂,当时立宪大会的代表正拖拖拉拉地抵达费城。大约400个移民准备参加航行,非洲出生的作家和前奴隶库伯纳·奥托巴·库戈亚诺(Quobna Ottobah Cugoano)警告大家:"如果可能的话,最好是游到岸边,在英国保住生命和自由,而不要在海上冒险……不要冒险在塞拉利昂定居。"他们还是出航了。穿越大西洋之后,他们建了个首都,选择了来自费城独立战争的老兵理查德·威弗(Richard Weaver)做总督,他也是个逃奴。五个月之后,他们陷入了疾病和饥荒,122名定居者死亡。更糟糕的是,库戈亚诺所说的话得到了应验,有些人遭到了绑架,再次作为奴隶被卖掉。但对有些人来说,塞拉利昂就是家。弗兰克·彼得斯(Frank Peters)在小时候就被绑架,之后在南卡罗来纳为奴种地,直到1779年参加了英军。他到达塞拉利昂两周后,也就是他29岁的时候,一个老妇人找到了他,抱住他,紧紧地抱住了他,那是他的母亲。[70]

最后,哈里·华盛顿决定加入来自美国的近1200人的黑人难民群,从哈利法克斯乘15艘船出发,驶向西非海岸,其中有两个黑人牧师,摩西·威尔金森和戴维·乔治。车队离开港口之前,每个家庭都接到了一封证书,证明"抵达非洲后将得到一块免费土地"。但华盛顿抵达塞拉利昂之后,发现殖民地的新都城——自由镇已经陷入疾病和贫困(因高额租金导致)的泥潭。"我们以前确实叫它自由镇",威尔金森痛苦地说,但现在"我们有理由叫它奴隶镇了"。[71]

在纽约，作为一个奴隶镇，负责回答反蓄奴制提案的国会委员会终于提交了一份报告。宪法禁止国会在1808年之前废除奴隶贸易，但国会拥有对进口货物征税的权力，委员会报告说，这个权力包括对奴隶贸易征收高额税款，高到足以阻止，甚至终止蓄奴制的程度。麦迪逊起身讲话，声音和缓。他主张取消这种（收税）许可。窗户本来就很小，不能再小，麦迪逊就干脆把它关上了。最终的报告结束于："国会无权干涉任何一个州内部解放奴隶或如何对待奴隶的问题，这个问题将由相关各州本着人性的和真实的原则单独确立内部法规。"这一报告的决议以29票对25票得以通过，票数之差仍以地区划分。报告将蓄奴制问题推到了1808年。[72]

富兰克林躺在病榻上试图抗议。早些时候，他试图安慰妹妹："我所遭受的痛苦让你伤心，但与我的长寿所享受的健康和安逸相比，这只是件小事。"[73]他只不过在掩饰他生活在极度的痛苦之中。他曾在《宾夕法尼亚公报》上攻击过蓄奴制，文章的签名是"Historicus"——历史的声音。[74]

两周之后，富兰克林去世。他是唯一一个签署过《独立宣言》《巴黎和约》和美国宪法的人。他最后的公开活动是敦促废除奴隶制，然而，国会没有听从他的声音。

由蓄奴制造成的分裂几乎阻止了联邦的形成，也终将会使这个国家一分为二。当然，还有其他的分裂存在，深刻而久远。联邦派和反联邦派之间的分裂没有因宪法得到批准而停止，它也没有以批准《人权法案》而告终。1791年12月15日，由麦迪逊起草的12条修正案中的10条经所需的四分之三州通过。这就是《人权法案》，这将成为永无休止的激烈论争的主题。

《人权法案》中包含的是一系列国会不曾拥有的权力。第一条修正案是："国会不得制定有关以下事项的法律：确立国教或禁止宗教自由，或剥夺言论或出版自由，或剥夺人民和平集会和向政府请愿申冤的权利。"这一原则来自一些早期的文字，包括麦迪逊1785年的"反对宗教评估的请愿和抗议书"（"每个人的宗教应该由每个人的信念和良心来决定"），杰斐逊1786年的"宗教自由法令"（我们的人权不依赖于宗教观念，就像不依赖我们在物理、几何上的意见一样），以及宪法第五条（绝不得要求以宗教宣誓作为担任合众国属下任何官职或公职的必要资格）。[75]

《人权法案》确定的权利同样非同寻常。几乎每一个英国在北美的殖民地都有其特定的宗教，康涅狄格1639年宪章解释说，政府的全部目的是"保持和维护主耶稣福音的自由和纯洁"。自康涅狄格宪章颁布，到1787年的制宪大会召开，中间一个半世纪中爆发了一场全面革命——不仅是政治革命，还是宗教革命。宪法不用说确立一种宗教，甚至没有提到"上帝"（god）一词，用到日期时除外（"耶稣纪年之……"）。只有两个州不要求以宗教宣誓开启任职时，宪法禁止了这种做法。只有三个州不信奉官方宗教时，《人权法案》禁止联邦政府确立国教。大多数美国人相信，和麦迪逊一样相信，宗教只有在摆脱政府后才能够兴旺发达，而自由政府只有在摆脱宗教之后才能兴旺发达。[76]

《人权法案》在各州得到了批准，但新争议随之出现。美国政治历史的大部分内容都是两派意见分歧的历史：一派主张有强大的联邦政府，一方则主张各州的权利。在华盛顿的第一个总统任期内，争论围绕汉密尔顿提出的经济计划展开。争论中最令人关注的是债务问题。首先是个人债务。战后的经济衰落使许多美国人无力偿还债务。当时有许多人被关在费城的债务人监狱里，在那里，他们还印行了自己的报纸《绝望的希望》（*Forlorn Hope*）[77]。其次是各州在战争时欠下的债务。再次是大陆议会所欠的债务。这些政府债务若不能偿还，合众国将没有贷款方，没有外国投资，将无法参与任何国际贸易。

汉密尔顿提议联邦政府不仅应偿清大陆议会的债务，还应承担各州的债务。为此，他主张建立国家银行，像英格兰银行那样，这样做的好处是可以拥有稳定全国的纸币体系。国会通过了一条提案，于1790年建立合众国银行，为期20年。在此提案签署为法律之前，华盛顿询问过杰斐逊。他提醒总统，汉密尔顿的计划不符合宪法规定，因为它违背了通用的第十修正案，即"宪法未授予合众国，也未禁止各州行使的权力，由各州或由人民保留"。宪法并没有特许国会有建立国家银行的权力，既然第十修正案说所有没有授予国会的权力或归各州所有，或归人民所有，国会就不能建立国家银行。华盛顿还是签署了提案，为宽泛而非狭隘地理解宪法提供了一个先例。他同意汉密尔顿的意见，创办国家银行符合宪法第一条第八款规定，授予国会"制定……必要而恰当的任何法律"的权力，与国会解释它在征奴隶贸易税方面的权力正好相反。

汉密尔顿计划的其他部分引起了别的反对意见。有些州已经付清了战争债款，如弗吉尼亚和马里兰，它们反对联邦政府承担州债，因为联邦政府从弗吉尼亚和马里兰收的税会被用来给仍有债务的州还债，如南卡罗来纳州和马萨诸塞州。汉密尔顿相信，说他的计划不符合宪法的想法，一定是"某种要么被扼杀，要么会杀死宪法的精神症状"。汉密尔顿算是达成了一项交易，南方人也反对汉密尔顿的经济计划，因为它强调制造业而不是农业，因此，似乎对南方各州不利。国会议程上的另一个问题是在哪里设立国家首都。第一届国会在纽约举行了前两次会议，在费城举行了另外两次会议。大陆会议还在巴尔的摩、普林斯顿以及其他五六个地方举行过会议。鉴于地区间的争论一开始就困扰着联邦，国会和联邦政府的其他分支机构应该固定在哪里开会，是个令人烦恼的问题。在杰斐逊位于纽约梅登巷的家里，汉密尔顿和麦迪逊在晚餐后达成了一项协议，也就是所谓的"餐桌交易"。汉密尔顿支持在南方设立国家首都的计划，以换取麦迪逊以及他的南方伙伴对汉密尔顿提出的联邦政府承担各州债务计划的支持。1790年7月，国会通过了汉密尔顿的债务计划，并投票决定在波托马克河沿岸10平方英里的河岸上（当时属弗吉尼亚和马里兰）建立国家首都，并根据宪法的授权，建立一个联邦特区，它将被称为华盛顿。[78]

汉密尔顿认为，美国的未来在于制造业，它会使美国人摆脱对进口商品的依赖，刺激经济增长。为此，他的计划包括提高进口商品关税，并为国内制造商和商家提供联邦政府的支持。国会简单地试验过国内的征税（包括对马车、威士忌酒和邮票征税），然而，在南北战争之前，联邦政府几乎完全是通过进口关税来提高收入和监管商业的。与直接税收不同，关税避开了奴隶制问题，因此争议性大大降低。此外，关税似乎将税收负担置于商人身上，这对杰斐逊很有吸引力。"我们在进口税问题上更趋一致，"杰斐逊解释说，"因为它完全属于富人。"杰斐逊认为，美国的承诺是"农民看到他的政府得到了支持，他的孩子接受了教育，他的国家变成了天堂，而且只需要富人做出贡献"[79]。

但以杰斐逊为首的汉密尔顿的批评者指责汉密尔顿的经济计划会促进投机，事实上也的确如此。对汉密尔顿而言，投机对于经济增长是必要的，对杰斐逊来说，这是对共和国美德的侵蚀。1792年，当投机引发新国家历史上的第一次金融恐慌时，这个问题就浮现出来了。

如许多金融危机一样，故事始于野心，终于腐败。汉密尔顿与华尔街12号办事处的进口商约翰·品塔德（John Pintard）是朋友。品塔德于1790年当选为州议会议员，第二年，他成为伦纳德·布利克（Leonard Bleecker）的合伙人，而布利克正好是纽约贫困债务人救济会的秘书，他们一起拍卖股票。在布利克结束他们的伙伴关系之后，品塔德开始与汉密尔顿的财政部助理部长威廉·杜尔（William Duer）交往，杜尔是一个奸猾之徒，他想控制合众国银行的股价。凭品塔德做他的代理人，杜尔借来了"店主、寡妇、孤儿、屠夫、司机、园丁、女商贩"一生的积蓄。1792年，当人们清楚地看到面值超过一百万的纸币（品塔德签名）还不值他们印刷所用的纸张钱时，杜尔和品塔德破产了，这引发了美国的第一次股市崩盘。一群暴民想把杜尔砸死，后来又想把他抓到债务人监狱。品塔德藏在曼哈顿的联排别墅里。"他不会聪明点，逃亡到有破产法的州吗？"一位朋友问。[80]品塔德越过大河逃到了新泽西，最终在那里被发现，并被送进了债务人监狱。

即便是最杰出的人也无法逃脱债务带来的监禁。詹姆斯·威尔逊是制宪会议中最民主的代表，现在是最高法院的法官，他深陷债务问题，甚至不敢出门办事，生怕被债权人抓住，被链子锁住。（他欠了皮尔斯·巴特勒近20万美元，后者是南卡罗来纳制宪大会的代表。）1797年，威尔逊也进了品塔德所在的新泽西债务人监狱。尽管他设法从儿子那里借了300美元，保得一时出狱，但又被扔进了北卡罗来纳的另一所监狱，第二年，他的妻子找到了他，只见他衣衫褴褛，污浊不堪。他很快感染了疟疾，最后因中风而死，年仅56岁，死前胡言乱语，疯狂诉说着他的债务。[81]

汉密尔顿决定应使美国拥有不可动摇的信誉。国家的债务可以得到尊重：个人债务可以得到原谅。在新共和体制下，个人债务——人们因冒险陷入的债务——可以免除债务清偿。品塔德得以从债务人监狱释放，得益于1798年新泽西的破产法，后来，他在美国第一部破产法（1800年）条例保护下申请破产保护。[82]他从法律上免除了还债义务，账本清零了。债务人监狱被破产保护替代，这将改变美国经济的性质，刺激投资、投机和冒险。

1792年的经济恐慌也有以下影响：它导致纽约的代理人签署了一项协议，禁止私人投标股票，使得无人能再做杜尔曾经做过的事情，那项协议标志着后来的纽约股票交易所的成立。

IV.

"这是一个革命的时代，任何事物都可能被找寻。"托马斯·潘恩于1791

年在英格兰，在他的《人权论》（Rights of Man）的第一部分中写道。他很快逃离英格兰前往法国，在那里写下了书的第二部分。"哪里有自由，哪里就是我的国家。"富兰克林曾经说过，潘恩可能会回答："还没有自由的地方，才是我的国家。"[83]潘恩没有试图激起革命的国家是海地。这是一个革命的时代，但潘恩不是在寻找奴隶反叛。

海地当时被称为圣多明格（Saint-Domingue），是加勒比地区最大、最富有的殖民地。作为法国最重要的殖民地，它的人口包括4万白人，2.8万有色自由人和45.2万奴隶——占整个加勒比地区奴隶人口的一半。作为世界领先的蔗糖和咖啡生产地，该岛出口的食用糖几乎是牙买加、古巴和巴西的总和。[84]它的革命始于1791年。

海地发生的事件紧随法国自身开始于1789年春的残酷革命。一个特别立法机构的成员在回应法国战争债务困难时违抗国王，组成了国民议会，废除了贵族的特权，并着手起草宪法。在8月，拉斐特向议会引入了"人权和公民权利宣言"，其中的第一条读道："人生而自由，权利平等，永远如此。"[85]

潘恩在"恐怖统治"和路易十六上断头台期间正在巴黎。他在囚室里完成了《理性时代》（The Age of Reason）第二部分的大部分，监狱每天都有囚犯死去。在1794年夏天的六个星期里，共有1300多人被处决。[86]

法国大革命走得太远，是一场永无休止的革命。它使美国人感到恐惧，但对大多数美国人来说，这种恐惧还不及海地1791年革命带来的恐惧的一半。在这场革命中，成千上万的奴隶摆脱了枷锁。革命之初的领袖人物叫布克曼（Boukman），布克曼死后，由奴隶出身的桑·卢维杜尔（Toussaint Louverture）继续领导革命。海地的奴隶反叛是一场独立战争，也是西方世界的第二场独立战争。

圣多明各的奴隶起义，1791年[选自伯恩赛德和罗博特姆《旅途的精神》（*Spirits of the Passage*）一书，第168页]，海地黑人奴隶……法国学派（18世纪）。联邦派和反联邦派对海地革命持不同意见。法国国家图书馆，罗格·沃莱图片社/布里奇曼图片社

美国奴隶主对海地发生的事件感到恐惧——他们内心深处最阴暗的恐惧变成了现实。但对新英格兰的一些激进派来说，海地革命是人类自由进程中不可避免的下一步。康涅狄格州杰斐逊主义者亚伯拉罕·毕晓普（Abraham Bishop）是少数欢迎革命的美国人之一。"如果自由取决于肤色，如果黑人是为做奴隶而生，那么西印度群岛的人可能会被称为叛乱分子和杀人犯。"毕晓普在波士顿发表的"黑人权利"系列文章中说道。"但开明的美国人不会有这样的想法，"毕晓普继续说，"我们相信自由是所有理性众生的自然权利，我们知道黑人从未自愿放弃这种自由，那么他们的事业难道和我们的事业不一样吗？"

他的美国同胞给出的答案是响亮的"不"。相反，美国报纸报道海地革命是一种疯狂行动，一场杀戮。"当地居民的处境最为痛苦，他们的奴隶在采取行动，成为可怕的引擎，无法控制。"杰斐逊写道。海地革命远没有把"人人平等"的陈述扩展到不论黑白的所有人，它让许多白人相信了完全相反的说

法。1791年至1793年间，美国向该岛的法国种植者出售武器和弹药，并提供了数十万美元的援助。[87]联邦党人更担心的是法国而不是海地。共和党人，特别是南方人，担心这场革命会蔓延。杰斐逊称海地人为"食人族"，他警告麦迪逊，"如果这种骚动能在任何面纱的掩护下潜入我们之中，我们必须感到惧怕。"[88]

考虑到法国和海地可怕的"鬼怪幽灵"，美国人担心自己共和国的命运——一块自由与蓄奴共存的土地。麦迪逊许诺宪法将确保国家的稳定。他认为，一个民主国家，即人民联合起来亲自管理政府的国家，总会陷入无休止的"动荡和争议"，但一个共和政府，即人民选举代表负责管理的政府，就能远离这种命运，选出的代表将永远以公众利益为先，狭隘的或党派的利益为后，将全民利益置于党派利益之上。早期政治思想家曾说这种体制只适合较小的共和团体。麦迪逊则认为这种体制只能作用于大型共和国，原因有二：第一，在大型共和政体中，可供选择的人更多，因此，人民选出能捍卫公众利益的代表（仅从数字看）的机遇就更大；第二，在大型共和政体中，政府公职的候选人为了知名度和争取更多的选民，他们必须既引人注目又名副其实。[89]

但宪法没有限制派系，早在1791年，麦迪逊就开始修正他的思想。在一篇名为《民意》的文章中，他考虑到大型共和政体特有的不稳定根源：人民会受到蒙骗。"一个国家越大，就越不容易知道人们的真实想法。"他解释道。这就是说，派系最终不可能由聪明、博学和理性的人组成。派系当中可能会包含易怒的、无知的、荒谬的人，这些人可能会被动听的说法引向"伪造的"见解（麦迪逊想到汉密尔顿和他为他的金融计划得到民众支持的能力）。走出这种政治困境的通道是报纸。"报纸向整个人民群体发行，"他说，"这等同于收缩了领土的界限。"报纸会有效地将国家变得更小。[90]

这是个别出心裁的想法，它将接受每一代愤怒的共和主义者的重新审视。

报纸将把共和国团结在一起，电报将把共和国团结在一起，收音机将把共和国团结在一起，互联网将把共和国团结在一起。每一个时代中，这种说法既正确，又大错特错。

但麦迪逊敏感地察觉到通信技术发展与舆论形成之间的重要关系。可以说，美国的两党制，国家政治稳定的持久根源，就是由这个国家的报纸创造的。报纸主导了联邦党人和反联邦党人之间批准宪法的辩论，到1791年，报纸已经开始塑造第一个政党系统，对抗的双方是联邦党人和新兴的反对派民主-共和党，通常被称为杰斐逊派或共和党人。杰斐逊和麦迪逊创造了民主-共和党，坚信共和国的命运掌握在农民手中，汉密尔顿和联邦党相信共和国的命运要依赖工业的发展。每个党都在鼓吹自己的党报。18世纪90年代，当联邦党人与杰斐逊共和党人进行斗争时，报纸的增长是人口增长的四倍。[91]

共和国早期的报纸倾向于党派并非偶然或无意，它们完全是热情的党派支持者。他们对确定的事实并不特别感兴趣，他们感兴趣的是一场大论战。"我不会从事任何公正的职业，"一位联邦党出版商写道，"公正派总是毫无用处，只会说些漂亮的废话。"[92]《康涅狄格蜜蜂报》出版商承诺，他将只会发表这样的消息：

>财运的转变，国家的变化，
>受宠者下滑，预示伟人的出现，
>旧的管理不善，税收新的改变，
>全都不是错误，也不全是真实再现。[93]

一度被诬蔑为有损公共生活的政党，在报纸的推动下成了它的机器。杰斐逊说："媒体就是引擎。"[94]

1796年9月，读者发现，64岁的乔治·华盛顿将不再竞选第三任总统。这是一个惊人的举动，对权力的放弃就像他在战后从军队退役一样，这可能是他任总统后最重要的举动。他知道这将创造一个先例，即任何总统都不能终身统治，或者在任时间太长。作为道别，他写了一封致全民的公开信，此信从未作为演讲出现，但发表在全国各地的报纸上。

该信初稿是麦迪逊于1792年起草的，那是在华盛顿第一次想卸任总统的时候，但他听从了人们的劝阻，决定连任，希望能以此联合联邦派和共和派。此信经汉密尔顿修改，成为众所周知的华盛顿的告别演说。它首先出现在费城的一张报纸的第二版，标题是《致美国人民》，签名是"G.华盛顿"。

华盛顿的告别演说包含有关联邦分裂的一系列警告。北方和南方，东部和西部，不应该认为各自的利益是分裂或对立的。他呼吁说："你们的联邦应该被看成自由的支柱。"他提醒人们，党派是任何一个政府"最坏的敌人"，以"病态的嫉妒和虚假的警报"扰乱民心，"挑拨一部分人对另一部分人的仇恨，甚至煽动暴乱和起义"。至于共和国的大小，"不是有人怀疑一个共同政府能否控制如此之大的势力范围吗？让经验去解决问题。"美国实验必须继续进行，但实验只有在公民得到宗教和道义的支持、公民享受良好教育的条件下才能成功。"于是，作为首要目标，应提倡普遍的知识传播的机制，"他敦促说，"鉴于政府结构会赋予民意相应的力量，民意得到启发会至关重要。"[95]

华盛顿的告别演说中有一些令人心碎的东西，它对理性、经验和真理充满信念。华盛顿向美国人民递交了这封信，其精神与麦迪逊敦促并帮助起草宪法的精神大致相同。华盛顿说，他希望美国人"控制当前激情的洪流"。"激情"或该词的变体在告别辞中出现了七次。"激情"是每个问题的根源，理性是唯一的补救措施。激情是一条河流，不会改变河道。乔治·华盛顿也未能摆脱它的影响。

在乔治·华盛顿和玛莎·华盛顿准备离开首都回到弗吉尼亚的时候，他们的奴隶有其他打算。他们的厨师赫克利斯逃到了纽约，玛莎22岁的奴隶裁缝昂娜·佳琪（Ona Judge）坐船逃到了新罕布什尔，因为佳琪听说玛莎·华盛顿想把她作为结婚礼物送给她的孙女。华盛顿派了一个抓逃奴的人前去追踪，但当那人找到裁缝的时候，他却报告说，"这里的舆论都赞成普世自由"，如果他抓住她将令人看笑话。佳琪带话给华盛顿说，只有给她自由，她才愿意回到弗农山，因为她"宁可去死，也不愿再做奴隶"。华盛顿表示拒绝，理由是那将成为一个"危险的先例"[96]。如何应对奴隶制，如何处置先例，问题沉重地压在他的心头，他的良心也备受煎熬。

1799年12月12日，在骑马穿越雨雪交加的行程中，华盛顿患病。两天后的下午四点钟，他躺在弗农山庄园宅子二楼的卧室里，奄奄一息。他让妻子玛莎把他事先写好的两份不同的遗嘱拿给他。他慢慢地、小心翼翼地读了一遍，让玛莎烧掉其中的一份。不久，他咽下了最后一口气。陪伴在他身旁的有他的妻子、医生、秘书和四个奴隶：家用女仆卡罗琳和莫丽；男仆克里斯托弗；还有裁缝夏洛蒂。华盛顿去世时，屋里的黑人多过了白人。

在华盛顿当总统的第二任期，他曾写信给他的秘书说，他希望"解放我所拥有的一种财产，拥有这种财产与我的个人感受非常抵触"。他曾安排完成此事，前提是在他去世之后。在他妻子没有烧毁的那份遗嘱中——第二份遗嘱，当年夏天才写完，他写道："在我妻子死后……我个人拥有的所有奴隶都将获得自由。"

当时在弗农山有300多个奴隶，华盛顿拥有123人，其他的归他妻子所有。华盛顿的遗嘱将发表在从缅因州至佐治亚州的所有报纸上，他知道会是这样。弗农山的每个人都知道华盛顿遗嘱的条件。他的123个奴隶只有在玛莎·华盛顿死后才能获得自由。可以理解,他的妻子担心自己会遭到谋杀。[97]

一幅1800年的纪念华盛顿生平的画作描绘了华盛顿手持《美国宪法》(镌刻在一小块石头上)的情形。美国国会图书馆

哈里·华盛顿曾是华盛顿的财产,他在远隔大洋的另外一个混乱的共和国生活,可能已经听说了华盛顿去世的消息。约一半以上的塞拉利昂黑人居民开始反抗殖民地专制政府,他们说这个政府是"完全是雅各宾派,就像是在巴黎受过教育和培训一样"。1799年,一群由哈里·华盛顿领导的革命派试图宣布独立。叛乱迅速被镇压下去,叛乱的煽动者遭到放逐。乔治·华盛顿在弗农山去世后几个月内,被放逐的塞拉利昂反叛者选举了自己的领袖:哈里·华盛顿。[98]

第四章 国家宪法

乔治·华盛顿去世,全国陷入悲痛之中,陷入爆发的激情之中。人们在布道祈祷,人们身着黑衣,泣不成声。商铺关门,祭文篇篇。"悼念,哥伦比亚[1]!"巴尔的摩的一份报纸写道。华盛顿的告别演说印了又印,读了又读,有人甚至将其绣在枕头上。

"让我们把演说用金字抄写,挂在每个人的家中,"告别演说的某个印刷版本这样鼓励大家,"把它刻在铜板上、大理石上,如神圣的摩西律法,置于每个教堂、大厅和参议院的墙上。"

把它写下来吧!美国人阅读他们的华盛顿。他们看着他,在印刷品上,在肖像画上。在一幅很流行的印刷品《华盛顿把法律带给美国》上,大天使加百利在天空中手持美国国徽,华盛顿穿着罗马外袍坐在众神中间,一只手拿着刻笔,另一只手拿着一块石板,上面刻着《美国宪法》。[99]好像宪法是从天堂送下来的,石板上的刻字神圣而庄严,从上帝那里送到第一任美国总统手中。几个世纪的思想,几十年的斗争如何?贫穷的美国人和他们激烈的争论如何?为批准宪法几乎动手的状况如何?宿怨、失败和妥协、对事实的检验、理性和激情之间的争斗,又如何呢?

在不远处的一间安静的房子里,詹姆斯·麦迪逊从柜子里拿出他做的笔记——在费城的那个闷热夏天的制宪会议上,他每天都做的那些笔记。他带着疑惑的神情将笔记重读,然后一字一句地整理。他独自一人,一页一页地翻看。在他的书桌里,安全地保存着宪法成文的故事,以及它所做出的重大妥协,以留给后人。

---

1 哥伦比亚是美利坚合众国的早期名称之一。美国成立之初始把哥伦布视为奠定美洲的英雄,并把自己的国家叫作哥伦比亚。——译者注

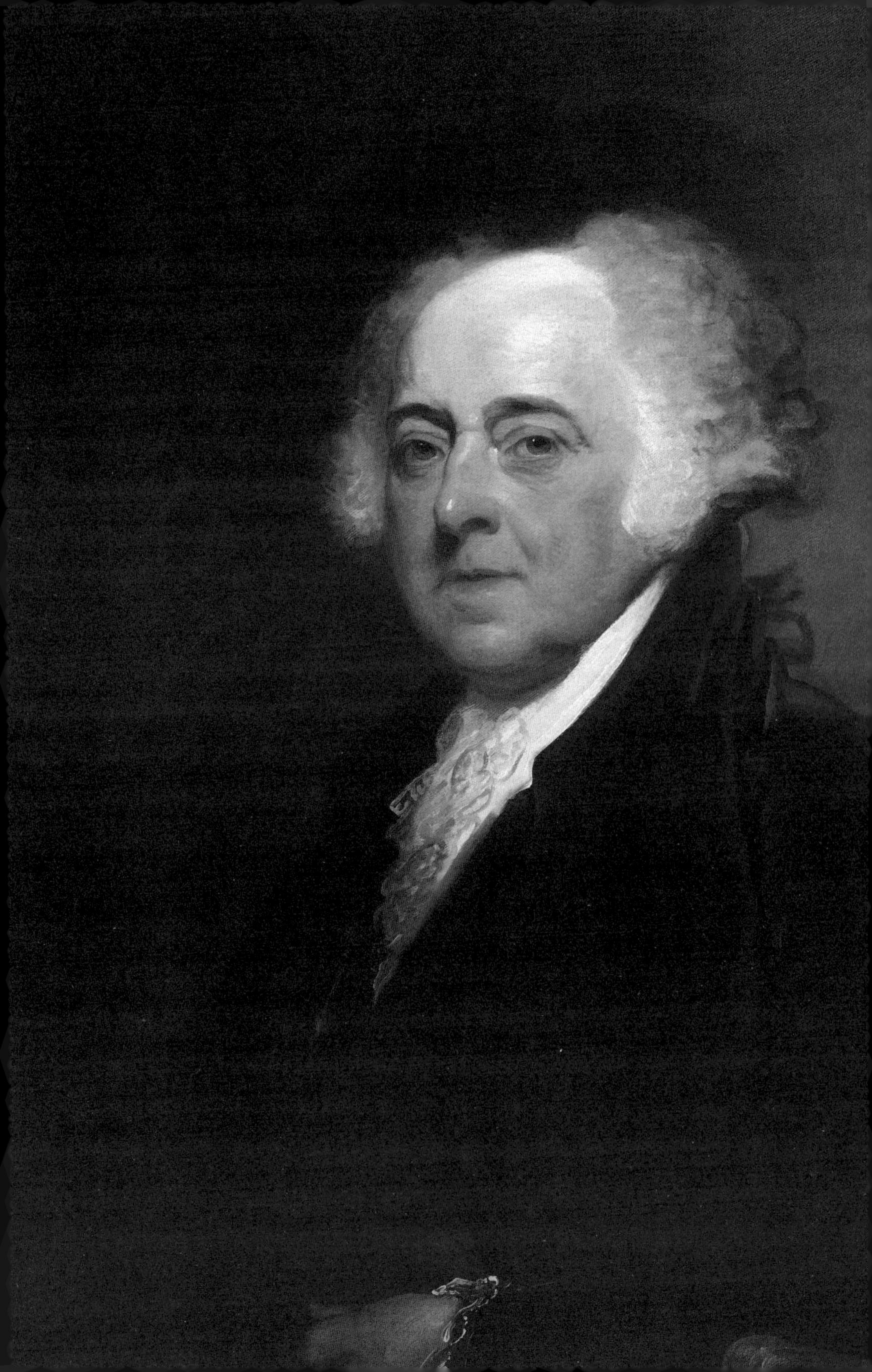

美国第二任总统约翰·亚当斯,肖像画,1810/1815年,吉尔伯特·斯图尔特(Gilbert Stuart)绘。美国国家美术馆

第二部分
人民
★★★★
1800—1865

他们说,有些人过于愚昧和邪恶,不适于在政府供职。
我们说,这有可能;
但在体制中,你想让他们永远保持愚昧和邪恶。
我们提议给每个人创造机遇;
我们期待弱者成长为强者,愚昧者可以变得聪明;
所有人都一起变得更好,更幸福。
我们做过了实验,成果就在我们面前。
——亚伯拉罕·林肯

《政府散论》,1854年

第五章

数字民主

A DEMOCRACY OF NUMBERS

《独立日的虚惊一场》,漫画,1902年,乌多·J.开普勒(Keppler, Udo J)绘。不同种族背景的美国儿童一起庆祝美国独立日,"山姆大叔"告诉"和平"女士:没事。这里没有打斗。你听到的噪音只是我的家人在庆祝。美国国会图书馆

1787年,当联邦派和反联邦派拿着各色纸张的美国报纸,或在地板吱吱作响的会议厅为提议中的宪法争论不休时,约翰·亚当斯(英国公使)在伦敦格罗夫纳广场住所的办公桌前不断抱怨,而托马斯·杰斐逊(法国公使)则倚在巴黎香榭丽舍大街朗雅克酒店的一张豪华办公桌旁。这两个远离家乡、共同缔造了《独立宣言》的人展开了一场关于宪法的书信辩论,他们隔着英吉利海峡互相写信,似乎是举行了一场两人的宪法批准大会。亚当斯担心宪法会给参议

院太多的权力,杰斐逊则惧怕它给总统太大的权力。"你害怕的是一个人——我害怕的是少数人,"亚当斯写信给杰斐逊说,"你担心君主制,我忧虑贵族制。"两个人痛苦地思考选举的事,杰斐逊担心选举太少,亚当斯则担心太多。亚当斯写道:"亲爱的先生,我一想到选举就觉得恐怖。"[1]

亚当斯和杰斐逊之间的争论在宪法得到批准后仍未停止。在华盛顿1788年当选,以及随后执政期间(亚当斯时任副总统,杰斐逊时任国务卿)仍未停止。华盛顿于1792年再次当选后,他们二人的争论还未停止。相反,在1796年,他们的争论促进了美国两党制的诞生。

杰斐逊担心宪法允许总统一任再任,直至他死去,就如同国王一样,而亚当斯喜欢这个想法。"这样更好。"他在1787年写道。[2]1796年,华盛顿宣布他将不竞选第三届总统,而亚当斯和杰斐逊都想去接替他,亚当斯险胜。两个人下一次角逐是杰斐逊所谓的"1800年革命"。这是不是一场革命先不说,1800年大选将亚当斯和杰斐逊长达十年的辩论推向高峰,最终导致了宪法危机。宪法并没有为党派做规定,选举总统的方式也无法照顾到党派。然而,亚当斯和他的竞选伙伴查尔斯·科茨沃思·平克尼(曾任法国部长)代表联邦派竞选,杰斐逊和他的竞选伙伴、前纽约参议员阿伦·伯尔(Aaron Burr)代表共和派竞选,这意味着,无论怎样投票,谁也无法预料最终结果,特别是当两个人在选举团的得票数一样多的时候。按宪法条款规定,这样的平局只有经国会众议院再度投票才能打破。

杰斐逊听谣传说,如果他获胜,联邦派将"拆散联邦",他相信他们希望更改宪法让亚当斯的任期成为终身制。"宪法的敌人在策划一项可怕的举动。"他警告说。与此同时,亚历山大·汉密尔顿也发出警告,如果亚当斯当选,弗吉尼亚人将"动用武力"把联邦派赶下台。传言甚至还说,国会的某些联邦主义者已经决定,他们就算不顾及宪法而冒险发动内战,也不能让杰斐逊当选。"谁将是总统？"一位忧心忡忡的议员问道，"我们的政府将会成什么样子？"[3]

亚当斯和杰斐逊之间持续的争论，既是两个野心家的对战——痛苦而琐碎，又是有关美国实验的根本性质的争论——深刻而厚重。1800年，亚当斯64岁，比年轻时更爱争论，更加自负，更加博学。作为美国艺术科学学院的奠基者，他写了一部厚重的、三卷本的《对美利坚合众国诸政府宪法之辩护》（*A Defence of the Constitutions of Government of the United States*），阐释了富人的贵族制和穷人的民主制之间的脆弱平衡。"在任何一个存在财产的社会，都会有穷人和富人之间的斗争，"他写道，"穷人和富人同处一个议会中，永远不要期待平等法律的存在。平等法律要么是数字堆砌而成，用于掠夺少数富人，要么凭借影响力，榨取多数穷人。"[4]

杰斐逊57岁，是美国哲学协会的会长，他喜怒无常，狂躁易怒，是一位犀利的作家，与亚当斯同样博学，但远没有亚当斯逻辑严密。他信奉的是多数人的统治。他相信美国实验的关键是"用实例证明人类理性足以处理人类事务，而多数人的意愿——每个社会的自然法则——才是唯一真正的人权守护者"[5]。亚当斯坚信要限制多数人的意愿，杰斐逊则坚信要顺从多数人的意愿。

二人都认同亚里士多德有关三个政府形式的论断，认同每种形式都可能出现腐败，而完美的政府就是能最佳平衡三者关系的政府。亚当斯相信最"容易接受改进"的政府形式才是政体，如果议会在代表人民利益方面能做得更好，更能准确反映人民，改善就能实现，民主带来的恐惧就可以避免。"在构成代表团体时，最终目标似乎是人民的感受、公众的声音，它的完美之处就在于它的相似性。"[6]

亚当斯一直在谈论形式和相似，但两人的分歧不在于艺术，而在于数学。人民政府毕竟是个"计算上的事"，是个数字问题：谁投票？每张选票到底值多少？

亚当斯和杰斐逊生活在一个量化的时代。它开始于时间的计算。时间曾是一个旋转的车轮，周而复始；在科学革命过程中，时间变成了一条线。时间作为最容易的量化标准，成为每项经验探寻的引擎，成为一个轴，一个箭头。对时间的新用法和新理解构成了进步这一概念——如果时间是一条线，而不是一个圈，那事情就会越变越好，而不是无休止的循环起落，如同四季更迭。进步的概念推动了美国的独立，也推动了资本主义的发展。时间的量化导致世间所有事物的量化：人口的计算，劳力的计算，把利润当作时间的函数进行计算。把握时间与积累财富在某种意义上变得一样——"时间就是金钱"。本杰明·富兰克林说过。[7]

量化同样改变了政治机制。无论亚当斯和杰斐逊之间的区别有多大，他们都同意政府依赖数学关系：等式和比例。"人数、财产，或二者全算，应该成为规则，"亚当斯坚持说，"选民和议员比例应是个计算问题。"[8]确定这条规则是制宪大会的责任，修正这条规则是1800年大选的责任，此后的每次政治改革，也都是计算问题。

I.

国王是生出来的，总统是选出来的。但怎么选呢？1787年，詹姆斯·威尔逊在费城解释说，代表们一直"为该计划中没有明确选择总统的具体方法而感到困惑"。在大会上，威尔逊曾提议公民直选总统。但詹姆斯·麦迪逊指出，由于选举权在北方州比在南方州普及得多……南方州（基于黑人的数字）可能不会对选举产生任何影响。这就是说，在直选中，北方有更多选民，就会有更多选票。结果威尔逊的提议以12州对1州的投票被否决。[9]大会的某些代表相信国会应该推选总统。这种方法（非直接选举）允许大众参选，而且远离了"过度民主",但它以少数人的判断过滤掉多数人的意愿。比如说参议院就是非直选的结果:美国参议员不是由人民选举而是由州议会选举的(参议员的直选到1913年宪法第十七修正案获得批准才得以实现),但就总统职位来说,非直选存在一个问题:让国会选举总统违反了权力分散的原则。

威尔逊想出了另一个办法。如果人民不能选举总统,国会不能选举总统,也许某些其他团体可以选举总统。威尔逊提议人民选举代表构成选举团,一个由具有实力和名望的人组成的团体,由他们进行实际选举,这一提议得以通过,但威尔逊的让步是基于另一种让步:奴隶比例。选举团的代表人数将不是由一个州的人口总量来决定,而是由它在众议院的代表人数来决定。这就是说,一个州在选举团的代表人数是由代表规则决定的——每4万人在国会有一个代表,奴隶以其他人的五分之三比例计算。[10]选举团是对奴隶主做出的让步,是一件既有数学计算又有政治计算的事物。

这些计算需要人口统计,人口统计又依赖于最新的人口统计学〔托马斯·马尔萨斯(Thomas Malthus)的奠基性著作《人口原理》(*Essay on the Principle of Population*)第一版于1798年出版〕。宪法第一条第二款规定美国的人口每十年统计一次。人口普查员要计算"自由人口的总数"和"所有其他人口",但不包括"没有纳税的印第安人",即那些作为独立民族生存的人,尽管他们居住在美国宣示主权的地区。1790年首次联邦人口普查统计是390万,包括70万奴隶。"五分之三"条款不仅保障了奴隶州在国会不成比例的代表权,还增加了它们在选举团的选票。如弗吉尼亚和宾夕法尼亚有大约相同的自由人口,但由于奴隶人口的存在,弗吉尼亚在国会多了三个席位,在选举团多了六个选举人,也正是因为这个结果,在共和国36年的历史上,有32年的当政总统都是拥有奴隶的人,唯约翰·亚当斯除外。[11]

还有更多引发争论的计算,选举团代表的选择交给各州决定。1796年,16

个州中的7个州由人民选举了代表,其他州由州议会选举代表。最初的想法是让代表们用自己的判断决定如何在选举团投票,尽管他们在1788年和1792年没有判断的余地,因为没有人反对华盛顿。但是到1796年,两个政党已经出现,选举团必须做出决断,党首们慢慢相信,代表需要听从选他们之人的话。一位联邦主义者抱怨,他并没有选择选举人"来为我决定是约翰·亚当斯还是托马斯·杰斐逊更适合成为美国总统……不,我选他做选举人是让他行动,不是让他去思考"[12]。

这种模棱两可导致了选举的失败。按宪法规定,得到选举团票数最多的候选人当选总统,票数第二的人当选副总统。1796年,联邦派想要亚当斯成为总统,托马斯·平克尼(Thomas Pinckney)做副总统。但在选举团里,亚当斯得到71票,杰斐逊68票,平克尼只有59票。联邦派选举人曾得到指示,将第二张票投给平克尼,但不少人没有这么做。因此,杰斐逊成为亚当斯的副总统,这令所有人失望。

在亚当斯动荡的执政期内,两党之间的差距更大了。一是被自身的傲气所损害,不满足于只是发出党争危险的警告,亚当斯试图取缔反对派。1798年,当美国和法国卷入不宣而战的战争时,国会通过了《外国人与煽动叛乱法》,授权总统可以监禁他认为危险的非公民,并惩罚反对他执政的出版商:25人因煽动罪被捕,15人被起诉,10人被定罪。在那10人中,有7人是支持杰斐逊的共和派出版商。[13]杰斐逊和麦迪逊认为《外国人与煽动叛乱法》违反了宪法。如果总统超越权限,如果国会通过了违宪的法律,各州该怎么做?宪法并没有授权最高法院去裁决国会通过的法律是否违宪,那是法院自己决定行使的权力,但在1798年,法院还没有尝试过。与此同时,杰斐逊、麦迪逊和其他共和党人提出了另一种形式的司法审核:他们认为各州能够评判联邦法律是否违宪。他们起草决议,反对《外国人与煽动叛乱法》。麦迪逊为弗吉尼亚起草了决议；杰斐逊为肯塔基起草了决议。"除非把《外国人与煽动叛乱法》拒之门外"，杰斐逊警告说，《外国人与煽动叛乱法》将迫使各州"走向革命和流血，会带来对共和政府的新诽谤，为那些相信必须用铁棒才能实施统治的人找到新的借口"[14]。

逐渐加深的两党分裂还固化了人们对蓄奴制的看法。海地革命期间，杰斐逊（倾向法国）希望最多与那个被释奴隶小岛保持一种疏远关系。但亚当斯政权（倾向英国）想和这个加勒比小岛重续贸易关系，甚至想承认它的独立。"如果让他们自立，圣多明格的黑人不会比他们作为法国的臣民更加危险，这再明显不过了。"亚当斯的国务卿蒂莫西·皮克林（Timothy Pickering）在1799年写道。同时，美国的非洲人在海地事件的新闻中受到鼓舞。1800年夏天，一个名叫加百利的铁匠——被称作"美国的杜桑"——在弗吉尼亚领导了一场奴隶暴动，喊着"不自由，毋宁死"的口号游行。暴动失败了，加百利和他的26名追随者遭到了审判和处决。反蓄奴派预计加百利式的叛乱不会是最后一次。"加百利死了，但敌意尚存。压抑在奴隶受辱的铁链之下。"耶鲁大学校长蒂莫西·德怀特（Timothy Dwight）警告说。[15]

杰斐逊相信1800年大选将"修正我们的国格，并决定是共和制还是贵族制能够获胜"。无论如何，它的确在美国的政治史上留下了若干个传统，包括党内预选会议和不受限制的政治竞选风格。早些年，国会的联邦派和共和派为了避免1796年混乱局面重演，事先召开会议，确定党内总统候选人提名，他们称这种会议为"预选会议"（caucus，这是个独具美国精神的词，源自阿尔冈昆语，原意为"顾问"）。共和派提名杰斐逊，联邦派提名亚当斯，尽管亚历山大·汉密尔顿曾试图说服联邦派放弃亚当斯，转而支持他的竞选伙伴、南卡罗来纳的查尔斯·科茨沃思·平克尼。"他性格中固有的巨大缺陷使他不适合于主政官的职位"，汉密尔顿在写到亚当斯时说，并引用了俗语，"（他）不幸

1800年总统大选中,杰斐逊的竞选旗帜,声言"不要约翰·亚当斯"。美国国立博物馆,#45-553(PRC CT)

的缺陷包括无尽的虚荣和能使万物失色的嫉妒"[16]。亚当斯保住了他的提名地位,靠的是他的鹰爪紧抓不放。

候选人本身并不参加竞选活动,美国人把候选人直接向公众发表演讲看成一种煽动行为。当亚当斯从马萨诸塞经过华盛顿时,一位共和党的报纸编辑问道:"为什么总统必须绕50英里到华盛顿一趟?"候选人不亲自参与并不意味着竞选能保持安静,竞选活动主要出现在全国的报纸上。选民们在客栈、田野中争论,甚至在路边讨论。这种对话被《卡罗来纳公报》的一篇文章捕捉下来,文章标题全用大写单词写着《联邦党人和共和党人的对话》:

共和党人:你好,联邦党人先生,天气不错啊!今儿有什么新闻吗?大选进展怎么样了?谁可能成为我们的总统呢?

联邦党人：我看呀，我宁可选国内任何其他人，也不会选杰斐逊先生。

共和党人：敢问为什么这样歧视杰斐逊先生？

联邦党人：根据我所听到的，我不喜欢这个人，也不喜欢他的原则。首先，因为他没有对基督教的绝对信仰；其次，因为我担心他是法国原则和政治信条的鼓吹者；最后，因为我知道，他对任何与英国相关的东西都极端反感。

他们继续争论。"杰斐逊先生的宗教原则和你或任何人有什么关系？"共和党人问，此后，他们的论争几乎以大打出手告终。[17]

共和党人攻击亚当斯滥用职权。联邦党人攻击杰斐逊拥有奴隶——美国人不会"向一个弗吉尼亚奴隶主学习自由原则"，一个人喊——他对宗教的看法更是攻击的焦点。在《弗吉尼亚州笔记》（*Notes on the State of Virginia*）中，杰斐逊说他秉承宗教宽容的政策。"我的邻居说，世上有20个上帝，或者干脆没有上帝，这都不会对我有任何伤害，"他写道，"这既不是掏我的兜，也不是折我的腿。"在讲坛上，联邦派牧师鼓吹这样的观点只会导致肆无忌惮的邪恶、犯罪和堕落。一个纽约牧师回应杰斐逊："如果让我的邻居发现世上没有上帝，他会立即掏我的兜，不仅打折我的腿，还会扭断我的脖子。"联邦派报纸《美国公报》坚持认为，大选为美国人提供了一种选择："上帝——虔诚的总统"和"杰斐逊——没有上帝"[18]。

共和党以更大的夸张回应联邦党的夸张。1799年，联邦党继续以煽动叛乱罪追捕费城出版商威廉·杜安（William Duane），但未获成功。1800年，杜安在他的报纸《曙光报》（*Aurora*）上印了一组列表，让人们对比了两个候选人。如果亚当斯第二次当选，国家将忍受更多的"既成事实"：

革命的原则和革命的爱国者遭到谴责。

国家全副武装，但没有敌人，国家分裂，但没有原因。

虚假警报制造的恐怖统治助长了国内的不和与国外的战争。

一项"煽动叛乱法"。

一个官方教会，一场宗教测验，一道神职命令。

但如果杰斐逊当选，国家可期待"将发生的现实"：

革命的原则得以恢复。

国家和世界安宁，自然团结如一。

共和主义为国内的相互敌视退烧，并用理性和正直的力量征服对方。

出版自由。

宗教自由，道德权利，没有神职，只有真理和杰斐逊。[19]

苏格兰讽刺作家詹姆斯·卡伦德（James Gallender）在名为《我们的前景》（*The Prospect Before Us*）的小册子中写道："在亚当斯和杰斐逊之间做出你的选择吧，一个是战争与贫困，一个是和平与富足。"贵族主义或共和主义，秩序或无序，善良或邪恶，恐怖或理性，亚当斯或杰斐逊。"这种报刊宣传从来都能取得最佳效应。"杰斐逊私下评论卡伦德的小册子。因《我们的前景》，卡伦德以煽动叛乱罪被处以6个月的监禁。在监狱中，他写完了小书的第二册。他对公诉人嗤之以鼻，将其中一章命名为《更多的煽动叛乱》[20]。

竞选活动持续了过长时间，部分原因是美国在1800年还没有一个全国选举日。投票活动从3月一直延续到11月。投票公开进行，不避隐私，而且几乎用不到纸和笔，统计选票（又一个计算的例子）通常意味着数人头，或者不如说数头顶。"poll"这个词是"头顶"的意思。（在《哈姆雷特》中，奥菲利娅说波罗纽斯，"他的胡须像白银，满头黄发乱纷纷"。直到19世纪，poll才开始具有"投票数"的含义。）计算票数需要集合人群——所有赞成联邦党的人站在这边，所有赞成共和党的人站在那边——集合好之后才用得上选票，投一张票通常意味着把一个球投进一个盒子里。"选票"（ballot）这个词源于意大利语中的ballota，意思是"小球"——早期美国人用大豆、卵石、子弹头（不常见）投票。1799年，马里兰州通过法律，要求在纸上投票，但多数州采纳这种新办法的进度很慢。无论如何，这种改进并不意味着投票是秘密的，公开投票被理解为共和国的公民行为。[21]

杰斐逊所称的1800年革命是"通过理性而和平的改革工具——人民的选举权"——完成的一场选举上的革命。[22]不论怎样，在全国523万总人口中，只有大约60万人拥有选举权。只有在马里兰生而自由的黑人可以投票（直至1802年，该州宪法才将他们排除在外）；只有在新泽西，白人女性才可以投票（直至1807年州议会才填补了这个漏洞）。联邦全部16个州中，只有3个州——肯塔基、佛蒙特、特拉华——没有将选举权限制在财产拥有者或纳税者范围内，这些人占白人成年男性人口的60%至70%。只有在肯塔基、马里兰、北卡罗来纳、罗得斯和弗吉尼亚的选举团代表是由选民选出的。没有哪个州是选民直接给总统候选人投票的：他们投票选举议员，或选举"选举团"代表。每个州采用哪一种方法，首先就是整个选举活动的一部分，因为一种方法更具贵族制，另一种办法更具共和制——这就是杰斐逊把大选称作"革命"的真正含义。[23]

大选结束前，联邦的16个州中有7个州更换或修改了他们向选举团推选代表的程序。这开始于1800年春，在共和党于新英格兰地方选举中大放异彩之后，以联邦党为主的马萨诸塞州议会和新罕布什尔州议会取消了普选，而将选择选举团代表的权力抓到了自己手中。一些试图操纵投票活动的做法受到了阻挠。在杰斐逊竞选伙伴阿伦·伯尔设计的一场选举中，纽约人选举了一个共和党议会，汉密尔顿试图说服州长约翰·杰伊召集"跛脚鸭"联邦派议会更改规则，将选举代表的事情扔给人民去解决，故新议会将不能选择杰斐逊派的选举团代表。汉密尔顿无法忍受亚当斯，但他又觉得杰斐逊是个"可鄙的伪君子"[24]。他的提议公然违反道义，但如果结果能"阻止一个宗教上的无神论者、政治体制中的狂热分子掌握州权舵柄"，汉密尔顿告诉杰伊，"不必过于谨慎行事"。杰伊对此表示拒绝。[25]

选举团在1800年12月举行会议的时候，设计上的一个错误立马清晰地显现出来：亚当斯输了，但胜者尚未确定。共和党选举人本应给杰斐逊和伯尔投票。为了让杰斐逊当上总统，至少有一个共和党选举人记住，必须不能投伯尔的票，这样杰斐逊会赢，而伯尔票居第二。那个"某人"忘记了这一点。结果，杰斐逊和伯尔都得到了选举团的73票，亚当斯得到了65票，平克尼是64票——联邦党选举人记住了要给候选人（而不是他的竞选伙伴）多投一票（这个问题在1804年得到了修正，宪法第十二修正案将总统和副总统的选举分割开来）。杰斐逊—伯尔平局的问题扔给了国会众议院，而众议院是"跛脚鸭"联邦党占优势。杰斐逊党刚刚赢得了众议院的67个席位，联邦党只有39个席位，但新当选的议员还没有就职。[26]在杰斐逊和伯尔之间，国会逐渐决定支持弗吉尼亚人。同时，在新英格兰，联邦党人蒂莫西·皮克林给杰斐逊起了个绰号叫"黑人总统"，因为他的选举人票数中有12票都是"五分之三"条款的结果。没有这些"黑人选举人"（北方人这样称呼他们），杰斐逊会以61∶65输给亚当斯。约翰·昆西·亚当斯指出，"杰斐逊先生当选总统，代表着南方对北方的胜利——奴隶代表权对纯粹自由的胜利。"[27]

1801年2月17日，杰斐逊终于当选总统。"我把七匹马和两辆马车及马具留在美国的马厩里,"亚当斯写信给他说,"这些可能不适合你,但它们肯定会为你省去一笔不小的花费。"[28]杰斐逊于1801年3月4日宣誓就职,即《外国人与煽动叛乱法》过期一天之后。他是第一位在新首都华盛顿宣誓就职的总统。他放弃盛大仪式,也没有骑亚当斯的任何一匹马,或坐马车,这位人民的总统步行穿过了城里泥泞的街道,波士顿人坚持让他不要走路,要坐在"奴隶的肩膀上进入自由的殿堂"[29]。

杰斐逊的就职标志着新国家第一次在对立党之间的和平权力交接,这在世界历史上也是空前的。两党制最终成为共和制强大的基础,一个稳定的政党体制能够组合不同见解,将不满转化为公众利益。它能确保权力的平稳交接,交接中失势的一党自愿地、毫不犹豫地将权力移交给获胜党。

杰斐逊在尚未完工的国会大厦发表了就职演说,但他是在向美国人民讲话:"朋友们、同胞们。"这是美国写得最好的就职演讲词之一。他讲到"观念的竞争",即全国自由报刊上展开的竞争。他试图忽略竞选中令人痛心的两党分裂,挫败《外国人与煽动叛乱法》中体现的非容忍态度。"每一种见解的不同并非所持原则的不同,"他说,"我们是同样原则之下不同名字的兄弟。我们都是共和党,我们都是联邦党。如果我们中有人希望解散联邦,或改变其共和形式,那就让他们不受干扰得像纪念碑一样站在那里,这标志着错误的见解可以得到容忍,而理性也可以自由地去攻击它。"两个星期后,杰斐逊写信给山姆·亚当斯:"风暴已经结束,我们都在港湾。"[30]

风暴没有结束。约翰·亚当斯离开总统职位时做出的最后一项,也是最重要的一项决策,是任命弗吉尼亚人约翰·马歇尔担任最高法院的首席大法官。马歇尔是杰斐逊的表兄,也是他最强劲的政治对手。联邦党已经在政府三大分支中的两个分支失去了权力,但他们保住了司法分支,并坚守不放。这是对人民行使选举权机构的一种限制,一种更易得到滥用的权力形式。

腐败的或权力过大的司法机构曾是滥用职权的一种表现,也是革命的肇因之一。1768年,本杰明·富兰克林将司法任命列为"美国人不满的原因之一";杰斐逊在《独立宣言》中把国王"让法官只依靠自己的意志"列入他的申诉清单上。[31]"司法权应该与立法权和行政权不同,而且应当独立,"1776年,约翰·亚当斯曾争论说,"因此它可以监督其他二者。"[32]但在司法独立和分权治理之间存在制约关系,任命终身法官看起来有助于司法独立,但哪方面的权力可以制约司法机构呢?另一个解决办法是全民选举法官——人民监督司法——但法官的普选将使最高法院卷入各种政治变数当中。在立宪大会上,没人提议最高法院的法官应该由普选产生,不是因为代表们不关心司法独立,而是因为人们并不太支持普选,包括总统的普选。尽管人们曾一度争论是否由参议院或总统任命法官,但最后的提议是应该由总统任命,由参议院认可,这些法官应在"行为良好时"继续他们的职务。这个提议很快被采纳,没有遇到太多异议。[33]

不过,在宪法批准过程中,这种机制确实引起过争议。在一篇名为《最高法院:他们几乎可以随意塑造政府》的文章中,一位反联邦主义者指出,我们现在授予法院的权力是在"一个自由国家前所未有的",因为法院的法官最终不必听任何人的话:"他们可能犯的错误没有更高的权力可以纠正,如果这种权力存在的话,他们也不会因做出那么多错误决断而遭罢免。"[34]

这就是汉密尔顿在《联邦党人文集》第78篇中认为有必要强调司法分支的弱点是权宜之计的原因之一。[35]最开始的时候,最高法院连一座自己的楼都没有,确实如汉密尔顿所说的那样薄弱。它最初的职能是作为上诉法庭和审判法庭,并在1789年《司法法案》的规定下,成为一个巡回法庭。人们认为法官巡回是个不错的想法,可以让他们对公民有更多的了解。法官们很不喜欢巡回审判,于是他们在1792年向总统提议撤销这一职责,说"我们无法让自己接受远离家庭，过流离生活的想法"。华盛顿没有孩子，并不为之所动。[36]有一次，首席法官约翰·杰伊写信给华盛顿，说他不能参加下一次巡回审判，因为他妻子要生孩子（"我不能说服自己在这个时刻离开她。"杰伊写道），再说，诉讼表上本身也没什么大事。1795年，杰伊辞去首席法官的职务而去做纽约州州长，这样离家近些。华盛顿要求汉密尔顿顶替他的职位，汉密尔顿说不，帕特里克·亨利也说不。参议院拒绝了华盛顿的下一个杰伊替代者的提名者——南卡罗来纳的约翰·拉特利奇后，他竟然想在查尔斯顿附近溺水而死。他哭喊着对搭救者说：他做了这么长时间的法官，还没听说哪条法律禁止一个人自取性命。[37]总而言之，最高法院麻烦重重。

离职前，亚当斯试图重新任命杰伊做首席法官，但杰伊拒绝了，他向总统报告说："我离开法庭的时候已完全相信，在具有如此缺陷的体制之下，它不可能获得能量、力量和尊严，而这是让它能为国家政府提供应有支持的基本要素，它也不能获得公众的信任和尊重，而这是它作为国家公义的最后屏障所应拥有的。"[38]这些，在约翰·马歇尔那里都得到了改变。

1801年，马歇尔被任命为首席法官。总统住在总统宅邸，国会在国会大厦办公，但最高法院仍没有自己的办公楼。马歇尔在国会大厦地下室的一间阴冷、黑暗、潮湿、"家具破旧、非常不便"的房间宣誓就职。这个首席法官没有职员，没有房间换长袍或议事。一位建筑师评论说："我们某些最聪明的司法人员之死，都该怪法庭的位置。"马歇尔聪明地让所有法官都在同一家公寓租房居住，这样他们就有一个讨论问题的地方，还不被人注意。[39]

亚当斯离职前做的最后一件事情是劝说"跛脚鸭"联邦党国会通过1801年的《司法法案》，将最高法院的法官减少到五人，此法在下一个空缺出现时开始实行。这一策略的要点只有一个，就是让杰斐逊没有机会任命新法官，直到两个法官都离职。第二年，重新选举的共和党国会驳回了1801年法案，更有甚者还叫停了后面两次最高法院的正式会议。

国会的例会向大众公开，讨论结果完全公布，符合詹姆斯·威尔逊在立宪大会上呼吁人民大众拥有知情权一事。但马歇尔决定最高法院的讨论应该是秘密的。他还让法官提供匿名决策——单一见解，最好由首席法官写定——并销毁所有证据和不同见解。

马歇尔的批评者认为他的这些举措有悖于政府对人民负责的精神。杰斐逊也表示不满，"秘密讨论的想法让人生疑"[40]。但马歇尔自行其是。1803年，在"马尔伯里诉麦迪逊案"（一桩起诉杰斐逊国务卿詹姆斯·麦迪逊的案子）中，马歇尔授权最高法院一项宪法没有规定的权力：有权决定国会通过的法律是否违宪。

马歇尔宣布："司法部门的辖域和职责就是确定法律是什么。"[41]在未来的某一天，这些话将刻在大理石上，但在1803年，这些话还让人难以置信。

II.

共和国在扩张，如森林中的蕨类植物在地面上蔓延。在联邦两次人口普查之间，美国的人口从390万增加到530万，到1810年，增加到720万，一直以每10年35%的惊人速度增长。到1800年，50万人口从东部州搬迁到沿田纳西、坎伯兰（Cumberland）、俄亥俄河地区，这预示着面向西部的政治变迁。杰斐逊相信共和国的前景在于扩张：更多的土地，更多的农民。他相信自耕农财产有所保障，独立于他人的影响，是最好的公民。"依赖他人将导致顺从和贪婪。"他写道。杰斐逊倾向农耕也有些浪漫色彩："在土地上劳作的人才是上帝的选民。"受马尔萨斯的影响，杰斐逊相信新国家必须获得更多土地，不仅供增长人口的食物之需，还能维持共和体制的性质。马尔萨斯认为"人类的永恒增长趋势将超过维持生计的手段"。自然法则在人口增长过程中，贫

北卡罗来纳州塞勒姆一景，1787年。杰斐逊想象中的"自由帝国"是一个由平等而独立的自耕农组成的共和国。美国国会图书馆

困将像人年迈一样无法避免。[42]对于这项法律，托马斯·杰斐逊希望美国是个例外。

杰斐逊尤其惧怕制造业和工厂的兴起。他认为，英格兰蒸汽机工厂的工人与共和国所需的善良、独立的公民恰恰相反，他们是依赖他人的劳力，卑躬屈膝，为钱而干。杰斐逊在蒙蒂塞洛的奴隶庄园有一个制钉厂，尽管规模不大，但他想避免制造业发展到下一阶段——工业生产。他没有看到，也看不到的是，他的田野就是一个工厂，不是靠机器运作，而是靠强迫劳力，靠100多个被迫为奴的活人。

西方世界的第一批工厂并不是建在装有蒸汽驱动机器的建筑物里，而是建在户外，在西印度群岛的甘蔗地里，在卡罗来纳的稻田里，在弗吉尼亚的烟草地里。蓄奴制是一种形式的实验，为了节约劳动成本而将活人变成了机器。另一种实验是蒸汽机的发明，这两种实验在很大程度上是共通的，两者都需要投资，都依赖时间的系统整合。[43]两者的区别将美国经济一分为二：一个是以工业为主的北方，另一个是以农业为主的南方。

杰斐逊的总统任期是在两个体系的较量中度过的，这就意味着要眼望西部。在密西西比河西部占地近100万平方英里的路易斯安那地区，自1763年起就一直在西班牙的统治之下，那里居住着西班牙人、克里奥尔人、非洲人，以及忠于英国的印第安人。西班牙允许美国在密西西比河上航行，从咽喉港新奥尔良运送货物，这对西方定居者来说是至关重要的。但1800年拿破仑·波拿巴（已于1799年控制了法国）私下购买了这个地方。此后，他想重建圣多明格的奴隶制，希望将它作为新世界帝国的经济中心。拿破仑的军队在1802年抓获并监禁了杜桑·卢维杜尔，但第二年法英战争爆发，拿破仑便从圣多明格撤出了军队。岛上的前奴隶于1803年宣布独立，建立了海地共和国。美国拒绝承认海地，但从它的独立中获了利，没有它，拿破仑占据路易斯安那地区就没有太多用处，再说，和英国的战争已经让法国资金紧缺了。杰斐逊和麦迪逊让同是弗吉尼亚人的詹姆斯·门罗前往法国，准备出200万美元购买新奥尔良和佛罗里达（他有权支配1000万美元）。出人意料的是，拿破仑愿意以1500万美元卖掉整个路易斯安那地区。门罗抓住机遇，当场决定购买。这一决策的地理效应和经济效应无比巨大：美国的领土由此增加了一倍。

但还有其他方面的后果，既是宪法上的，又是政治上的。恢复密西西比河上的运输权，连同使用新奥尔良港，都是不小的胜利，但在宪法规定下，购买土地的费用必须经众议院批准，条约必须经参议院批准。国会有权批准新州纳入联邦，只要是"建立在合众国范围之内"，但宪法没有特别指出国会有权获得未来将加入联邦的新土地。有关此事的见解也是以党派划分的。以新英格兰人为主的联邦派认为杰斐逊的使节超越了权限，而且，这种购买将使共和国"分散过广"，其结果终将是"瓦解政府"。共和党则争辩说，此项购买在签订条约的范围之内。杰斐逊并不后悔购买,但他确实对这项购买是否符合宪法存有疑虑。自1787年以来,他一直主张限制联邦政府的权力,他相信要修宪才能使条约得以批准。"我宁愿请求国家在必要的时候扩大我的权力,也不愿通过建设使权力无限的方式来行使权力。"如果宪法规定如此宽泛,我们签订条约的权力可以被解读成买地的权力,那样,杰斐逊想,宪法也就是"一张白纸"。不过到最后,杰斐逊听取了顾问的意见,没有寻求修宪。他想,这大片的地域可能是"我们吸引所有密西西比河东部的印第安人迁移西部的一个工具"。[44]

1804年,在阅读了马尔萨斯的《人口原理》修订版之后,杰斐逊得出的结论是,他的书"大部分内容并不适合我们",由于"这个国家幅员辽阔,再加上富饶的未开垦土地的特殊情况,食物能够与人口增长比例一同增长"。杰斐逊承认,马尔萨斯或许推导出了一条自然法则,但美国的情形例外。"通过扩大自由帝国的面积,"他在1805年写道,"哪怕在任何时候,任何地区,这个国家的原则所赖以存在的条件恶化了,我们都能通过扩张领土找到使其再生的新源泉。"[45]

这基本上不能使问题得到解决。1806年,杰斐逊争取到了《非进口法》的通过,禁止某些英国商品进口。1807年,《禁运法》通过,禁止美国所有商品出口。在英国和法国交战时,英国一直扣押美国商船和船员。杰斐逊相信,禁止所有贸易活动是保持中立的唯一途径。美国船只不得驶往外国港口。他认定,美国人所需的所有货物都可以在家生产。"国内的每个家庭都是一个制造厂,通常都能够在自家制造中等结实的东西,能够满足人们家用和衣食,"他写信给亚当斯说,"除了自己种的棉花、大麻、亚麻,我认为家里每人一只羊就足够用于穿衣。"杰斐逊(无视蓄奴制存在)相信农业上独立需要精确地限制经济活动:"制造业,在原料基础上生产足够消费的产品(不必更多)。商业把我们消费剩余的农产品运到市场上，以换取我们无法生产的东西。这些才是真正的制造业和经济活动的底线。超过底线就会增加我们对外国的依赖，也使我们更易卷入战争中。"[46]

禁运摧毁了美国经济。杰斐逊的农业主义不仅是向后看，而且很大程度上是梦想。1793年，当杰斐逊第一次听说轧棉机（一种分离棉絮和棉籽的机器）时，他觉得这对家庭操作来说真是太棒了。到1815年，他还在吹嘘"每个街坊有梳理机，大的家庭有纺纱机，小的家庭有纺车"，这都是禁运的结果，那一年，美国南方的奴隶种植园还将1700万包棉花运往英格兰，棉花在兰开斯特（Lancaster）和曼彻斯特的蒸汽动力纺织厂梳理、编织和纺纱。[47]

英国议会于1807年废除了奴隶贸易；美国国会在1808年紧随其后，也正是宪法条款下能够终止奴隶贸易的第一年，但轧棉机已使美国的奴隶制比以往的利润更高。国会在杰斐逊1809年离任（追随华盛顿先例不竞选第三任）后废除了《禁运法》，但新英格兰人仍继续推动制造业的发展。于是，国会为下次联邦人口普查（1810年）增加了一项新的计算内容：美国制造业清单，由前财政部副部长坦奇·考克斯（Tench Coxe）监督执行。1812年，国会无法在拿破仑战争中继续保持中立，以微弱的多数票优势批准了杰斐逊的继任者麦迪逊总统的请求，向英国宣战。南方人支持宣战，但新英格兰和中大西洋多数州表示反对。宣战会给北方制造业带来不利影响，北方会受到来自加拿大方向入侵的威胁。对许多联邦党人来说，宣战象征着共和党占据令人担忧的政治主导地位。这些考虑并非没有原因，联邦党在杰斐逊政权和麦迪逊政权之间看不到太大的区别，在麦迪逊的继任者詹姆斯·门罗（在"五分之三"条款下当选总统的弗吉尼亚人）身上也会有同样的感觉。

后来称作"1812年战争"的战事大多发生在海上和加拿大，英国成功地保住了北方的领土。1813年，英国人攻占了美国首都，麦迪逊及其内阁逃亡到弗吉尼亚，在战争和自然的风暴之中，总统的家宅被彻底摧毁。战争办公室的三名职员将美国宪法的原始纸稿塞进一个麻布袋子，将它送到了弗吉尼亚的一个磨坊。这种做法是对的，因为后来英国人烧毁了这座城市。再后来，有人问麦迪逊宪法哪里去了，他竟全然不知。[48]战后，重建的总统宅邸粉刷一新，开始以"白宫"命名。

1812年战争使北方人时时记起共和国1787年因政治计算所付出的代价。新英格兰人本来不想打这场战争，但他们发现自己在南方奴隶州面前无能为力，而南方州正在将奴隶制扩展到新近收获的地域，势力更为强大。1804年，在收买路易斯安那地区之后，马萨诸塞州和康涅狄格州呼吁废除"五分之三"条款。到1812年，废除条款的呼声变得更为激烈，新英格兰作者的一本论辩小册子《论奴隶代表权》（*Slave Representation*）指责"五分之三"条款是"宪法中的腐烂之处"，必须"切除"[49]。眼看着联邦接纳新州将不可避免，马萨诸塞的一位作家计算了一下，"密西西比的一个奴隶在国会拥有的权力能顶五个纽约州自由人"。联邦党的愤怒情绪在1814年哈特福德大会上达到了高潮。新英格兰的五个州的代表聚集在康涅狄格讨论采取行动，包括退出联邦的可能性。有的州向大会提交申诉呼吁彻底结束奴隶代表权，但就在大会向国会提交它的建议三天之后，最后一场战役在新奥尔良打响。来自田纳西的一个年轻的将军安德鲁·杰克逊（Andrew Jackson）率领美国军队取得了辉煌的胜利。新英格兰的抗议被人遗忘了，去除"五分之三"条款的呼吁被忽略了。1815年3月3日，国会例会的最后一天，哈特福德大会决议被载入了会议记录，但迅速被搁置起来。[50]

第二天，在蒙蒂塞洛，72岁的杰斐逊思索着他和一个叫萨利·海明斯（Sally Hemings）的奴隶所生孩子的前途。杰斐逊的妻子玛莎·威尔斯（Martha Wayles）于1782年去世，当时杰斐逊38岁。她躺在病榻上的时候，杰斐逊曾许诺永不再婚。萨利·海明斯是杰斐逊的妻子同父（约翰·威尔斯）异母的妹妹。约翰·威尔斯和他的一个奴隶（伊丽莎白·海明斯，由一个非洲女人和英国男人所生）共育有六个孩子。杰斐逊在妻子去世的1782年写道："主人和奴隶之间的整个交易，一方面是热烈的情感活动，一方面是不间断的专制统治。一个人必须是神人，才能够保持他的举止和道德不受这种情况的影响。"1789年，16岁的萨利·海明斯在巴黎服侍46岁的杰斐逊，并与他生活在一起，这时她怀孕了。她本可以离开他，获得自由，因为蓄奴在法国是非法的。但她谋得了承诺，如果她和他在一起，他将赦他们所有的孩子以自由。[51]

但杰斐逊没能尽力守住他和萨利·海明斯所生孩子的秘密。1800年，出版

这幅政治漫画约于1804年在马萨诸塞刻制并印刷完成，1807年在新罕布什尔出售。
它将杰斐逊描绘成一只公鸡，萨利·海明斯是他的母鸡，说明有关总统与
他的一个奴隶之间关系的流言散布得非常广。美国"古文物研究者协会"版权

商们曾帮助杰斐逊竞选总统，但由于他们开始审查他的家庭生活，杰斐逊对他们的看法开始变得微妙。（在他的第二个总统任期内，杰斐逊愤怒地说，报纸应该分成四个部分：真理、可能、也许和谎言。）[52]在宣誓就职后的几天内，他就开始抱怨出版商们"靠煽动狂热和制造分裂为生"[53]。詹姆斯·卡伦德曾因助杰斐逊竞选而煽动叛乱，并因此入狱，后来他想谋求一个政府职位。杰斐逊没能奖励他一个职位，卡伦德便于1802年在《里士满记录报》（*Richmond Recorder*）上发表了一篇文章，报道了杰斐逊和奴隶生过孩子的消息。"她的名字叫萨利。"他写道。倘若卡伦德将这一丑闻故事披露得更早一些，他说："仅凭这一事实就可以让他的竞选泡汤。"[54]萨利·海明斯与杰斐逊育有七个孩子，最小一个孩子是在1808年生的。杰斐逊靠着"五分之三"条款竞选获胜，生活在一个——按政治计算来说——他和萨利的七个孩子应该等同于四又五分之一个人的世界。

1815年3月4日，国会搁置废除"五分之三"条款决议的第二天，杰斐逊仍被自己的悲剧和国家的政治计算所困扰。他试图计算，需要经历多少代人才能看到一个拥有全血种的非洲祖先能被称作"白人"的世界。按照弗吉尼亚法的规定——荒谬绝伦——人需要有八分之七的白人血统才能合法地、神奇地算作白人。

"让我们以大写字母代表纯白人血统，"杰斐逊开始书写他的数学求证，"设第一次交会点为：a，一个纯黑人，遇到A，纯白人，"他接着推算，"这里孩子的血量单位由父母双方各占一半组成，即a/2 + A/2，我们简称为h（混血）。"这个h就是伊丽莎白·海明斯，萨利的母亲，一个英国男人（A）和一个非洲女人（a）的女儿。他设第二个"纯白人"为B，四分之一的混血儿为q，第三代"纯白人"为C。B就是约翰·威尔斯，萨利的父亲，q就是萨利本人。C是美国第三任总统。他总结他的求证为：

设第三次交会是q和C,他们的孩子将为q/2 + C/2 = A/8 + B/4 + C/2,称这个为e(八分之一)。这个e有不到1/4的a的纯黑人血统,即只有1/8,所以不再是黑白混血儿,所以第三次的交会清理了血脉。[55]

在杰斐逊看来,他和萨利·海明斯的孩子是e,第三代。他们不是黑人,因为他们八分之七是白人——不是五分之三个人,而是一个完整的人。

萨利·海明斯的孩子中只有四个长大成人。她知道,他们也知道杰斐逊所知道的事情:如果他们离开蒙蒂塞洛,如果他们愿意,他们可以算作白人,在一个看重血缘的共和国里重塑自己,成为公民,再做他们自己的计算。

别人的意识对他们的影响是不同的。1816年12月,一部分北方改革派和南方奴隶主在华盛顿戴维斯宾馆集会,会议由亨利·克莱(Henry Clay)主持,他是一位健谈的肯塔基议员兼众议院发言人。他们聚到一起是要讨论如何对待人数不断增长的自由黑人。1790年,自由黑人有59 467名;到1800年,是108 398名;1810年上涨到186 446名。人数之众,令人恐惧。人口统计数字清楚地表明,美国的人口正在以世界历史上前所未有的速度增长。然而,它也表明了这一点:相对于较新的西部各州,东部最初的13个州正在失去权力。奴隶制远没有像宪法制定者所预言的那样自然消亡,它在西部不断发展,在东部却趋于衰落。两个最近加入联邦的州——俄亥俄州(1803年)和印第安纳州(1816年)——是自由州。还有两个州以奴隶州身份加入联邦:路易斯安那州(1812年);密西西比州(1816年)。但从人口增长速度来看,自由州的人口增长速度超过奴隶州。自由黑人人口的增长速度是白人人口增长速度的两倍以上。

在华盛顿,在戴维斯宾馆开会的那些人计划在非洲找一块殖民地,如克莱所说:"将国内无用的、有害的(如果不是危险的话)部分人口移民到那里。"他们选了一个会长——布什罗德·华盛顿(Bushrod Washington),他是乔治·华盛顿的侄子兼最高法院的法官。安德鲁·杰克逊任副会长。他们给这个组织起了个名字,叫"美国殖民协会"[56]。

到1816年,党派分歧开始逐渐向奴隶制的分歧转化。前总统之子兼新总统詹姆斯·门罗的国务卿约翰·昆西·亚当斯在日记中开始分别称两党为"奴隶党"和"自由党"[57]。联邦的任何扩大和延伸都威胁着两大政治势力之间的平衡。1819年,南方人定居的密苏里成为路易斯安那地区在密西西比河以西、俄亥俄河以北的第一个要求以州的身份加入联邦的地区。在批准密苏里加入联邦的提案中,纽约议员詹姆斯·塔尔梅奇(James Tallmadge)增加了一条补充条款,即州内必须禁止蓄奴制。一位批评此条款的人说,这样做将有损联邦,塔尔梅奇回答说:"先生,如果联邦一定会解体,那就随它去吧!"[58]

塔尔梅奇的补充条款在众议院以微弱优势获得了通过,但在参议院遭到了拒绝。随后的论争延续了两年以上的时间。在这个问题的争吵中,国会成员有一定的优势,因为他们掌握了大量的有关人口的信息,但他们缺乏审视宪法本身的历史眼光。制宪大会代表所做的50年保持沉默的承诺——阻止麦迪逊出版他的《制宪会议记录辩论》——意味着无论"五分之三"的妥协条款基于什么逻辑,基本上都不为人知。1819年11月,麦迪逊退休后住在弗吉尼亚,他在回答有关密苏里问题时解释了他的观点,宪法也许没有授予国会权力,把禁止蓄奴制作为一个州加入联邦的先决条件,但不管怎样,一旦密苏里成为联邦的一个州,它仍有权推行奴隶制。麦迪逊是殖民协会的成员,对他来说,这个问题可以分成两个问题,一个是道义问题——与政治计算有关,另一个是宪法问题——与法律有关。

"减少个体奴隶主拥有奴隶的人数,把他们混合在广大自由人当中,这样就能改善奴隶的状况吗？"麦迪逊问道，"通过在特定区域内减少奴隶对自由民的比例，整个国家的力量、安全、安定和祥和的综合指标将得到改善，还是将受到损害？"[59]

塔尔梅奇和他的支持者谴责蓄奴政治，攻击奴隶代表权的不公，并坚持认为，无论制宪大会做过什么交易，都不应延伸到1787年尚未存在的州来实行。他们的反对派没有直接维护蓄奴制，而是坚持黑人解放的非现实性，指出黑人永远不能作为平等的个体生活在白人当中。"在美国，没有自由黑人的位子，没有他们免受低人一等的地方，"有人争论说，"如果有这样一个地方存在，那个殖民协会就不会成立。"[60]在麦迪逊有关"减少奴隶对自由民的比例"的评论背后，在杰斐逊艰辛地计算（自己的孩子多少代之后将成为"白人"）背后，存在着一个确凿的真理：这些人中，没人能够想象得出和非洲人在政治平等的基础上共同生活的景象。

不过杰斐逊兑现了他对萨利·海明斯的承诺。他们的两个最大的孩子，贝弗利和哈里特，跟着萨利离开了蒙蒂塞洛，明显是得到了他的许可。"哈里特。萨利的孩子，跑了。"杰斐逊于1822年在他的"农场簿"（记录自己奴隶资产的册子）里写道。哈里特·海明斯没有跑，在她21岁那年，杰斐逊给了她自由。"她和其他人一样白，非常漂亮。"杰斐逊的一个监工回忆说。他还说杰斐逊让他给哈里特50美元，支付她坐公共马车去费城的费用。她从那里又去了华盛顿，她哥哥贝弗利已经在那里安顿下来了。"在去华盛顿的路上，她为自己规划，要做一个白人女性。"哈里特的弟弟麦迪逊说，他是萨利·海明斯唯一一个终生做黑人的孩子。他好像一直没有原谅他的姐姐，但他一直为她保密。"我不觉得她作为蒙蒂塞洛的哈里特·海明斯的身份被发现了。"他说。"哈里特和一个在华盛顿城地位不错的白人结了婚，我可以告诉你他的名字，"他说，"但我不会这么做。"[61]

在国会大厅，人们敲着桌子，起立演说；他们也聆听别人，有时专心致志，有时心不在焉。在室内并不新鲜的空气中，飘来了另一项提议。亨利·克莱和约翰·泰勒等南方人开始在数字上讨论"扩散"问题：如果在密苏里这样的州内允许蓄奴制，想拥有奴隶的人必须从弗吉尼亚这样的州购买，这样，蓄奴制作为一种体制将会在西部蔓延，但奴隶的人数不会太多。同时，东部的奴隶数量将继续下降，所以在两个地区，白人将拥有较少的奴隶，在我们的预期中，它将使奴隶的状况有所改善，并能减少他们和白人同居生子的可能性。这样，国家的血液会不会更纯粹了？

"用'扩散'治疗奴隶制，就像用它治疗天花一样。"一个叫丹尼尔·雷蒙德（Daniel Raymond）的巴尔的摩律师在一本39页的小册子《密苏里问题》（*The Missouri Question*）中嘲笑说。雷蒙德是美国殖民协会的成员，但他指出，"殖民协会想在任何情况下从我们的土地上铲除奴隶，并取得明显效果，这完全是幻想。"这是一个马尔萨斯式的问题："随着人口以几何级数增长，完全不可能使国内的黑人在可见数字上减少。相反，无论该协会做出多大的努力，对蓄奴制的诅咒将继续加重，也会呈几何级数增长。"蓄奴制不会简单地消失，雷蒙德坚信："这是一条公理，如欧几里得第一定律一样的真理，如果让它自生自灭，它每年都会更加根深蒂固，更加难以处置。"[62]

南方人在参议院议会上攻击雷蒙德的观点。别的不说，他们指出所谓的道义上的反对之声就将受地域限制——西部反对蓄奴制的人承诺将不管南方人怎么做——几乎不是一个根深蒂固的信念。弗吉尼亚参议员詹姆斯·巴伯（James Barbour）问道："什么样的伦理受经度和纬度的限制，在河岸左侧不起作用，在河岸右侧则能量无边？"但雷蒙德的计算，不管怎么说，最终证明是正确的。以已知增长率为基础计算奴隶人口的增长速度，雷蒙德预计，美国的奴隶人数在1800年不到90万，到1830年将会是190万。他已经非常接近了，事实上是200万。[63]

月复一月地用铅笔在草纸上计算加减乘除，并没有解决美国白人与黑人的比例问题。殖民计划也没有太多的结果。（只有约3000个非裔美国人离开美国去了利比亚。）密苏里问题的解决或多或少是因为偶然。1820年，缅因（曾是马萨诸塞州的一部分）提请作为自由州加入联邦。亚拉巴马在前一年夏天被作为奴隶州纳入联邦，这使得自由州和奴隶州的数目相等，即各12个州。国会急于打破密苏里问题上的僵局，想出了一个妥协的办法来维持奴隶州和自由州之间的平衡。在"密苏里妥协案"的规定下，克莱非常熟练地做成了一笔交易（此后他被称作"妥协大师"），密苏里被作为奴隶州纳入联邦，缅因作为自由州纳入联邦，在北纬36°30′划定一条线，正好是密苏里州的南方边界：任何在地区内形成的新州若在这条线以北，则作为自由州加入联邦；在这条线以南，则作为奴隶州加入联邦。"五分之三"条款幸存了，但约翰·昆西·亚当斯相信它不会幸存太久。"当然，目前这只是一个序言——是通往一大本悲剧的标题页，"他在日记中写道，"总统认为一项妥协案就可以让这个问题眨眼而过，但我不这么认为。如果这个问题没有比他和我的政治及个人生活存活得更久，我就算大错特错了。"[64]他没有错。

III.

美国最早的五位总统——华盛顿、亚当斯、杰斐逊、麦迪逊和门罗——都是外交家、军人、哲学家和政治家，都是国家的奠基者。即便是五人中最年轻也最不出名的门罗，也参加过革命战争，就职于大陆议会。但到1824年，那一代人都成了过去。约翰·昆西·亚当斯一直被认为——至少他父亲这么认为——会成为他们的继承者，将来当总统。"你具有天生的优势，如果你成绩平平，将会是你的耻辱。"约翰·亚当斯告诉他，"如果你不上进……成为国家的领袖，那就怪你自己懒惰、散漫和固执。"[65]

约翰·昆西·亚当斯不是个逃避困难的人。他从1779年开始写日记，那时他12岁，随父亲到欧洲完成外交使命。在完成学业并通过律师考试之后，他成为华盛顿总统的驻荷兰和葡萄牙大使，他的父亲是驻普鲁士大使，以及麦迪逊的驻俄国大使。他会讲十四种语言。作为国务卿，他起草了"门罗主义"政策——确立了美国将远离欧洲战争，但欧洲在美洲的任何殖民冒险都将被视为侵略行为的基本原则。在他决定竞选总统前，他还当过参议院议员、布朗大学逻辑学教授和哈佛大学修辞及演讲学教授。

1824年，据说美国选民面临着在两个人之间的选择，"约翰·昆西·亚当斯，他会写作，安德鲁·杰克逊，他会打仗。"[66]如果说约翰·亚当斯和托马斯·杰斐逊之间的争斗决定了贵族主义或共和主义哪一方获胜的话（选杰斐逊，共和主义获胜），那么，安德鲁·杰克逊和约翰·昆西·亚当斯之间的争斗将决定是共和主义获胜，还是民主主义获胜（选杰克逊，民主主义最终将会获胜）。杰克逊掌权，标志着美国平民主义的诞生。平民主义的论点是最好的政府是由大多数人直接领导的。平民主义是一种关于人民的争论，但其核心是一种有关数字的争论。[67]

新奥尔良战役之后，杰克逊成了国家英雄，继续领导驱逐塞米诺尔人、契卡索人和乔克托人的战斗，追求一种一面和谈、一面征战的混合策略，后者居多，前者占少，这是将美国东南部所有印第安人赶往西部计划的一部分。他是个乡下人，没受过什么教育。（后来，哈佛大学授予杰克逊荣誉博士学位，约翰·昆西·亚当斯拒绝参加仪式，说自己是"一个不会写语法句子，也几乎不会拼写自己名字的野蛮人"。）[68]他以凶猛残忍、性情恶劣、杀人不眨眼而闻名，在战场上下都是一样。他竞选总统的时候才在参议院当议员不到一年。对他想冲击白宫，杰斐逊明确地说"他是最不适合这个职位的人之一"[69]。

杰克逊做出了一个极其精明的决策。他将自己缺乏的某些素质——智慧、学识和政治经历——都变成了他的强项。他将以全部靠自力更生、性格火暴的军人身份参加竞选。要做到这一点，他必须讲述自己的人生故事。在新奥尔良战役获胜后几个星期，在备战其政治生涯的过程中，他雇用了一名传记作家——65岁的戴维·拉姆齐（David Ramsay），这是一个南卡罗来纳议员，也是一名有天赋的史学家，他的著作包括两卷本的《美国革命史》（1789）和史诗般的《乔治·华盛顿传》（1807）。但他还没有来得及动笔为杰克逊作传，便在查尔斯顿街上后背中枪。杰克逊又雇了他的副官约翰·里德（John Reid），里德写了四章，然后也不幸地意外死亡。"这本书必须完成。"杰克逊说。他找的下一个人是26岁的律师约翰·伊顿（John Eaton）。伊顿在克里克战争和1812年战争中都是杰克逊的部下，是杰克逊的"知心朋友兼养子"，据玛格丽特·贝亚德·史密斯（Margaret Bayard Smith）——小说家和杰出的华盛顿社会政治的敏锐观察者（她的丈夫是塞缪尔·哈里森·史密斯，合众国银行行长）——所说。伊顿的《安德鲁·杰克逊传》于1817年出版。第二年，伊顿当选为参议员，1823年，当杰克逊进驻华盛顿时，这两位参议员食宿都在一起。[70]

安德鲁·杰克逊，人民之人，是第一个亲自到场参加竞选、第一个出现在竞选像章上，也几乎是第一个出版竞选传记的总统候选人。1824年，在杰克逊宣布竞选总统时，竞选委员会的伊顿精心地修改了他的《安德鲁·杰克逊传》。他删除或摒弃了杰克逊过去所有看起来不好的东西，把注意力放在所有看起来好的东西上，将早先的弱点都变成了强项：伊顿笔下的杰克逊不是没上过学，他是自学的。他不是粗俗的，他是"靠自己奋斗成功的"[71]。

1824年大选还改变了总统选举的方法本身。为什么一个党的候选人非要经过国会预选会议的推举？只有当选民不介意他们在总统选举中不发挥任何作用时，立法委员会才有用。[72]取消"国王预选"的呼吁从1822年就已经开始了，当时的《纽约美国人》（*New York American*）发问："为什么不在大选前的几个月，在华盛顿召开由各州代表参加的共和党全体代表大会，由多数人选择决定哪个人就职于这个最高职位？"两年以后，民众对预选会议的反对情绪日益高涨。预选会议将在众议院召开的消息在报刊上发表后，240名议员中只有6名愿意出现在怨声不断的公众面前。画廊大厅中挤满了人，高声叫喊着"休会！休会！"，于是就休会了。[73]

随着预选会议的结束，约翰·昆西·亚当斯、约翰·C.卡尔霍恩（John C. Calhoun）和亨利·克莱重新宣布了他们的候选人资格。杰克逊寻求民众的支持：他是由田纳西议会推举的。杰克逊成为候选人的背后动力，同样来自新近获得选举权的选民。新州加入联邦后要召开大会，起草并通过各自州的宪法：他们几乎总是采取了比最初的13州所采取的更为民主的政策。他们放弃了对选

托马斯·苏利（Thomas Sully）1824年为安德鲁·杰克逊绘制的肖像画。这一年，杰克逊在总统竞选中败给约翰·亚当斯。4年后，他赢得大选，成为美国第七任总统

民的财产要求,以司法选举替代司法任命,将选举团代表的推选变成了普选。新生的、更民主的州宪迫使老牌各州重新修改了自己的宪法。到1821年,选民的财产要求在24个州中的21个州已不复存在。三年以后,24个州中有18个州实现了选举团代表的普选。更多的穷白人参加投票并当选为公职人员,这让一些保守派感到非常不快,如纽约州大臣詹姆斯·肯特(James Kent)。1821年,他在纽约州宪法大会上抱怨说:"一个人在路上劳累了一天,或一个人在民兵营里闲坐了一小时,但他们却在决定整个政府权力中拥有同样的参与权,这是最不合理且没有司法基础的事情。"他相信比例性的代表权——按照财富比例决定代表权:"社会是保护财产和保护生命的联盟,在指导合伙企业问题上,一个向普通股贡献了一分钱的人,不应该与贡献了数千分钱的人拥有同样的权力和影响。"[74]

选民的种类发生了变化,选举方式同样发生了变化。早期的纸票投选多有不便:选民要带张小纸片到投票站,在上面写下他们选择的候选人的名字。随着选民人数的不断增多,这种方法越发显得不切实际。党派领袖开始印刷选票,通常在党派报纸上印成长条,把所有人都加在"党派选票"的名单上。这种选举方法整合了党派的实力,也扩大了选民的范围:党派选票意味着选民无须会写字,不识字也没关系;选票的纸张颜色不同,每张选票上还有党徽标志。

1824年,杰克逊赢得了普选票和选举团的相对多数票,尽管不是绝对多数票。选举结果又扔给了

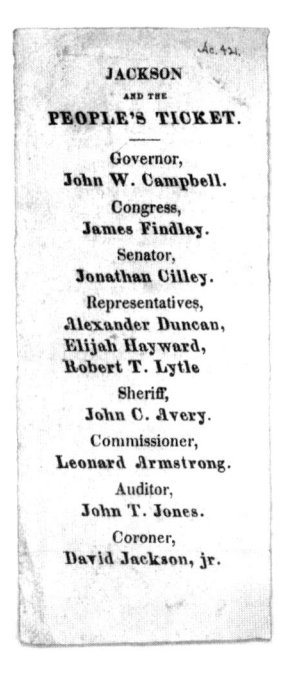

19世纪20年代,纸质选票已普遍使用,通常以"党派选票"的形式列出所有候选人名单,如这张1828年的俄亥俄州民主党选票

议会，最后议会在亨利·克莱的支持下选择了约翰·昆西·亚当斯。然后亚当斯任命克莱为国务卿。杰斐逊写信给约翰·亚当斯，祝贺他儿子胜选。这两个人从政界退出后，又开始重续青年时代的友情。"你的每一行字都让我精神愉悦。"亚当斯回信说。[75]

杰克逊对自己被视作"腐败交易"的结果感到气愤，他辞掉参议员的职务回到了赫米蒂奇（Hermitage），等待选民人数继续增长。在1824年到1828年间，美国选民人数增加了一倍多，从40万增加到了110万。1787年参加立宪大会的人不停地摇着满头灰发的脑袋，警告美国人他们已加冕了一个新的君主——"数字国王"[76]。

1826年7月4日，美国周年庆典，庆祝《独立宣言》发表50周年。在城市和乡镇，美国人游行、歌唱、举杯、聆听演讲。许多演讲都在庆贺新的民主精神，庆贺他们战胜了对人民的蔑视，这是国家成立的一部分。"可能有人嘲笑这样的建议，即整体的决定优先于少数开明者的判断。"史学家乔治·班克罗夫特在波士顿演讲时说。"在他们心中，群众是无知的；农民对立法一无所知；机械师不应该离开他们的车间参加舆论决策。但真正的政治科学确实遵从大众。"班克罗夫特说，"人民的声音，就是上帝的声音。"[77]

没有什么比《独立宣言》起草人托马斯·杰斐逊和代表独立的约翰·亚当斯同一天去世更清楚地标志着建国时代的结束。90岁的亚当斯在马萨诸塞的家中去世。"他在下午6点钟还有最后一口气，"报纸上说，"就在万众乡民参加国家庆典的庆祝声中，就在咏颂不朽的爱国者以勇敢和美德造就国家自由和独立的歌声中。"[78]近几年，他身体状况一直不佳，牙全掉了，眼睛也看不见了。他睡在书房里一个垫得很厚的扶手椅中，穿着外套，戴着棉布帽，周围全部是书；他在遗嘱中把这些书都留给了约翰·昆西。4日的礼炮声几乎被雷声所淹没,那是下午的一场暴风雨。他被扶到床上,动了动,喃喃地说:"托马斯·杰斐逊比我活得长。"傍晚6点20分,他去世了。但在弗吉尼亚,83岁的杰斐逊已于中午12点50分去世。

在杰斐逊几个月前确定的遗嘱里,他给他和萨利·海明斯的最后两个孩子——麦迪逊和埃斯顿——以自由,但他没有提到萨利。杰斐逊接到了7月4日华盛顿庆祝活动的邀请,他回复了一封抱歉信,还说了一段话,庆祝这句不言自明的真理:"人类大众并不是生来就在背上放着马鞍,准备好供少数受上帝偏爱的鞭策者合法地驾驭他们。"他要死了。他疼痛难忍,一直靠阿片酊维持,7月2日和3日,他大多数时间都在睡觉,拒绝使用药物。4日去世,正值附近的夏洛茨维尔敲响庆祝美国独立周年的钟声。

萨利·海明斯的弟弟约翰给杰斐逊做了棺材。6个月之后,为偿清债务,杰斐逊的所有地产,包括130个奴隶,在一次拍卖中出售。福赛特家的孩子们(萨利·海明斯的堂兄妹)也在"130个珍贵的黑人"中,卖给了出价最高的人。[79]53岁的海明斯估价50美元,但她没有在拍卖中被出售,那时她已经悄悄地离开蒙蒂塞洛去了夏洛茨维尔,一生都待在那里。她从蒙蒂塞洛带走了杰斐逊的一副眼镜作为纪念——他是一个心亮但眼盲的人。[80]

他们27岁的女儿哈里特·海明斯,在1828年安德鲁·杰克逊于总统竞选中战胜约翰·昆西·亚当斯时,仍住在华盛顿。这是一场标志着民主党成立的大选,是杰克逊的党,是一个由普通人、农民和工匠组成的党:人民的党。

杰克逊赢得了超乎寻常的56%的普选票。1828年,参加投票的白人是1824年的4倍,他们成群结队地去投票。他们投的不是小球,而是一张纸条:杰克逊的纸条票。他们用这样的票把杰克逊的代表选入选举团,以及一连串的其他民主党候选人。多数人做出裁决。目睹美国民主的兴起后,一位上了年纪的政治精英感到绝望,他担心共和党在人民的统治下难以生存。弗吉尼亚的约

1829年,杰克逊的就职典礼上,国会大厦前聚集了前所未有的广大民众——跟随他进入白宫的大批的民众。罗伯特·克鲁克香克(Robert Cruikshank)/美国国会图书馆

翰·伦道夫写道:"这个国家被毁得无可救药。"[81]

1829年3月4日,一个温和的冬日,两万多美国人聚集在华盛顿,参加安德鲁·杰克逊不同寻常的就职典礼。亚历山大港的汽船推出降价票供人们渡过波托马克河。[82]"成千上万的人,没有等级差别,组成了围绕国会大厦的人群。"玛格丽特·贝亚德·史密斯写道。杰克逊是第一位直接向人民群众发表就职演说的总统。遵循杰斐逊建立的传统,他没有骑马,而是步行到了国会。哈里特·海明斯可能也在人行道上观看。

约翰·马歇尔主持了宣誓仪式。玛格丽特·贝亚德·史密斯说,当杰克逊开始讲话时,"令人透不过气来的寂静终于过去了,人群安静了下来,聆听他的声音"。

他的声音提高了,他在庆祝"数字"的胜利。"我们体制的第一个原则，"他说，"就是多数人的统治。"他向人民鞠躬。突然间，人们的感情几乎要把他压垮。"他艰难地从国会大厦走下山坡，走过通往大路的通道。"史密斯报道说。最高法院法官约瑟夫·斯托里（Joseph Story）参加了宣誓仪式，然后就离开了，他哀叹这是"乌合之众当政"[83]。

即便总统已经骑到了马上，人民还在跟随他。"乡民、农民、绅士、骑马的和步行的，少年、妇女和儿童，白人和黑人，"史密斯写道，"马车、货车、推车都随他进了总统官邸。"他们从国会大厦的台阶就一直跟随杰克逊，白宫的大门也是首次向公众打开。一群"平民少年、黑人、妇女、儿童在嬉戏打闹、欢蹦乱跳"，史密斯写道，"女士们几乎昏了过去，男人很多也都红着鼻子，这种混乱的场景简直难以描述——挤进门的人挤不出来了，最后不得不从窗户爬出来"。人们担心，这一天，这么多人会不会把总统踩死。"但这是人民的日子，"她写道，"人民的总统，人民的统治。"[84]数字的统治也已经开始。

第六章
灵魂与机器
THE SOUL AND THE MACHINE

利特尔福尔斯（莫霍克山谷）铁路一景。19世纪30年代，铁路作为进步的标志诞生，如这幅镌版画所描绘的，铁路穿越荒野，将文明送往大陆各地。资料号：LC-USZ62-51439

深色皮肤、长相漂亮的玛利亚·W. 斯图尔特（Maria W. Stewart）在腋下夹着一份手稿，沿波士顿卵石铺成的街道前往码头旁边的商人大厦11号《解放者》（Liberator）编辑部。"我们的灵魂被对自由和独立的挚爱点燃了，如同你的灵魂被同样的爱所点燃。"她在文章中写道。她希望这篇文章能够发表。她是奴隶的后代，1803年出生在康涅狄格，但她是自由的。她5岁时成为孤儿，一直按契约给一个牧师当仆人，直到满15岁。1826年8月，即《独立宣言》签署50周年庆典及约翰·亚当斯与托马斯·杰斐逊去世几周之后，她嫁给了一个比她大很多岁的男人，那时，她才23岁，而她的丈夫詹姆斯·W. 斯图尔特是"一个勇猛健壮、浅色皮肤的混血儿"，他曾在1812年战争中当过水手，后来成为战俘。"是我们父辈的鲜血、兄弟的眼泪浇灌了你们的土地，"玛利亚·斯图尔特在她的第一篇关于美国史的革命性文章中写道，"我们要求我们的权利。"[1]

威廉·劳埃德·加里森（William Lloyed Garrison）是《解放者》的编辑，比斯图尔特小两岁。他在学徒期当排字工，做过出版商，做过编辑，但一次都没有成功，后来创立了这家最激进的报纸。他是个纤瘦且谢顶的白人，狭窄的办公室里放着他的床，拐角处是一台印刷机，他养了一只猫用来抓老鼠。斯图尔特告诉加里森，她想为他的报纸撰稿，她想告诉美国人民一些话。加里森后来回忆道，她的"智慧和卓越的品格"给他留下了深刻的印象，1831年，她在报纸的"女性专栏"刊登了她的首批文章中的一篇。"这是一片自由的土地，"她写道，"每个人都有权发表自己的见解。"每个女人也一样。她问道："非洲美丽的女儿们要被迫把她们的智慧和才能埋在一堆铁锅和水壶里多久呢？"[2]

斯图尔特是一个重生的基督徒，赶上了19世纪20年代和30年代席卷全国并达到高潮的宗教复兴运动。那时，沿着伊利运河（连通哈德逊河和五大湖）的工业城镇像野葛一样蔓延，蒸汽机的动力和工业化的急切得到了基督力量和福音护佑的回应。宗教复兴运动前，美国人中的教会成员不足10%；到大复兴运动结束时，该比例上升到了80%。[3]长老派牧师莱曼·比彻（Lyman Beecher）称之为"上帝最伟大的杰作，是世界上前所未见的最伟大的宗教复兴"[4]。

复兴运动被称作"第二次大觉醒",把千禧年论(Millennialism)[1]的狂热灌输到美国政治中:它最热诚的皈依者相信他们已处在消除世上罪恶的边缘,这将使基督第二次降临,预计在短短三个月内到达,他不是降临在圣地伯利恒或耶路撒冷,而是降临在工业化中的美国,到辛辛那提和芝加哥,到底特律和尤蒂卡。运动中的牧师宣讲人民的力量,提出一种精神上的杰克逊主义。"上帝使人成为道德上的自由主体。"身长6英尺3英寸的查尔斯·格兰迪森·芬尼(Charles Grandison Finney)怒吼道。[5]大觉醒是革命性的,通过强调精神平等,它对蓄奴制和女性在政治上的不平等发出了强烈的抗议。

"不是皮肤的颜色造就了男人或女人,"斯图尔特写道,"而是灵魂中的原则塑造了人们。"[6]像斯图尔特这样的复兴主义者加速了美国政治的民主化,他们相信,通过善行拯救个人,在上帝眼中人人平等。与这一信念相对立的是工业化时代残酷无情的现实以及灵魂的煎熬。

I.

美国以共和的形式诞生,逐渐走向民主,它一分为二,无法调和其政府制度与奴隶制度之间的矛盾。在19世纪的前几十年中,民主制大受赞赏,多数人执政的权利成为信条,选举权延伸到所有的白人公民。这一发展趋势遭到了保守派人士的嘲笑,他们警告说,数字规则将摧毁共和国。但到19世纪30年代,美国实验已经在世界史上制造出第一个大规模的大众民主制,政治理念通过竞选、游行、集会、会议来表达,两党制由党派报纸运作,选民在公立学校的体制下接受教育。

19世纪中期的几十年,争议最大的问题都与灵魂和机器相关。一种争论融

---

[1] 又译"千禧年主义",是某些基督教教派的信仰,这种信仰相信将来会有一个黄金时代:全球和平来临,地球将变为天堂。——译者注

合了政治和宗教。灵魂平等的观念带来的政治后果是什么？美国的灵魂能从国家的原罪——宪法对奴隶制的认可——中得到救赎吗？另一种争论融合了政治和科技。国家新的民主传统能否在工厂、铁路、电报的时代幸存？如果现在的事件可以用以前的事件来解释，如果历史是一条直线而不是个圈儿，那么事件的过程（随时而变）是由一套法则来控制的，如物理法则；受一种动力驱使的，如地心引力。这种动力是什么？变化是由上帝驱使，还是由人民驱使，或由机器驱使？我们所说的进步是约翰·班扬（John Bunyan）在1678年《天路历程》（*Pilgrim Progress*）寓言中所说的"基督徒从原罪到拯救的历程"这种进步吗？进步是指选民的扩大、民主的普及吗？或者进步就是发明，新机器的发明？

美国独具一格的进步观念涉及把地理视为天命，勾画出的改进和变化不仅涉及时间，还涉及空间。1824年，杰斐逊写到一个从西向东穿越大陆的旅行者，他将"从时间上考察人类从始创的婴儿期一直到当今的进程"，因为"在他的进程中会显示人类进步的渐变投影"。他的旅行者（也是时间和空间的考察者）将从"落基山脉的野蛮人开始"："在这里，他要观察生活在没有法律，只有自然法则下的最初阶段的群体，衣食全靠野兽的血肉和毛皮。"再往东走，杰斐逊想象中的旅行者将停在"我们的边疆"，在那里，他发现野人"处在田园阶段，自养家畜以弥补狩猎的不足"。再继续向东，他会遇到"我们的半开化公民，文明进化的先驱者"。最后，他将抵达大西洋彼岸的海港城镇，发现"处在最发达阶段"的人类。[7]

玛利亚·斯图尔特的基督教规定了所有灵魂的精神平等，但杰斐逊的进步观念是按等级划分的。这种等级制度在杰斐逊时代是非洲殖民背后的逻辑，也是联邦政府迁移印第安人政策背后的逻辑：居住在密西西比河以东的原住民必须移居到大河以西的地区。从"野蛮"到"文明"的各个阶段——这些阶段可以在美洲大陆的地图上找到,与之竞争的是一幅进步如同无穷无尽的机器链条的画面。

机器时代始于1769年,即詹姆斯·瓦特在格拉斯哥获得蒸汽机改进专利的时候。在此之前,人们曾探索过能用于制造的自然能源,用水轮或风车,但瓦特的模型所产生的动力是水轮的五倍,也不需要靠近河边:蒸汽机在任何地方都可以运作。瓦特认为,一匹马的力量是人力的10倍,他规定能够在一秒钟之内将550磅重的物体提升到一英尺高的能量为"一马力"。有了蒸汽为动力,19世纪工业制造的效率比18世纪提高了200倍。这一发明会逐渐颠覆政治体制,这在当时关于瓦特和英格兰国王的一个可能是杜撰的故事中有所预示。当乔治国王三世去一家工厂参观瓦特蒸汽机运作时,人们告诉他,这个工厂正在"制造一种国王喜欢的东西"[8]。

什么东西?他问。答案是:力量。

一台台机器随之而来,蒸汽驱动的织布机、蒸汽动力船,它们使产出的速度更快了,旅行的速度更快了,产品变得更便宜了。蒸汽动力工业生产改变了整个经济,同样改变了人的社会关系,特别是改变了男人与女人之间、穷人与富人之间的关系。这种变化带来的焦虑和社会错位促进了宗教的复兴。复兴的火焰无处不在,在工业城镇中最亮。

工厂出现之前,家和工作是在同一个地方。多数人住在农场,男人和妇女都在田里耕作。冬天,妇女大部分时间都在梳理、纺织和编织从绵羊身上剪下来的羊毛。在城镇,店主和手工行业的工场主——面包师、裁缝、油漆工、鞋匠——都住在店里,他们也在那里制造自己用的产品,他们还把住处跟赶路人和学徒工分享。手工艺人制作完整的东西,完成制造流程的每个步骤:面包师做一条面包,裁缝缝完一件衣服。随着工厂的兴起,才出现了劳动分工,每个步骤由不同的工人来完成。[9]有了蒸汽机后,不仅制造流程的步骤分开了,而且多数劳动都由机器完成了，随后有了"机器奴隶"一说。[10]

新的蒸汽动力机可以纺织，甚至能织出装饰花样和多彩图案。1802年，法国织工约瑟夫–玛丽·雅卡尔（Joseph-Marie Jacquard）发明了自动织布机。在机器上插入他的硬纸卡（上边有事先打好的孔洞），他就能指挥它织出任何图案。又过了20年，英国数学家查尔斯·巴贝奇（Charles Babbage）用雅卡尔的办法设计了一台可以"计算"的机器，也就是说，它能进行数学计算。他称这种机器为"差分机"——一台手摇式巨型计算机，可以把任何多项式函数制成表格。后来他又发明了一种机器——他叫它"分析机"——可以用机械制表解决任何逻辑问题。巴贝奇没有造出一台真正用于工作的计算机，但拜伦爵士的女儿爱达·勒芙蕾丝（Ada Lovelace）将巴贝奇的机器原理和前景进行了详细的描述和分析。这便是对20世纪通用计算机的最早解释。[11]

马萨诸塞州的罗威尔纺织厂坐落在梅里马克河（Merrimack River）两岸，是美国第一家使用动力织布机的工厂。美国国会图书馆

在实行数字民主的美国，一台会计算的计算机终有一天将扭转政府的机制。但在那一天到来之前，美国已发明了相对简单的机器。瓦特心怀嫉妒地保护着自己的专利。1810年，一个叫弗朗西斯·卡伯特·洛厄尔（Francis Cabot Lowell）的美国商人参观了英国的纺织厂，凭记忆画下了草图。在新英格兰，洛厄尔在这些草图的基础上设计出自己的机器，并开始集资修建工厂。洛厄尔死于1817年，他的继承者于1823年在梅里马克河两岸宣布洛厄尔工厂开工。每一个流程，从梳理到织布，都在同一个工厂完成：六幢砖造厂房直立在中心钟楼的周围。洛厄尔曾受到社会改革家罗伯特·欧文（Robert Owen）的启发，想把他的系统作为范例，作为对英格兰工厂艰苦工作环境的一种替代模式，他称之为"慈善制造业学院"。洛厄尔工厂雇用了来自新英格兰农场的年轻女工。她们每天工作12小时，晚上参加讲座，她们出版了一本月刊杂志。但弗朗西斯·卡伯特·洛厄尔想象中的乌托邦并没有坚持很久。到20世纪30年代，工厂主开始削减工资，加快劳动节奏，当女工开始抗议时，工厂主就用男人换掉了她们。[12]

工厂加快了产品生产，运河加快了运输速度。1825年竣工的伊利运河，花费8年的时间挖凿，总长360英里。没有运河之前，货车从布法罗到纽约市要走20天；从运河走，只需6天。货物的价格骤降，人们的生活水平有了极大提高。一张床垫在1815年价值50美元，这意味着当时谁都买不起，但到1848年，买张床垫只需5美元。[13]伊利运河的一个停靠站是罗切斯特，它是安大略湖边的一座磨坊镇，主要加工周围农场的粮食。1818年，罗切斯特每年产出2.6万桶面粉。它的工厂面积很小，一般是12到15个人在主人的一个房间和主人一同做工。这样的工厂几个世纪以来都有酗酒现象：报酬以酒的形式支付。工作不是计时，而是计件。到19世纪20年代末运河完工以后，这些小车间都变成了大车间，通常分成两个部分，雇用更多的工人，每人只做工作的一小部分，而且一般是按时间上班，领取工资。"工作"逐渐不仅指劳动，还指一个地方，即工厂、银行办公室、职员办公室：男人每天要待10到12小时的地方。"家"是女人待的地方，她们整天在家，但不算是工作，也就是说，没人付她们工资。男人的生活和女人的生活分开了。挣工资的工人技艺越来越低，厂主挣的钱越来越多。罗切斯特在1828年产出20万桶面粉，到了19世纪30年代末，产出50万桶。1829年，一个报纸的编辑使用"老板"（现代货币制度的工头或做工的主人）一词，还得解释一番。19世纪30年代早期，只有老板仍在店铺工作，他的雇员都去了工厂。主人（或老板）不再住在店里，甚至不住在工厂附近的街坊：他们搬到了新社区，新中产阶级的聚居地。[14]

新中产阶级很快就开始担心那些无法无天的工人，特别是担心他们喝酒。受宗教复兴活动家莱曼·比彻的改革运动启发，一伙厂主组成了"罗切斯特提倡戒酒协会"。协会成员保证戒酒，而且不以酒支付工人工资。受福音派教会复兴精神的启发，他们开始要求工人加入他们的教会，最终解雇了那些拒绝加入教会的工人。在这一举动中，他们主要是受到妻子们的影响。

妇女领导了戒酒运动，她们卷入这场活动，主要是因为醉酒的丈夫回家打老婆。没有法律可以保护妇女不受此类攻击。嗜酒的丈夫总是把工资花在酒上，而让家中的孩子挨饿。因为已婚妇女无权拥有财产，不能寻求法律的援助，让男人戒酒是最好的办法，但这场运动本身也是某些更深刻、更广泛变革的结果。随着工作和家庭的分离，不同社交范围的观念开始出现。工作和政治的公共世界是男人的世界，家里和家庭的私人世界是女人的世界。从这个角度理解，女性是两性中更温柔、更有教养、更有爱心、更有道德的一方。有一本箴言手册叫《说给已婚女性听》（*A Voice to the Married*），告诉妻子们应该把家变成丈夫的天堂，"他可以躲避的一个极乐世界，远离自私世界的争斗"。家庭的变化开始于工业化之前，但工业化加快了变化的速度。中产阶级和比较富裕的女性开始少要孩子：19世纪30年代每个妇女平均有3.6个孩子，而上一代人则是5.8个孩子。当时没有避孕手段，生殖率的下降完全是节欲的结果。[15]

莱曼·比彻在这个改革时代拥有巨大的影响，还有他那性格顽强的女儿凯瑟琳。凯瑟琳提倡女性接受教育，并发表过一篇有关"家庭经济"的专论——《写给家庭主妇的建议》。[16]但对这个新兴中产阶级，尤其是对女性而言，最有影响力的布道者是查尔斯·格兰迪森·芬尼。

芬尼于1821年重生，当时他29岁，圣灵降落到他的身上，"如一股电流"。如他所说，3年后，他被一个妇女传教协会任命为牧师。他主持大会小会、帐篷会和祈祷会。他盯着他的听众说："复兴不是一个奇迹。我们不是在向天堂行进，就是向地狱行进，你的选择呢？"女性并不总是占皈依者的多数，但她们的影响可以在许多信教的人身上感觉到。另一个妇女传教会在1830年邀请芬尼到罗切斯特布道。在那里的6个月时间里，他日夜讲道，星期天讲3次。他给所有阶层、年龄的人，特别是给所有女性布道。教会的人数在芬尼停留在罗切斯特的6个月间增加了1倍——主要动力来自女性。大多数的新教徒——70%以上——都追随母亲的信仰，而非父亲的信仰。有人在芬尼布道后抱怨说："他用宗教塞满了我妻子的耳朵，让她感到害怕，除了昼夜参会，没有什么可以使我那可怜单纯的妻子赎罪，与此同时，她奇迹般地发现自己'被不公平地奴役了'。"通过发挥道德改革者的影响力，厂主的妻子们和女儿们带着自家男人去教堂。工厂主开始打出招工广告，说"只有不喝酒的男人才可申请"。他们甚至付钱让工人去教堂。对许多美国人来说，复兴运动是发自内心的、效果持久。但对许多其他人来说并非如此。正如一名罗切斯特工人所说："我才不信那一套，重要的是我信教后比信教前每月还多挣5美元。"[17]

如果说皈依的真诚性常常受到怀疑的话，另一种信念则在19世纪20年代深深地扎根，即对技术进步的福音式信念，这是一种相信新机器一定会让世界变得更好的信念。这种信念在美国拥有独特的地位，似乎机器在美洲大陆有一种独特的命运。在印刷品和绘画中，"进步"被描绘成蒸汽机的火车头轰轰隆隆穿越大陆，势不可挡。作家们把发明者赞誉为"进步之人"和"自然的征服者"，他们发明的机器远比诗歌更有意义。科学战胜了艺术，意味着现代人战胜了古代人。人们说，现代英雄伊莱·惠特尼（Eli Whitney）[1]的智慧可以和莎士比亚相比，美国专利局局长说，蒸汽机是比《伊利亚特》"更有力量的史诗"[18]。

1829年，哈佛大学物理学与数学"拉姆福德"[2]教授雅各布·比奇洛（Jacob Bigelow）以"技术原理"为题举行了一系列讲座。在比奇洛之前，"技术"一词指艺术，主要指机械艺术，比奇洛用这个词指有利于社会的科学应用。在他看来，"进步的征程"已经等同于一种机械的千禧年主义。他后来宣称说，技术"在提升人类的进步与幸福的过程中发挥着引导作用，可以与基督教对我们道德品质的影响相媲美"，批评他的人说他是在布道"机械福音"[19]。

苏格兰人托马斯·卡莱尔（Thomas Carlyle）把这个时代叫作"机械时代"，抱怨人们对机械的信仰已发展到宗教狂想的程度，如同相信巫术一样荒谬与危险。卡莱尔认为，像比奇洛这样相信机器解放人类的人，都犯了一个严重的错误，其实机器就是监狱。卡莱尔坚持说："我们手脚自由，但灵魂却受到比封建枷锁更严酷的镣铐的束缚，被我们自己锻造的枷锁所束缚。"[20]美国作家驳斥卡莱尔，认为是机械时代使民主的兴起成为可能。1831年，一位俄

---

1 棉花擎（轧棉机）的发明者，第五章第二节提到了这项发明，但未提到他的名字。——译者注
2 拉姆福德（Rumford，1753—1814），本名本杰明·汤普森（Benjamin Thompson），生于美国，在英格兰被授予骑士爵位，成为巴伐利亚的拉姆福德伯爵，是一位物理学家。——译者注

亥俄州的律师蒂莫西·沃克（Timothy Walker）在回答卡莱尔的问题时声称，通过将普通人从原本会禁止他充分参与政治的苦役中解放出来，机器推动了民主。[21]

反对安德鲁·杰克逊的人认为他的政权不是进步而是堕落。"共和堕入民主。"里士满的一张报纸在1834年宣称。[22]对杰克逊的支持者来说，他的当选标志着进步史上的一个新阶段，这不是堕落。这个观点在乔治·班克罗夫特的《美国史：从发现美洲大陆到今天》中表达得最有力量，最具影响力。评论家们注意到，该书本身就把票投给了杰克逊。福音基督教的传播、新型机器的发明、美国民主的兴起都使班克罗夫特相信，"人道主义在稳步前行"，而且"自由和正义明显在进步"。班克罗夫特和杰克逊这样的人相信，这种进步需要美国人从东到西，跨越大陆，将这种进步带到全国，这也正是杰斐逊曾经设想的一种方式。一位纽约律师兼民主党编辑约翰·奥沙利文（John O'Sullivan）在1839年指出，民主不过就是"世俗版的基督教"。奥沙利文随后发明"天赋使命"这一术语来描述整套信念，即认为美国人民注定"要扩张并拥有上天为其展开伟大自由实验所提供的整个大陆"[23]。

对福音派民主党人来说，民主、基督教和技术是同一台机器上的杠杆。然而，一直以来都有批评者、异见者和反对者，他们存在于人民的灵魂中、进步的进程中、无尽的机器链条中、貌似前进的历史过程中，他们看不到其他，只看到暴力和落后，看到被压垮的男人、女人和孩子。"哦，美国啊美国，"玛利亚·斯图尔特喊道，"你的污点是污秽的、不可磨灭的！"[24]

斯图尔特从小研读《圣经》，并将这一习惯保持了一生，甚至在给别人打扫房子、洗衣服的时候也在读。"我的双手在做苦工，在为生计操劳，但我的心通常在思索神圣的真理。"[25]她写道。她认为蓄奴制是一种原罪。她从经文中获得了灵感，她说："我的很多语言都是从《圣经》中借用的。"[26]她还从《独立宣言》中借用了很多语言，特别是有关权利的语言。基督教复兴恰逢《独立宣言》诞生50周年，而当杰斐逊和亚当斯在同一天辞世的消息传播开——1826年7月4日——周年纪念变得更加神秘，仿佛都出自上帝之手，意味着《独立宣言》本身也带上了宗教色彩。《独立宣言》中平白、世俗的真理，在相信福音的美国人看来，变成了具有宗教启示的真理。

如果说，这表明当时已经偏离了建国精神，那就过于低估了事件的性质。美国是在其历史上最为世俗的时代建国的，比之前之后都要世俗。在18世纪晚期，教会人数很少，反教权情绪很高。宪法中没有提到上帝绝不是偶然现象。

一位大约和玛利亚·W. 斯图尔特投稿《解放者》时年纪相仿的无名妇女摆好坐姿，拍下了这张银版相（早期照相技术）。她手持一本书，是有常识的体现。
"乔治·伊斯特曼博物馆"（George Eastman Museum）赠用

费城医生本杰明·拉什还想着怎样更正这一错误，因为他猜这必定是一时的疏忽。"也许可以通过修正案的形式提及我主或神的存在。"他主张道。[27]但宪法没有修正这一点。

美国不是作为一个基督教国家建立的。宪法禁止对公职人员进行宗教审核。《人权法案》禁止联邦政府确立宗教，詹姆斯·麦迪逊曾争辩说，确立宗教"会使那些仍拒绝宗教的人心中产生一种疑惑，信教的人太明白它的错误而不能相信它自身的优点"[28]。这些既不是随意的省略，也不是偶然的疏忽，它们代表一种有意在宪法上否认政治、宗教的关系，这种否认常被明确提出。1797年，约翰·亚当斯为释放美国在北非的人质签署了《的黎波里条约》（Treaty of Tripoli），承诺美国不会卷入对伊斯兰教的圣战，因为"美利坚合众国政府从任何意义上讲都不是建立在基督教基础之上的"。[29]

但在"第二次大觉醒"运动中，福音主义者将国家的起源重构成基督教。"美国是在什么基础上建立的？"玛利亚·斯图尔特自问自答，"是基于宗教和纯粹的原则。"[30]莱曼·比彻认为共和国"从其建制到立法，都源于上天"[31]。大复兴时期，几乎所有事件都以宗教形式出现，特别是因为布道人员的增多。1775年，美国有1800名牧师；到1845年，牧师人数达到了4万人。[32]他们分属浸礼会、卫理公会、长老会、公理会、（美国）圣公会、普救派等，这种宗教表达的百花齐放，正是麦迪逊所预言的，禁止某一国教的结果。政教分离有助于宗教复兴，这是政教分离的本意之一。由于缺乏一个既定的国教，美国人遵循了新的教派，从震颤教到摩门教派，新教不同派别在一个个城镇里竞争信徒。逐渐趋于统一的唯一一点是，国教就是一种平民宗教，一种对美国教义的信仰。这种信仰将国家团结在一起，在突变频仍的时代维持了非同寻常的政治稳定，也把国家和过去绑在一起，其方式通常会带来严重的后果。1816年，杰斐逊73岁，"大觉醒"运动刚刚开始，他对崇拜国父的现象发出警告。

"如果他们复活了，也会说同样的话，"他说，"……法律和制度必须和人类一同进步。"将建国文件当成《圣经》，我们将成为过去的奴隶。"有些人以虚假的虔诚尊重宪法，把它们视作圣约中的方舟，圣洁而不可触碰。"杰斐逊承认，但当他们这么做的时候，"却把超人的智慧强加给前代人"[33]。

废奴主义者采取了一种不同的姿态。他们不崇拜建国先驱，而是评判他们。1829年春天，威廉·劳埃德·加里森（他因提倡戒酒加入复兴运动，近来才关注蓄奴制问题）应邀给殖民协会马萨诸塞分会在波士顿公园街教堂做一个建国日演讲，他说这个节日已充满了"对人类不可剥夺权利的虚伪的废话"[34]。

这个复杂的立场，对《独立宣言》的神圣感，混杂着对国家奠基者的愤怒之情，尤其是来自黑人的教堂——玛利亚·斯图尔特举办婚礼的便是其中之一，这是一座坐落在波士顿自由黑人社区贝肯山（又称"黑人山"）坡下贝尔纳普街上的"非洲人会堂"。[35]他们的朋友戴维·沃克（David Walker）是一个来自北卡罗来纳的高个儿的自由人，住在离会议厅不远的地方。他在布拉特尔街开了一家成衣店，向水手们卖衣服。他可能和詹姆斯·W. 斯图尔特（装船为生）有过交易。沃克生于北卡罗来纳的威尔明顿市，他的父亲是个奴隶，母亲是自由黑人。在1810年到1820年的某个时段，他从威尔明顿搬到了南卡罗来纳的查尔斯顿，可能是受到自由黑人社区及其教堂的吸引。在复兴运动刚开始的1816年，费城的非洲卫理公会主教派教会成立。查尔斯顿在1817年也成立了一个非洲卫理公会主教派教会，沃克加入。

芬尼等人在纽约罗切斯特向工人和老板们布道的时候，黑人福音派也在向自由黑人布道，这些人深知机械时代对奴隶和奴隶家庭产生的效应不同。南方的棉花生产在1815年到1820年间翻了一倍，从1820年到1825年又翻了一倍。棉花成为大西洋地区最值钱的商品。大西洋地区的奴隶贸易已于1808年关闭，广阔而崭新的全球棉花市场创造了一个蓬勃发展的国内奴隶市场。到1820年，100多万奴隶"顺流而下"，从弗吉尼亚和南卡罗来纳等州被卖到亚拉巴马、路易斯安那和密西西比地区。1820年到1860年间，又有100万奴隶被出售，并运往西部。那情景真是妻离子散。当利物浦的棉花涨价时，美国南方的奴隶同样涨价。人就像棉花，是按级别出售的。广告上将其分为："特等奴隶、一等奴隶、二等奴隶或普通奴隶；特等女孩、一等女孩、二等女孩或普通女孩。"蓄奴制在工业经济中不算异常现象，蓄奴制是工业经济的引擎。工厂有机械化的奴隶，种植园有活人奴隶。机械的力量以"马力"计算，奴隶的力量以"手力"计算。一个健康的奴隶算"两只手"，哺乳期女性算"半只手"，孩子算"四分之一只手"。查尔斯·鲍尔（Charles Ball）在美国革命时期出生于马里兰，在南卡罗来纳奴隶种植园辛苦劳作多年，当他被拍卖的时候，买家查看他的手，掰着手指头看他每分钟能摘多少棉花。按标准算法，对棉花这种作物来说，是"一只手十英亩"[36]。

身在查尔斯顿的戴维·沃克目睹了这种磨难的生活，开始祈祷。丹马克·维西也是一样，他是个木匠，和沃克在同一个非洲卫理公会主教派教会教堂祈祷。1822年，维西发动了一场叛乱，带领一群奴隶和自由黑人企图占领城市。然而维西被抓，被处以绞刑。奴隶主怪罪黑人水手，担心他们在南方传播北方的自由和海地独立的消息。维西被处决后，南卡罗来纳议会通过了《黑人水手法案》，要求轮船在港的时候把黑人水手关进监狱。[37]沃克决定离开南卡罗来纳到马萨诸塞。在那里，他开了那家服务于黑人水手的商店，并帮助建立了马萨诸塞有色人种协会（美国的第一个黑人政治组织），同时他也在帮助逃奴。"他的双手永远向在逃的黑人敞开。"布道者亨利·海兰德·加耐特（Henry Highland Garnet）后来写道。他做过研究，"他所有的业余时间都用于酝酿他的思想"[38]。他还帮助发行波士顿第一份黑人报纸《自由期刊》

（Freedom's Journal），该报于1827年在纽约开始出版。"我们捍卫自己的事业，别人替我们说话太久了。"杂志的编辑们这样说。[39]

1829年秋，在雅各布·比奇洛和托马斯·卡莱尔辩论科技变化的后果的时候，戴维·沃克出版了一本小册子，像一道闪电一般震动了整个国家：《向世界有色公民呼吁，特别向美利坚合众国有色人种呼吁》[1]（*An Appeal to the Colored Citizens of the World, but in Particular, and Very Expressly, to Those of the United States of America*）。他将一个复兴运动布道者的劝诫和杰克逊式的政治煽动结合起来，告诉人们，若没有废奴行动的救赎，政治灾难和蓄奴罪恶的报复将会到来："看吧！美国人的毁灭就在眼前，若不及时忏悔，结局来得更快。"

沃克向美国黑人宣讲《独立宣言》："我们认为下面这些真理是不言而喻的：人人生而平等，造物者赋予他们若干不可剥夺的权利，其中包括生命权、自由权和追求幸福的权利！！"他强调革命的权利。他对白人读者写道："美国人，我现在坦率地问你们，你们在大不列颠统治下所受的苦难，有没有我们在你们的专制和暴虐下所受苦难的百分之一？"他写到美国的扩张，联邦从13州扩大到24州，并将此视作一种暴力形式："白人用锁链和手铐拖着我们，拖到他们的新州和新领地，去到他们的矿上和农场干活，给他们和他们的子孙带来财富。"他宣称"天定命运"是虚假的，它基于几百万美国人坚信"我们的肤色比他们深些，是我们的造物主给他们和他们后代永享的财产"。他把亨利·克莱的美国殖民协会看成是"殖民阴谋"："这个国家是白人的，也是我们的，无论他们承认与否，他们终将会看到，也会慢慢相信这一点。"他警告说："克莱先生和其他美国人，我们的祖先和我们，他们孩子的鲜血和呻吟是

---

[1] 以下简称《呼吁》。——编者注

无辜的吗？只要他愿意，每个人都可以说自己是清白的，但上帝很快会将清白的人和罪恶的人分开。"他号召黑人拿起武器，"看着你的母亲、妻子和孩子，回答全能的上帝，要相信，杀一个要杀你的人，不比渴了喝口水更有害。"在说到西印度群岛历史时，他警告那些奴隶主："读读历史，特别是海地史，看看他们是怎么被白人屠杀的，还不能警醒吗？"在一个数量化的时代，沃克也做了一套自己的计算："上帝高兴地赋予我们一双眼，一双手，一对足，以及脑中的一些理性。和他们一样，如果他们有权奴役我们，我们也有权奴役他们。"最后他说："我可以宣布，一个健壮的黑人能杀死他们六个白人。"[40]

戴维·沃克的言辞比莱曼·比彻和查尔斯·格兰迪森·芬尼的布道更为激烈，在全国点燃了烈火。它是控诉性的，它是煽动性的，它也是被广泛阅读的。沃克做出了详细的计划，要将他的《呼吁》送到南方奴隶手中。在他的朋友玛利亚和詹姆斯·斯图尔特帮助下，他把《呼吁》缝进衣服的衬里，他和斯图尔特一起将衣服卖给前往查尔斯顿、新奥尔良、萨瓦纳和华盛顿的水手。这本《呼吁》在9个月内共修改了三版，最后一版出现在1830年6月。当年8月，人们发现沃克死在了波士顿商店的门廊边。有谣言称他是被谋杀的（在南方，杀他的悬赏金已经高达1万美元）。不过他更可能死于肺结核。詹姆斯和玛利亚·斯图尔特搬进了他在贝尔纳普街的旧房子。[41]

沃克死了，但他的话传开了。1830年，一群奴隶策划了一场起义，人们发现他们带着一册《呼吁》。有了沃克，反蓄奴派逐渐解放黑奴，并给奴隶主一定补偿的观点显得难以维持。废奴派开始要求立即解放黑奴。南方的反蓄奴协会纷纷关闭门户。晚至1827年，南方反蓄奴组织的数量远超北方，达到4∶1以上。南方反蓄奴活动家通常支持的是殖民主张，而不是解放黑奴。沃克的《呼吁》结束了南方的反蓄奴运动，却激发了北方的热情。加里森于1831年1月1日出版了第一期《解放者》。它的措辞同沃克的言辞一样不可妥协："我真诚而急迫，我不含糊其词，我不会推托，我不会退缩一寸，我一定能被听到。"[42]

那年夏天，在弗吉尼亚，一位叫奈特·特纳（Nat Turner）的31岁复兴派传教士计划于7月4日国庆节发动一场奴隶起义。特纳起义既是一场解放奴隶的行动，又是一次传教活动。他的父母都是奴隶，他的母亲出生于非洲，他的父亲逃到了北方。特纳主人的妻子在他小时候教会了他阅读，他也学习了《圣经》。他在田野里劳作，同时也给别人讲道。1828年，他萌生了一个宗教愿景：他相信上帝号召他领导一次起义。"白色的灵魂和黑色的灵魂卷入争战，"他后来说，"……血流成河。"一直拖延到了8月，他杀了十几个白人后，和追随者一起被俘。特纳被绞死。

奴隶起义如涟漪般扩散到整个联邦。弗吉尼亚议会在争论是否要解放黑奴，害怕"每一个家庭中都有一个奈特·特纳"。贵格会向州议会提交了一份废奴请愿书。请愿书被移交给一个委员会，组织者是托马斯·杰斐逊39岁的孙子托马斯·杰斐逊·伦道夫。他提出了一个逐步解放黑奴的计划。可是州议会却通过了新的法律，禁止人们教奴隶读书写字，禁止教奴隶学习《圣经》。[43]在一个基于成文《独立宣言》的国度，而这宣言又在宗教复兴运动中被崇为圣物，阅读有关平等的文字居然会成为一种犯罪行为。

法国敏锐的政治理论家和史学家阿历克西·德·托克维尔（Alexis de Tocqueville）于1831年5月抵达纽约，对美国做了一次为期9个月的考察。奈特·特纳起义发生在8月。玛利亚·斯图尔特的第一篇文章出现在《解放者》上是10月。"如果美国要出现巨大的革命，那将会是由美国土地上的黑人种族带来的革命。"托克维尔预测说，"它们的起源不是条件的平等，而是不平等。"[44]其实在托克维尔写这些话的时候，革命已经开始了。

II.

玛利亚·斯图尔特是美国历史上第一位在"混合"听众面前发表演讲的妇女——"混合"听众有男性和女性,恰好还有黑人和白人。她恰如其分地在"本杰明·富兰克林的大厅"演讲。她说她听到这样一个问题:"'谁该站出来应对人们对有色人种的责备?应该是女人吗?'我的内心在回答:'如果这是你的意愿,那就是吧,我主耶稣!'"[45]

斯图尔特在1831年至1833年共做过五次有关奴隶制的公开演讲。1833年是加里森成立美国反蓄奴协会的那一年,他用的也是玛利亚式的语言。在协会的第一次大会上,加里森宣布:"我们将自己根植于'我们的《独立宣言》'精神和神圣启示的真理之中,如在永恒的磐石中。"[46]

应该是女人吗?杰克逊式的民主和"第二次大觉醒"的后果之一便是美国女性通过道德改革参与政治改革。在选举权的财产要求被去除之后,女性缺乏政治权力便明显暴露出来。对希望行使权力的女性来说,唯一的权力来源似乎就是她们的母亲角色,她们觉得,这使她们在道义上高于男性——更多的关爱,更多对弱者的同情。

她们以公民,但更多的是作为母亲的身份行动,培养"共和国母性"观念;她们分别组建了戒酒协会、慈善救助协会、和平协会、素食者协会和废奴协会。第一个女性反蓄奴制协会于1833年在波士顿成立,到1837年,全国共有139个妇女反蓄奴制协会,包括马萨诸塞州的40多个和俄亥俄州的30个。那时,玛利亚·斯图尔特已停止进行演讲,许多女性,无论白人和黑人,都认为她进行演讲的举动对"共和国母性"这个狭窄的范畴来说过于激进。1835年之后,她不再在公共场合演讲。如凯瑟琳·比彻在《论蓄奴制和废奴主义,兼论美国女性的职责》(*An Essay on Slavery and Abolitionism, with Reference to the*

Duty of American Females）中所说："如果女性热衷于走上舞台，将自己的个人、衣着和口才暴露在公众的批评之下，那么表达厌恶是正确的。"[47]

女性在幕后为社会改革不辞辛劳的同时，男性走上街头示威。19世纪头10年长达十几年之久的劳资斗争开始。1819年的经济恐慌是工业化的19世纪首次爆发的危机，银行破产，工厂关门。在纽约，一个男人的工资从每天的75美分降到了12美分。最为困难的是那些因太穷而没有选举权的人，从许多方面看，正是劳动者在恐慌时期的苦难导致许多人为选举权而斗争，为的是能够参与事情的决策。有了选举权之后，他们开始攻击银行和所有形式的垄断。1828年，费城的劳工组成了"工人党"。一位作家在1830年指出，商业银行是"人为的财富不平等的基础，因此是人为的权力不平等的基础"[48]。

工人要求减少工作时间（每天10小时，而不是11小时或12小时），要求更好的工作环境，他们还反对"少数人手中的不平等财富和权力过度积累"。杰克逊主义的民主将政治权力分散到许多人手中，但工业化进程将经济权力整合在少数人手里。在波士顿，上层社会1%的人口在1689年控制着当地10%的财富，1771年达到17%，1833年达到33%，1848年达到37%，而最底层的80%的人口在1689年控制着39%的财富，1771年是29%，1833年是14%，到1848年不到4%。其他地区也是类似的情况。在纽约，上层社会1%的人口在1828年控制着40%的财富，1845年是50%；上层社会4%的人口分别于1828年和1845年支配着63%和80%的财富。[49]

本地工人还面临着另一种竞争，即工厂老板可以轻松地用移民工人代替他们。移民以前所未有的数量抵达美国，以逃脱欧洲的饥饿和革命并寻求美国的民主和机遇。美国的许多地方，包括艾奥瓦、明尼苏达、威斯康星通过在欧洲报纸做广告的形式招聘移民。移民鼓励了更多的移民，通过给家人和朋友写信，让他们尽快打点行装。"这是个自由的国度。"一个瑞士移民在1850年从伊利诺伊州写信给家里说。"没有人必须拿着帽子向他人敬礼。"一个挪威人从明尼苏达写信说，"这里的平等原则已经被普遍地采纳和接受。"[50]

1831年，2万欧洲人移民美国；1854年，这个数字攀升到40万以上。1500年至1800年间250万欧洲人移民到美洲各地，同样数字的移民——250万——在1845年到1854年间移民到美国。从美国人口比例来讲，欧洲移民比例从19世纪20年代的1.6%，增长到1860年的11.2%。一位密歇根改革者在1837年把美国的移民速率称作"时代编年史上对政府稳定性做的最为大胆的实验"[51]。

移民中的大多数是爱尔兰人和德国人。杰克逊本人就是爱尔兰移民之子，他的批评者曾将他的当选归咎于不断增加的贫困人口，以及新近获得选举权的爱尔兰人。"每个像爱尔兰人样子的家伙都被吸引来投票。"一位报纸编辑在1828年写道。[52]到1860年，超过八分之一的美国人是在欧洲出生的，包括160万爱尔兰人和120万德国人，他们中的多数都是天主教信徒。移民潮来势汹汹的时候，本土主义增强了它的力量，在福音派新教徒的推动下对天主教的仇视也增加了。

1834年，莱曼·比彻发表了一系列反天主教的演说。第二年，一个多才多艺的年轻人，著名画家萨缪尔·F. B. 莫尔斯（Samuel F. B. Morse）发表了一篇致命性的专论——《美国自由体制下因外国移民带来的紧迫危机》[1]，该文呼吁通过一项新的移民法，取消国外出生的美国人的选举权。[53]莫尔斯后来参加纽约州州长竞选（败选），但同时，他在研究一种由圆点和横线组成的代码，用于他所设计的电报机。他相信天主教正密谋控制美国。美国若想击败这种阴谋，政府必须有一种密码。后来，他认为代码的最佳运用应该是公开的而不是

1　全称为《美国自由体制下因外国移民带来的紧迫危机及归化移民法现状》（*Imminent Dangers to the Free Institutions of the United States Through Foreign Immigration and the Present State of Naturalization Laws*）。——译者注

秘密的，代码可以用于有线网络上的信息交流，并设想这种网络有一天定能遍布整个大陆。他在1838年预测，过不了多久，"全国的大地上将布满这类通信神经，其扩散速度快如思想，能让人们了解整片土地上发生的一切，事实上，它将使整个国家变成一个邻里社区"[54]。

仅这样一台机器就能平息政治动荡吗？1844年，在费城，天主教徒和新教徒之间的暴乱最终导致20名美国人丧生。这一时期最大的一场单一移民浪潮出现在1845年到1849年间，那时的爱尔兰正遭遇土豆饥荒。100万人被饿死，150万人离乡到了美国。他们在东部海滨城市登陆，定居在那里，没钱再往内陆迁移（美国第一个天主教总统的曾祖父帕特里克·肯尼迪，就在1849年离开爱尔兰）。他们住在纯爱尔兰社区，通常是租房，挣极低的工资。纽约律师乔治·坦普尔顿·斯特朗（George Templeton Strong）在他的日记中哀叹他们是异类："我们的凯尔特公民伙伴跟我们在体格和性格上的差别简直像我们和中国人的差别那么大。"爱尔兰人热切地希望保留自己的宗教和社会，他们修建天主教堂、教区学校，建立互助协会。他们还求助民主党来保护这些机构。到1850年，波士顿每四个人当中就有一个是爱尔兰人。商店的招工牌上开始写着，"爱尔兰人不得申请"[55]。

来到美国的德国人比爱尔兰人还要多，但他们所受的歧视要少得多。他们到来时通常不那么穷，能前往内陆的人会成为农场主。他们倾向于在密西西比河谷和俄亥俄河谷定居，他们可以从以前的德国定居者那里买到土地，把孩子送到德国学校和德国教堂。德国和爱尔兰社区的孤立性促成了一项动议，即建立税收制度扶持下的公立学校或公共学校，意思是为美国所有阶级的学生提供公共学术教育和公民教育。如同选举权扩展到所有白人一样，美国实验的这一成分使美国比欧洲所有国家都超前。运动的动力主要来自复兴运动者的热忱。他们希望这些新学校能够通过向他们介绍美国文化和政府传统来同化各种各样的本土和外国出生的公民,所以当男孩长大成人,会明智地投出选票,女孩子长成女人,能培养道德高尚的儿女。1830年出版的一本流行教师手册说:"培养有道德的男性是我们的职责。"其他人希望共同教育能减少党派之争。无论这些提议的动机如何,公众教育运动都产生并滋养于强劲的市民文化。[56]

虽然公共学校运动有民主主义理想,但其动机也来自本土主义。一位纽约州议员警告说:"我们必须分解和净化我们人群中的杂质,只有一种矫正工具——唯一可靠的过滤器——那就是学校。"批评家们认为,名为推行道德教育的公共学校,实际上提供的是组织化的训练。公共学校强调勤奋——分秒必争。这种课程设计引发了工人们有关教育目的的质疑,如《机械杂志》在1834年问道:"公共学校的教育是什么?除了机械入门原理,它有哪节课是教授科学的吗?没有。"[57]

黑人孩子是不能上公共学校的,这让一个费城妇女出面指责蓄奴制捍卫者的虚伪——他们以黑人后代无知为理由:"我们意识到我们的孩子享有不平等的待遇,我们对那些不断诋毁我们无知和堕落的人感到愤慨。"自由黑人家庭支持他们自己的学校,如纽约的"非洲自由学校",该校到19世纪20年代已经有超过600名学生。在其他城市,黑人家庭为公共学校的融合而斗争,并取得了成功。1855年,马萨诸塞州议会在查尔斯·萨姆纳(Charles Sumner)的推动下,强制实行种族融合,这引起了一片反对之声。《纽约先驱报》(The New York Herald)称,"北方正在被非洲化,融合已经开始。新英格兰占了报纸专栏的头条。愿上帝拯救马萨诸塞!"其他州没有附和。相反,许多州通过了特别法律,判定融合为非法。[58]

公共学校促进了识字率的提高,也促进了若干报纸的兴起,这是和新政党体制的兴起紧密相连的一种变化。党派来去匆匆,但一个党派体制——稳定的一对政党——自批准宪法争论之日起就是美国政治的一大特色。在美国历史上，党派体制的更迭几乎总是同通信革命联系在一起，通信革命让人们摆脱党派的控制。18世纪90年代，在第一个党派体系兴起之时（联邦派反对共和派），报纸的出版数量急速膨胀。在转向第二个党派体系过程中（始于1833年，民主党对抗新兴的辉格党），不仅是报纸的数量增加，价格也骤然跌落。第一个党派报纸，也被称为"商业广告"，主要内容是党派评论和广告，通常售价为6美分一期。新报纸只要1美分，读者也多得多。所谓"便士报"的出现同样标志着美国新闻界"事实"对"见解"的胜利，主要是因为便士报面对的是一个别样的、广泛的、不只属于某个党的读者群。《纽约太阳报》成立于1833年。"照亮所有人"是它的格言。"这张报纸的目标是以人人都能接受的价格，向大家公布当天所有的新闻。"它免除了订阅程序，直接向报亭发行，现金交易，只要有一分钱即可卖出。它的头版不是广告，而是新闻。便士报其实是"廉价报纸"，如《纽约先驱报》的詹姆士·戈登·贝内特（James Gordon Bennett）所说，因为它不倾向于任何政党（贝内特生于苏格兰，阅读了本杰明·富兰克林的自传后移居美国）。由于报纸在报亭出售，而不是寄给读者，所以编者和作者根本不知道读者是谁，他们无法投合读者的政治见解，因为他们根本不认识读者。"我们不支持任何政党，"贝内特说，"我们只要奋力记述事实。"[59]

在便士报流行的日子里，托克维尔观察到，美国人已决定只关注事实本身：

> 他们不相信任何体系，他们坚持事实，并用个人的理智去研究事实。因为他们不易于崇拜任何同胞的名字，所以他们从不依赖任何人的权威，恰恰相反，他们在努力寻找邻居学说的弱点和不足。[60]

人们希望能决策，不只是知道怎样投票，还要知道什么是真相，什么不是。

III.

如果说托马斯·杰斐逊去往白宫是骑在奴隶的后背上，那么安德鲁·杰克逊去往白宫就是坐在人民的手臂上。说到人民，杰克逊指的是新近获得选举权的劳作者，包括农民、工人以及报刊的阅读者。杰克逊在职期间追求大陆领土扩张、解散国家银行，以及勉强避免因奴隶制问题而引起的宪政危机。他同样还扩大了总统权力。"尽管我们生活在共和体制之下，"最高法院法官约瑟夫·斯托里（Joseph Story）说，"但事实上我们是在一个人的绝对统治之下。"杰克逊一票否决了国会通过的法律，成为第一个行使这一权力的总统。在某一时刻，他还解散了整个内阁。"我们选出的总统把自己变成了我们的专制者，宪法如今是他脚边的一堆废纸，"罗得斯的一位参议员说，"当通往目标的路上遇到宪法，撕破宪法像撕蜘蛛网一样。"[61]他的批评者称他为"安德鲁国王"。

杰克逊的首场战役包括实施印第安人迁移政策，强行将密西西比河以东的原住民迁移到西部的土地上。这项政策只适用于南方。北方有印第安社区，如马萨诸塞州的马什皮人（Mashpees）社区，但他们的人数很少。詹姆斯·费尼莫尔·库柏（James Fenimore Cooper）的《最后的莫希干人》（The Last of the Mohicans，1826），只是"消失中的印第安人"——昔日的印第安残影——诸多浪漫赞歌中的一首。"我们听到他们沙沙的脚步声，像秋天枯叶的沙沙声，他们永远地走了。"斯托里于1828年写道。杰克逊将印第安人迁移政策指向东南部更大的原住民群体：切罗基人、契卡索人、乔克托人、克里克人和塞米诺尔人。他们的家乡在亚拉巴马、佛罗里达、佐治亚、路易斯安那、密西西比和

第六章 灵魂与机器 219

切罗基人发明了自己的文字，采用自己的宪法，并在1828年印行自己的报纸《凤凰报》（*Phoenix*）。美国国会图书馆

田纳西——杰克逊的家乡州。[62]

在这场战役中，杰克逊展现了丰富的军事经验。1814年，他率领美国和切罗基联军攻打克里克人。那场战争后，克里克人把自己2000万英亩的土地出让给美国。1816年到1817年，杰克逊强迫切罗基同盟签订协议，将300万英亩的土地卖给美国，每英亩的价格是20美分。切罗基人表示抗议，据说杰克逊这样回答："你朝周围看看，想想我们的克里克兄弟是什么下场。"[63]但宗教复兴运动影响了迁移印第安人的计划。1816年，美国公理会差会（American Board of Commissioners of Foreign Missions）的福音主义者试图使切罗基人皈依宗教，他们定下了一条使命，"让所有部落人都说英语，举止行为文明化，并全部改信基督教"，若能完成，似乎是用"进步"概念打败了"迁移"逻辑的使命。同时，切罗基人决定宣扬他们的政治平等，并独立建国。[64]

几个世纪以来，欧洲人在新大陆宣称土地所有权都基于一种论点，即原住民对他们所居住的土地没有权利，没有主权，因为他们没有宗教，或因为他们没有政府，或因为他们没有文字。切罗基人深刻思考，目的性强，对以上观点一一驳斥。1823年，当联邦政府试图说服切罗基人搬迁，"切罗基国家委员会"回答说："这个国家确定的、不可动摇的决定是不再让出一寸土地。"一个叫塞阔亚的切罗基人曾在杰克逊手下参加过克里克战争，他发明了切罗基语言的书写格式，不是字母表，而是音节文字表，每个音节是一个字符。1825年，切罗基国开始印行《凤凰报》，同时使用英语和切罗基音节字。1826年，它在新埃可塔（New Echota）建立了国家首都（在今日佐治亚州卡尔霍恩市城郊），1827年，"切罗基国家委员会"批准了一部成文宪法。[65]

南卡罗来纳出生的、门罗总统的战争部部长约翰·C.卡尔霍恩给他们施压说："你们要意识到，你们不可能保持目前的状况，多长时间都不行，在佐治亚边界内或在任何州内都不行。"切罗基人对此回答说："请你们看清楚，而且我还要提醒你们，切罗基人不是外国人，而是美国的原住民，他们现在站在，并居住在自己的土地上……而且，他们不承认自己领土范围内的任何州的主权。"[66]

杰克逊主义者争辩说，在进步的征途中，切罗基已经被甩在了后边，"不思进取"，但切罗基人决意通过逐项展示他们的"改进成果"，以驳斥这种说法。1825年，切罗基的资产包括2.2万头牛、7600匹马、4600头猪、2500只羊、725台织布机、2488架纺车、172辆马车、1万把犁、31台谷物磨粉机、10个锯木厂、62家铁匠铺、8台轧棉机、18所学校、18条渡船和1500个奴隶。作家约翰·霍华德·佩恩（John Howard Payne）于19世纪20年代生活在切罗基，他说："当佐治亚人问：'能让野蛮人骚扰我们的边界吗？'切罗基人回答他说：'我们不会阅读吗？我们没有学校吗？没有教堂吗？没有制造厂吗？没有法律吗？没有文字吗？没有宪法吗？你们居然说我们是野蛮人？'"[67]

他们本可能获胜。国际法站在他们一边。但当时，1828年，切罗基的土地上发现了黄金，离新埃可塔仅50英里，这摧毁了切罗基人的事业。杰克逊在1829年3月上任后宣布，迁移印第安人是他的首要任务之一，并说切罗基国的建立违反了美国宪法第四条第三款：在未经有关州同意的情况下，"任何新州不得在任何其他州的管辖范围内组成或成立"。

杰克逊的《印第安人迁移法》(Indian Removal Act)引起了改革者和宗教复兴者的愤怒。戴维·沃克说过，迁移印第安人只不过是"殖民诡计"的另一个版本。凯瑟琳·比彻虽不公开演讲，但用文字呼吁，她带头向国会提交了一份反对迁移印第安人的女性请愿书。经过详细的辩论，此法案以微弱的优势得以通过，投票结果以地区线划分：在众议院，新英格兰人以28∶9表示反对，南方人以60∶15表示赞成。在参议院，新英格兰人几乎一致表示反对，而南方人则一致表示赞同。中部州对此的分歧更严重。但争论本身引发了更为广泛的有关种族性质的问题，涉及每一个人。一位新泽西的参议员问道："正义是随肤色而改变的吗？"[68]

此外还有该法案的合法性问题和法律执行问题。切罗基人指出，佐治亚州对他们没有管辖权。案件提交给最高法院。在"切罗基国诉佐治亚州案"（1831）中，首席法官约翰·马歇尔说："如果允许法院放纵他们的同情心，那么很难想象出一个更能够激发他们情绪的案例。"依照马歇尔的看法，切诺基被定义为"国内依附族群"，是一个新的法律实体——不是州，也不完全是国。在第二年的另一起案件"伍斯特诉佐治亚案"中，马歇尔详细阐述说："那样，切罗基国是一个独特的社区，占据它自己的地域……佐治亚法律在这块疆域没有效力，佐治亚公民无权进入这块疆域……佐治亚法律不符合美国宪法、法律和条约。"[69]

马歇尔的判决推动了新英格兰的佩诺布斯科特（Penobscots）和马什皮（Mashpees）等部落寻求自身独立的运动。1833年，马什皮人出版了《一个印第安人对马萨诸塞州白人的申诉》，指出"马萨诸塞的白人，我们的兄弟，近来对切罗基国的红种人表现出相当的同情……马什皮部落的红种人觉得这是一个很好的讲话机会。我们不是自由人，但我们想做自由人"[70]。马歇尔在切罗基案中的裁决触及了所有权的本质，不可避免地引发了一场关于欧洲人在北美定居和美国建国的讨论。1835年，马萨诸塞州议员爱德华·埃弗雷特（Edward Everett）曾在国会中领导了反对驱逐印第安人的斗争，他痛斥北方某些作家和改革者的虚伪："除非我们彻底否定在此大陆定居的正当性——除非我们坚持认为从一开始将文明种族引入美洲就是不公正和错误的，而且我们现在这个幸福和繁荣的国家的全部，应该像当初人们发现它时那样，留在野蛮的异端——否则我不确定还会有什么不同的结果。"[71]杰克逊同意他的意见，并问道："缅因州人民允许佩诺布斯科特部落在缅因州内建立独立政府吗？"[72]

最后，杰克逊决定忽视最高法院的裁决。"约翰·马歇尔已经做出了决定，"谣言说他曾这样表态（看起来是个不靠谱的谣言），"那就让他去执行吧。"[73]切罗基人中一小部分人的领袖签订了一份合约，让出土地给佐治亚州，并设定迁移的最后期限为1838年5月23日。最后期限到来时，只有2000人离开去了西部，1.6万多人拒绝离开家园。美国陆军将军温菲尔德·斯科特（Winfield Scott）是弗吉尼亚一个严谨的职业军人，绰号"喜怒无常的老头"（Old Fuss and Feathers），他奉命监督迁移情况，请求切罗基人自愿迁离。"我是个老兵，目睹过许多屠杀现场，"他说，"但请允许我求你们，饶了我吧，别让我看到毁灭切罗基人的恐怖场景。"杰克逊认为，在被迫跋涉800英里的西行道路上，四分之一的切罗基人会死于饥饿、寒冷、疲劳，这就是后来所谓的"血泪之路"。迁移结束时，美国政府总共重新安置了4.7万东南部的印第安人到密西西比河以西的地域，获得了大河东部的1亿英亩的土地。1839年，在印第安领地，即现在的俄克拉何马州，当年签署合约的那几个切罗基人被无名刺杀者杀害。[74]

到那时，杰克逊的总统第二任期即将结束。但在他任期内（1829—1837），无视最高法院判决既不是他的最后一次，也不是他行使总统权力最少的一次。最令人担忧的是杰克逊与第一位副总统约翰·C.卡尔霍恩的关系。卡尔霍恩曾是门罗任总统时的战争部部长，是个性格刚强、宁折不弯的人，资深观察家给他送了一个绰号，叫"铸铁人"。[75]卡尔霍恩还当过约翰·昆西·亚当斯的副总统，他和杰克逊的关系自一开始就比较紧张。当卡尔霍恩领导南卡罗来纳企图"废止"国会的一项关税法案时，事情变得更为糟糕。正像有关迁移印第安人的斗争一样，围绕关税问题的争论超出了宪法将各州联合在一起的权力范围。

1832年的某个晚上，杰克逊和卡尔霍恩在酒宴上唇枪舌剑。总统提议为"我们的联邦——必须捍卫"干杯。杰克逊坐下之后，卡尔霍恩站起来提议干杯："联邦——仅次于我们的自由；愿我们大家记住，捍卫联邦只有以尊重各州的权利为前提。"前纽约州州长马丁·范布伦（Martin Van Buren）当晚也在场，他的政治技巧要逊色得多，从他起身祝愿大家"为相互宽容和相互让步干杯"就能够显示出来。[76]不过，在杰克逊和卡尔霍恩之间，不会有宽容，也不会有让步。

尽管关税将进口税率削减了一半，但它仍然让南方人担忧。他们说税法照顾了北方工业制造者的利益而忽略了南方农业生产者。南方提供了美国三分之二的出口产品（几乎都是棉花），但只消费了美国十分之一的进口产品。这使得南方政治家们在日后被称为"自由贸易"的立场上反对关税。[77]

为反对关税，卡尔霍恩代表南卡罗来纳议会写了一篇专论。他阐述了一种解读宪法的理论，按照这个理论，他指出，各州有权宣布联邦立法"无效"。受到杰斐逊和麦迪逊于1798年起草的"肯塔基州和弗吉尼亚州决议"以及1812年哈特福德会议的影响，卡尔霍恩认为，如果一个州觉得国会通过的某项法律违宪，宪法则必须修正，如果修正案得不到认可——如果它不能争取到四分之三州的批准——反对州有权脱离联邦。在宪法制定之前，甚至在宪法被提出之前，各州就已经是主权国家，而且它们一直是主权国家。卡尔霍恩由此也对多数人统治的说法提出异议，"无效"的意思基本上就是反对多数人执政。如果各州都脱离联邦，多数人将不会再有统治权。[78]

与其说"无效"危机是关于关税的争论，不如说它是关于各州权力限制和蓄奴制问题的争论，它是内战的一个早期征兆。南卡罗来纳的奴隶比例高过全国任何地区。与戴维·沃克的《呼吁》和切罗基国反抗佐治亚州的同时，"无效"论标志着南卡罗来纳企图拒绝接受联邦政府的立法权力——倘若它觉得后者制定的这些法律不符合州利益的话。

杰克逊发表了一份公报作为回应，称卡尔霍恩的"无效"理论是一种"形而上的文字游戏，追求的是不切实际的理论"。杰克逊的反应可以归结成这样：美国是一个国家，它先于各州而存在；它的主权是完整的。"美国根据宪法建立的是政府，而不是联盟。"他说。[79]最后，国会就关税案做出妥协，南卡罗来纳表示接受。"无效论死了。"杰克逊宣布说。但战争远没有结束。无效论危机仅仅强化了地区主义者和国家主义者之间的分歧：卡尔霍恩成了赞成蓄奴制运动的领袖，宣称奴隶制是"共和政府不可或缺的部分"[80]。

杰克逊与卡尔霍恩之间的不和意味着他根本不想让卡尔霍恩在第二任期继续担任副总统。杰克逊不想把卡尔霍恩从选票上删去，担心这样会引起政治报复，所以他四处寻找更微妙的办法，以赶走他的"铸铁人"。他把目光投向一个短命的新党派——"反共济会党"。1831年9月，反共济会党召开了美国历史上第一次总统候选人选举大会。反共济会党是在反对像共济会或党内预选会议这样的秘密集团的基础上而建的，它决定效法代表大会，就像各州每年举行一次立宪大会一样。不幸的是，反共济会党推选的候选人竟是……一个共济会成员。但反共济会选举大会留下了两个传统：每州代表的票数与它们在选举团的代表人数成比例，而且代表选举候选人必须以四分之三多数通过。反共济会党会议结束两个月之后，另一个短命政党"国家共和党"召开了自己的大会。会上的代表名单不是以字母顺序排列，而是以"地理顺序"排列，打头的是缅因州，然后沿海依序排下，这让亚拉巴马州的绅士们吃惊不小[1]。[81]有人给亨利·克莱写信，问他是否愿意做"短命"的国家共和党的候选人，他写信回答说可以。但让他参加巴尔的摩的大会，"而不受到冒失或粗俗的诽谤是不可能的"。他接受了推选，并开创了一个先例，这个传统一直延续到富兰克林·德拉诺·罗斯福（Franklin Delano Roosevelt）：一个多世纪以来，没有哪个人亲自接受提名。罗斯福接受提名只因为他想旗帜鲜明地表示，他许诺要给美国带来"新政"。[82]

然而，如果杰克逊不是觉得民主党也该开一个候选人选举大会的话（这样，他可以甩掉意见不合的副总统），在国家党代会上推举总统候选人的实验就不会成为美国的政治传统。杰克逊和他的顾问意识到，如果让州议会推举候选人，卡尔霍恩有很高的支持率，他们还得和他绑在一起。于是，杰克逊有意让新罕布什尔议会召开全国大会，推选自己为候选人，推选性情温柔的前国务卿、纽约州州长马丁·范布伦为他的竞选伙伴。

1832年的大选触发了国家银行的问题。如同在迁移印第安人和关税问题上的斗争一样，杰克逊和银行的斗争也考验了总统的权力。这是个由来已久的问

---

[1] 亚拉巴马州应该排在最前面，它的英文是A字母开头（Alabama）。——译者注

题。由于宪法不允许各州发行货币，由州立法机构特许经营的银行印制的不是法定货币，而是由银行行长签署的纸币。1830年到1837年，美国共开设了340家银行。它们都自己印钱，印刷出1200多种各式各样的纸币。在这种人尽皆知的动荡情况下，假币盛行，诈骗行为同样猖獗，特别是此时还出现了旨在投机西部土地交易的地产银行。

1816年，国会特许成立"美国第二银行"，帮助国家从它与英格兰的战争灾难中恢复。1819年，最高法院认定该银行符合宪法。[83]美国银行负责联邦全部资金的储蓄，处理国家的收支，包括税收。尽管这是一家私立银行，向它的股东负责，但它的经济影响非同寻常。到1830年，它所拥有的3500万美元已是联邦政府年度开支的两倍。在它最激烈的反对者看来，国家银行像是一个未经选举而产生的政府第四分支。[84]杰克逊痛恨所有银行。"我并不是特别讨厌你的银行，所有银行我都讨厌。"他对国家银行总裁尼古拉斯·比德尔（Nicholas Biddle）说。杰克逊相信，美国银行侵犯了人民的主权，违反了他们的意愿，同所有银行一样，让"少数有钱的资本家"利用国家税收，"独享利润，将多数人排除在外"，对国家"造成了腐败性的影响"。[85]

1832年1月，杰克逊任期即将结束，比德尔向国会请求续签银行的特许令，尽管特许令到1836年才过期。国会照常批准。克莱许诺说："如果杰克逊否决，我就否决他！"[86]但到1832年7月，杰克逊真的否决了银行的提案，他发了一篇长达8000字的文件，明确表示他相信总统有权决定国会通过的法律是否符合宪法。

杰克逊说："银行的拥护者坚持认为，银行所有特征的合宪性应该由先例和最高法院裁定，这个结论，我不能同意。"[87]比德尔称杰克逊的否决信息是"无政府状态的宣言"。但参议院无法推翻总统的否决。爱德华·埃弗雷特说，银行战争"不啻一场人民对抗财产的战争"。[88]杰克逊，人民之人，数字之王，在乱局中获胜。

IV.

杰克逊对银行案的否决使美国经济陷入困境。随着美国银行的解散，它所带来的稳定性——船里的压舱物——也漂走了。国家银行的支持者曾坚持要求联邦政府监管纸币。杰克逊和他的支持者——被称为"黄金虫"——则宁愿不要纸币。1832年，美国有5900万美元的纸币在流通，1836年为1.4亿美元。没有国家银行的监管力量，这些纸币风暴的背后没有多少金属支撑，美国所有银行仅持有1050万美元的黄金。[89]

投机者和总统都把眼光投向西部。"一个国家的财富和力量是它的人口，人口中的最佳部分是土地的耕耘者。"杰克逊说，像是杰斐逊的口吻。[90]为逃避东部日渐恶化的经济状况并寻找新的机遇，美国人开始向西部迁移，带着家属，坐马车上路，坐汽船沿着运河，奔向俄亥俄、印第安纳、伊利诺伊、亚拉巴马、密西西比、密苏里、路易斯安那、阿肯色和密歇根。他们住在农场的家宅里，用粗木建造小屋。他们开始出版报纸，为政治问题争论不休。他们建设了城镇、教堂和学校。"我邀请你到西部来，参观其中的一个小木屋，数数里边有多少同屋人，"一位印第安纳议员说，"在那里，你将发现一个强壮的18岁的年轻人，和他的另一半一起为独立生活展开最初的斗争。从那时开始30年之后，你再去拜访他们，你看到的不再是两个人，你会发现同一个家庭中有22人。这就是我所说的美国乘法表。"[91]

奴隶制困扰着西部定居者的每一个脚步。伊莱贾·洛夫乔伊（Elijah Lovejoy）出生在缅因州，住在圣路易斯，在那里印行废奴制的小册子，发行这种小册子在奴隶州是非法的，导致废奴主义者呼吁"言论自由"，以抵抗南方"贸易自由"的要求。1838年，赞成蓄奴制的暴徒捣毁了洛夫乔伊的印刷间。洛夫乔伊搬到了河对岸的自由州伊利诺伊,和他的黑人排字工约翰·安德森(John Anderson)重新开了一家新的印刷厂。这家印刷厂同样被暴徒捣毁,然后是第三家。全副武装的洛夫乔伊胸部中弹,不幸死去,成为言论自由事业的一名烈士。

为了考察土地和管理居民,国会特别成立了"土地总局"。勘测人员以640英亩为单位将土地划成方格,分成160英亩的地块,作为可供出售的最小单位。到1832年,在土地销售的高潮期——该局每年收到4万份地产证——最低销售面积降低到了40英亩。1835年,国会增加了土地局的员工人数,从17名增加到88名,但他们仍来不及处理所有文件。

在南方,美国居住者穿过边界,进入从西班牙独立(1821)的墨西哥。墨西哥有它的麻烦,它无法妥善管理广阔的北方;从南方人口众多的地方,包

密苏里河贸易站的印度代理约翰·多尔蒂(John Dougherty)使拓荒者们在旅途中停下脚步,土著家庭聚集在一起。丹佛公共图书馆西部史分部。文档编号:#F3226(PRC B/W)

括首都墨西哥城，一直到上加州（Alta California，今天的加州）大多数土地都是沙漠，主要由阿帕奇人（Apaches）、尤特人（Utes）和雅基族（Yaqui）印第安人占领。一位墨西哥的州长说："我们的领土广阔无边，但我们的政府软弱无力。"早在1825年，约翰·昆西·亚当斯曾派美国大使到墨西哥协商新边界问题，墨西哥政府需要钱，但不愿出售自己的土地。墨西哥大使曼纽尔·德·特拉安（Manuel de Miery Terán）说："墨西哥模仿法国和西班牙的做法，可能放弃或转让在亚非的产量不高的土地，但它怎么能把自己从本土中切掉呢？"

墨西哥不愿意卖掉自己的土地，但事实证明，墨西哥的科阿韦拉（Coahuila）、得克萨斯、墨西哥湾沿岸以及路易斯安那州以西的地区对寻找新土地种植棉花的美国人极具吸引力。"如果我们不抓住目前的机遇向得克萨斯移民，"一位墨西哥官员警告说，"日益壮大的美国将兼并得克萨斯、科阿韦拉、萨尔提略（Saltillo）和新里莱昂（Nuevo León）。"（当时，得克萨斯包括后来的堪萨斯、科罗拉多、怀俄明、新墨西哥和俄克拉何马的大部分地区。）1835年，得克萨斯的美国人发动起义，反抗墨西哥的统治，在政治猛将山姆·休斯敦（Sam Houston）领导下打响了一场战争。1836年，得克萨斯宣布独立，成立了得克萨斯共和国，休斯敦任总统。墨西哥总统安东尼奥·洛佩斯·德·桑塔·安纳（Antonio López de Santa Anna）警告说，如果他发现美国政府是得克萨斯起义的幕后操纵者的话，他将"进军华盛顿，在美国国会大厦上插上墨西哥的国旗"。[92]

当休斯敦向美国国会提议，要求得克萨斯并入美国时，行动遭到了失败。原因有三：第一，杰克逊害怕兼并会引发一场和墨西哥的战争，墨西哥并未承认得克萨斯的独立。第二，从美国来看，和英法一样，美国承认得克萨斯的独立，从它的角度看，得克萨斯是外国，这意味着兼并与1825年的企图收购（约翰・昆西・亚当斯时任国务卿）是完全不同性质的问题。第三，如果接受得克萨斯进入联邦，它将作为奴隶州加入。失去总统职位并成为众议院议员的昆西・亚当斯为阻挠这项兼并提议发表冗长的演讲，努力了三个星期。他说，美国人民"深深爱着联邦，宁愿它完全解体，也不愿吞并得克萨斯"。美国反奴隶制协会向国会提交了成千上万份废奴主义请愿书。当昆西・亚当斯试图就请愿举行听证会时，南方立法者根据"禁言规则"（gag rule，又译"莫谈国事"规则）让他沉默，这种规则禁止在国会讨论任何有关反奴隶制的请愿，这是反对言论自由的另一次胜利。[93]

南方奴隶主是美国人中的极少数，占总人口的1%。他们就州权和自由贸易（指贸易不受联邦政府约束）发表了雄辩的言辞，但事实上，他们迫切需要，并非常依赖联邦政府的力量去捍卫和扩大蓄奴体制。他们的弱点体现在压制异议上。从1836年开始，俄亥俄州民主党人托马斯・莫里斯（Thomas Morris）就提交了谴责奴隶制的请愿书，要求在哥伦比亚特区取消奴隶制，并敦促取消禁止通过邮件发送废奴的文字禁令，最后请愿被压了下来。莫里斯是个粗人，自学成才，他由浸信会传教士的父亲抚养成人，从小讨厌蓄奴制。早在1838年，他就谴责"利益造成的大量偏见使有色人种处在受奴役的地位"。那年晚些时候，他告诉俄亥俄州的一家报纸，他"始终认为奴隶制是错误的，从原则上，在实践中，在每个国家和各种情况下都是错误的"。毫不奇怪，他没能连任。1839年2月，他知道自己再不会担任公职，他不受约束了，于是在参议院发表了最激烈的反蓄奴制言论。他借用杰克逊主义者对"金钱权力"的指控，创造了"奴隶权力"（slave power）这个短语。莫里斯将这场斗争描述为民主与两个联合贵族之间的斗争："北方贵族"通过"腐败的银行体系的权力"进行运作，而和"南方的贵族"通过"奴隶制度的权力"进行运作。莫里斯最后表示，他相信民主将占上风，并且"黑人终将获得自由"[94]。

围绕得克萨斯的论争，连同1836年大选，形象地说明了安德鲁·杰克逊和昆西·亚当斯有力地塑造了国家的政治体制——其影响远在他们每个人卸任总统之后。杰克逊掌握着民主党的权柄，昆西·亚当斯则探索着辉格党不稳定的路线。杰克逊决定不参加第三任总统竞选，但正像他1832年谋划赶走卡尔霍恩一样，他决定要选出自己的继任者。"安德鲁王"再次假扮成普通人的英雄。

1835年，杰克逊呼吁召开民主党候选人推选大会，他先在田纳西的报纸上发表了一封非同寻常的公开信：

> 我认为，共和原则支持者们的政策是派新选出的代表参加全民大会，以便选出总统候选人和副总统候选人；在选举前对其进行弹劾，或在选举公平时对其进行抵制，这些施展行政权的做法，是侮辱人民的美德，实际上是在反对他们的治理权利。[95]

他所说的"人民的美德"和"他们的治理权利"算是恭维，但这次会议的重点是确保杰克逊精心挑选的继任者马丁·范布伦的提名，让范布伦安排他的人选理查德·约翰逊（Richard Johnson）赢得副总统候选人提名。他的诽谤之辞并非被人忽视。田纳西州对杰克逊的支持早已开始动摇，他们拒绝派代表团参加在巴尔的摩举行的大会。范布伦的会议经理，纽约州参议员赛拉斯·赖特（Silas Wright）不愿放弃田纳西州在大会上的15张选举人票，他去了一家小酒馆，找到了一位碰巧在这个城市的田纳西人——爱德华·鲁克（Edward Rucker），鲁克就成了一个"单人15票"的代表团（"鲁克化"成为一个动词，意思是通过包装大会来进行政治欺骗。）[96]

1837年经济恐慌期间，一个贫困家庭在收债人（只要硬通货）出现在门口时畏缩得直抖，杰克逊和范布伦褪色的画像挂在他们身后的墙上。美国国会图书馆

但昆西·亚当斯的政党处于更加混乱的状态。辉格党人混乱、分散，未能举行提名大会，无法决定单一候选人；四位不同的辉格党人竞选总统，分裂了党派，为民主党候选人范布伦留下一条宽阔的通道，直接在选举团赢得了胜利。

范布伦1837年3月就任总统。五周之后，国家的金融系统在美国历史上最大的金融灾难中彻底崩溃，强度仅次于1929年的经济大萧条。"股票市场崩盘了，黑暗的阴云仍笼罩在上空。"一个纽约人在当年4月从华尔街写信说。到了1837年秋天，东部的工厂10家有9家关门停业。穷人们拥进商店，看到的都是空空的货架。1837年经济恐慌在7年的长期经济低迷后结束，正好进入下一个令人绝望的10年，称"饥饿的四〇年代"[97]。

辉格党给新总统起了个外号，叫马丁·范布伦破产（Martin Van Ruin），其实这不公平，因为经济下滑是杰克逊决策的结果，不是范布伦的，总而言之，是银行业未经严厉监管的后果。苦难和补救都是杰克逊式的：1837年经济恐慌使破产保护民主化，并导致了负债监狱的废除。在19世纪的头10年，纽约有一个叫约瑟夫·德威·费伊（Joseph Dewey Fay）的律师，他说他在债务监狱待了16年，他估计1809年恐慌过后，要有10%的纽约自由人被捕入狱。"美国人夸口说他们已经废除了拷问，"费伊写道，"但债务监狱就是拷问。"费伊曾去奥尔巴尼说服议会，为在押的负债者通过一项破产法。法律通过后9个月内，2500人援引该法得到释放。早期破产法只是保护股票经纪人，但新法设定了一个先例：这是每个人都能得到破产保护的第一项立法。1819年，最高法院曾裁决立法不符合宪法，但转机出现：纽约州于1831年废除债务监狱；1841年国会通过了一项联邦法，使每个人都可以受到破产保护。两年之内，4.1万美国人提出破产申请。再两年之后，此法被撤销，但州法继续为人们提供破产保护，更有意义的是，债务监狱在国内彻底消失。在英国和所有欧洲国家（葡萄牙除外），负债者仍被扔进监狱（许多19世纪的小说都有这种情节），但在美国，负债者可以宣布破产，然后另起炉灶。

免除债务培养了一种冒险精神，推动了美国企业的发展。"美国表现出对破产的不同寻常的放纵。"托克维尔感叹，并由此观察到，"美国和欧洲国家不一样，而且和我们时代的所有商业国家不一样。"作为一个负债者国家，美国开始认识到，大多数负债者是商业周期的受害者，而不是由于命运或上天惩罚或命运转轮的旋转。国家的破产法，尽管来去匆匆，但为每个人减少了冒险的风险，也就意味着每个人都可以去冒险。[98]

马丁·范布伦在1840年大选连任中毫无胜算。选民们责怪他，责怪他的政党和引来这场苦难的杰克逊。意料之中的是，辉格党采取了一项动议，那将成为美国竞选史上的一个特色——指责民主党号称人民党派，其实辜负了美国人。辉格党说，民主党已成为专制和腐败之党，辉格党才是真正的人民之党。

一张1840年的漫画将威廉·亨利·哈里森描绘成火车的引擎,它用烈性果汁做燃料,
拉着一座木桩做成的房子;马丁·范布伦总统驾着"山姆大叔"的马车,
由一匹蒙眼的马拉车,陷在一堆(亨利)克莱(Clay,黏土)当中。
罗伯特·N.埃尔顿(Robert N. Elton)/美国国会图书馆

"辉格党就是民主党,如果非要有一个党叫这个名字的话。"一名辉格党人坚持道。[99]

就总统候选人来说,辉格党推选了68岁的威廉·亨利·哈里森(William Henry Harrison),称他是战争英雄,并试图将他作为杰克逊式的人民之人,甚至是边疆之人参加竞选,这在相当程度上需要对真相进行夸张。哈里森做过印第安纳州的州长,担任过俄亥俄州的参议员,但他出身显贵之家:他父亲是弗吉尼亚的种植园主,曾签署过《独立宣言》。他的竞选传记写于1839年,名为《人民的总统候选人》(*The People's Presidential Candidate*),该传记试图将富可敌国的哈里森描述为一个质朴的农民——"从来没有富裕过"。哈里森竭尽全力,在俄亥俄的一家酒店发表了有史以来首次总统竞选演讲,但他的竞选团队敦促他不要讲得太多。"还是让他依赖他的过去吧,"他们建议,"让他对他的原则、信条只字不提——什么也不说——什么也不承诺。"批评者嘲笑他是"闭口将军"。民主党也嘲笑哈里森,说他真穷,住在小木屋,只喝苹果酒。辉格党把这些当成政治礼物,他们把他称作"木屋里的候选人",竞选时把木屋装在轮子上,拴在马车上,一路还向众人发喝苹果酒用的杯子。当然,哈里森住在大宅里,但在1840年"木屋"竞选之后,很少有哪个总统候选人(无论出身贵贱)因作为木屋候选人而竞选失败。[100]

"辉格党"和"民主党"都忙于"人民之党"的争斗,没有哪一方能为解决奴隶制问题提供可行性方案,他们几乎没有提到这个问题,这导致了新政党的成立,包括1839年成立的福音派自由党。"我们必须废除奴隶制,"该党承诺,"并且可以像太阳照常升起一样地肯定,我们在将五六年内完全踏平奴隶制,除非她自己站起来,远离自由骑兵的队列。"它看好福音派辉格党人:"按你的祈祷投票。"[101]

使妇女参与道德改革的宗教复兴运动也将女性带入政治。在19世纪20年代和30年代,杰克逊派的民主卷入了许多争吵。当改革者范妮·赖特(Fanny Wright)准备在1836年参加一个大会时,她被称为"女汉子"。当民主党禁止女性参加集会时,辉格党在欢迎她们。在19世纪40年代,正如当时人所观察到的那样,"女士们都是辉格党"[102]。从辉格党开始,远在妇女可以投票之前,她们就把一种政治风格带入了政党,在废奴运动和禁酒运动中完善的政治风格:这是一场道德运动,虔诚而永不妥协。从那时起,美国的竞选和之前相比,大不相同。

在民主党反对辉格党的那些年里,两党都融入了杰克逊主义的平民主义——对"人民"的无尽呼吁——以及福音派的改革精神(竞选从复兴运动中借鉴了风格和热情)。瓦尔特·惠特曼(Walt Whitman)抱怨"当选人的大胆无边",谴责政界人士是既得利益者,不管他们对人民的呼吁如何,但这些呼吁并非毫无意义:无可否认,美国的民主性质发生了变化。不仅更多的男性可以投票,而且更多的男性已经参与投票:选民参加投票率从1824年的27%上升到1838年的58%,1840年上升到80%。[103]

哈里森以压倒性优势获胜,后不久死于肺炎,他的副总统兼继任者约翰·泰勒(John Tyler)成了"事故陛下",但事实证明,小木屋和这位女性改革家一样,寿命很长。在机器时代,为国家的灵魂所做的斗争亦然。

美国是"未来的国家",拉尔夫·沃尔多·爱默生(Ralph Waldo Emerson)在1844年2月说,并热情地强调美国是"一个新生的、有规划的、设计宏伟的和充满期待的国家"。那年春天,塞缪尔·F. B. 莫尔斯坐在美国最高法院的办公桌前,在他的新电报机上发了一条消息,电报沿华盛顿和巴尔的摩电报线传输,费用由国会支付。他发的第一条信息不再是加密电码:"上帝创造了什么?"与此同时,一条始于波士顿的铁路线已经通到了爱默生的家乡——马萨诸塞州的康科德。"我听到了树林里机车的哨声,"爱默生在他的日记中写道,"这是19世纪文明在说,'我来了'。"[104]

美国是作为政治实验建立起来的,自然,它应该通过其他类型的实验不断发展。到12月,电报线将沿着铁道穿过树林、草地甚至山脉,美国人开始想象铁路和电报遍布整个大陆的光明未来。《纽约太阳报》(New York Sun)宣告说,"磁力性电报是现代,乃至所有时代改善社会的最伟大的革命",并宣称这就是"空间的毁灭"。[105]其实时间也被毁灭了:新闻瞬间传遍各地。如便士报印刷商詹姆士·戈登·贝内特在《纽约先驱报》所指出的那样,电报似乎使"整个国家"能同时拥有"同样的想法"。丹尼尔·韦伯斯特(Daniel Webster)说:"时代的进步几乎超越了人类的信仰。只有全知的上帝才知道未来。"[106]

时代的进步——人口的快速增长，没有尽头的机器链条，令人目不暇接的系列商品——这些结合在一起，使人们产生了一种对未来前景的无度而不安的迷恋：下一步是什么？特别是政治经济学家，他们在忙于研究和理解现在与未来的关系。在巴黎，一位名叫卡尔·马克思的哲学家开始对资本主义的后果进行预测。他从产品生产的增加中看到了劳动力价值的下降以及贫富差距的扩大。马克思在1844年指出："工人生产的财富越多，他们就会变得越穷。物的世界的增值同人的世界的贬值成正比。"[107]美国思想家也在思考这个问题。爱默生写道：

> 这是个物品支配人的时代，
> 网要编，玉米要磨研；
> 物品稳坐在鞍上，
> 骑着人类。[108]

在美国，有关人类世界和物类世界的政治辩论，引发了有关蓄奴制的烦人的论争：人可以成为物吗？同时，美国地域广阔，这意味着人们对工业资本主义机械化的焦虑并不符合马克思主义的形式，而是一种人与自然、土地、所有乡村事物的浪漫关系。（马克思的论点是"迄今为止所有的社会历史都是阶级斗争的历史"。）面对工厂，美国人的态度不是展示社会主义的乌托邦，而是森林当中的小木屋。"我碰巧没有出生在小木屋里。"韦伯斯特（三次总统提名候选者）叹了口气，绝望于他在小木屋总统时代的天生缺陷。[109]但是19世纪美国最著名的小木屋是1844年的一座，由爱默生27岁的朋友亨利·戴维·梭罗建造。

在铁路到达康科德的那一年,梭罗住在爱默生的一块土地上,在瓦尔登湖（距离镇子只有一英里多距离）边建造了一座小木屋。他顺着土拨鼠的洞穴挖了一个地窖,借了一把斧头,砍白松来做木架。"我们吹嘘自己属于19世纪,并比任何一个国家都取得了更快的进步。"梭罗写道,在他在地窖上建造的10英尺乘15英尺的小屋里写道。木屋的建造费用为28.12美元。他用了旧棚屋的木板做墙板。他自己搅拌石灰（2.40美元——"价格不菲"）和马毛（31美分——"用不完"）做成石膏。他选了一个恰当的日子入住,7月4日,美国的国庆节。他在冬天到来之前建造了烟囱,用的是二手砖,这标志着真正的进步,但他并不相信这个国家的"快速进步"和"庞大设计"也是如此。他严肃地怀疑机器对美国人的灵魂、对美国人、对美国土地本身究竟产生了什么样的影响。是电报吗？"我们很想建一个从缅因州直通得克萨斯州的电报系统,但缅因和得克萨斯也许没什么消息值得相互传送。"是邮政系统吗？"我一生从未收到超过一两封值得付邮资的信件。"是国家最为自豪的报纸发行网吗？"我们是山雀竞争,在以我们的智力尽量飙升,但仍比不过报纸的专栏。"是银行和铁路吗？"人们有一种模糊的概念,即如果他们从事股票和黑桃交易的时间足够长,所有人都会到达某个地方,结果在一瞬间,人们一无所获,但如果是一群人冲向车站,烟雾消散,蒸汽凝结,检票员大喊'全部上车！'。这时你会发现,一些人在车上,剩下的人都被赶下去了。"[110]

美国没有马克思,但是有梭罗。梭罗的实验不是一种买卖,它是反商业化的,他注意到商品的成本,因为他试图永远不买任何东西。相反,他以物交换,每周生活费27美分。在他最具创业精神的时候,他在一块土地上种植大豆,获得了8.71美元的利润。"我决心了解大豆。"《瓦尔登湖》中有一篇名为《豆田》,文辞优美、情调感伤,他在其中如此写道。他也为赚钱而工作,但他一年只工作六个星期,剩下的时间用于读书和写作、种植大豆和采摘越橘。"梭罗先生就是这样对这个时代的政治经济宣战的。"一位评论家抱怨道。梭罗选择不被机器驾驭,"不要生活在这个不安、紧张、喧闹、琐碎的19世纪,而是要站着或坐着思考,看着时光流过。"[111]

这个紧迫的问题每天早上都会把他叫醒,就像驶过他的小屋旁的火车鸣笛尖叫一样准时。铁轨从瓦尔登湖畔一直修到了山坡上,而他原打算在这里得到灵魂的安静。所有这些庞大设计和快速发展值得吗?梭罗认为不值得。他说出了这样真实的道理:"它们只是改进了实现不变结局的手段和方法。"[112]火车仍在咔嚓咔嚓地驶过,工厂仍在嗡嗡作响,银行仍在开业和休息,印刷机仍在打印报纸,电报线在顺着一根永无止境的线头铺设到整个国家。

第七章
船与船骸
OF SHIPS AND SHIPWRECKS

理查德·卡顿·伍德维尔（Richard Caton Woodville）1848年的这幅画，
描绘了一群人聚集在"美国旅馆"（联邦的象征）的门厅和周围，
焦急地等待"墨西哥战争"的消息。阿肯色美国艺术博物馆

在阿贝尔·厄普舍（Abel Upshur）去世的那天，美国联邦的命运转向了得克萨斯问题。1844年2月28日下午，约翰·泰勒的国务卿厄普舍登上了"普林斯顿号"战舰。这是一艘铁壳式蒸汽动力战舰，在波托马克河冰冷的水面上做一次短暂的航行。泰勒也在船上，他的内阁中除一人之外都在船上。船上还有几百名要人、士兵、水手和应邀的客人，他们戴着高顶礼帽，穿着制服和紧

身长袍，外披羊毛斗篷。詹姆斯·麦迪逊年迈的遗孀多丽也在，在风中冻得瑟瑟发抖，同时还有约翰·C. 卡尔霍恩的儿子帕特里克（陆军少尉），以及胡安·阿尔蒙特（Juan Almonté）将军——身材笔挺的墨西哥大使，他的袖口刺绣着金饰，两枚肩章像翅膀一样。

美国国会参议院要就兼并得克萨斯——久寻未得的布满山川、平原、养牛场和大河的一片土地——的协议举行投票。厄普舍，53岁、半秃顶、宽额头、长鼻子，头天晚上熬夜计算投票结果，他十分担心战争的爆发。墨西哥认为得克萨斯是它的一个省，一个反叛的省。如果参议院批准兼并，厄普舍知道，墨西哥很可能会向美国宣战。厄普舍在成为国务卿之前曾任海军部部长，他希望能在海上开战，就在墨西哥湾，而且他一直在建设舰队，为战争做好了准备。"普林斯顿号"是海军威力最大的战舰，在波托马克河启航，是想向阿尔蒙特展示一下船上威猛的加农炮——军舰有史以来加载的最大火炮，火炮的名字叫"和平使者"。

战舰在河上行驶，火炮发射了三次，每次都发出雷鸣般的、惊天动地的巨响。船上的客人们听从随船医生的劝告，双手捂着耳朵，张大嘴巴，以缓解震荡波的威力。阿尔蒙特好像受到了威慑，随后还有一项程序：战舰驶过弗农山庄时向乔治·华盛顿鸣礼炮。[1]

泰勒有些憔悴和笨拙，他将他的总统职位都赌在了这场兼并行动上。但他的总统职位从一开始就不太稳固，而到协议起草之时，他成了一个无党派的总统。作为一个蔑视人民主义的南方权贵，泰勒被推举为哈里森的竞选伙伴，主要是因为他大张旗鼓地批评杰克逊和范布伦，因为辉格党希望他能在家乡州弗吉尼亚获得决定性胜利。几乎没人问他的政治倾向问题，选民们也没接到这方面的信息。正如一首竞选歌曲所唱："我们选泰勒，原因别管了。"但泰勒有明确的政治立场，而且坚定不移：他一直捍卫州权。他还是国家银行的反对者，他不喜欢任何"国家的"东西，有一次他抱怨在华盛顿特区到处都能看到的牌匾：国家酒店、全国擦鞋店、国家铁匠铺、国家生蚝馆。[2]1841年4月，哈里森去世，在他就职后几个星期，国会两次通过立法，同意国家银行的特许令续约。泰勒两次都一票否决。到了9月，泰勒内阁全部成员请辞表示抗议，只留下国务卿丹尼尔·韦伯斯特。两天以后，50名国会辉格党议员聚集在国会大厦阶梯上，不让总统参加他们的会议。抗议者们在白宫周围示威。泰勒担心自己的安全，组建了一支总统警察队（后成为特工情报处）。他从不断的政治攻击中得到的唯一喘息机会，是在一个悲剧时刻——他的妻子利蒂希娅（Letitia）中风。她生了八个孩子，于1842年9月在白宫去世。当查尔斯·狄更斯在那年的美国之行中见到泰勒时，这位英国小说家写道，总统"看起来有点疲惫和焦虑，他很可能会这样，他在与所有人交战"[3]。

阿贝尔·厄普舍在韦伯斯特之后成为泰勒的国务大臣，作为泰勒内阁最后一位成员，之前，韦伯斯特因抗议得克萨斯兼并计划于1843年5月辞职。韦伯斯特相信共和国已经够大，任何扩张都会有损联邦精神。各式各样的人散布数千英里的疆土，如何能选出自己的统治者？他怀疑"有多少相互了解，有多少统一和谐的精神，能让圣劳伦斯和圣约翰的人在选总统上跟格兰德河与科罗拉多河两岸的居民一致"[4]。

韦伯斯特的继任者死于急性阑尾炎后，泰勒任命了厄普舍。他也许在厄普舍身上看到了自己。厄普舍和泰勒一样是南方权贵，看不起人民大众。（他们"认字，但是不多"，他说，"而且他们根本不会思考"。）厄普舍相信蓄奴制解决了资本和劳力之间的紧张问题，它让一个白人男子在绝望的情况下有理由接受现有经济秩序："不管他有多穷，或多么无知，多么悲惨，他心中仍有一种安慰，还有人处在更低的境地，他永远不会沦落到那种地步。"[5]

泰勒和厄普舍相信，美国共和国的稳定依赖于扩张。约翰·昆西·亚当斯在1823年打造的"门罗主义"已经警告欧洲人不许在西半球建立任何新的殖民地。如当时一家英国报纸观察,"美国佬的事情是它要独霸美洲大陆的每一个……每一处角落殖民的特权。"[6]不过,大不列颠获得它在北美的领地,远在"门罗主义"之前。英国的领地横跨大陆,但对太平洋西北部一片被称为俄勒冈的广袤地区,英国和美国都在宣示主权。厄普舍担心英国要将它的疆界向南扩展。英国一直向墨西哥销售蒸汽动力战船,并出价购买加利福尼亚。厄普舍同样相信谣言(后证明真是谣言),说如果得克萨斯州能废除奴隶制,英国愿意给它提供贷款;大英帝国很可能想让得克萨斯成为自己的领地(大英帝国于1833年废除奴隶制)。泰勒的计划是将得克萨斯作为奴隶州纳入联邦,同时考虑安排俄勒冈作为自由州加入联邦,这样仍能保持奴隶州与自由州之间的平衡。

泰勒和厄普舍想兼并得克萨斯,可能是为了让奴隶制扩展到西部,但他们没有直言。他们讲的是自由的语言而不是奴隶制的语言,论证说(从杰斐逊到托克维尔都认可的)获取新的地域将给穷人提供经济发展机遇,这是在欧洲不可能找到的机遇,因为在这里,任何人都可能将工业忘在脑后,搬到林中,搭建木屋,砍伐树木,耕耘土地。

在这个新的蒸汽时代,当瞬息之间每一个比喻都与引擎有关时,人们就把西部称为"安全阀"——它能释放超强压力以避免爆炸。"公共土地是劳资关系的重要监管者,"《纽约论坛报》出版人霍勒斯·格里利(Horace Greeley)说,"那是我们工业和社会引擎的安全阀。"(格里利的肩膀下垂,板着脸,看起来像一只青蛙,是他那一代人中阅读最广泛的编辑作家。)支持兼并得克萨斯的人走得更远,他们将这个比喻运用于奴隶反叛问题。"如果我们兼并得克萨斯,"一个南卡罗来纳州民主党参议员在1844年承诺说,"它将作为安全阀,让我们中间过剩的奴隶人口得到释放。"[7]

人们的论争也许会朝着这个方向发展——如果没有2月28日晚"普林斯顿号"船上发生的一切。当战舰经过弗农山的时候,船员点燃了"和平使者",发射最后的礼炮。突然间,火炮爆炸,7人在爆炸中死去,其中包括厄普舍,连同泰勒的海军部部长和一个叫戴维·加德纳(David Gardiner)的纽约商人(他24岁的女儿朱莉娅当时正和总统一起待在甲板下)。如果泰勒在甲板上,很可能也被炸死。相反,他抱着几近昏迷的朱莉娅·加德纳弃船上了一艘救生艇。

厄普舍之死带来了严重的政治后果。为替代他,泰勒任命卡尔霍恩为他的新任国务卿。而"铸铁人"卡尔霍恩说起得克萨斯时必然要提到奴隶制。

随着有关兼并的讨论日趋激烈,约翰·昆西·亚当斯(76岁,面容已然憔悴但政治意志坚强)警告说,如果兼并得克萨斯,北方将退出联邦。卡尔霍恩(62岁,但还像年轻时一样勇猛)说,如果不能兼并,南方将退出联邦。两个男人的对抗始于1824年的"腐败交易",如今仍热度不减,尽管波托马克河上的爆炸事件让他们二人站稳了脚跟。

简单的哀悼活动过后,国会继续议事。"兼并得克萨斯的协议在今天提交给参议院,"昆西·亚当斯在他4月份的日记中写道,"一同提交的还有人类的自由。"[8]亨利·克莱把这份协议称作"泰勒先生的可恶协议"[9]。昆西·亚当斯坚持认为,兼并得克萨斯将把宪法变成一块"经期破布。"[10]

6月,参议院没能批准兼并协议,投票沿地区线划分,35票对16票。几天之后,泰勒总统和朱莉娅·加德纳结婚,白色花环罩在她头上,而《纽约先锋报》这样描述婚礼:"总统已签署立即兼并得克萨斯的协议,协议将在没有美国参议院的帮助下得到批准。"[11]

泰勒做新郎比做总统优秀,但他决定竞选总统连任,尽管没有哪个政党会接纳他,所以他或多或少发明了一个第三党——一人之党——并召集大会,在

"泰勒和得克萨斯"的标语下推选他为候选人。他没有提名竞选伙伴,得克萨斯就是他的竞选伙伴。

泰勒在竞选中的希望是说服民主党人在他们的大会上提名自己,但已近80岁的安德鲁·杰克逊——退休后在他的奴隶种植园生活,其实他并没有完全安静下来——已经改变了对兼并的看法。早些时候,他反对兼并,担心美国与墨西哥发生战争。现在他支持兼并,但范布伦不同意。杰克逊仍控制着党,决定挫败范布伦赢得民主党提名的企图。杰克逊在他的隐居地召集了一次会议。"杰克逊将军说,总统办公室的候选人应该是一个支持兼并的人,应该来自西南部,"杰克逊忠诚的追随者詹姆斯·K. 波尔克(James K.Polk)写道。结果,波尔克就成了那个人。[12]

山姆大叔和他的仆人,1844年,H.布霍尔兹(H. Bucholzer)绘。漫画讽刺了泰勒为了连任总统而将詹姆斯·K. 波尔克和亨利·克莱等人拒之门外的努力

波尔克，48岁，体形瘦长结实，眼如深洞，发如浓烟。他是前众议院发言人、田纳西州州长，但在他家乡州之外无人所知。"詹姆斯·K.波尔克是谁？"成了反对者的一句名言。泰勒觉得民主党将为兼并而战，故退出了竞选。[13]

亨利·克莱穿着短裤在弗吉尼亚山坡上玩的时候就想当美国总统。他已经参加了三次竞选，到1844年，他67岁了，辉格党又一次推选了他。克莱反对兼并得克萨斯，但对那些离开辉格党转投自由党的废奴主义者来说，态度不够坚定。"全国有色人种大会"——由那些希望有朝一日能够投票的人组成——同样拥护自由党。

波尔克和克莱之间的竞争是一场有关吞并问题的公投，势均力敌。最终，波尔克仅仅多得到了260万普选票中的3.8万票。泰勒跌跌撞撞地拖到了任期结束，他将波尔克的胜利作为吞并成功的最后任务，故敦促众议院投票。1845年1月25日，众议院通过了一项决议，赞成吞并，120票对98票，但其中涉及一项妥协，得克萨斯的东部将作为奴隶州进入联盟，但不包括西部。2月28日，在"普林斯顿号"遭遇灾难一周年之际，参议院仅以两票的优势通过了该决议。签署正式条约的事应该落在波尔克手中，但在波尔克上任的前三天，即3月1日，泰勒签署了决议。对他的"铸铁人"国务卿有些不合适的是，他没有把签完字的笔递给卡尔霍恩，而是递给了他的新娘朱莉娅·加德纳，好像把得克萨斯作为送给她的结婚礼物。

两天以后，戴着像翅膀一样肩章的阿蒙特将军被召回墨西哥。两国都准备好了开战。美国士兵将枪炮对准西南方向，准备向边界的对方开火。但很快美国将会与自己发生战争，一个国家正在盯着自己的枪管。

I.

19世纪40年代和50年代，美国面临着宪法危机，危机重新塑造了各个党派，也加深了国家的分裂。领土扩张甚至比废奴更迫使公众必须面临蓄奴制的合宪性问题。这场危机如何解决，甚至能否解决都难以预料，不仅是因为问题的性质，还因为由谁来解决问题无法达成共识：谁来决定一项联邦法是否符合宪法？

一个非常大胆的人说最高法院就能决定。在1803年"马尔伯里诉麦迪逊案"中，首席法官约翰·马歇尔坚持说道："司法部门的职责是明确说明法律是什么。"马歇尔可能开创了司法审核的先例，但他几乎没有具体实践过。1835年时，他79岁，去世前在法院任职34年，"马尔伯里案"是马歇尔唯一一次推翻联邦法律。

另一位持类似倾向的人说各州就拥有这种权威。1832年，卡尔霍恩代表南卡罗来纳宣称，各州完全可以使国会的立法无效，他的争辩没有成功，而且这一行动几乎毁掉了他的事业。

在这件事上当仁不让的第三个人坚持认为，拥有这种权力的人只有总统。当杰克逊否决《银行法》时，他已经证明了总统有权阻止立法，尽管杰克逊迫切希望有权宣布法律违宪，这却只是他的一厢情愿。

在所有喧嚣的美国白发权贵们的吵吵嚷嚷中出现了一种观点，认为解释宪法的权力取决于人民自身，或者，至少这是一个相当时髦的说法，"先生，这是人民的宪法，人民的政府，为人民所造，由人民所造，向人民负责。"丹尼尔·韦伯斯特在国会咆哮着说。[14]每个人都可以阅读和理解宪法，韦伯斯特坚持说。至于实际情况，仍存在相当大的分歧。1834年，约瑟夫·斯托里大法官出版了一本教科书，试图向学校的孩子们说明什么是国家法律。"宪法是人民经过深思熟虑的意愿。"他解释说。[15]托克维尔盛赞,美国人民对他们的宪法烂熟于胸。"我遇到过所有普通的美国公民都有惊人的能力,能够轻易区分国会法律的义务和他自己州内法律的义务。"这个法国人报告说。[16]他认为美国人与他们的宪法最相配,就像一只手配一只手套。但威廉·格兰姆斯(William Grimes)对人民和羊皮纸文稿的合适程度有不同的看法。他在1814年从弗吉尼亚州的奴隶制下逃脱,并成为康涅狄格州的一名理发师,他是托克维尔从未采访过的那种人。"如果不是因为我的背上留下了我在做奴隶时的伤痕,"格兰姆斯写道,"我会在遗嘱上说,将我的皮肤遗留给政府,希望它可以被割下来制成羊皮纸,然后装订成光荣、幸福、自由美国的宪法。"[17]美国最深刻和最持久的分裂,都源于他们对宪法截然不同的解读,源于写在羊皮纸上的墨水和刻在黑人背上的伤痕之间的不同意义。

分裂的双方都希望詹姆斯·麦迪逊在制宪大会上所做的有关各方争论的《制宪会议记录辩论》能够早日出版,给蓄奴制问题带来启示,能够解决这个问题。麦迪逊不知被请求过多少次出版《制宪会议记录辩论》以解决目前的争端,但他还是拒绝了,并坚定地遵守着保密协议。多年以来,几十年间,麦迪逊一直在添加和修改他的会议记录,就是在1787年那个漫长炎热的夏天,在宾夕法尼亚州议会大厅里,人们究竟说了什么,做了什么,他把它搁置在一边。宪法不能重写,也不能轻易修订,但麦迪逊的《制宪会议记录辩论》可以。随着时间的流逝,随着麦迪逊逐渐老去,他看到了究竟有多少国家在追随美国而书写它们的宪法——法国、海地、波兰、荷兰、瑞士。到1829年,仅在欧洲就至少有60部宪法成文;到1850年,还有8部宪法成文。但这些宪法沿用下来的少之又少。[18]

1836年的某一天,85岁的麦迪逊突然昏倒在了早餐桌上。"蒙彼利埃的圣人走了!"《查尔斯顿信使报》在一个黑框专栏里宣布。[19]他是最后去世的立宪大会代表。他的遗嘱于夏天公布,透露了两个让奴隶制争论双方都焦虑不安的事实:他没有赦自己的奴隶自由,他已安排了相当一部分《制宪会议记录辩论》的版税捐给"美国殖民协会"。第二年,保密50年的限制结束,但国会成员对《制宪会议记录辩论》包含的内容非常紧张,还有它的出版会怎样影响美国政治风向,当多利·麦迪逊要求国会支付《制宪会议记录辩论》出版费用时,紧张兮兮的国会几乎无法举行投票。[20]

最后,国会批准了出版费用,《制宪会议记录辩论》终于在1840年付梓。远未平息宪法是否准许蓄奴制的争论,《制宪会议记录辩论》又给争论的各方各党派输送了更多的弹药。激进派废奴主义者在《制宪会议记录辩论》中看到了费城达成冷酷交易的证据,认为宪法已是不可救药。威廉·劳埃德·加里森从狭隘的视角审视《宪法》,将其称为"与死亡达成的协议,与地狱达成的盟约"。但其他反对奴隶制的人则引用麦迪逊的《制宪会议记录辩论》辩称,宪法十分明确地反对奴隶制。在《论奴隶制的违宪性》(*The Unconstitutionality of Slavery*)中,马萨诸塞州律师莱桑德·斯普纳(Lysander Spooner)谴责加里森、谴责宪法,他很奇怪,为什么废奴主义者会如此害怕将其用作武器:"如果他们手中有宪法,为什么他们不以上天的名义,拿出它,运用它?"[21]

看来,《制宪会议记录辩论》将会像宪法本身一样受到各种不同的解读。如一位深沉的观察者所说,"宪法恐怕要成为无数派系讨论的主题,如同《圣经》一样"。而且对那些派系来说,那些尽力用宪法作为其论辩支撑的政客往往最不熟悉宪法。纽约州州长赛拉斯·赖特说:"没有人熟悉我们的政府事务,大部分政治家似乎从来没有仔细读过宪法中的精确语言和具体规定,他们似乎只是在需要的时候动用自己的才智,以他们认为方便的方式对其进行发挥。"[22]

于是,1846年发生了这样的事情——美国要与墨西哥开战,可美国人还没有解决政府体制相关的一些基本问题。兼并得克萨斯意味着把已经扯得很长很紧的宪法羊皮纸扯得更远了，而兼并被征服的墨西哥部分地区的可能性，不仅仅意味着扩张共和国，更意味着要建立一个帝国。

一个国家有边界，但一个帝国的边界却是破损的。[23]当废奴主义者谴责兼并得克萨斯是奴隶权力的延伸时，更多的批评者将此称为一种帝国主义行为，与共和式政府非常不符。"先生们，我们是一个拥有广阔地域和独特自然优势的共和国，"丹尼尔·韦伯斯特指出，"不要把目标放在扩大疆域上，让我们寻求强化它的联盟。"[24]韦伯斯特的观点失败了，到最后，美国的帝国扩张分裂了联邦，最后带来了蓄奴制的崩溃。

没有哪位总统能像詹姆斯·K.波尔克那样对实现帝国的梦想如此狂热，如此坚决。兼并得克萨斯仅仅是个开端。波尔克还想接受佛罗里达成为奴隶州，还希望兼并古巴。（"就像是梨子熟了，按地心引力法则，它会掉到农夫的腿上，"卡尔霍恩曾说，"古巴慢慢也会掉到联邦的腿上。"）[25]但当波尔克派人到西班牙时，他得到的回答是，西班牙不愿把古巴卖给美国，它"宁愿看着古巴沉进大洋里"[26]。

更为紧迫的是，波尔克也想承认俄勒冈是一个实行奴隶制的州——一片令人渴望的美丽地域，包括后来的俄勒冈州、爱达荷州和华盛顿州全部，以及蒙大拿州和怀俄明州大部分地域。"我们对俄勒冈土地的主权非常明确，不可置疑。"波尔克声明，好像这些都是真的。英国、俄国、西班牙和墨西哥都曾宣称过对俄勒冈地区拥有主权，而美国通过移民的形式宣示主权。人们从密苏里州沿着艰难的"俄勒冈通道"一直向西迁移，这是一系列印第安古道，穿越高山，延至溪谷，沿着河溪蜿蜒而成。1843年，大约有800名美国人走过"俄勒冈通道"，怀里抱着孩子，经受过风雨洗礼的马车装着全部家当。有了波尔克的承诺，几百人很快变成了几千人。他们靠大篷车旅行，手中只有几本书做指导，比如兰斯福德·W. 黑斯廷斯（Lansford W. Hastings）的《俄勒冈和加利福尼亚移民指南》和约翰·C. 弗雷蒙（John C. Frémont）的《密苏里河与落基山脉之间……的探险报告》（1843）或《俄勒冈和加利福尼亚探险经历报告》（1845）。1813年，费里蒙特生于佐治亚州，他后来曾任美国地形工程兵团的少尉。在一系列非同寻常的探险活动中，他画出了西部大部分地区的地图。美国想要这个地区的多少地方？回答是战斗口号般的呼喊："整个俄勒冈！"[27]

在西南方，波尔克不想止步于兼并得克萨斯。《民主评论》的编辑约翰·奥沙利文（John O'Sullivan）亦然。"现在得克萨斯是我们的了，"他在1845年写道，不久，加利福尼亚也会成为我们的，"墨西哥想控制是白日做梦"。[28]墨西哥与美国断绝外交关系之后，波尔克立即派了一个使团，带着2500万美元前往墨西哥，希望能买下三块土地：纽埃西斯河地带（Nueces Strip）——得克萨斯和墨西哥之间一处一直有争议的地方；新墨西哥；位于下加州（Baja California）以北的上加州，包括后来成为亚利桑那州、内华达州、科罗拉多州、犹他州和怀俄明州的地区。墨西哥拒绝与波尔克的代表做交易，波尔克下令将部队开进了纽埃西斯河地带，部队沿格兰德河（Rio Grande）扎起了军营。波尔克放弃了更有经验的将军而启用扎卡里·泰勒（Zachary Taylor）领导军队，因为他是南方人，不会质疑总统不太可行的命令。

波尔克希望挑起一场斗争，不久便如愿以偿了。在1846年4月25日的一场小规模战役中，墨西哥的军队杀死了11名美国士兵。波尔克请求国会向墨西哥宣战。"墨西哥已经跨过了美国边界，侵犯了我们的领土，让美国人的鲜血洒在了美国的土地上。"[29]他坚定地说道。并非每个人都相信是墨西哥人先开的枪，或美国人站在美国领土上中弹身亡。在国会，一位来自伊利诺伊的身材瘦长的众议员亚伯拉罕·林肯（Abraham Lincoln）想要知道美国人鲜血首次洒在美国土地上的准确地点。为此他得了一个"斑点林肯"的绰号,但他没有成功。

国会批准了波尔克的宣战请求,战争爆发,但反对也开始升级,特别是因为来自墨西哥的令人不安的消息以破纪录的速度传到了美国的各个城市。战争爆发后,《纽约太阳报》出版商建立了一个专用的消息收集网,动用了轮船、马车和早期电报员。《太阳报》的方案被称为"有线服务",后来成为"美联社"。[30]

波尔克在民意调查中的微弱胜利,证明以美国人民的名义发动侵略战争如芦苇般无力,国会也没有逃脱被严加审查的命运。在纷争不断的20世纪40年代,国会的参观者经常发现议会的审议流程令人不敢恭维,但没有人比《匹克威克外传》(Pickwick Papers)的作者更加严厉。在华盛顿逗留期间,警察记者出身的查尔斯·狄更斯每天都会参观众议院和参议院,坐在画廊里做笔记。他发现国会大厦的房间很有吸引力,设施齐全。"两个议会厅都铺满了地毯",他说,参议院"很庄重,很高雅",审议工作"严肃且有序"。但是他说,众议院的会议是"高贵的政治机器由最差的工具制造的最卑鄙的变种"。议员们懦弱、小气、笨拙、堕落。狄更斯的文笔极具天赋,但他并没有夸大其词。虽然报刊上几乎没有报道,但在1830年到1860年间,国会议员之间发生了一百多起暴力事件,从过道间的混战到座席间的争吵,从出拳决斗到街头互殴。"这就是这些人的游戏,他们放荡的器官的本能,"狄更斯写道,"他们把政治冲突变得如此激烈和野蛮,破坏了尊贵者的所有尊严;敏感和讲究的人应该知道保持冷漠,而他们,正像他们的所为,要把不假思索的自私观点靠打斗表达出来。"狄更斯听说的是一个泼皮无赖,他所看到的则是一个马戏团。[31]

几乎是在墨西哥战争开始之时,国会议员就开始辩论战后该怎么办。他们言辞犀利、拔枪威胁、匕首出鞘。党派界限已被放弃，国会的分裂以地区划分。每天早晨到国会大厦之前，南方议员皮带上插着猎刀，口袋里装着手枪。北方人遵守原则，上班不带武器。当北方人谈到"奴隶权利"时，他们说的就是那个意思。[32]

如果美国要从墨西哥兼并土地，如果这个地区要加入联邦，那墨西哥人可以成为美国公民吗？卡尔霍恩现已进入参议院，他激烈地反对这种想法。"我反对接受这样一个民族，"他宣称，"我们的政府是白人的政府。"[33]那收获的地域本身呢？这些前墨西哥地区加入联邦，作为自由州，还是作为奴隶州？1846年，来自宾夕法尼亚州的32岁的民主党议员戴维·威尔莫特（David Wilmot），像一名小学教师一样随和，他建议在停战协定中加入限制性条款，令在墨西哥战争中获得的任何地域，"无论是蓄奴制还是非情愿的奴役制都不容存在"。

1846年，威尔莫特的提议在众议院以83票对64票获得通过，这是一个完全以地区划分而不是以党派划分的投票结果。马萨诸塞州废奴主义者和坚定的战争反对派查尔斯·萨姆纳预计，限制性条款将导致"党派的重新定型，其中应该出现一个巨大的北方自由党"。威尔莫特条款的支持者认为蓄奴和民主不能同时存在。"这不是几块钱几分钱的事。"一个威尔莫特在众议院的支持者说。

> 这不只是一个政治问题。这是一个在北方比在南方具有更高和更深利益的问题。在这个国家里，这是一个北方是否会被奴隶主贵族体制拖垮的问题。[34]

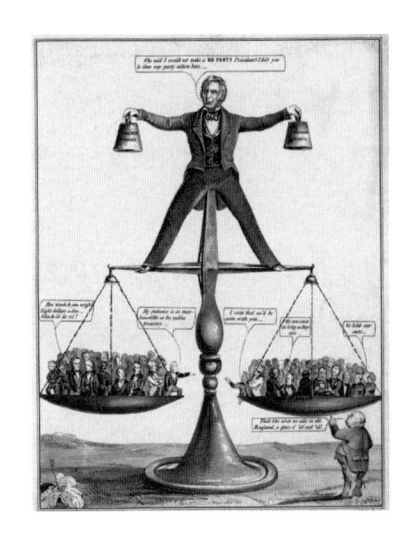

扎卡里·泰勒试图在"威尔莫特限制条款"和"南方权利"之间平衡国会的天平。
美国国会图书馆

国会议员们摇晃着他们的拳头。南方人眯起双眼看着北方人;北方人瞪眼回看他们。站在过道两侧的人在跺脚,国会大厦下面的大地开始晃动。

不过,威尔莫特的利益和卡尔霍恩的利益不同,但关注白人的权利是他们共通的利益,如威尔莫特所言。"我捍卫自由白人的权利,"他说,"我会为自由的白人劳工保留一个公平的国家,一份丰富的遗产,在那里,与我同种族、同肤色的劳苦之子,可以生活在没有黑人奴隶制所带来的耻辱环境中。"[35]

也有抗议者反对侵略战争,反对扩大对黑人不公的奴隶制,但他们的声音不是来自铺着高雅地毯的国会大厅,而是来自粗糙橡木搭成的讲坛和长椅。刚从欧洲巡回归来的36岁的一元论派(Unitarian)牧师西奥多·帕克(Theodore Parker)呼吁美国人废除奴隶制并放弃征服行动。"在国外,我国被视为骗子

正在休息的得克萨斯年轻人，约1845年，E.琼斯（E. Jones）绘。反对奴隶制扩散的美国人通常把得克萨斯人（和墨西哥人）描绘成混血儿和野蛮人。在这幅政治漫画中，得克萨斯年轻人坐在一个饱受鞭笞、戴着手铐的奴隶身上，他身上的文身写的是"谋杀""蓄奴"和"强奸"。耶鲁大学手稿图书馆

和人贩子的国家！"他喊道，"我们该怎么辩解？唉，国家背叛了它的伟大思想——所有人都是平等的，每个人都拥有同样的不可剥夺的权利。"帕克呼吁以国家的名义和上帝的名义进行革命，本着国家创立的精神和思想。

"我们是一个反叛的国家；我们的整个历史都是叛逆的；在我们出生之前，我们的血液已经被玷污了；我们的信条是对母教的不忠；我们的宪法是对祖国的背叛。那又怎样？世界上所有的总督都想让我们叛逆人类，这会产生不良影响，我们永远不要那样做。让上帝成为控制我们良心的唯一主人吧！"[36]

在瓦尔登湖的平静环境下，亨利·戴维·梭罗听到了良心的呼唤。他拒绝

付税，以此抗议战争。1846年，他离开了能够天天听到以歌唱方式鞭策穷人意志的木屋，进了监狱。在一篇关于"公民不愿服从"的文章中，他解释说，在一个多数人统治的政府中，人们成了不会思考的机器，没有骨气，人不像人，不愿意为良心投票。（在数字民主中，他寻根究底地问道："在这个国家，每一千平方英里有几个人？几乎不到一个人。"）他说，监狱是"奴隶州中自由人唯一可以恪守荣誉的房子"。[37]当爱默生问他为什么要进监狱时，据说梭罗的回答是："你为什么不这么做？"爱默生有他自己的担忧：

看着著名的国家
一再袭击墨西哥
用步枪和刀！[38]

有了那把步枪和那把刀，美国人很快就会开始分割他们自己的国家。

II.

1841年，23岁的弗雷德里克·道格拉斯（Frederick Douglass）坐下来，拍了他的第一张照片。他穿了一套深色西服，白领衬衣，打了一条带圆点的领带。他肤色黝黑，黑头发，表情坚定，直视相机。道格拉斯1818年生于马里兰，自己从废报纸和破旧拼写本上学会了认字写字，还偷偷地学习演讲术。1838年，他化装成一个水手，逃脱了蓄奴制。他住在新英格兰，开始阅读威廉·劳埃德·加里森的《解放者》。三年以后，他首次在楠塔基特的反蓄奴会议上讲话。"我们一直在听一个东西、一份财产的讲话，还是听一个人的讲话？"加里森在道格拉斯发言后问道。"人！人！"听众在喊。[39]但道格拉斯自己提供了证明，他坐下拍照，以眼睛为证，盯着相机：我是一个人。[40]

弗雷德里克·道格拉斯像，1847年，塞缪尔·米勒（Samuel Miller）摄。
道格拉斯相信照相是一种民主的艺术。他是美国南北战争前拍照最多的一个人。
伊利诺伊州芝加哥艺术学院美国重大收购百年基金会/布里奇曼图片社

在19世纪40年代，道格拉斯成为国内最著名的演讲者之一。仅1843年一年，他就发表了100多场演讲。他讲话雄辩有力。他的举止堪比莎士比亚最伟大的演员。加里森希望道格拉斯能更谦卑一点，讲话更平和一点，显得更像（加里森所说）一个前奴隶。道格拉斯没有理会加里森的意见，还是以自己的方式讲他自己的故事。1845年，他出版了一本自传，暴露了他的出身细节，也将自己暴露给了专门抓逃奴的人，危及他的生活；他离开了这个国家。《弗雷德里克·道格拉斯的生平自叙》被翻译成法文、德文和荷兰文。道格拉斯在欧洲演讲，成为世界上最著名的黑人。[41]在赎买自由之后，他于1847年回到美国，创办了报纸《北极星》（North Star）。报纸的格言和信条是："权利不分性别——真理不分肤色——上帝是我们所有人的父亲，我们所有人都是兄弟。"[42]

在《北极星》上,道格拉斯呼吁立即结束美墨战争。"我们恳求国人撤出这场恐怖冲突,放弃他们的谋杀计划,远离流血行动。"他说,"让报纸、讲坛、教会,让所有人民,立即团结起来;让上百万份的请愿书涌进国会大厅,请求立即从墨西哥撤军。"[43]道格拉斯相信照相的力量,也相信其他技术的力量。道格拉斯相信时代的伟大机器正在牵引并加速至一个政治革命的时代,抗议战争只是其中一小部分。"多亏了蒸汽航行和电线通信,"他写道,"一场革命不可能局限于他所开始的地方或人群,而是以闪电般的速度从人心传到人心。"[44]

其他观察家期待着科技力量制造出不同的奇迹。墨西哥战争造成了国家分裂,许多批评家开始相信威力无比的机器能够修复裂痕。如果问题是因为共和国的面积,边境的蔓延,帝国的边缘损坏,那么铁路,特别是电报,就不能把共和国联系在一起吗?"许多爱国者心中曾有过疑虑,快速、完整、彻底的思想交流和情报交流对统一共和国之下的人民如此重要,可这种期待究竟能否穿过如此广阔的疆土而实现",一位众议员在1845年说,但"那种疑虑现在已不复存在"。[45]

萨缪尔·莫尔斯1844年所做的演示已经证明,横跨大陆宽度的远距离通信可以发生在瞬息之间。"上帝创造了何等奇迹?"他创造了——别的不说——电报服务。美联社驻华盛顿的有洞察力的记者劳伦斯·古布莱特(Lawrence Gobright)决定使用新的电报服务向美国人民传播国会动态,"我的业务是传播事实",古布莱特写到他的工作方式时说。"我收到的指令不允许我对传播的事实做出任何评论。"[46]然而,尽管道格拉斯有乌托邦想法,古布莱特有业务价值,哪怕最坚定地相信机器推动进步的美国人都知道这样的事实:电报线中的一次脉动无法阻止联邦缓慢而持续的崩溃进程。

1847年2月，泰勒的兵力在蒙特雷（Monterrey）击败了由安东尼奥·洛佩斯·德·桑塔·安纳指挥的墨西哥军队。到夏天，墨西哥已准备商讨和平协议。就在谈判人员试图解决两国边界问题时，温菲尔德·斯科特指挥的美军已经打进了墨西哥城。到9月，美军占领了该城。美国人手中掌握着如此巨大的谈判筹码，一种"整个墨西哥"运动开始兴起，运动的支持者认为美国应该兼并整个墨西哥。密歇根参议员刘易斯·卡斯（Lewis Cass）是反对这一运动的人之一，他的理由是很难把所有墨西哥公民融入美国社会。"我们不要墨西哥人，不管是作为公民，还是作为臣民，"卡斯说，"我们所要的只是一部分疆土，墨西哥名义上拥有这些土地，但通常无人居住，就算有人居住，也人烟稀少。"[47]

波尔克的野心似乎无限之大。他考虑过兼并整个墨西哥，从北纬26°一直通向太平洋。最后，这条线设定在了北纬32°。墨西哥仍保留下加州、索诺拉（Sonora）和奇瓦瓦（Chihuahua），但割让给美国一半的土地换来1500万美元。仍居住在那一地区的墨西哥国民有两个选择，或穿过新国界回到墨西哥，保留墨西哥公民身份，或成为美国公民，"与居住在美国其他地区的居民享有同等条件"。大约有7.5万到10万墨西哥人选择留下，主要留在得克萨斯和加利福尼亚。尽管那里许诺政治平等，但他们仍然面临着种族歧视和经济损失，特别是由于他们的现存经济——贸易和牧场——被前景更广阔的商品农业和工业生产所取代。[48]

战争于1848年2月2日以《瓜达卢佩伊达戈条约》（Treaty of Guadalupe Hidalgo）的签署正式宣告结束，按照条约，墨西哥的北部成了美国的第三部分。美国获利有多大，墨西哥的损失就有多大。1820年，美利坚合众国的领土为180万平方英里，人口960万；墨西哥为170万平方英里，人口650万。到1850年，美国共兼并了100万平方英里的墨西哥领土，人口增长到2320万；墨西哥的人口是750万。[49]

美国在膨胀，墨西哥却在萎缩。沿着两国边界的大部分土地都荒无人烟，毫无景色。在美国和墨西哥联合边界委员会开始在边界地区开展勘测工作的时候，勘测员们发现，这里几乎无法生存：大多数人都会被饿死。但美国在《瓜达卢佩伊达戈条约》下收获的地区规模令人震惊。"路易斯安那的购买"曾使美国的面积增加了一倍。从墨西哥获得的领土让美国面积增长了64%。负责人口普查的总监也负责土地的丈量，他惊奇地发现，美国占有的地域已经增长到"法国和英国加在一起的近10倍；3倍于法兰西、英国、奥地利、普鲁士、西班牙、葡萄牙、比利时、荷兰和丹麦的总和；俄罗斯帝国欧洲部分的1.5倍；只比欧洲59个或60个帝国、城邦以及共和国所覆盖的面积少六分之一；等同于罗马帝国或亚历山大帝国的面积，但据说两大帝国的面积从未超过300万平方英里"[50]。

美国这样的一个新生国家，已经成为帝国了吗？以其帝国般的跨度，它会像罗马一样崩溃吗？"美国将征服墨西哥，"爱默生预测，"但它会像吞食了砒霜的人一样死去。墨西哥人会毒死我们。"[51]

这种阴沉的恐惧一直笼罩在80岁的约翰·昆西·亚当斯心头。他步履蹒跚，相当虚弱，他反对战争，弥留之际想的仍是和平。1848年2月21日，波尔克接到《瓜达卢佩伊达戈条约》的当天，昆西·亚当斯昏倒在众议院大厅，他当时几乎话刚讲到一半，说的最后一句话是反对战争及其所代表的一切。两天后，他离世了。昆西·亚当斯昏倒在地上时，年轻的亚伯拉罕·林肯一直在那里。他被指定为负责在众议院举行葬礼的人员之一，卡尔霍恩是护柩者。直到林肯去世，任何国家官员之死都没有受到如此详细的报道、追随和关注，这是国葬。电报线刚刚在波特兰、缅因、里士满、弗吉尼亚以及辛辛那提之间架设，昆西·亚当斯去世的消息传播得比风还快。玻璃覆盖的灵柩在铁轨上穿行

500英里，在所经的每个城市停留，成千上万的美国人排队观看，这是一场前所未有的蒸汽动力驱动下的悲切旅行。国家沉浸在悲痛之中，思考着可怕的政治毒药的隐患，以及令人担忧的联邦解体问题。[52]

III.

1844年，贺拉斯·格里利雇用了玛格丽特·富勒（Margaret Fuller）做《纽约论坛》的编辑。富勒当时34岁，是个近视眼，她身体纤弱，是美国当时最有学问的女性。她既能熟练地撰写文学评论，还能与爱默生讨论哲学问题。"她的演讲能力能将她的写作能力掩盖在阴影当中。"爱默生在日记中写道。[53]

凯瑟琳·比彻等人指责任何在公众面前演讲的女性，她们的指责让相当数量女性都默不作声，但并不是全部，当然不包括富勒或像格里姆克姐妹这样著名的废奴主义者。安吉丽娜·格里姆克生长在南卡罗来纳的查尔斯顿，因反对蓄奴制被逐出教会。她写了一篇文章叫《人权不分性别》，回复比彻说，"对奴隶的人权调查让我更多地了解了自己的权利。"[54]她的妹妹萨拉给这一说法赋上了历史色彩："历史篇章写满了女人的错，上面也沾满了女人的泪水。"[55]

煽动情绪不是富勒的方式，辩论才是她的风格。她对智逊一筹的人来说就是梦魇。埃德加·爱伦·坡（她不喜欢他的作品）形容她总带着冷笑。在《伟大的诉讼：男人诉男人们，女人诉女人们》一书中，富勒指出，美国政治的民主化已经揭示了男人对女人的暴政："当男人意识到所有男人都没有公平机遇的时候。"她观察到，女性已经愿意说"没有任何女性拥有公平的机遇"。与此同时，"部分原因是许多女性在这项事业中表现突出"，废奴也使争取妇女权利的斗争变得更加紧迫。1845年，在《19世纪的女性》（*Woman in the Nineteenth Century*）一书中，富勒提出基本而完全的平等："我们将让女人前面的道路自由敞开，如同向男人完全敞开一样。"[56]这本书获得了巨大成功，而且格里利——他接受了富勒有关妇女能力的格言"让她们成为船长，如果你愿意的话"——将她派往欧洲做报纸的驻外记者。富勒在罗马坠入爱河，并生下一个儿子，当时正是美国总统大选之年，作为1848年革命的动荡年代的一部分，美国真正的女权运动开始兴起。[57]

波尔克承诺只当一届总统。民主党在努力寻找替补人选。这年代，找到一个总统候选人几乎是不可能的，党派是全国性的，但由于政治变成了地区性的，什么人才能不仅吸引南方选民，还能吸引北方选民呢？

竞选者肯定都显得乏善可陈，目光短浅的时代，目光短浅的人。民主党有一位可能的人选——宾夕法尼亚律师和终生未娶的詹姆斯·布坎南（James Buchanan），他曾任波尔克的国务卿。布坎南赞成解决领土问题，办法就是把

1848年领先的总统候选人通过电报（刘易斯·卡斯）和铁路（扎卡里·泰勒）竞争进入白宫；亨利·克莱试图用皮划艇赶上他们，落后者马丁·范布伦则是骑着一匹瘦马；还有一个黑人，代表废奴派，趴在泥中，他被击败了。
埃德温·福里斯特·迪朗（Edwin Forrest Durang）/美国国会图书馆

"密苏里妥协案"中的界限一直延伸到整个大陆。参议员刘易斯·卡斯（曾任杰克逊的战争部部长）的想法更为微妙。他赞成一种政治策略，其支持者称"人民主权"，就是每个州在加入联邦时要决定，究竟是允许还是禁止蓄奴制。在党内推选大会上，卡斯获胜，代表们选举威廉·巴特勒（William Butler，一位墨西哥战争中的将军，没有特殊成就）做卡斯的竞选伙伴。

战斗英雄是政治年代的一种时尚。辉格党觅得两位战争期间更为著名的将军：扎卡里·泰勒和温菲尔德·斯科特，弃用党内两位年长的领袖人物：亨利·克莱和丹尼尔·韦伯斯特。泰勒从未归属任何政党；斯科特几乎是个神秘人物。泰勒只是勉强同意自己是辉格党。"我是辉格党，"他说，但又加了一句，"但不是特别辉格。"如他所承认的，他甚至从未投过票。[58]不管怎么说，他赢得了提名。克莱不满于战争英雄的崛起，闷闷地说："我要是杀个墨西哥人就好了。"[59]

卡斯和泰勒的崛起使反对蓄奴制渗入新地区的民主党和辉格党选不出一个总统候选人。他们着急了，于是在1848年6月的布法罗大会上成立了一个"自由土地党"。他们急于选出一个具有国家影响力的人物，最后决定是前总统马丁·范布伦，并确定他们的口号是"自由土地，自由言论，自由劳工，自由人！"[60]。

"自由土地，自由言论"运动源于对宪法解读的分歧，但同样与席卷欧洲的1848年大革命密切相关。玛格丽特·富勒从意大利发回报道——她在罗马的一家医院护理受伤的革命者。巴伐利亚国王在这些革命中挣扎，他请历史学家利奥波德·冯·兰克（Leopold von Ranke）解释，为什么他的人民和其他欧洲人民一样，都反抗君主统治。"当人们找到足够的、实在的表达方式时，他们的思想传播得最快"，兰克告诉国王，美国"在世界上引入了新的动力"，即"国家应该自治"的想法，这个想法将决定"现代世界的进程"：言论自由通过电报传播，将带来整个世界的自由。[61]

与美国对海地革命的主流反应不同，多数美国人跟随着玛格丽特·富勒欢迎欧洲革命，认为那都是民主革命，是人民反抗贵族和君主暴政的革命。马克思的《共产党宣言》于那一年出版，但读的人很少，很快就被忘却了（几十年之后又被重新发现），但它抓住了横贯美洲大陆的一种情绪：工人失去了对生产资料的控制。

拥护"自由劳工"的人坚信自耕农和按劳取酬的工人比奴隶劳力在道义上更优越，但劳资斗争的语言充斥着自由劳动的意识形态。"劳力先于，并独立于资本"，林肯在1859年说，而且"事实上，资本是劳力的结果"。[62]但对自由土地主义者来说，斗争不在于劳资之间，而是存在于自由劳力（生产阶级）和奴隶权力（美国权贵）之间。自由土地运动得到了两个特殊的中产阶级的支持：东部城市的劳动者和西部地区的务农者。虽然回顾起来有点像马克思所说的话，但它事实上来自爱默生和梭罗的作品。自由土地者不像梭罗一样诅咒铁路，他们相信进步——劳动者以他的力量、能量取得的进步。"感谢自由劳工，今天的穷人是我们明天的自耕农和商人。"《纽约时报》说。"啊，那些北方的劳动人民是谁？"丹尼尔·韦伯斯特问，"他们就是整个北方，他们就是用自己的双手耕种自己土地的人民，自由土地的拥有者，有知识的人，独立的人。"劳动者迁移西部，只要他们建立的是自由制，也会把这种精神带到西部。密歇根州州长说："像所有新州一样，我们州住的都是活跃的、有活力的、有创业精神的人，我们渴望快速积累财富。"[63]

自由土地者和他们的伙伴谈到"北方的进步和南方的没落"，将奋斗的、活跃的、进取的自由劳力与腐败的、没落的、落后的奴隶制相比较。林肯说，蓄奴制将人降格为一匹"踏车上的瞎马"。纽约参议员威廉·西华德（William Seward）写道：蓄奴制让南方成为废墟，"肥力耗尽的土地，老旧破败的城镇，荒凉无人的道路"。正如贺拉斯·格里利所说："奴役一个人，你就毁了他的雄心、事业和能力。"[64]

北方人的这种攻击使南方人更加坚定地捍卫他们的生活方式。他们在前线战斗。他们把北方描绘成"工资奴隶制"，一个比奴隶制更具剥削性质的体系。他们称赞蓄奴制是美国繁荣的基础要素。蓄奴制"随我们的成长而成长，随我们的壮大而壮大"，卡尔霍恩说。他们还阐释了一种更为有害的种族差别的观念，矛头直指美国的平等信念。

某些观念来自人种学领域。瑞士出生的美国博物学者路易斯·阿加西兹（Louis Agassiz）提出"特殊造物说"：上帝创造并向全世界分撒各类植物和动物，让它们散落于大地和海洋，各有所归。对于赞成奴隶制的南方人，阿加西兹还相信"多元发生说"，即上帝创造了四个不同的种族，每个种族都有其伊甸园。但据弗雷德里克·道格拉斯观察，蓄奴制"处在全部争端的最底层"，因为多元发生主义者和一元发生说论者之间的争议，从核心说，是"奴隶的拥有者和废奴主义者"之间的争论。[65]

弗吉尼亚保守派人士乔治·菲茨休（George Fitzhugh）本身受过人种学的启发，他认为《独立宣言》中所谓的"自明的真理"完全是痴人说梦。"人在身体上、道德上和智力上并不是生而平等的，"他写道，"如果这样说则更接近真理，'有人生来就背负着马鞍，有人生来就穿着带刺的马靴，要骑在前者的背上，'这种骑行对双方来说都很好。"在菲茨休看来，问题出在启蒙运动中启蒙者（philosophes）的想象上，他们拒绝接受历史事实。他说，生命和自由不是"不可剥夺的权利"；相反，人"在所有国度、所有年代，一直都在被出售，而且只要人性本身存在，人就必须被出售"。平等就意味着灾难："主从关系、种姓差别、阶层差别、性别差异、年龄大小以及蓄奴制，都能带来和平和善意。"进步是一种幻象："世界在过去的两千年，也许是四千年中都没有改进。"完美只存在于过去，不会是在将来。[66]说到北方和南方的经济体制，菲茨休坚持道："自由劳力没有黑人奴隶千分之一的权利和自由，南方黑人奴隶才是世界上最幸福——而且在某种程度上说——最自由的人。"[67]

自由土地党反对菲茨休的每一条说法。如果说这个党得到了农民和劳工的支持，它也赢得了自由黑人的赞许。为了支持自由土地党，亨利·海兰德·加尼特（纽约州特洛伊城的黑人废奴主义者）重印了戴维·沃克的《呼吁》。自由土地党于1848年夏在布法罗召开第一次代表大会。萨蒙·蔡斯（Salmon Chase）起草了该党的纲领，与蔡斯对麦迪逊《制宪会议记录辩论》的解读非常接近。宪法不能被否定，蔡斯争辩道，但必须挽救。他解释说，他的关键想法有三："一、政府的原初政策是限制蓄奴制。二、按照宪法，国会不能在地区内建立或维持蓄奴制。三、政府的原初政策已遭到颠覆，宪法已遭到亵渎，因为蓄奴制的延伸，以及'奴隶政治优先权'的确立。"[68]

曾参加戒酒和废奴运动，并在1840年至1844年帮助辉格党竞选的女性也支持自由土地党。布法罗自由土地党大会结束后，她们紧接着在纽约州塞尼卡福尔斯（Seneca Falls）召开了由300多名妇女和男人参加的女权大会。玛格丽特·富勒仍在意大利，她起到了促进作用。

32岁的伊丽莎白·卡迪·斯坦顿（Elizabeth Cady Stanton）起草了一份宣言。斯坦顿是纽约最高法院大法官的女儿，她阅读父亲的法律书籍长大。那一年春天，州内《已婚妇女财产法》通过，斯坦顿起到了关键作用。按照大多数现存的州法，已婚妇女不能拥有自己的财产，不能签订合同；她们以前拥有的一切在结婚后都会成为丈夫的财产；纽约州法允许妇女"分开使用"她们的财产。斯坦顿的丈夫也是一名律师，他在日后会帮助建立共和党，他同样是一位有名的废奴主义者。如富勒所指出的那样，废奴主义转化为党派政治，充分显示了女性在不能投票的情况下政治行动能力是多么有限。在塞尼卡参加大会的妇女决定为法律的全面改革而奋斗，为选举权而奋斗。斯坦顿后来写道，她们觉得"无助和无望，就像突然让她们造一台蒸汽机一样"。

斯坦顿的《情绪和决议宣言》不仅呼吁琐碎的立法改革，也回荡着《独立宣言》的声音：

> 在人类事态的发展进程中，人类家庭的一个部分有必要在地球人群中占有一定的地位。这个地位不同于他们迄今已有的地位，而是自然法则和自然上帝赋予他们权利，一种对人类观念的体面尊重，这也需要他们说明未受尊重的原委。

她接着说："人类的历史是男人对女人反复进行伤害和剥夺的历史，女人是男人确立其绝对权威的直接对象。"斯坦顿写道："为证明这一点，请将事实交给这个坦诚的世界。"男人拿走了女人的财产，通过了她没有发言权的法律，让她在没有代表权的情况下照样交税，拒绝她接受教育，使她成为自己意愿的奴仆，禁止她公开发言，并剥夺她的投票权。[69]一份辉格党报纸将这次大会称为"女性发展史上最让人震惊和最不自然的事件"[70]。但任何虚弱和可笑的言词都无法阻止斯坦顿的行动，她不愿意罢休，拒绝接受宪法的含义只能由男人来确定这一现实。

19世纪最成功的美国女性玛格丽特·富勒错过了这场争战。她带着咿呀学语、刚学走路的两岁的儿子和儿子的父亲，将记录她在罗马革命性史诗的文稿塞进一个蓝色印花布袋，再装进旅行木箱，于1849年登船返回纽约。在距离火岛（Fire Island）不到300英里，距离纽约市仅几英里的地方，他们的船在暴风雨中的沙洲上搁浅了。乘客从船的甲板上撬下木板，用作救生木筏，漂向岸边。富勒怕水，又不愿丢下孩子，只好穿着白色睡衣坐在甲板上等待岛上灯塔派送救生艇，但就在此时，她身下的船体破碎，桅杆断裂，索具在风中抽打。一股大浪冲向她，让她陷入了可怕的大海。

梭罗从马萨诸塞州来到海滩，寻找她的尸体或她留下的任何纸片，但只找到了她孩子幼小而裸露的尸体。[71]

IV.

历史充满了灾难和不幸：波托马克河上的爆炸，港口咫尺之遥的风暴，票数接近的选举，有输有赢的法庭案件，溺水而死的政治幻想家。但在19世纪50年代的美国天空中，一种不可避免的感觉正在降临，似乎是一种宿命，一种阴沉的毁灭，没有任何连发事件或偶发事故可以阻挡。

接近1849年年末之时，亨利·沃兹沃斯·朗费罗（Henry Wadsworth Longfellow）对联邦深感绝望，他写过一首关于美国国家大船的诗歌。朗费罗1807年生于缅因州波特兰的海边，是美国最著名和最受欢迎的诗人。他还是6英尺4英寸高的查尔斯·萨姆纳的挚友。萨姆纳在19世纪40年代抗议兼并得克萨斯，反对墨西哥战争，同时也反对波士顿学校的种族隔离政策。1842年，萨姆纳说服朗费罗用他的笔加入反蓄奴事业，朗费罗责无旁贷地写作并出版了一本诗集——《奴役篇》（Poems on Slavery）。朗费罗的废奴观点广为人知，1844年，自由党鼓励他竞选国会席位。朗费罗拒绝了。"尽管我是个强烈的反奴隶主义者，但我不属于任何社团，不为任何单一的旗号而奋斗，"他拒绝道，"党派斗争变得过于暴力——从我的趣味来看充满恶意；在公共辩论中，人们会发现我是个无力的、无价值的卫士。"[72]

1849年，朗费罗像多数关心美国时政的人一样开始为共和国的现状担忧。他开始写一首名为《航船的建造》的诗，写的是一艘美丽但粗糙的"联邦号"。但在诗结束的时候，只能给这艘巨轮一个灾难性的结局。他的初稿以下列数行结束：

> ……哪儿啊，哦，在哪儿，
> 难道以这种罕见的形式结束吗？
> ……撞上了可怕的礁石，
> 在哪个可恶的泊位腐烂，
> 这样的结局注定
> 是所有美好与力量的必然！

后来，在1849年11月11日，萨姆纳到朗费罗在剑桥的家中吃晚饭，被自由土地党的言论所激，面色通红。萨姆纳作为自由土地者竞选国会议员，11月12日就是大选日。他让朗费罗相信，联邦也许有救，他应该在诗的结尾倾注更多的希望。当天夜里朗费罗修改了一稿，第二天到选票亭投了萨姆纳一票。朗费罗新的结尾成为他最令人羡慕的诗行：

> 开航吧！开航吧！哦，国家的航船！
> 那些饥渴的国家期待着你的信息！
> 世界的命运将取决于你！

他给出版商写信说："你觉得附上的这首诗怎么样，不是'航船'的悲伤结局了，是不是好些？"确实是好些。林肯的秘书说，林肯读完朗费罗的诗以后，"他的眼中都是泪水，两腮都是泪痕。他没有多说，但最后的话简明扼要，'能够如此打动人，真是份上好的礼物！'"[73]

到19世纪中叶，起源于大西洋海岸的反蓄奴制斗争已经延伸到了太平洋沿岸——跨越了3000英里，遍布铁轨和电报线的大地。"联邦能走到今天真是个奇迹，"约翰·马歇尔在1832年写道，"我担心奇迹无法继续。"看起来，1850年需要另外一个奇迹。加利福尼亚发现金矿引发了淘金热。来自东部的，来自邻州俄勒冈的，来自墨西哥的，还有来自其他很多地方，远得难以想象，甚至来自智利和中国的移民，都拥到了这里。1849年，加利福尼亚立宪大会宣布："无论是奴隶制还是非自愿性奴役，惩罚犯罪者除外，本州一概不予容忍。"（一项禁止"自由黑人"定居该州的决议被否决。）1849年秋，宪法经选民批准，加州加入联邦的请求被送到了国会。[74]

这感觉一定是生活在跷跷板上。接受加州作为自由州加入联邦，一定会破坏奴隶州和自由州之间的平衡。国会似乎陷入了进退两难的境地。但在历经8个多月的密切协商后，在伊利诺伊参议员、矮个儿、胖犬体型的史蒂芬·道格拉斯的大力协助下，亨利·克莱提出了一项或者说一系列的妥协条款，与蓄奴制的一系列问题有关。为安抚自由土地党，加州将作为自由州加入联邦；华盛顿特区将废除奴隶贸易；得克萨斯将让出地区内争议地段的土地给新墨西哥，换取1000万美元。（反蓄奴制的约翰·C.弗雷蒙当选为加州第一位参议员）为照顾赞成奴隶制的人，新墨西哥、内华达、亚利桑那和犹他所辖地区将在组织上不提蓄奴制问题，留给当地居民在申请加入联邦时自行解决。道格拉斯推行人民主权的观念，指出"如果在自由政府中有任何一个原则比其他原则更亲切、更神圣，那就是自由人享有建立和采纳他们基本法律的专有权"[75]。

据道格拉斯的理解，非自由人没有这些权利。"1850年妥协政策"中最后一项倾向蓄奴制的条款是"逃奴法"，它要求公民举报逃奴，并剥夺逃奴接受陪审团审判的权利。居住在纽约的逃奴哈里特·雅各布斯（Harriet Jacobs）说，这条法律标志着"对有色人种恐怖统治的开端"[76]。赏金猎人和逃奴捕手到处抓捕前奴隶，把他们交还给奴隶主而得到赏钱。他们抓男的，抓女的，抓孩子，抓生来就自由的人，抓得到合法解放的黑人，把所有人都卖到南方，没有人能阻挡他们的行动。没有什么能比这更残酷地揭露自由的脆弱和奴隶制的贪婪。"如果任何人想犯法，就让他去犯'逃奴法'吧，"朗费罗痛苦地写道，"那条法律就是干这个用的。"[77]

哈莉特·塔布曼（Harriet Tubman）第一次逃跑时才7岁，她协助建立了美国最新的基础设施：地下铁路。塔布曼有5英尺高，遭受过毒打，遭受过饥饿——一个重物砸到她头上，留下终生的疤痕——但她于1849年逃脱了奴役，从马里兰逃到了费城。1850年开始，她至少13次返回马里兰，营救了70多个男人、妇女和儿童，同时，她还在纽约、费城、加拿大当洗衣工、管家、厨师。人们开始叫她"塔布曼队长"，或干脆叫她"摩西"。有一次，人们问她如果被抓住怎么办，她说："我会感到非常欣慰，能为我的人民做些善事。"[78]

1850年的妥协政策只持续了4年，但在此过程中，它改变了废奴主义运动，而且再次重塑了政党。1851年，查尔斯·萨姆纳作为自由土地党竞选，赢得了马萨诸塞州的参议员席位，原来长居此位的是丹尼尔·韦伯斯特（萨姆纳所鄙视的妥协政策的谋划者）。同年，弗雷德里克·道格拉斯在宪法问题上与加里森决裂。"我受够了站在奴隶主的角度争来争去。"道格拉斯说。他开始相信，宪法并没有认可奴隶制，但可以用来结束奴隶制。[79]"在这种时候，我们需要强烈的讽刺，而不是服人的争辩。"1852年7月5日，道格拉斯在罗切斯特炽热演讲中说。"对美国奴隶来说，哪天是你的7月4日国庆日？"他问。

> 我来回答；就是比一年之中其他日子更能向他揭露那肮脏的不公和残暴的那天，而他长久以来都是那不公和残暴的受害者。对他来说，你的庆祝活动是假的；你自夸的自由，是一张并不圣洁的执照；你说的民族伟大，是虚假的繁荣；你欢呼的声音，是空虚和无情；你对暴君的谴责，是

恬不知耻的鲁莽;你自由和平等的呼声,是空洞的嘲弄;你的祈祷和赞美诗,你的布道和感恩,以及你所有的宗教游行和庄严,对他而言,仅仅是夸夸其谈、欺诈、欺骗、亵渎和伪善——是一层薄薄的面纱,掩盖着连野蛮人都会蒙羞的罪行。[80]

道格拉斯呼吁美国人践行建国文档中的诺言,但美国向西部的扩张造成了更多惊人的对宪法和道德的歪曲。

1854年,跷跷板再次倾斜,更多地倾向于赞成奴隶制的一方。推动者是史蒂芬·道格拉斯(Stephen Douglas),参议院领土委员会主席。国会从19世纪30年代开始一直在讨论跨大陆铁路建设计划。道格拉斯想让铁路经过芝加哥,但在芝加哥和太平洋之间横躺着一个所谓的"永久印第安地区",就是安德鲁·杰克逊把东部印第安人,包括切罗基人,迁移到的那个地区。道格拉斯则说,在一个进步时代,在一个未来的国家,"永久印第安地区"的说法显得非常荒唐:"遏制我们朝这个方向进取的想法变得如此荒谬,甚至让我们感到惊讶,连明智的爱国政治家们竟然也怀有这种想法……这个广阔的原野横跨1500英里,到处是不友好的野蛮人,而且切断了所有对外的直接联系,我们该如何发展、珍惜和保护我们在太平洋沿岸的巨大利益和财产呢?必须消除印第安人构成的障碍。"[81]

1854年1月,一项把"永久印第安地区"组合成堪萨斯和内布拉斯加的提案提交国会时,道格拉斯提出了一条修正案,相当于废除了本该在两个地区禁止蓄奴制的"密苏里妥协案"。相反,根据人民主权的原则,堪萨斯和内布拉斯加人民将做出抉择。《堪萨斯–内布拉斯加法案》向奴隶制开放了本应对它关闭的土地的大门。在许多北方人看来,这是对宪法本身的无耻背叛。纽约州参议员普雷斯顿·金(Preston King)预言"过去的党派阵线和密苏里线一起被抹去了"。缅因州参议员汉尼拔·哈姆林（Hannibal Hamlin）宣称："旧的民主党现在已是蓄奴党。"[82]

到目前为止，美国向西部的扩张非但没有起到释放日益增长的美国人口的压力安全阀的作用，反而证明这是爆炸性的。堪萨斯-内布拉斯加的争议使民主党成为"蓄奴党"，也标志着"美国党"——"一无所知党"（Know-Nothing Party）——的终结。"一无所知党"人承诺永远不会为任何外国出生的人或天主教候选人投票，并呼吁将外国人归化入籍的年限延长至21年。他们赢得了马萨诸塞州议会的控制权，并在宾夕法尼亚州赢得了超过40%的选票。宾夕法尼亚的一位民主党人说："几乎每个人都完全迷恋上了本土主义。"在纽约，萨缪尔·F. B. 莫尔斯作为"一无所知党"代表竞选国会席位，没有成功，但他通过重印他宣扬本土主义的《紧迫危机》来传播他的思想，并认为废奴主义本身就是一个外来的阴谋，是一个"英国贵族长期以来精心策划的阴谋"。[83]（"奴隶制本身并不是罪恶"，莫尔斯坚持认为，"它是一种社会状态，世界一开始就由神圣智慧所赐予，为最明智的目的服务，善意而节制"。）[84]在1854年2月的费城大会上，北方"一无所知党"的纲领中提出了一个条款，要求恢复"密苏里妥协案"决议。当这个动议遭到拒绝时，来自北方八个州的大约五十名代表愤然起身：他们离开了大会，并开始组建他们自己的党，即短命的"北美党"。本土主义在美国政治中会成为一股力量，但与此同时，本土主义者已因蓄奴制而分裂。

堪萨斯-内布拉斯加法案也使45岁的亚伯拉罕·林肯放弃了律师职业回到政治舞台。作为一名众议员，林肯反对和墨西哥的战争，并支持威尔莫特的限制性条款，但他几乎没有谈论过蓄奴制。1854年春天，他开始思考蓄奴制问题，而且像一名律师准备出庭那样，权衡要用怎样的论述才能打败那些捍卫蓄奴制的人。在4月写成的一些片段记录中，他预测了争论的走向：

如果甲能有力地证明他有权奴役乙，为什么乙不能用同样的理由，同样证明，他也可以奴役甲？

你说甲是个白人，而乙是个黑人。那就是肤色的问题了；也就是说，肤色浅的人可以奴役肤色深的人吗？小心了。如果按这条规矩，你可能会被你遇到的第一个肤色比你白的人所奴役。

你不是严格地在说肤色？你的意思是白人在智力上高于黑人，所以有权奴役他们吗？那又要小心了，如果按照这条规矩，你可能会被你遇到的第一个智力比你高的人奴役。

但如果你说，这是个利益问题，你说这是你的利益，你就有权奴役另一个人。好吧，那么如果他说这是他的利益，他也有权奴役你。[85]

林肯在一个新党派中找到了他的政治归宿，那就是共和党，它由54名决心废除《堪萨斯-内布拉斯加法案》的威斯康星州里彭市（Ripon）公民在1854年5月创立。54人中有3位是女性。新党由前自由土地党、辉格党、北方民主党，以及一无所知党中反对奴隶制的成员联合组成。如果民主党已成为蓄奴党，共和党将成为改革党。在这种精神鼓舞下，共和党欢迎女性的支持：女性为共和党书写竞选文章，并代表共和党发表演讲。共和党最佳演讲者（也是报酬最高的演讲者）安娜·迪金森（Anna Dickinson）是第一个在国会众议院大厅发表演讲的女性。[86]

加入新党后，林肯研究了颇具远见的弗雷德里克·道格拉斯的演讲和作品（道格拉斯的观点是从普通人性的角度反对蓄奴制）。1854年8月，林肯仍在考虑他的最佳论证思路，并开始在政治会议上发表演讲。那年秋天，他决定作为共和党人竞选，挑战斯蒂芬·道格拉斯的参议员席位。他在皮奥里亚

（Peoria）一群热情听众面前与道格拉斯辩论。道格拉斯讲了三小时，而晚餐休息后，林肯也讲了三小时。林肯说，道格拉斯提倡的是一种民主理念所唾弃的东西。问题取决于黑人是否应该"算人"，林肯说。

> 如果他不算一个人，在这种情况下，那个算人的人，作为自治的一部分，可以随意处置他。但如果黑人算是一个人，在这种情况下，说他不能管治自己，难道不是对自治的彻底破坏吗？当一个白人规范自己的时候，是自治，但他在自治的同时还治理别人，这就超出了自治的范围——这就是专制统治。如果黑人算是人，那么我古老的信仰教导我"人人生而平等"，任何人都不具有将另外一个人变成奴隶的道德权利。

由此，他说他痛恨《堪萨斯-内布拉斯加法案》，因为它把民主变成了丑恶的专制：

> 我痛恨它，是因为蓄奴制本身就是极其不公平的。我痛恨它，因为它剥夺了我们共和国在世界上作为公平力量的榜样，导致自由制度的敌人有了嘲讽我们是伪君子的理由，也让那些拥护自由的、我们的真正朋友们开始对我们的诚意表示怀疑，特别是我们当中有这么多善良的人被逼到不得不公开声明对民主自由的基本原则表示反对，不得不对《独立宣言》进行批评，并主张正确的行为准则除了自私自利以外就没有其他的了。

林肯的语言是自由土地、自由言论和自由劳力的语言。他的反蓄奴论证基于他对美国史的理解，基于弗雷德里克·道格拉斯的语言，基于他对宪法的理解。"不要受任何人欺骗，"他说，"1776年精神和内布拉斯加精神完全是相互敌对的。"[87]

林肯竞选失败，但他坚持努力工作，不断修改他的论证，像是劈砍一块木桩，劈成了木板，然后再用砂纸擦抹。"事实上，多数政府的建立都基于对人类平等权利的否定，"他在写给自己的一条笔记上说，"但我们的政府，它肯定这些权利……我们进行了实验，成果就在我们面前。看看吧——想想它，看看它，全国范围内的宏伟集成，以及它的广阔疆土、人口数量——轮船、汽船、铁路的数量。"[88]

堪萨斯在必须决定是以自由州还是以奴隶州加入联邦时就已经陷入争战当中。迁移到堪萨斯的南方人投票赞成奴隶制，迁移到堪萨斯的北方人投票反对奴隶制。没过多久，他们开始朝对方开火。贺拉斯·格里利把事件叫作"流血堪萨斯"。过不了多久，参议院也会出现流血事件。林肯私下把他对国家的绝望表述为"向堕落前进"，这是一种政治衰退：

> 作为一个国家，我们开始时宣布"人人生而平等"，事实上，现在读起来，是"人人生而平等，除了黑人"。当"一无所知党"得势的时候，读起来将是这样，"人人生而平等，除了黑人、外国人和天主教徒"。如果这样，我宁愿移民到一个人民不会假装热爱自由的国家——比如俄国，那里的专制统治可以采取纯粹的形式，不必掺杂任何伪善的杂质。[89]

1856年5月，查尔斯·萨姆纳在参议院席上发表了一篇题为《堪萨斯的罪行》的讲话，赢得了雷鸣般的掌声，在讲话中，他指责奴隶制的野蛮行为，将奴隶制与强奸行为相比较（暗示所有奴隶主强奸他们的奴隶），并警告可能爆发内战。"即使是现在，就在我说话的时候，"萨姆纳喊道，"地平线有恶兆降临，威胁着这块已经在内战的嘀咕声中颤抖的大地。"两天后，国会议员普雷斯顿·布鲁克斯（Preston Brooks），南卡罗来纳州参议员的堂兄安德鲁·巴特勒（Andrew Butler，曾与斯蒂芬·道格拉斯一起制定《堪萨斯-内布拉斯加州法案》）找到坐在参议院办公桌前的萨姆纳。"萨姆纳先生，我两次仔细阅读了你的演讲稿，"布鲁克斯告诉萨姆纳，"这是对南卡罗来纳和巴特勒先生的诽谤，他可是我的亲戚。"不等回答，布鲁克斯就用手杖无情地敲打萨姆纳，一次又一次地打到他头上。朗费罗在反对奴隶制的斗争中一直默默地做自己的事情——为逃奴赎自由，资助免费学校——他写信给萨姆纳，称其是"自我们建国以来就最伟大的话题发出最伟大的声音的第一人"[90]。萨姆纳头部的伤要用三年多时间才会康复。那段时间，他的席位一直空缺，马萨诸塞州拒绝选出替代者。

"南方任何地方都无法容忍言论自由。"《辛辛那提公报》（*Cincinnati Gazette*）称。[91]但"布鲁克斯杖打萨姆纳"事件充分说明了有关奴隶制的斗争，其实是有关西部的斗争。1856年大选中，共和党接纳了自由土地党人并认识到西部政治不断增长的因素，推举加利福尼亚人、著名探险家约翰·C. 弗雷蒙竞选总统，只差几票的林肯竞选副总统。该党采纳了竞选口号："自由言论，自由土地，弗雷蒙！"他在纲领中提出，反对将蓄奴制问题留给州内解决。"在宪法规定下，我们否认国会、任何地区立法机构、任何个人或组织有在美国任何区域为奴隶制提供合法存在的权力。"[92]

弗雷蒙并不是一个出色的竞选者。如几位共和党人所说，他的妻子杰西·本顿·弗雷蒙（Jesse Benton Frémont）口齿伶俐，"也许是一个更好的候选人"[93]。辉格党推选了不为人知的米勒德·菲尔莫尔（Millard Fillmore），该党提名大会主席说："有人说辉格党已经死了，其实不然。"他错了，辉格党真的死了。1856年，民主党知道赢得大选的最好机遇就是推选一个支持蓄奴制的北方人，所以推选了詹姆斯·布坎南。波尔克有一次在他的日记中透露,"布坎南是个有能力的人,但他在一些小事上缺乏主见,有时像个老妈子。"[94]布坎南想象力有限,他唯一的政治美德是公平:在《堪萨斯-内布拉斯加法案》的风暴发生时,他是美国驻英国大使,这让他在美国选民看来似乎非常清白,仿佛选布坎南就是为联邦投票。在大选中,布坎南说,如果你们选弗雷蒙,那将导致一场内战,因为众所周知,弗雷蒙是反对奴隶制扩张的人。结果布坎南大获全胜。

布坎南想避免的内战终将到来,有他没他都一样。弗雷蒙是第一个许诺结束蓄奴制扩张的总统候选人;布坎南没做这种许诺,但他是第一个就职典礼被照片记录下来的总统。一张模糊的黑白照,拍摄了1857年3月4日国会大厦东侧门廊,一群戴高顶帽子的男人和穿圈环裙的女人,拥挤在栏杆旁边。布坎南在首席法官罗杰·坦尼(Roger Taney)的主持下宣誓。坦尼法官79岁,因年老而皮肤干瘪,他来自马里兰,是安德鲁·杰克逊提名的法官。布坎南开始发表就职演讲,其中奴隶制这个小问题被放到了一边。"对国家来说,最开心的事情是公众的思想从这个问题转移到其他更紧迫、更实际的重要问题上"。他还对人们所期待的坦尼在任时的最高法院对"德雷德·斯科特诉桑福德案"可能做出的裁决表示满意。斯科特生而为奴,后被带到自由州,为获得自由而提起诉讼。布坎南站在国会大厦的高处对一群带着高顶礼帽的人讲话,说他很高兴能将这个问题和奴隶制在边界扩张这个更大的问题留给法院解决。"这是个司法问题,从法律上讲属于美国最高法院,现未结案,但可以理解,它将会迅速得到解决,"布坎南说,"我将和所有善良的公民一起,高兴地接受他们的裁决。"[95]

首先一点,这不够真诚。事实上,布坎南曾劝说法院延期判决,至少曾向一名北方法官施压,让他加入法院多数人赞成蓄奴制的行列。第二天,《费城问询报》(Philadelphia Inquirer)报道,坦尼法官在家中写下了他的判决。

"德雷德·斯科特案明天宣判。"《纽约先驱报》记者说。[96]全国都在屏着一口气。

辩论从1787年就开始了。宪法到底是想认可还是不认可蓄奴制？弗雷德里克·道格拉斯发现了这个问题本身的荒谬，但坦尼并没有发现。

他在3月6日做出了判决。最高法院只曾有一次否决过联邦立法（"马尔伯里诉麦迪逊案"）。坦尼决定在"德雷德·斯科特诉桑福德案"中再次使用这一权力。代表大多数法官（7∶2）的意见，他宣布"密苏里妥协案"违反了国家宪法。但问题出在他的逻辑。国会没有权力限制各州推行奴隶制，坦尼说，因为书写宪法的人认为非洲人的后裔"属于下等人行列，无论在社会关系上还是在政治关系上，完全不能融入白人的种族群体，因此他们低人一等，不享有白人必须尊重的权利"。他的判决是，"非洲种族的黑人"在美国永远不能得到公民的权利和特权。[97]

消息通过电报传到仍在扩张的共和国的每一个角落。反响随即而来，一片大声疾呼，还有来自赞成蓄奴制的舒心长叹。几家日报社连夜排版，争取把裁决结果刊登到3月7日星期六的报纸上。《奥尔巴尼日报》（Albany Journal）甚至发表社论说判决并非出人意料，因为"五个法官都是奴隶主，另外四个人中的两个人用巧妙的计谋让州法律既符合联邦要求，又满足'南方体制'才得到任命"。很多报纸到3月9日星期一才报道裁决结果，长篇报道3月13日才见诸报端。此时，威廉·劳埃德·加里森的《解放者》刊登了整版报道，总结了法庭的意见，以裁决开始："黑人，无论是奴隶还是自由人，只要是非洲人种，按宪法规定就不是美国公民。"法庭判决的意义让读者大吃一惊，就连对奴隶制没有强烈见解的美国人——当然人数很少——都对法庭动用该法律违宪的权力而感到吃惊。《国家时代》（National Era）在3月19日刊登了一篇题为《最高法院——寡头与人民》的文章，准确地预测到：最高法院的行为远不能压制奴隶制的骚动，也不能调解人民和奴隶制主张间的矛盾，反而会为更多争端提供缘由，为大火提供燃料，燃起人们对'奴隶权力'更多的反感。同一天的《独立报》（Independent）发出一条信息："法官就能制定法律吗？"[98]回答是：不。

法院的全部意见（写在一本600多页的书中）直到1857年才得以印行，但到那时，全国的会议——黑人的和白人的——都在指责最高法院的判决。"有色人种大会"4月份在费城举行会议，会议决定，"有色人种对这套宪法应负的唯一责任，就是指责它，否认它，采用一切可能的办法去蔑视它，因为在它的规定下，有色人种低人一等，属于下人，不具备白人必须尊重的权利"。[99]被最高法院宣布不可能得到平等对待的人们还能做什么？"我同你一起悲叹时代的不公，"朗费罗写信给萨姆纳，"真是可悲，令人心碎，我渴望说些鼓励的话，让人感到振奋，感到力量。"[100]

林肯在斯普林菲尔德发表了他的见解。他说，法院的见解是"基于想象中的历史事实，其实那并非真相"。坦尼曾认为《独立宣言》中所强调的平等从未想表明它适用于黑人。如果这是真相，林肯问道，杰斐逊的话还有任何价值吗？"这些真相"意味着谎言吗？林肯有他自己的解读。"'人人生而平等'的论断对于我们从大不列颠独立没有实际用途，"他说，"这写在了《独立宣言》中，不是为独立，而是为未来所用。宪法制定者的意思是（感谢上帝，它正在证明自己）给那些以后又想将自由人拉回可恶的专制道路上的人留一块绊脚石。"[101]

对"德雷德案"判决的最有力演讲是弗雷德里克·道格拉斯所做的。兴高采烈的奴隶主们说，"德雷德案"永久地解决了奴隶制问题。道格拉斯回顾历史，并不同意这一看法。他不乏嘲讽地说，"问题解决得越多，就越有更多的问题要解决。"虽然判决本身凄凉且令人失望——道格拉斯说它"卑劣可怕，让人厌恶"——但他有理由心存希望。"你可以不顾黑人的正义呼声而关闭最高法院,但你不能(谢谢上帝)堵上同情世界的耳朵,也不能关闭天堂的法庭。"坦尼对宪法的解释将会被忽略不计,道格拉斯预言道。"蓄奴制在这个国家的存在不是因为某部纸质的宪法,而是因为美国人在道义上的盲目。"[102]

德雷德·斯科特几个月后就去世了,享年58岁。他一直在圣路易斯的一家旅馆当行李员,深受肺结核的折磨。这是种慢性病,让人从体质上虚弱,像毁掉这个国家的疾病一样顽固。弗雷德里克·道格拉斯在观察,在寻找一种救治的办法,他想结束这种病痛,让美国人从道义的盲目中解脱。但这个国家像底比斯的俄狄浦斯一样,看到那是一种原生的诅咒,最后只能挖出自己的双眼。

胡须花白的亨利·沃兹沃斯·朗费罗双肘架在桌上,抱头沉思,他的思绪也许又回到了《航船的建造》的最初结尾,诗中的那个联邦,它的船长和水手,在风暴中眼睛都看不见了,"迷失了,迷失了,沉船了,迷失了!随飓风摆布和摇荡"。但和林肯一道,他把握住自己心灵的舵轮,冲出了令人绝望的风暴,并架好了他的大炮。

第八章
战争的表象
THE FACE OF BATTLE

亚历山大·加德纳（Alexabder Gardner）在安缇纳姆（Antietam）战役中为死者拍摄的照片，史诗性地记载了那场战争和它所带来的种种灾难。美国国会图书馆

一张照片定格了时间，如同把一只蝴蝶装进了坛子。没有任何史料具有这种瞬时性、具象性——就在闪烁之间、眨眼之间。照片还能捕捉普通的东西、微小的东西、不会说话的东西。相机能区分明暗，但不会区分穷人和富人、文人和文盲、喧嚣和安静。照相技术的出现改变了历史记录，同样也塑造了美国的历史进程。

1839年3月，萨缪尔·莫尔斯到欧洲推广他的电报，其间拜访了画家、艺术家和发明家路易斯·达盖尔（Louis Daguerre）的巴黎工作室。两个月前，达盖尔向法国科学院提交了他的实验结果——通过将抛光的镀银铜片置于碘晶体蒸气下进行摄影的技术。其结果精彩壮观，是一张神秘的、幽灵般的相片。4月，莫尔斯写信给他弟弟，《纽约观察者》（*New York Observer*）的编辑西德尼将达盖尔的发明描述为"这个时代最美妙的发现之一"[1]。

美国的第一张照片于8个月之后在纽约百老汇的一家旅馆展出。不久，照相馆在全国各地大小城镇开张，摄影师们顺应快速发展的技术，制作出铜版相（daguerreotypes，达盖尔银版照相法）、玻璃相（ambrotypes，玻璃干版照相法）和铁质相（tintypes，锡版照相法）。照相艺术迅速传播，到19世纪40年代和50年代，美国已拍摄出2500万张照片。普通人负担不起绘制肖像画的钱，但几乎每个人都付得起拍照的钱，照相成为一种民主的技术。一位报纸编辑写道："再不要说'举着镜子照自然了'，她可以举起镜子照自己，然后给你一张她的肖像，只需一分钱。"[2]人们说，照片"栩栩如生，几乎能说话"，但肖像画也和死亡密切相关，和留住时间（镶在镜框里，为了永恒）相关，甚至可以更心酸地说，和平等相关。[3]瓦尔特·惠特曼预言说，有了摄影，"艺术将被民主化"[4]。

弗雷德里克·道格拉斯是摄影技术的早期信奉者，后来成为一名摄影理论家。"在白人艺术家手里，黑人永远不可能得到公平的描绘，"他说，"在我们看来，白人画黑人，如果不恶毒地夸张黑人的面部特征，几乎是不可能的。"但摄影不是漫画。所以，道格拉斯一次又一次地坐进照相馆：他成了19世纪美国被拍照最多的人，他的照片比马克·吐温，甚至比林肯的照片还要多。道格拉斯既相信摄影能真实地表现黑人的人性，并由此使他们获得自由，也相信摄影能平等地捕捉穷人和富人，将有助于实现民主的诺言。"曾经仅属于富人和名人的特殊奢华，如今已成为所有人的特权，"他说，"如今最卑微的女仆可以摆个坐姿照张相，这是50年前国王的财富都买不来的。"他预言，科学的进步将会开创一个平等、正义、和平的时代：

遥远国度的相互交流的不断增加，情报信息在全球的快速传播——商业活动在世界范围内的遍布——正在把世界上所有知识、技能和智慧融合在一起，这必将消除歧视，消解强权这一顽固障碍，将世界带入和平和统一，最终将正义、自由和博爱的皇冠戴到世界的头顶。[5]

但到那时，达盖尔银版照相已被相纸印刷所替代，它被抛到了一边，如一位费城人所说，"它像一种死去的语言，无人再讲，无人再写。"[6]美国人会和自己人打一场战争，第一场被摄影记录下来的战争：联邦和邦联士兵的战场，都被时间的胶片捕捉了下来——以黑白片的形式。

I.

即使在联邦开始分化的时候，美国人仍沉浸在幻想当中，希望科技能把这个国家联合在一起，不仅如此，他们还希望科技能把世界各国人民相互连成一体。1858年9月1日，纽约人举行庆祝游行，欢庆大西洋海底电缆铺设完工。一条横幅上用大写字母写着："分裂于1776年7月4日，联合于1858年8月12日。"1.5万人从巴特里公园穿过城市，走过巴纳姆博物馆楼前，用电报线把英国国旗和美国国旗捆在了一起。"在世界历史和人类历史上，没有任何一项纯人类造就的工程能够在'整一'性上超过大西洋电缆的成功铺设！"一位演讲者高声喊道，"我们以前在一个半球上居住，现在在一个圆球上居住——不再是一半，而是一个整体——不是作为分散的部分，而是一个有机整体连接在一起的肢体，伟大的人性共同体。"[7]

莫尔斯早就预测过，电报将带来一个世界和平的时代。"我相信电报的效果之一就是将人和他的同类捆绑在一起，如此和睦的纽带关系将宣告战争的终结。"他坚定地说。[8]莫尔斯认为，战争是技术失败的表现，是因为缺乏交流与沟通，而机器可以解决这个问题。这给他的工作赋予了一个宏伟的目标，他相信美洲大陆的电缆铺设将把全国人民团结成一个族群，大西洋底的电缆铺设将把欧洲和美国团结在一起，把人引向全球和谐相处时代的黎明。电报的确给美国人的生活带来了根本性的变化。到1858年，芝加哥贸易委员会已开始向整个大陆发布粮食价格的消息。全国由5万英里长的电报线、1400座电报站和1万名电报员连接在一起。[9]但战争代表的不是技术的失败，而是政治的失败。

1858年夏天，当纽约人庆祝大西洋电缆铺设完成的时候（之后不久，电缆就断线了），伊利诺伊人民见证了一种别样的、更为古老的交流方式：辩论。那年的辩论在亚伯拉罕·林肯和史蒂芬·道格拉斯之间展开，是从制宪大会以来围绕美国实验问题的最为激烈的辩论。这些辩论没能避免即将到来的各州之间的战争，但它们比分裂时代的任何历史记录都更好地说明了双方分歧的本质。

辩论之于战争，相当于陪审团审判之于战斗审判：它是一种旨在解决争端而又不会导致冲突的方法。辩论的形式及规则已经确立了几个世纪，它们源于法院和议会所使用的规则，甚至来自诗歌创作中的修辞规则。自中世纪及最早的大学成立以来，辩论就一直是文科教育的基础。在词源学上和历史学上，文科是自由人所应掌握的一种技艺。[10]在18世纪，辩论被理解为公民社会的基础。1787年，制宪会议的代表们同意"在不动粗的前提下争辩，并努力说服对方而不伤害彼此的感情"。职位的候选人面对面进行辩论。随着选举权的扩大，辩论也广为传播：从20世纪30年代开始，辩论课程作为一种公民教育形式提供给普通公民。各种辩论社团也出现在城市，甚至是最小的城镇，任何有投票权的人都应该知道如何辩论，尽管反过来也意味着任何不能投票的人都不用学会辩论。（妇女不能投票，不允许公开辩论，当她们这样做时，会被认为是丢人的。1837年，当安吉丽娜·格里姆克同意与两名男子辩论时，当地报纸拒绝公布结果。）[11]不过，这并不能阻止没有选举权的人学会争辩。弗雷德里克·道格拉斯当时12岁，还是个奴隶，他就从一本叫《哥伦比亚演说家》（The Columbian Orator）的学校教材学习辩论。教材中有一段"主人和奴隶之间的对话"：

主人：我公平地购买你的时候，你就是个奴隶。

奴隶：我同意你购买了吗？

主人：你没权表示同意，你已经失去了处置自己的权利。

奴隶：我失去了权力，但怎么会失去权利？我在自己的国家被骗、被绑架……在暴力和不公的进步中，哪里给过我一项权利？[12]

通过学习这样的辩论，道格拉斯首先开始问自己这些问题："为什么有些人是奴隶，有些人是主人？曾经有过任何时候，情况不是这样吗？"[13]道格拉斯摆脱了蓄奴制，同样通过辩论击败了对他的奴役。

国会有"禁言规则"，但公开辩论蓄奴制的事情在其他地方仍有发生——1855年，在康涅狄格州，南方贵族乔治·菲茨休与废奴主义者温德尔·菲利普斯（Wendell Phillips）就"自由社会的失败"问题展开公开辩论——但这种事情并不普遍。[14]所以亚伯拉罕·林肯和史蒂芬·道格拉斯之间的辩论更显得非同寻常。

1854年，在堪萨斯-内布拉斯加危机中，林肯和道格拉斯曾轮番发表演说，但他们从未面对面论战。1858年春夏之时，林肯竞选道格拉斯所在的美国参议院的参议员席位，他从一个竞选站到下一个竞选站一直跟着道格拉斯，听他做演说，然后第二天向同一批听众发表自己的演讲，有时甚至在同一天晚些时候发表演讲，这可以让林肯后发制人，但听众人数大大减少，因为民主党人很少留下来听他演说。林肯的支持者鼓励他挑战道格拉斯："让他堂堂正正做事，在正规辩论中与他会面，这样机会平等，所有人都能听到各方的意见。"7月24日，林肯写信给他的政敌，邀请他参加辩论："你会同意你我二人在不同时间向同一批听众讲话吗？"道格拉斯有点不情愿，但还是同意了。[15]

他们的首次辩论大约有1.2万人参加，时间是8月21日下午2点，地点在伊利诺伊州的渥太华。现场没有座位，听众全部站着，3小时谁都没有休息。两个人一同站在台上，看上去好像两个人一同在巴纳姆博物馆展出。林肯身高6英尺4英寸，站得像树一样直；道格拉斯比林肯矮1英尺，身体紧缩得像个拳头。他们同意严守规则：第一位将讲1小时，第二位将讲1.5小时，留下的半小时供第一位演讲者反驳。

"女士们，先生们，"道格拉斯开始，"我们今天在这里的目的是进行一场联合讨论，作为州里和联邦两大政党的代表，探讨两党之间在一些问题上的原则。"

听众全神贯注，同时也高声叫喊。"再打他一拳！"当道格拉斯赢了林肯一分的时候，观众群里大叫。道格拉斯提醒他的听众林肯反对对德雷德·斯科特案的判决。

"我问你们，你们愿意把公民的权利和特权赋予黑人吗？"他向人群喊道。

"不，不！"这是回答。

辩论进展到两个人（和他们的政党）提出的对《独立宣言》和宪法的解释问题。道格拉斯说，如果林肯相信《独立宣言》既适用于白人又适用于黑人，那就是误读。"这个政府是我们的父辈在白人的基础上创建的，"道格拉斯说,"它是由白人创建的,永远为白人和他们子孙后代的利益服务。"说到蓄奴制,那是由全体选民决定的,道格拉斯坚持道:"我更关心的是自治的伟大原则,是人民执政的权利,而不是基督教世界的所有黑人。"

道格拉斯指责林肯是个狂热分子。林肯否认这一点。"我在这儿要说,我不想直接或间接地干涉某些奴隶制尚存州的内务,"他站在台上说,"我认为我没有合法权利这么做,我也不准备这么做。"他对道格拉斯的论断提出异议,说他相信种族都是平等的。"我不想带来白人种族和黑人种族之间政治平等和社会平等的问题,"他说,"但尽管如此,我仍坚持认为,这世上没有任何理由认为黑人不能享有《独立宣言》所列举的自然权利:生存权、自由权和追求幸福的权利。"人群开始欢呼。他继续说:"我坚持认为,他们和白人一样享有这些权利。"又响起一轮欢呼声。

道格拉斯认为,如果宣称《独立宣言》中包括了黑人,那将是对杰斐逊的一种诽谤。林肯回应道(他把道格拉斯称作"法官",因为他是伊利诺伊最高法院的前法官):

> 我相信世上的全部记录——从《独立宣言》发表之日起到过去三年之内——你都找不到任何一个人有一句这样的说法,说黑人并不包括在《独立宣言》当中;我想我会冒犯到道格拉斯法官,让他拿出证据,表明他曾这样说过,华盛顿曾这样说过,任何一位总统曾这样说过,任何国会议员曾这样说过,整个地球上任何一个人曾这样说过——直到民主党目前的政策发现有必要为了蓄奴制的问题,不得不发明这样一种说法。

至于二人中谁能更好地理解杰斐逊,林肯与其展开了一场较量:

第八章 战争的表象   289

我还想提醒道格拉斯法官和听众们,杰斐逊是一个奴隶主,这确切无疑,他在谈到这个问题时使用了非常强烈的语言,说"当他想起上帝是公正的,他就为他的国家感到颤抖";我将把我能给出的最高金额送给道格拉斯法官做奖赏——如果他能证明,在他的一生中曾经表达过任何类似杰斐逊所表达的情感。

"再给他一下!"人群在每一轮辩论开始前大声呼叫,好像在观看一场政治奖金的争夺战,拳击手在场上挑衅、猛击、躲闪。报纸记录了辩论的全文,包括听众的高声感叹、嗜杀的叫喊、雷鸣般的掌声。林肯开始用一个剪贴本保存报纸专栏文章。他有存档的习惯,他还知道,某一天他将会用到这些记录。

他们的最后一场辩论是在10月15日,选举前几个星期,地点在伊利诺伊州的奥尔顿(Alton)。这不是第一次也不是最后一次,林肯抱怨不许直接谈论蓄奴制,抱怨无休止地回避眼下的问题。"在自由州,你一定不能谈论它,因为它不在那里。在奴隶州,你一定不能谈论它,因为它在那里。在讲坛上,你一定不能谈论它,因为宗教和它没有一点关系。在政论中,你一定不能谈论它,因为它会打扰'我的地盘'的安全。没有什么地方你可以说那是件错事,尽管你对自己说那确是件错事。"说到蓄奴制的错误,他把它叫作"专制",认为它是自然的,就像认为国王神圣权利的存在是自然的一样错误。问题不在于是地区主义还是国家主义,不在于是民主党还是共和党,而在于正确还是错误。"当道格拉斯法官和我都保持缄默时,这个问题将一直存在于这个国家里。"林肯说。[16]

在11月,林肯以微弱的票数输给了道格拉斯,但他已经成为共和党领袖,并成为该党毋庸置疑的最有力的发言人。"尽管我淡出了人们的视野,并会被忘记，"他写道，"但我相信我留下了某些印记，它们将在我离开后继续为公民的自由事业发声。"[17]但林肯还没有留下他永久的印记。

林肯和道格拉斯辩论的那年，眼睛像湖水、头发像森林的约翰·布朗（John Brown）在加拿大寂静的河边小镇（在底特律以东50英里，地下铁路的终点站）举行了一场立宪大会。布朗58岁，是20个孩子的父亲，他经常讲预言和灾难。他曾成立过一个秘密协会，叫基列人同盟（League of Gileadites）。他是个皮革匠，养羊场主，也是个失败的生意人。他的第一张照片是黑人银版照相艺术家奥古斯塔斯·华盛顿（Augustus Washington）给他拍摄的。照片上，布朗身体微瘦、面目冷酷、眉头紧皱，他站在一面地下铁路旗帜旁边，一只手举起，好像会拍碎镶他照片的玻璃。19世纪50年代，布朗成为一名好战的废奴主义者，带着他的儿子们在堪萨斯打仗。他听上去像是《旧约》中的家长——献祭以撒的亚伯。在他写的《1858年的宪法》中，布朗和他的拥护者——44名黑人和11名白人——将"我们合众国人民"改成了"我们合众国公民和受压迫的……没有任何权利的人民"，宣布奴隶制"完全蔑视和违背了我们《独立宣言》中永恒的、不证自明的真理"，并提出向蓄奴制宣战。[18]他们开始贮备各种武器。

19世纪50年代，反对蓄奴制的信念在自由州增长，支持蓄奴制的热浪在奴隶州攀升，特别是因为奴隶的价格在攀升，从1850年平均每个奴隶900美元，增长到10年后的每个奴隶1600美元。高价格意味着可以毫无顾忌四处抓捕男人、妇女和儿童的奴隶主，现在不太担心奴隶叛乱，而更担心大批奴隶从奴隶州逃到自由州，是一种在南方更加可怕的、广为报道的所谓"奴隶出逃"行为，但这只是大批人开始解放他们自己而已。[19]

非裔美国人摄影家奥古斯塔斯·华盛顿于1846年或1847年在他的康涅狄格州的银版照相馆拍摄了约翰·布朗的这张照片。布朗举起右手，好像在宣誓；他站在"地下通道"（Subterranean Pass-Way）——他对"地下铁路"更有军人特色的称呼——的旗帜前面。奥古斯塔斯·华盛顿版权

一些奴隶州把出逃归咎于自由黑人带来的影响，并设法从法律上阻止他们。阿肯色州要求所有自由黑人在1859年年底离开该州，否则他们将重新沦为奴隶。同时，新加入联邦的一些州采取了"仅限白人"的政策：俄勒冈的在议宪法对日益增长的中国移民提出严格的限制措施——"禁止黑人、中国人或黑白混血儿拥有选举权"——既禁止了蓄奴制，又禁止了黑人进入该州。[20]

奴隶价格如此之高，让许多南方白人甚至呼吁重新开放非洲奴隶贸易。19世纪50年代，若干个州的议会，包括南卡罗来纳议会，都提出开放奴隶贸易。如果开放，就会违反联邦法。有些"重开贸易者"相信联邦法禁止奴隶贸易是

违宪的；其他州进行脱离联邦的准备，热切希望使联邦法"无效"。

当约翰·布朗等人在加拿大起草新宪法的时候，路易斯安那州众议院通过了一个重开贸易的法案。1859年，他们预计这场运动会获得成功，来自密西西比、阿肯色和路易斯安那州的一批人组成了"非洲劳工供应协会"。一场"南方商业大会"在亚拉巴马州蒙哥马利市举行，投票通过"所有联邦法和州法凡禁止非洲奴隶贸易者，均应废除"之条款。不满足于等待这些法律的通过，名为"暴兵"的南方民间武装已经开始把武器弹药装船，并准备前往征服古巴、尼加拉瓜、危地马拉、萨尔瓦多、墨西哥和巴西，以便扩大奴隶市场。一个重开贸易的领军人物，南卡罗来纳的利奥尼达斯·斯普拉特（Leonidas Spratt）说，"如果贸易是错的，由它而来的条件就是错的"，二者密不可分。亚拉巴马的威廉·燕西（William Yancey）出生于佐治亚州奥基奇河岸，他说真正的问题是劳力，北方劳力和南方劳力的唯一区别就是"一个是通过进口，一个是通过移民"。他说："如果在弗吉尼亚购买奴隶并把他们运到新奥尔良是对的，那么在古巴、巴西或非洲购买奴隶，然后把他们运过去为什么就不对？"[21]

支持蓄奴制的南方人在"自由贸易"的旗号下提出这些论点，也是他们针对"自由劳力"的回应。在乔治·菲茨休看来，所有社会"在所有时间和所有地点都受法律的约束，其普遍性类似于约束蜜蜂的法则"，贸易本身包括奴隶贸易，"古老、自然、不可抗拒，如同海洋的潮汐"[22]。1855年，《棉花就是国王》（Cotton Is King）的作者戴维·克里斯蒂（David Christy）写到了"自由贸易原则"的重要性，这个原则包括废除使英国进口货物比北方生产的货物更贵的关税。如一个南方人所说，"自由贸易，不受束缚的工业，是南方的座右铭"[23]。

如果支持蓄奴制的南方人捍卫自由贸易，支持劳力的北方人捍卫自由土地和自由劳力，废奴主义者则捍卫自由言论。如果南方民主党来到国会，带着武器，准备打仗，而北方辉格党、民主党和自由土地党到国会通常不带武器，那北方共和党来到国会时也做好了战斗准备。一位马萨诸塞州议员1855年赴华盛顿参加国会会议，在火车站遇到了他的选民。他们送给他一件礼物，是把手枪，上面刻着"自由言论"。[24]

当南方人开始说它的经济是"不受束缚的"时，问题就直接进入了一个意识形态的死胡同。到1858年年底，许多观察家开始接受林肯的观点，即合众国要么是一种形态，要么是另一种形态，但不可能是二者兼而有之。威廉·H. 西华德是纽约参议员，他把各州之间的争议称作一种不可避免的、道义上的、绝对的冲突。"这是一场对立而持久的两股力量之间无法遏止的冲突，这意味着合众国必须，而且将要，或迟或早，或成为一个完全是蓄奴制的国家，或成为一个完全是自由劳力的国家。"西华德并不怀疑哪一方会获胜，因为他的历史理论是一种进步理论，是一个从蓄奴制到自由、从不平等到平等的进程。"我知道，而且你们也知道，一场革命已经开始，"他对听众说，"我知道，而且全世界都知道，革命从来不会开倒车。"[25]

约翰·布朗也相信冲突无法遏止，但他并不惧怕国家陷入其中，他想引导冲突。1859年春天，布朗和他的一群支持者去马里兰，他们在那里谋划了一场军事行动，以夺取美国在弗吉尼亚（今西弗吉尼亚州的一部分）哈珀斯费里（Harpers Ferry）的军火库。8月，弗雷德里克·道格拉斯去宾夕法尼亚的钱伯斯堡（Chambersburg）与布朗相聚，布朗也试图谋求哈里特·塔布曼的支持，但失败了。布朗和道格拉斯在城外废弃的采石场会面，布朗告诉道格拉斯他的计划。道格拉斯警告他不能这样做，说"这会……使全国都反对我们"。道格拉斯听得越多就越担心。他后来写道："他的所有理由，所有对那个地方的描述，都让我相信他会钻进一个完美的捕兽夹里，一旦进去就别想活着出来。"[26]

1859年10月16日星期日夜里,布朗带领21个人袭击并占领了军火库。他们拦住了一列从哈珀斯费里开出的火车,但后来又将其放行。列车加速穿过马里兰乡间向巴尔的摩行驶,旅客们匆匆写下字条扔到窗外,告诉人们发生了暴乱的消息。袭击事件发生后不到12小时,头条消息便通过电报发往了整个大陆:"暴乱……在哈珀斯费里……大批奴隶逃窜。"

布朗真的落入了道格拉斯所担心的捕兽夹里。他曾希望偷袭的消息能掀起一场范围广泛的暴乱,黑人男女都能够拿起武器参与其中。但当消息通过电报在国内传播时,并没有抵达邻州马里兰和弗吉尼亚种植园中的奴隶小木屋里,奴隶被孤立地隔绝在电报技术之外,对暴乱事件一无所知。由罗伯特·E.李(Robert E. Lee)统帅的美国海军陆战队和士兵重新夺回了军火库,捕获了布朗,杀死或抓获所有的起事人。"事情的结果证明这只是一个狂热分子或疯子的大胆企图。"李说。被杀死的人中包括丹杰菲尔德·纽比(Dangerfield Newby),他是一个自由黑人,想搭救尚处在弗吉尼亚蓄奴制下的妻子哈里特和他们的孩子。他的口袋里装着一封哈里特的信:"只要想到我可能再也见不到你,"她在信上说,"这个世界便没有任何魅力可言。"[27]

布朗曾计划领导一场席卷南方的武装革命。在他和同伙聚集地附近的农场和学校,士兵们发现了16箱武器和弹药,还有很多箱文件,包括几千本他写的《1858年宪法》和印在棉纱布上的南方地图,图上凡黑人多于白人的地方都画了叉。他们还找到卷成一轴的一份"美利坚合众国奴隶代表自由宣言"。

"我们认为这些真理是不言而喻的:人人生而平等。"宣言开始说,并接着说要确立一种革命的权利,"合众国的蓄奴史是一部以各种形式将不公和残暴强加在奴隶身上的历史,其野蛮程度不亚于最野蛮的部落。这是对一个国家作恶为害之事的全部体现,是对所有美好事物的颠覆。"[28]

布朗暴动的消息使南方奴隶主相信，他们最大的担心是有道理的：废奴主义者就是谋杀犯。所谓的"秘密六人"（替布朗出资的北方人），要么否认与此事有关，要么出逃。道格拉斯没有支持布朗的计划，但他是知情者，所以他先逃到了加拿大，后逃到了英格兰。"我太缺乏勇气了。"他承认。但很多北方人听说布朗偷袭行动后，将他赞美为英雄和烈士，最让奴隶主气愤的是这类人的数量和姿态。10月30日，在康科德，亨利·戴维·梭罗双肩下垂，帽子扣在胸前，发表了名为《约翰·布朗队长辩护词》的演说。"一个人是对的，而政府是错的，这难道不可能吗？"梭罗问道。他说："布朗献身于平等事业，是所有美国人中最可敬的。"[29]

梭罗献身于废奴事业，得益于他读到一本伦敦刚出版的书。他同时代的许多人也是一样。这本书在布朗偷袭哈珀斯费里的时候抵达了康科德，即查尔斯·达尔文（Charles Darwin）的《物种起源》（*On the Origin of Species*）。梭罗是个博物学者，一个和大豆、黄蜂、青蛙、苍鹭打交道的人。他一直追随达尔文的作品，该书问世后，他也带着积极的热情去阅读，并做了六本阅读笔记。达尔文的《物种起源》将对思想界产生广泛且持久的影响。最直接的影响就是它驳斥了人种学家路易斯·阿加西兹的种族论。在书出版后的几个月——内战开始前动荡不安的最后几个月，废奴主义者用它作为人类具有共同人性的证明。[30]

在审判期间，59岁的布朗因在战斗中受伤躺在床上，无法站立，他被判谋杀罪、共谋罪和叛国罪。他于11月2日获准在宣判时发言，这一发言使布朗在北方得到了更多支持。"如果我有必要为了正义的目的而放弃生命，并将我的血液与我孩子们的血液混在一起，和这个奴隶制国家的数百万被邪恶、残忍和不公的法律剥夺权利的人的血液混在一起，"他说，"我认罪。"[31]

布朗在圣诞节前三个星期走上绞刑架——在美国史上最动荡的十年的最后

的一个月。对北方废奴主义者来说,他的死标志着第二次美国革命的开始。"1859年12月2日,"亨利·沃兹沃斯·朗费罗在日记中写道,"这将是我们历史上伟大的一天,新革命开始的一天——同前一场革命一样必要。"[32]朗费罗在已有诗集《奴役篇》的基础上,决定再添一首诗,以掀起北方对奴隶解放事业的热情,并把美国两场革命联系在一起。他把这首诗叫作《保罗·里维尔星夜飞驰》[1]（*Paul Revere's Ride*）。[33]

在弗吉尼亚,1500名士兵集合围观布朗处决,其中包括在里士满参军的士兵约翰·威尔克斯·布斯（John Wilkes Booth）。布朗在绞刑架上没有讲话,但在他赴刑的那天早上,他递给卫兵一张字条:"我约翰·布朗现在相当确定,这块罪恶土地所犯的罪行永远无法洗涤,除非用鲜血。"[34]

六天以后,1859年12月8日,约翰·布朗的葬礼日,密西西比众议员鲁本·戴维斯（Reuben Davis）在国会发表演讲,"约翰·布朗,还有一千个约翰·布朗会侵犯我们,而国会却不会保护我们。"联邦背叛了南方,戴维斯说。于是他决定,"为保障我们的权利,捍卫我们的荣誉,我们将割断联系我们的纽带,哪怕这样做会让我们冲入血的海洋。"[35]

戴维斯发出恐怖警告后几个星期,瘦高的亚伯拉罕·林肯造访了马修·布雷迪（Mathew Brady）在纽约的照相馆。他站在一张小桌旁,显得像塔一样高,他的左手放在几本书上,那书和他本人比起来,像是来自玩具屋。他面孔憔悴,眼神空洞。那天晚些时候,他在库珀联合学院（Cooper Union）发表演讲,宣布参加共和党总统候选人推选。那张照片后来做成了微型锡版照,印在林肯竞选的纽扣章上。

1　保罗·里维尔（1734—1818）:美国独立战争时期的英雄人物,后来成为美国英雄主义和爱国主义的象征。——译者注

像那一年竞选总统的其他人一样，林肯相信大选又要掀起有关宪法解释的辩论。他开始提出论题，再一次针对正寻求民主党推选的史蒂芬·道格拉斯。而且，他重复了自己在1858年大辩论中的观点，认为道格拉斯不仅对宪法的解释有误，而且他的观点还相当混乱。他指责说："你的目的说得很明白，就是要毁掉这个政府，除非别人允许你随意解释和实施宪法。"[36]

林肯在他1858年和道格拉斯辩论时留下的剪报册上下了些功夫，现在该是用到它们的时候了。他如实地进行编辑，准备拿去出版，他没有更改讲话本身，只是去掉了"欢呼""大笑"和描述人群其他反应的部分。《亚伯拉罕·林肯与史蒂芬·道格拉斯的政治辩论》（*Political Debates Between Hon. Abraham Lincoln and Hon. Stephen A. Douglas*，以下简称《辩论》）首次于1860年5月5日，即共和党全国代表大会召开前11天开始做广告，另有宣传副本如实声称："可能没有任何对共和党和民主党原则的阐述能超过这本书的内容。"当人们邀请林肯去演讲时，他经常告诉他们去读《辩论》就好。道格拉斯很生气，抱怨他的演讲遭到了"毁坏"，这一指责没有根据，但它本身也说明，道格拉斯知道，林肯也知道，即便是道格拉斯赢得了那次竞选，林肯也已经赢得了辩论。[37]

民主党全国代表大会4月在南卡罗来纳州查尔斯顿召开，恰好在《辩论》出版之前。政纲起草委员会无法把党内的两只臂膀拢在一起，既拿出了一份"多数人报告"（南方代表认可），又拿出了一份"少数人报告"（北方代表提交），于是，亚拉巴马、密西西比、路易斯安那、得克萨斯和佛罗里达代表团纷纷退出会场，抗议政纲起草委员会未能拿出确保公民拥有"所有种类财产权"（意指奴隶）的纲领。大会无法推举出党内候选人，剩下的代表决定6月在巴尔的摩召开第二次代表大会。

马修·布雷迪1860年拍摄的亚伯拉罕·林肯的银版照，
后经裁剪，印在了林肯竞选的纽扣像章上。美国国会图书馆

共和党于5月在芝加哥一座巨型大楼内召开会议——大楼名叫"威格瓦姆"（Wigwam，意为棚屋，因其木质穹顶而得名）。全党认可《独立宣言》和宪法——这使得一位信奉《圣经》和"十诫"的代表说他不明白为什么有必要提到这些文献——但特别指出，任何对宪法赞成蓄奴制的阐释都是"危险的政治邪说"。[38]在党内提名时，林肯是匹黑马。但林肯的支持者成功地谋得了各位代表的认可，他们也用到了政治骗术。在投票开始的那天，林肯的竞选事务经理偷印了几千张假的入场券，分发给林肯的支持者，这些人挤满了会议大厅，凡听到林肯的名字便报以雷鸣般的掌声。林肯赢得了提名，这令人惊讶。[39]

23岁的威廉·迪恩·豪厄尔斯（William Dean Howells）天赋惊人，他同意为林肯写一本竞选传记。[40]当时，他是俄亥俄州一个不为人知的诗人，但他将成为19世纪最受人尊重的作家之一。他写《林肯传》只用了几个星期的时间，这本书既是对这种作品的讽刺，又是其典范。豪厄尔斯从未见过林肯，对他所知甚少，但他确实知道竞选传记都是言过其实、荒唐可笑、满纸传言的。[41]他一点儿也不知道林肯的祖先是谁，但他能想办法写得对这个候选人很有好处。"他有可能是普利茅斯殖民地'新英格兰林肯'的股东之一，"他写道，"但贵族纹章学在这个国家几乎过时了，林肯家族的任何一个人似乎都没有意识到家族血统的珍贵。"后来到白宫的时候，林肯从美国国会图书馆借阅豪厄尔斯的书，想查验一下他写的事实。他在页边做了一些修改。豪厄尔斯说林肯在19世纪20年代曾是个"坚定的亚当斯人"——约翰·昆西·亚当斯的支持者。林肯把"亚当斯"画掉，换成了"反杰克逊"。在豪厄尔斯"编织"的很多故事中，有一段讲述了林肯如何作为一个年轻的议员，步行数英里到伊利诺伊国会上班，林肯在页边划拉了几个字："如果是真的，无伤大雅，可这不是真的。L。"[42]

在共和党人为"诚实的亚伯"竞选的同时，民主党于6月在巴尔的摩举行第二次大会。大楼前悬挂着美国国旗，上面绣着一句充满希望的格言："我们将拥护候选人。"大会在忠诚宣誓中召开："此会上拥有席位的每个人将以崇高的荣誉和忠诚的信念承诺，遵守会议决策，并拥护候选人。"[43]探讨还是没有达成一致。在某一时刻，有代表还掏出手枪指向另外一个人。在推举候选人的问题上，大会在57轮点名后陷入僵局。1860年6月22日，民主党分裂：南方派退出会场。第二天，主持人、马萨诸塞州议员凯莱布·顾盛（Caleb Cushing）下台，宣布"本联盟多数州的代表已经——不论全部还是部分，不论以何种形式——停止参与大会的任何讨论"，但大会最终还是推举了道格拉斯作为"北方民主党"的候选人，而撤出会议的南方代表到街上另外一个地方

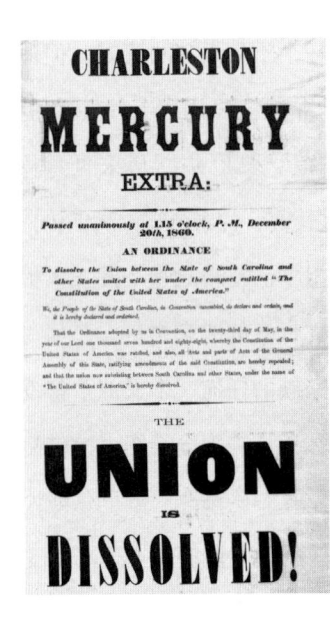

1861年年初印行的公告通报所有"脱离州"的公民,他们的议会已废除对《1787年美国宪法》的批准,由此解散了联邦。

美国国会图书馆

重新开会,一次投票选举了肯塔基州的国会参议员约翰·C. 布雷肯里奇(John C. Breckinridge)为"南方民主党"候选人。[44]

11月,朗费罗听说林肯获选的消息后欣喜异常。"国家有救了,"他在日记中写道,"自由胜利了。"[45]林肯赢得了北方的每个州,发行《辩论》的州共有六个,黑人都有投票权的州共有四个。但林肯在南方几乎没有赢得任何选票,而且他的选举也给北方带来了动乱,包括对废奴主义者的攻击。12月,当弗雷德里克·道格拉斯按安排在波士顿"翠蒙堂"(Tremont Temple)为约翰·布朗的忌日发表演讲时,一伙暴徒闯入大厅让他闭嘴。为回应这些人,道格拉斯几日后发表了措辞猛烈的《为自由言论请愿》,他在演讲中(如朗费罗一样)把废奴提高到建国传统的高度。"在国父们看来,没有什么权利比言论自由权更神圣,"道格拉斯说,而且"表达个人想法和见解的权利遭到禁止,自由将变得毫无意义"[46]。

南方许多人催促尽快脱离联邦,其他人则主张耐心等待。民主党选举两天之后,《新奥尔良蜜蜂报》(New Orleans Bee)对林肯当选发表了一个词的反应:"等待"[47]。他们并没有等待多久。选举结束六周之后,南卡罗来纳召开议会,投票表决撤销本州对宪法的批准,宣称"现在这个存在于南卡罗来纳名为'美利坚合众国'的联邦,从此解散"[48]。六个州附议:密西西比、佛罗里达、亚拉巴马、佐治亚、路易斯安那和得克萨斯。1861年2月,它们成立了美利坚联盟国(Confederate States of America),选举前密西西比参议员杰斐逊·戴维斯（Jefferson Davis）为总统。得克萨斯人山姆·休斯敦曾说他有"如撒旦般的野心，如蜥蜴般的冰冷"[49]。

"联邦的解体在慢慢继续，"朗费罗在日记中悲哀地写道，"在它的背后，我听到奴隶的喃喃之语，如希腊悲剧中的合唱。"[50]

II.

在就职典礼上，骨瘦如柴的杰斐逊·戴维斯坚定地说，只有邦联才真正地忠于最初的宪法。"我们更改了有关选民的部分，但没有更改政府体制。我们的先父创立的宪法也是邦联国的宪法。"[51]但当七个脱离州的代表在亚拉巴马州蒙哥马利秘密举行会议时，他们所采纳的宪法与《邦联条例》有更多的共通之处（"我们邦联州人民，每个州都以其主权和独立的身份行动……"）。

邦联的真理否认联邦的真理。邦联国新选举的副总统是一个意志薄弱的人，名叫亚历山大·斯蒂芬斯（Alexander Stephens）。他在萨凡纳（Savannah）所做的一场演讲中，将上述区别做出了非常明晰的论述。宪法隐含的观念是"各种族平等"这个假设，斯蒂芬斯说，"我们的新政府是在完全相反的理念下建立的：其基础已打好，其柱石已落定，建立在黑人与白人并不平等这个伟大真理基础之上；奴隶制……是天然的道德的状态。我们的新政府是世界历史上第一个建立在这个伟大的物理、哲学和道义真理基础上的政府"[52]。战后，坚称"邦联是建立在州权的基础之上"，成了前邦联成员的政治遁词，而邦联国的确是建立在白人至上的基础之上的。

南方已经脱离联邦，林肯于1861年3月4日如期就任。他从大选之日起开始蓄胡子，若是在更平静的年代，这本可能造成更大的动静。他和詹姆斯·布坎南从旅馆坐车去典礼现场，敞篷马车，驾车的是个黑人，有成营的骑兵和步兵随行：人们有足够多的理由担心是否有人想刺杀他。枪手在国会大厦的窗口各就各位，随时准备向人群中掏枪的人射击。

宣誓就职仪式由首席法官罗杰·坦尼（审过"德雷德·斯科特案"）主持，林肯发表了美国历史上最为雄辩的就职演讲。"我们国家的一个地区相信蓄奴制是正确的，而且应该扩展，"他说，"这是唯一的实质性争论。"他希望这种争端可以通过辩论来解决。他的结束语是：

> 我们不是敌人，而是朋友。我们不一定要成为仇敌。我们友情的纽带，或许会因情绪的激动而绷紧，但决不可以折断。那种不可思议的回忆之弦，经由每个战场和爱国志士的坟墓，伸展到这片广阔土地上每一颗充满活力的心房和家庭，它一经我们本性中的善念再度——而且一定会加以拨动，终将重新奏出响亮的联邦之曲。[53]

善念并没有获胜。辩论也失败了。

"蓄奴制不能容忍言论自由。"弗雷德里克·道格拉斯在他的《为言论自由请愿》中说过。[54]17世纪争取言论自由的斗争由约翰·弥尔顿等作家发起，他们反对迫害宗教异见者；18世纪争取新闻出版自由的斗争由印刷商本杰明·富兰克林和约翰·彼特·曾格等人主持，他们反对压制批评政府的行为；而19世纪继续为言论自由而战的废奴主义者，反对不同意就蓄奴制问题展开辩论的奴隶主。

反对言论自由一直是奴隶主的立场，在立宪大会上，他们是这种立场，后来延续到禁言规则、反识字法、邮件禁令和迫害发言者。反对政治辩论同样建构在邦联国体制中，它对美国人把"联邦权威看作对人民主权的反对"这个理解而言，既是个独特的元素，又产生了持久影响。分离主义者试图建立一个现代化的、支持奴隶制的、反民主的国家。为了挑起战争，这个基本反民主的国家需要赢得大众的支持。这种支持很难获得，也不可能持久。由此，邦联国开始迫害异见人士。[55]

"人们以空前的统一态度决定脱离联邦。"一位南卡罗来纳大会代表在日记中写道，但这只是一种期冀和愿望。[56]南方南部的七个州在林肯就职前脱离了联邦，但南方北部的七个州拒绝采取同样的行动，而且就是在南方南部，脱离联邦也不是个简单的抉择。这并非一场轻而易举的胜利。

最为热情的脱离派支持者是最富裕的庄园主，最不热情的脱离派是大多数白人男性选民，没有奴隶的穷白人。劝说这些人同意脱离的最有效办法是告诉他们，尽管他们没有奴隶，他们在这个体制下生活会更好，因为他们可以把最为低贱的工作留给别人去做。脱离主义者经常使用这种观点，而且频繁度不断增加。詹姆斯·D. B. 迪博（James D. B. DeBow）的《南方非奴隶主在蓄奴体制下的根本利益》（*The Interest in Slavery of the Southern Non-Slaveholder*）（1860）被各种报刊广泛引用，提醒穷白人："在南方，没有哪个白人给别人当贴身仆人，给人擦靴子，收拾餐桌，并在家里干所有的粗活。"[57]

不过，佐治亚议员托马斯·R. R. 科布（Thomas R. R. Cobb）建议议会与其相信选民有关脱离联邦的决定，不如自己做出明智的选择，"不要等酒馆和路口传出意见相左人群的不和之声"。佐治亚州没有召开大会，大会代表严重分裂。分离主义者玩弄民众，以确保他们取胜，进而要求所有代表都签署一份承诺：哪怕曾投票反对，也要支持联邦分离。新佐治亚州首先做的事情之一是通过一条法律：异见者将受到惩罚，重至死刑。[58]

分离主义者为寻求大众支持费尽艰辛，压制异见者的行动也同样猛烈，但只取得了部分成功。南方北部地区的四个州只是在4月12日邦联部队在南卡罗来纳州苏姆特堡（Fort Sumter）向联邦军队开火之后才同意脱离。即使在那时，弗吉尼亚仍没有动作，直到4月17日州长亨利·怀斯（Henry Wise）走进大会，掏出了手枪，命令弗吉尼亚马上与联邦政府开战，如果任何人想以叛国罪打死他，他们得先把他的枪下了再说。大会以88票对55票同意脱离联邦。此结果于5月23日提交选民，选民以125 950票对20 373票决定赞成。6月，西弗吉尼亚人召开自己的大会，成功从该州脱离。即使连接国家的线缆已被切断，南方北部还有4个州拒绝脱离联邦。通过电报线从东部送到西部的首条信息是"祝联邦永存"。苏姆特堡枪声之后，林肯下令切断华盛顿和南方之间的电报线。[59]

至1861年6月，南方邦联共含11个州，覆盖90多万平方英里，人口1200万，包括400万奴隶，400万没有投票权的白人妇女。它的基础信念是：少数人可以管理多数人。"奴隶制对我们而言只是一种为不适合自治的人群设立的公民政府形式。"杰斐逊·戴维斯说。[60]

内战打开了一种新的战争形式，庞大的军队操纵着势不可挡的机器，如同有着钢铁鳞片的怪物摆脱了束缚，在大地上破坏、劫掠，甚至吞噬善良无辜的人。战争伊始，双方都期待它范围有限，时间短暂。但事实上这场战争广泛而漫长，四个年头，惨不忍睹，惨烈凄切，规模前所未见。北方联邦宣布了一项计划，在密西西比河以西的土地上开辟白色定居点，许多本土国家，包括科曼奇和基米诺尔，与南部邦联结盟，而在西部，在砂河溪和大熊河，纳瓦霍人和达科他人起义期间，联邦军队杀死了无数原住民。在空前狂暴的战争中，210万北方人和88万南方人交战，共打了200多场战役。死于疾病的人数是死于受伤人数的两倍。死人成堆，深坑埋骨。在整个墨西哥战争中，美国仅有不到2000人死于战场。但在内战中，仅1862年的田纳西州夏伊洛（Shiloh）一场战役就死了2.4万人。士兵们恐惧至极，就怕被落下，或消失在不知姓名、未被掩埋、不为人知的死人当中。一名南卡罗来纳士兵写信回家说："我害怕被扔在一个不为人知的地方，或被践踏。"已死的或垂死的士兵手里都紧紧攥着妻子和孩子的照片。某一场大战之后，联邦军司令尤利西斯·S.格兰特（Ulysses S.

第八章　战争的表象　　305

Grant）说，如果一个人在战场上朝任何一个方向走，他的脚都不用落地，因为遍地都是死人。[61]

曾有玉米和小麦的田野，现在只能收获痛苦和死亡，休耕时长出的则是坟冢。所有这些，每一个悲惨场景，其规模和程度在历史上首次被照相机捕捉，被收存，被悬挂，被展览。一千个摄影师拍摄了几万张战场上的照片。第一场北方主战役（在马里兰州）之后——美国军事史上最为惨烈的一天，2.6万邦联军和联邦军士兵丧生、被俘或失踪——马修·布雷迪在他的"全国摄影肖像展览馆"（位于纽约百老汇和第10街拐角）举办了"安提塔姆的阴魂"展，展出的是苏格兰移民亚历山大·加德纳记录杀戮的照片。《纽约时报》报道说："布雷迪先生给我们带来的是战争的真实和残酷，就算他没把尸体放在我们的门厅和街边，他做的事也差不多了。"[62]

1863年，亚历山大·加德纳作为另一种类型的"神枪手"，拍下了这位在葛底斯堡死去的邦联军队一位神枪手的照片。美国国会图书馆

1863年7月1日，一个烈日炎炎的星期三，发生在宾夕法尼亚的"葛底斯堡战役"成为整场战争的转折点。战役后的第三天，双方都已损失2万多人，南方邦联军将领，56岁的弗吉尼亚人罗伯特·E. 李开始撤退。5000匹战马被焚烧以防止腐烂，大火的浓烟与战场尚未掩埋的尸体的恶臭混合在一起。《纽约时报》记者萨缪尔·威尔克森（Samuel Wilkeson）前去报道战况，却发现他的大儿子（陆军中尉）因腿部受伤已经去世——在手术要开始时，医生发现邦联军接近了他们的所在的谷仓，遂放弃了治疗。7月4日，美国的第87个生日，威尔克森埋葬了儿子，发回了他的战场报道。"啊，死在葛底斯堡的人们啊，你们用鲜血为自由在美国重生进行了洗礼。"他悲伤地写道，也附上了其他死伤者的名单。[63]第二天，亚历山大·加德纳带着两个人来了，为这片死灵遍布的战场拍摄了70多张照片。他们躺在深沟里，躺在山坡下，躺在树丛中，躺在岩石上。

加德纳把所有死者的照片收集成册，名为《加德纳战争摄影作品集》（*Gardner's Photographic Sketch Book of the War*），成为美国第一本摄影作品专集。加德纳一直是个废奴主义者，他的照片记录的包括死去的、垂死的人，还有一些奴隶制下的风景、街道和城镇的掠影。在一个砖制的商务大楼上曾印着这样的字，"普赖斯·伯奇公司，奴隶经销商"，加德纳将这张照片命名为《奴隶围栏，弗吉尼亚，亚历山大里亚》。[64]加德纳是个联邦军战士，照相机是他的武器。

杀戮的四个月之后，林肯前往葛底斯堡。成千上万的尸体横陈在那里，几乎未被泥土覆盖；野猪拱开浮土，叼出胳膊、大腿和头颅，但有了战争部提供的棺材，尸体被拉出来，排好，登记，三分之一的尸体得到了重新埋葬，其他的还要等待。林肯受邀在他们的葬礼上致辞。经过80英里的铁路旅行，他在傍晚抵达了宾夕法尼亚，发现很多棺材还堆在车站。第二天早晨，林肯带着对小儿子去世的忧伤,[1]骑马走在百人骑兵队队首。那天发表悼词的是爱德华·埃弗雷特。林肯发表致辞,讲了不到3分钟,只有272个词。林肯带着肯塔基口音演讲,语速缓慢深沉,重申美国实验。[65]

他首先说到死者。"我们来到这里,是要把这个战场的一部分奉献给那些为使这个共和国生存下去而献出自己生命的烈士,以作其最后的安息之所。我们这样做是完全应该和恰当的。"但陵墓并非仅仅是为了死者,他说:

这更要求我们这些活着的人去继续那些英雄们为之战斗的未竟事业。我们应该在这里把自己奉献于仍然留在我们面前的伟大任务——要从这些光荣的死者身上汲取更多的献身精神,来完成他们已经完全为之献身的事业;我们要在这里下定最大的决心,不让这些死者白白牺牲,这个国家在上帝保佑下将得到新生,这个民有、民治、民享的政府将永世长存。[66]

他并没有提到蓄奴制。有些人会在战后说战争是为了州权,或为了捍卫联邦,或为其他一千个理由和原因。所有的士兵,无论南方的还是北方的,都知道得更清楚。"在这场声名狼藉的叛乱中,蓄奴制是不可否认的唯一原因,它是一场关于、由于、出于蓄奴制的战争,像晴天正午的阳光一样明显。"一名士兵在1862年写给威斯康星军团报纸的文章中说。"如果任何人假装相信这场战争不是为了黑人解放,那他不是个傻子,就是在说谎。"[67]一名士兵在同年写给南方邦联军旅报的文中称。那时,黑人解放行动已经开始。

---

1 林肯的三儿子威廉在内战爆发后死于肺炎,年仅11岁。——译者注

III.

这确实是一场美国的"奥德赛"。"他们夜里出来,在闪烁的篝火仍像黑色地平线上熠熠闪亮的星辰的时候,"杜波依斯(Du Bois)后来写道,"老人瘦骨嶙峋,满头蓬乱的灰发;女人带着恐惧的眼神,拉扯着饥渴幽咽的孩子;男人和姑娘,坚定但憔悴。"[68]他们白天也会来,骑着马,坐着大车小车。他们爬上火车打包食物并偷枪。他们或走,或跑,或骑马,背着孩子,将自己献身于国家尚未完成的一项事业:解放自己。

内战是一场解放黑人的革命战争。黑人大逃亡在第一枪打响之前就已开始,但联邦军越是逼近,逃亡的人数也越多。杰斐逊·戴维斯那栋带柱廊的豪宅坐落在密西西比维克斯堡(Vicksburg)以南的1000英亩的棉花种植园布赖尔菲尔德(Brierfield)中,里面居住的许多家庭早在1862年就开始逃离。其他137人在维克斯堡陷落后离开布赖尔菲尔德前往契卡索河口,这是一个联邦营地。邦联国国务卿罗伯特·图姆斯(Robert Toombs)夸口邦联会打赢这场战争,他终有一天会在邦克山(Bunker Hill)[1]对着奴隶点名。一名报纸记者在戴维斯的奴隶抵达契卡索河口时报道说:"邦联国总统可以在里士满、纳齐兹(Natchez),或在尼亚加拉对奴隶点名,但不会有人回答。"[69]

1862年9月22日,林肯在《解放宣言》初稿中宣布,他将准时在100天之内——1863年元旦前——解放每一个邦联州的几乎每一个奴隶。他计划宣布这个决策已经很久了,只是在和自己的良心斗争。"我没和任何人提起,"他后来对内阁说,"但我对自己和造物主做出了承诺。"[70]遍地都是跪着的人。弗雷德里克·道格拉斯说,战争最终"被赋予了神圣"。在纽约,贺拉斯·格里利宣称,"在所有时代中,没有哪一个人或一群人的行为比这次解放更伟

---

1 指1775年邦克山战役,美国独立战争的第一场重要战役。——译者注

大。"《纽约时报》把《解放宣言》看得和宪法同样重要。林肯很谨慎,"仅凭呼吸杀不死叛乱者。"但成群结队的黑人男女和儿童聚集在白宫院外歌颂他,为他哼唱着"和撒那"(赞美上帝之语)。[71]

《解放宣言》在南方燃起了一片大火。《里士满观察家》(*Richmond Examiner*)把即将出炉的《解放宣言》说成是"美国有史以来最恐怖的政治罪行,最愚蠢的政治错误"。《解放宣言》印行了1.5万册,消息几日内就传遍了奴隶群体,通过窗边的细语,通过田野的呼喊。艾萨克·莱恩(Isaac Lane)偷了主人邮箱的报纸,向所有他能找到的奴隶大声朗诵。不是每个人都愿意等待100天的到来。10月,有人在弗吉尼亚州卡尔佩珀因谋划暴乱被抓,他们的物品中被发现有印着《解放宣言》的报纸;其中17人被杀,他们被处决意味着另一个地狱的统治。[72]

一直领导人民通向他们追寻的自由之门的弗雷德里克·道格拉斯,此时担心林肯会放弃他的承诺。"1月的第一天将是美国历史上最值得记忆的一天,"他写道,"但行动可以实现吗?啊!这可是个问题。"解放的承诺把战争变成了圣战,但并非林肯的所有支持者都关心对奴隶制的圣战。随着秋日隐入寒冬,压力促使着总统撤回诺言。而他在坚持。

"公民同胞们,我们不能逃避历史,"林肯12月在国会说,"我们应高尚地拯救或卑贱地丧失这地球上最好的希望。"在圣诞前夜,第92天,忧心忡忡的查尔斯·萨姆纳造访白宫。总统会信守承诺吗?林肯让他放心。12月29日,林肯将《解放宣言》草稿读给他的内阁成员听。(宣言没有解放未脱离州的奴隶,也不包括脱离州联邦军队已占领的地区。)内阁成员建议修订宣言,"已获得解放的人,不要涉入骚乱"。林肯拒绝添加,但财政部部长萨蒙·蔡斯提出了一个新的结尾,林肯接受了:"我祈求人类的慎重判断和全能上帝的恩典。"[73]

在1863年1月1日"奴隶解放日",黑人男女和儿童在南卡罗来纳州博福特（Beaufort）城外欢呼庆祝。提摩西·苏里文（Timothy H. O'Sullivan）摄

第96天的时候,道格拉斯宣布:"人类自由的事业和我们国家的事业如今同为一体,密不可分。"第97天,第98天,第99天——1862年新年除夕,"期待之夜",那个除夕后来被称作"不寻常的一天"。

在首都,非裔美国人挤满了街头。在弗吉尼亚州诺福克,4000名奴隶——他们住在边界州,不属于邦联国的一部分,事实上没有在《解放宣言》下获得自由——吹着横笛,敲着锣鼓,模仿"自由之子"在街上游行欢庆。在纽约,亨利·海兰德·加尼特,黑人废奴主义者,在夏伊洛长老会教堂向挤满教堂的人布道。正值晚上11点55分,教堂里一片寂静,教民们静坐在寒冷当中,一秒一秒地数着这最后的几分钟。午夜零点,唱诗班打破平静:"吹吧,吹响号角，禧年来了。"城市的街道上，人们唱着另一首歌：

> 哭吧！喊吧！你们这些伤心的孩子，
> 你们昏暗的午夜已经过去。

第100天，1863年1月1日，下午两点之后，林肯手持《解放宣言》并拿起了笔。他庄严地说："我一生中从未有哪个时候，比签署这份文件时更确定自己是正确的。"[74]

在南卡罗来纳，人们在向"南卡罗来纳第一志愿步兵"（前奴隶组成的军团）高声朗诵《解放宣言》。到最后几行的时候，士兵们开始歌唱，先是低声，然后高声：

> 我的祖国，是你，
> 甜蜜自由的土地，
> 我高歌赞美你！[75]

美国蓄奴制延续了几个世纪，它盗取了上百万人的生命，更碾碎了另外几百万人的心灵。它毁灭了孩子，伤害了母亲，摧毁了男人。它毒害了一个民族和一个国家。它把心脏变成了石头，把眼睛弄瞎。它留下了无法愈合的伤口，留下了可怕的伤疤。它还没有结束。但终于，终于，终点已在眼前。

美国的"奥德赛"几乎还没有开始。他们从木屋和田野中离去，获得自由的黑人男女通常不去往北方。他们通常去南方或西部，步行几百英里，或骑马，或乘驿车和坐火车，一路搜寻。他们之中有的是丈夫寻找妻子，有的是妻子寻找丈夫，还有父母寻找孩子，孩子寻找父母——追随着口信和流言，在全国找他们的亲人,寻找卖过又被再卖的亲人。有些人的搜寻历程长达数年,他们在追寻自己的联邦,在寻找亲人的团聚。

"有色人种,拿起武器!"弗雷德里克·道格拉斯在1863年3月2日呼喊着,呼吁黑人参加联邦军队,"我强烈地要求你们投入战斗,消灭那股将政府和你们的自由一起掩埋在这无望坟墓的邪恶势力。"国会已经在1862年解除了黑人参军的禁令,随着黑人解放运动的开展,道格拉斯旅行到北方各州作为征兵代理,为"第54马萨诸塞军团"(新组建的全黑人军团)招兵买马。"我们监狱的铁门只打开了一半,"道格拉斯写道,"你们现在有机会在一天之内结束这长达几个世纪的奴役。"[76]

邦联国同时也在招募自己的军队,实行美国史上的第一次招兵。联邦马上跟进,也开始招募军队。1863年7月,纽约白人对参军打一场解放黑人的战争颇感愤怒,他们用暴力骚乱抗议了五天,主要是攻击城中的黑人。11名黑人遭私刑处死,"黑人孤儿避难所"的200多个黑人孩子在大楼被点燃时幸运出逃。

邦联号召多达85%的18—35岁的白人参军,比联邦军服役的人数要多得多。联邦征兵中70%是未婚青年;邦联征募已婚男人,令他们的家庭面临饥饿和贫困的风险。"我家里没有头儿了。"一位邦联妇女在1863年写道。那年,邦联政府还通过了一个"什一税",要求农场里生长和出产的10%的粮食都交给国家。[77]战争即将结束时,邦联军队既缺人力,又缺物资,政府做出了先前从未想过的决定:让奴隶参军,这让许多邦联士兵非常不满,因为他们本来是为了保护自己作为白人的权利而战的。一位北卡罗来纳士兵写信给家中的母亲说:"我志愿服役不是为自由黑人的自由国家而战,而是为自由白人的自由国家而战。"[78]

内战扩大了联邦政府的权力，南方和北方都超出了先例：不仅体现在征兵方面，还体现在联邦货币、所得税和福利项目方面。联邦面临着与南方开战所需的军费问题，于是向银行借钱，当钱短缺时，就不停地印刷，制造联邦法定的绿色美钞。国会赋税委员会考虑征土地税，愿意承担这样做有一天会被裁定违宪的风险，因为土地税是直接税。但印第安纳州共和党人斯凯勒·科尔法克斯（Schuyler Colfax）表示反对："我回家没法儿和选民说，我投票赞成了一项法案，让把全部财产都投入股市的百万富翁免税，而让靠劳动谋生的农民交税。"个人所得税似乎是一个合理又不倒行逆施的选择。若干个州——宾夕法尼亚、弗吉尼亚、亚拉巴马、北卡罗来纳、南卡罗来纳、马里兰和佛罗里达都已经开始征收个人所得税。英国在克里米亚战争中也用这种办法筹集了部分资金。与地产税不同，所得税不是（至少不明显是）直接税——宪法禁止征收直接税。所得税也包括股票投资所得，所以"大款们"也不能免税。1862年，林肯签署法令建立国税局，负责征收所得税，这项税收后来变成了"阶梯式"税收，收入超过600美元交3%的所得税，超过1万美元征收5%的所得税。邦联不愿征税，一直没有给战争筹集到足够的资金，这也是反叛没有成功的原因之一。[79]

但颇具讽刺意味的是，邦联政府反对联邦的权力，但他们在运用权力的程度上远远超过了联邦政府。南方的战争宣传说，南方人是为了保护家庭，特别是为了保护他们的妻子而战，但邦联的征兵却让南方白人妇女发起政治抗议。她们像几十年来为废奴斗争的北方妇女一样，带着同样的激情走进政治领域。到1862年，大批士兵的妻子开始向政府请愿，寻求救助。密西西比河畔的小镇纳齐兹的士兵遗孀玛丽·琼斯（Mary Jones）写信给州长说："人人都说邦联一定会照顾我的利益，但他们没告诉我亲爱的丈夫，在他为国家打仗的时候，我必须挨门挨户去乞讨。"这些被剥夺了选举权的妇女希望把自己战时的牺牲当作换取公民权的筹码:"我们献出了自己的男人。"她们同样在组织集体食物暴乱。1862年11月,两位请愿的女人发出警告,"女性准备结成组织寻求和平,因为事态已超过了人心所能承受的。"另一位妇女警告北卡罗来纳州州长,"已经到了我们普通人必须有面包或流血的时候了,我们男人女人都决定了,要么得到面包,要么在试图得到中死去。"第二年春天,上百个女暴徒带着刀枪,参与了至少12次抗议。"面包或流血!"暴动的妇女喊着,在亚特兰大、在里士满、在莫比尔。在北卡罗来纳的索尔兹伯里(Salisbury),玛丽·莫尔(Mary Moore)送给州长一句话:"残酷的战争现在把丈夫和儿子从我们身边带走,他们不只是去保护他们朴素的家,还为了保护富人的财产。"[80]

最后,邦联白人妇女的书面请愿和行动抗议促使了一个新的公共福利体制

《弗兰克·莱斯利的插图报》(一份北方报纸)在1863年刊登了这幅南方妇女的前后对比照,先是劝男人反叛,后是举行面包暴动。美国国会图书馆

的诞生,士兵妻子得到救济,这个国家级福利系统规模比联邦境内任何福利系统都大。当代福利体制的兴起通常可以追溯到19世纪70年代建立的联邦退伍军人抚恤金制度,正是邦联国,以及南方的白人妇女,为此奠定了基础。[81]

战争尚未获胜,黑人解放也还没有完成。直到1862年夏季,《解放宣言》发布前几个星期,林肯仍坚持认为战争的目的是挽救联邦。"如果可以挽救联邦而不需要释放奴隶,我愿意这样做,"他给贺拉斯·格里利写信说,"如果我能够通过解放所有黑人而拯救联邦,我愿意做,如果先解放部分黑人而不管剩下的也能拯救联邦,我也愿意做。"[82]但到1864年,他完全改变了想法,没有废奴的胜利根本算不上胜利。

《解放宣言》解放了邦联的所有奴隶,但没有解放边界州的奴隶,也没有使蓄奴制本身绝迹:这需要一条宪法修正案。当士兵们在遥远的战场上浴血奋战的时候,伊丽莎白·卡迪·斯坦顿和苏珊·B.安东尼(Susan B. Anthony)挨家挨户地敲门,收集了40万个签名,请求通过宪法第十三修正案,在美国禁止蓄奴制。[83]此请求于1864年4月8日在参议院得以通过,33票对6票。参议院所有共和党,三位北方民主党和边界州的五位参议员都投票表示赞同。但在众议院,投票在巴尔的摩共和党全国代表大会举行前数个星期进行,却因少13票而未达到三分之二所需票数,修正案未获通过。

疲于战争的亚伯拉罕·林肯决定竞选总统连任——尽管自安德鲁·杰克逊之后美国再没有人连任总统。他的支持者们给大家发送竞选像章——林肯的锡版照印在金属扣上。他面色阴沉,形象粗犷,像海水冲刷过的岩石,轮廓分明。他抬起下巴,望着远方,好像在许诺什么。[84]竞选对手是势头较弱的乔治·麦克莱伦(George McClellan),一位被林肯撤职的无能将军。麦克莱伦的党内支持者并不多。在8月举行的民主党大会上,户外有一个设计:一条卷曲的气管带着喷嘴,点燃后应喷射出"麦克莱伦,唯一希望"的字样,但未能成功，喷嘴只在那里噗噗作响——像候选人本人一样无助无望。"[85]三天以后，林肯赢得了55%的普选票，这是自杰克逊1832年连任后的最大比例。他最大的胜利来自联邦军队——70%的士兵投给了他。他们没选前指挥官麦克莱伦，而是把票投给了林肯——也是投给了黑人解放。[86]

大选之后，林肯积极游说边界州的参议员，以促使众议院通过第十三修正案。"只要蓄奴体制存在，我们就别想在这个国家实现彻底的和平。"密苏里州前奴隶主詹姆斯·S. 罗林斯（James S.Rollins）说。1865年1月31日，当修正案最后以119票对56票得到所需的三分之二多数票通过时，议会大厅里一时陷入沉寂。然后，国会议员们瘫坐在椅子上，"哭得像孩子一样"。户外，百枪齐鸣，这一结果被公布。在战场上，一名黑人联邦军士兵写道："美国在自由的清泉中洗净了她的双手。"[87]只有时间才能证明，那泉水能否洗净蓄奴制的污渍。

那年冬天，华盛顿的大雨下了几个星期，狂风抽打着城市，拔起了大树，似乎这天气要把战争的残酷带进首都。3月4日，林肯就职的那天早晨，人们来时都带了雨伞，以防天公不作美。他们挤在一起，行走在积水和泥泞里，大雾降临于城上。但林肯起立讲话时，天幕骤开，太阳穿过了云层。林肯迈着笨拙沉重的步履，走上了国会大厦东侧的讲坛。亚历山大·加德纳以其非凡的敏锐抓拍到林肯的姿态。林肯没有戴帽子，他拿着一沓纸，目视着下方。他讲话非常简洁，蓄奴制就是"这场战争的原因"，而"我们深切地期望，热情地祈祷，战争的巨大灾难将迅速成为过去"，这是为活着的和死去的人祈祷，然后他结束道（这些字词已刻到他的纪念碑上）：

我们对任何人不怀恶意，对所有人都抱有善心，对上帝使我们认识到的正义无限坚定。让我们努力完成我们正在进行的工作，愈合国家的战争伤痕，关怀战死的烈士及其遗孀和孤儿，尽一切力量争取并珍视我国及全世界的正义的、持久的和平。

当时26岁的约翰·威尔克斯·布斯在阳台上观礼。他后来说："在就职典礼上杀掉总统是多么有利的机会啊！如果我那天就想这么干的话！"[88]

4月9日，在弗吉尼亚州阿波马托克斯（Appomattox）一家农舍的客厅里，邦联将军罗伯特·E.李向联邦将军尤利西斯·格兰特投降。两天之后，著名的莎士比亚演员布斯神情不定地站在人群中，聆听林肯总统发表解释胜利条件的演说。他喃喃低语，"就是说黑人要成为公民了。"四天零几小时之后，4月14日（星期五）耶稣受难日，晚上10点45分，布斯在福特剧院（距白宫六个街区）用大口径手枪向林肯开枪。

林肯瘫坐在胡桃木制成的摇椅上，不省人事。一名军医冲向总统的包厢，把林肯放在地毯上，解开他的衬衫，查看伤处。然后他和另外两名医生把总统抬下楼梯，抬出了剧院，到了第10街一个公寓一楼的房间。56岁的总统可能活不成了。希望听到他死前可能说些什么，十几个人整夜守候在他身边。他们都白等了，他从未醒来。清晨，他死去了，成为美国第一位在任遇刺的总统。他的死讯通过电报传播，出现在星期六的报纸上，哀悼于星期日的教堂中进行。一位牧师宣布："愿我们没有如此损失，我们得到了一位为国家献身的烈士。"[89]那天正是复活节。

林肯之死标志着美国一个新教义的诞生：解放黑奴教。它始于对一位烈士的哀悼。四年战争后，大多数美国人都备有黑色衣服，女性有寡妇的丧服，男人有黑袍和袖标。在白宫，验尸的医生保留了一件遗物，那是用纸包裹的"头骨碎片"。林肯体型巨大，尸体本身就具有无穷的魅力。尸体防腐人员抵达白宫，承诺说："总统的尸体永不会腐烂。"[90]

1865年，当林肯的送葬队伍经过纽约联合广场时，哀悼者们排起了长队，一位摄影师守在大楼的顶端拍下了这张鸟瞰图。美国国会图书馆

四天以后，灵棺供人瞻仰，有商家向瞻仰总统遗容的哀悼者销售悼念品。"我们失去了我们的摩西。"一位排队等待的上了年纪的黑人妇女哭喊道。"他为我们而受难。"另一位宾夕法尼亚黑人妇女说。但并非每一个美国人都在哀悼。"好哇！"一个南卡罗来纳人在她的日记里写道，"老亚伯·林肯遇刺啦！"[91]

护柩者抬着林肯的灵柩坐上灵（列）车，穿行全国，驶过城镇田野，整整开了12个日夜。1865年5月4日，灵柩抵达伊利诺伊州斯布林菲尔德的一个临时墓穴，等待永久纪念陵墓——花岗岩方尖碑的大理石棺墓的建成。[92]虽然他没说遗言，但留下很多临终的话，这些话将永成追忆，镌刻在石碑上。

全国仍一律着黑色衣襟，第十三修正案——林肯最后的遗赠——已送往各州。当修正案于1865年12月6日得到各州批准时，一位加利福尼亚众议员宣布："这个时代的唯一问题解决了。"[93]一场大辩论结束了。一场可怕的战争结束了。蓄奴制没了。但一个伟大国家的未竟事业仍需努力：争取平等的斗争才刚刚开始。

林肯仍然是定格在时间中的人物——在快门一闪之间，在扳机一扣之间。为怀念他，人们穿着乌黑和艳黄的衣服，人们穿着黑色和白色的衣服，人们在玻璃的盘底怀念他，美国人把各色的忧伤，延伸为一种巨大无边的悲伤和记忆，伴着几个世纪的灾难和损失，没有摄影机的镜头，没有修正案的补正，但有几百万男人、妇女、孩子尸体上的伤口，他们被偷、被抢、被拷打、被追杀、被鞭笞、被烫烙、被强奸、被饿死、被埋葬在无名的墓碑之下。没有哪位总统拥有过如此神圣的葬礼，没有哪位总统发表过葛底斯堡宣言；没有哪个委员会为总统设立过纪念碑供人纪念。林肯死后，似乎成百万人都想挤进他的墓穴，蜷曲在一个无法容纳他们的墓穴中。

As they appeared participating in the Inauguration of the PRESIDENT of the UNITED ST

第三部分
国家
★★★★
1866—1945

总统就职典礼（1898）。联邦政府日益增长的权力在总统隆重的就职仪式上突出地表现出来。环球历史博物馆/UIG/布里奇曼图片社

现代国家容易依赖公众舆论和行政部门之间
而不是国会和行政部门之间的相互作用来制定决策。

——沃尔特·李普曼
《民主的基本问题》，1919年

第九章

公民、个人、群众

OF CITIZENS, PERSONS, AND PEOPLE

1894年,小摩西·布兰特福德(Moses Brantford Jr.)在安大略省阿默斯特堡达尔豪西街领导解放日游行。安大略档案馆

什么是公民?在内战前后的很长一段时间里,合众国政府对这一问题都没有确切答案。林肯政府的司法部部长在1862年恼火地写道:"我常常因为在我们的法律书籍和法院记录中找不到'合众国公民'一词的明确且令人满意的定

义而感到痛苦。"[1]1866年，国会责令两位法学专家找出这个词的定义。其中一位专家疲惫不堪地写信给对方："'公民'或'公民们'一词至少在合众国宪法里出现了十次，但在任何地方都找不到定义。"[2]

国会在慎重探讨奴隶解放运动所带来的后果时提出了这个问题：数百万曾经是奴隶的人获得了自由，解放对他们而言是否意味着成为公民，部分取决于"公民"本身的定义。在这一点上，语焉不详的《宪法》简直令人抓狂，它仅提到公民身份首先是竞选公职的要求，并且与移民者的地位有关。《宪法》第二条第一款规定，"除本国的公民或在本宪法通过时已为合众国公民者外，任何人不得当选为总统。"但即便是如此简单明确的陈述，结果却仍是模糊不清的。"本国"一词直到最后一分钟才被加上，没有讨论记录。之前，约翰·杰伊在写给乔治·华盛顿的信中提出："对外国人进入我国政府的行政机构设置强有力的限制措施，并且明确规定美国军队的总司令不得被授予或移交给非本国公民是明智且合理的。"[3]但什么是，以及谁是"本国公民"，杰伊并没有说。

根据英国普通法，"本国臣民"是指出生在国王领土上的人，或者视情况而定，也包括生在国王领土之外但承认国王的臣民。但是，一个本国的公民和天生的国民并不完全一致，尤其是绝大多数合众国法律并未区分"本国的"和"归化的"公民，因为移居美国成为美国人的移民及其后代已经放弃了基于血缘的忠诚。麦迪逊在《联邦党人文集》第52篇中解释说，任何有意于竞选国会议员的人仅仅需要成为合众国公民满7年，因为"在符合这些条件的情况下，不论是本国的还是归化的，年轻的还是年老的，也不论贫穷还是富有，以及特定的宗教信仰如何，联邦众议院的大门向所有贤明之士敞开"[4]。竞选国会议员的人无须满足一定的财富要求；他们无须出生于合众国领土之上，也无须接受宗教测试。同样的逻辑也适用于公民身份，同时，出于以下的原因，宪法的制定者将这些要求理解为各种形式的政治压迫,这意味着通向合众国的大门是敞开的。

在19世纪80年代之前,没有任何联邦法限制移民。除了某些狂热的本土主义时期,特别是19世纪40年代,美国很欢迎移民成为公民,并且重视他们。内战后,合众国财政部的评估显示,每个移民对国家经济所做出的贡献为800美元。这引发了来自纽约的众议院议员利维·莫顿(Levi Morton)的抗议,他认为这个标准太低了。在议院中,莫顿问道:"我们可以对这个由数百万爱尔兰人和德国人组成的国家进行怎样的价值评估,这在很大程度上归功于从大西洋到太平洋的巨大商业动脉的存在,以及这种行业和技能促进了国家财富的增长。"[5]

坦率地讲,无论对美国公民身份还有其他什么说法,这一概念都是具体且包容的。《宪法》第四条第二款规定,"每州公民应享受各州公民所享有的一切特权及豁免权。"亚历山大·汉密尔顿认为这一条款是"联邦的基石"。[6]一个州的公民与另外一个州的公民是平等的,但是什么使得这些人成为公民?在什么条件下,居民不是公民?准确地说,公民的特权和豁免权究竟是什么?

当时,人权及国家威权的理念方兴未艾,19世纪的政治家和政治理论家在这一背景下对美国的公民身份做出了解释,他们坚信,一个优秀的政府应保证所有符合公民资格的人都享有同等和不可撤销的政治权利。1849年,马萨诸塞州参议员查尔斯·萨姆纳在参与讨论家乡的州宪时直接表示:"对每一个在这片土地上尽情呼吸的人而言,这就是一部《大宪章》,无论他的条件如何,也无论他的父母是谁。他也许贫困、病弱、卑微,可能是个黑人、高加索人、犹太人或埃塞俄比亚人的后裔,或许有着法国人、德国人、英格兰人或爱尔兰人的血脉,但是在马萨诸塞州宪法面前,所有这些差异都不复存在……他是一个人,和其他所有人一样。他是马萨诸塞州的孩子,这位公正的家长对所有的孩子都一视同仁。"[7]

不过,现实是不完美的。一方面,所有公民,无论是本国的还是归化的,都有资格参选国会议员,没有任何联邦法律对移民进行限制,而且所有公民在政治上都是平等的,至少理论上如此;但是另一方面,却有相当多的法律和习惯对公民身份做出了限制。1798年通过的《归化法》将移民获得公民身份的居住年限从5年延长到了14年。1802年这一年限又恢复为5年,但是根据法律条款,只有"自由的白人"才能成为公民。在1857年的"德雷德·斯科特案"中,最高法院在探讨黑人公民身份时问道:"一个祖先作为奴隶被输入和贩卖到这个国家的黑人,能否成为合众国宪法所形成和缔造的政治共同体成员,能否被赋予受到宪法文本所保证的所有的公民权利、特权和豁免权?"回答是响亮的"不"。女人的公民身份所受到的限制使得伊丽莎白·卡迪·斯坦顿气愤地写信给苏珊·B.安东尼:"当我进入天国的大门,善良的彼得问我想坐在哪里时,我会说,只要我既不是黑人也不是女人,任何地方都可以。大天使,请赐予我白人男性的荣耀,使我从此可以感受无限的自由。"[8]

不同的公民身份申请护照的限制是不同的,这使得事情更为混乱。合众国在1782年发放了它的第一本护照,但在很长一段时间内,护照不仅由联邦政府发放,更常见的是由州和城市通过州长和市长甚至是社区公证人发放。而且,不是所有的公民身份文件都采取护照形式。黑人水手领到的是一种被称为"海员保护证书"的证件,这表示持证人是"美利坚合众国公民";弗雷德里克·道格拉斯曾经使用这样的证书摆脱了奴隶身份。(在实行奴隶制的地区,还存在着另一种身份证明文书,它的作用更像是非公民身份证明、禁止通行证、"奴隶通行证":它由奴隶主签署,用于奴隶在由逃奴追缉队——武装起来的白人民兵组织——控制的区域通行。）[9]黑人的定义是"有色人种"，取自法语gens de couleur libres，自1810年开始在合众国内使用。1835年，一名黑人首次获得了护照，但是同年，最高法院在研究护照是不是公民身份的证明的问题时，判定结果为不是。[10]

更为统一的制度的出现缓解了这种混乱的情况，1856年，国会通过了一项法案，规定只有国务卿才能"授予并发放护照"，而且只有公民才能获得护照。1861年8月，林肯政府的国务卿威廉·西沃德发布指令："除非有新的指示，没有国务院发放、国务卿联署的护照，任何人不得从合众国的口岸离境。"从那时起，直到战争结束，这一限制被强制实行，目的是防止男人为逃避兵役而离开这个国家。1866年，一位国务院职员在发放护照时写道：这项政策的实施在肤色方面没有差异，其影响远超联邦公民法，但正是此类事情的出现使得国会任命的两位法律学者在法律书籍中寻找"公民"一词的定义成为徒劳。[11]

内战带来的根本性问题不仅是州与联邦政府之间的关系问题，还有公民身份本身以及民族国家这一概念的问题。什么是公民？国家可以对其公民行使什么样的权力？选举权是公民的权利还是仅属于特定公民的特殊权利？女人是公民吗？为什么她们不是选举人？拥入西部的中国移民又该怎么办？他们是自由人。根据美国法律，他们是"自由的白种人"还是"自由的有色人种"，还是其他什么人？

在战后的数十年中，崭新的联邦政府得到授权，大力支持工业资本主义的发展，但其发展所导致的收入和财富的不平等又动摇了共和的根基，这些问题需要借助新的政党制度和新的政治秩序来解决。在这一新的政治秩序中，公司集团自然成为法律意义上的"人"，而一无所有的人——被抛弃的农民和工厂工人——组建成一个政党，坚守他们作为"人民"的非同一般的权利。

1866年，国会寻找"公民"成文定义的努力徒劳无功。其后30年中，"公民"的定义逐渐缩小并清晰。1896年，美国护照的发放机构——已然拥有数千员工的国务院，开始根据新的《护照申领规定》处理护照申请事宜，该规定要求提供包括以下体貌特征的身份证明：

年龄，_____岁；身高，_____英尺_____英寸（英制）；前额，_____；眼睛，_____；鼻子，_____；嘴，_____；下巴，_____；头发，_____；肤色，_____；脸，_____。

同时还需提供签名、证人、忠诚宣誓书以及一美元的申请费用。[12]

内战之后的无序日子里，公民被定义、描述、衡量和记录。现代行政国家诞生了。

I.

南方邦联的失败给了北方联邦政府前所未有的权力。政府给予前邦联士兵作为胜利者而非失败者的权利。对以前的奴隶，它行使了旨在保障他们的公民权利，试图恢复南方各州明确拒绝给予自由人和妇女的各项权利。

早在战争结束前，黑人男性和妇女就试图影响政府战后计划的制定。他们有着清晰的首要目标：公民身份和财产权。1863年3月，埃德温·斯坦顿（Edwin Stanton）成立了美国自由民调查委员会（American Freedmen's Inquiry Commission）。该委员会的调查员报告说："这些难民的首要目标是拥有财产，特别是拥有土地，哪怕只有几英亩也好。"1864年10月，在纽约州锡拉丘兹举行的全国男性有色人种大会（the National Convention of Colored Men）要求给予男性有色人种——不含女性——"充分的公民身份"，并要求进行立法改革，允许全国各地有色人种定居在联邦政府通过《宅地法》授予公民的土地上。1862年签署的《宅地法》使个人或者一家之主可以获得多达160英亩的无主土地，他只要耕种五年并在期满后支付一小笔费用即可。撒迪厄斯·斯蒂文斯（Thaddeus Stevens）是一个面容冷峻的宾夕法尼亚人，是所谓的激进共和党（Radical Republicans）的领导人，这一派别坚定地致力于重建南方社会的政治秩序。在林肯政府众议院筹款委员会（House Ways and Means Committee）任职的斯蒂文斯，想要没收7万名南方邦联"叛军骨干"的4亿英亩土地，并且重新分配，这将使每个自由的成年人得到40英亩土地。难民、自由民及被遗弃土地局（Bureau of Refugees, Freedmen and Abandoned Lands，简称"自由民局"）为难民提供衣食，并帮助安置自由民，但是在自由民的集会上有流言说自由民局打算给予每个自由民40英亩土地和1头骡子。"我挑好了1头骡子，"前密西西比奴隶山姆·麦考兰（Sam McAllum）后来告诉记者说，"我们每个人都挑了。"[13]但这些期望都落空了。

随着战争接近尾声，国会开始讨论如何治理和平社会。该如何处置邦联的首脑？他们是否仍然拥有公民的权利？该如何处置他们的财产？撒迪厄斯·斯蒂文斯坚持联邦政府按"被征服者"对待前邦联成员，并重建"他们的政治、市政和社会机构的基础"，否则"所有的鲜血与财富都白费了"。[14]

但是林肯不赞成这种怀恨在心的和平，他担心这将妨碍国家治愈战争的创伤。相反，他提出了一个所谓的"10%计划"，包括赦免邦联领导人，并且当某个州宣誓效忠联邦的选民达到10%时，便允许它重返联邦。国会中的激进派共和党人抵制这一计划，并且在1864年年底通过了《韦德-戴维斯法案》（Wade-Davis Bill），这一法案要求一个州的多数选举人发誓他们从未支持过邦联政府，这就意味着剥夺了所有前邦联领导人和士兵的选举权。林肯否决了这一法案，然而他同意将南方置于军事管制之下。

林肯被刺杀后，副总统安德鲁·约翰逊继任。约翰逊体格健壮，是田纳西州前州长，他试图逆转战后计划，规划了一条与林肯计划大不相同的路线。当初，林肯选择约翰逊作为他的竞选伙伴，以此来让边境各州放心。随着林肯的去世，约翰逊为自己设定了保护南方的任务。他谈论的不是"重建"，而是"恢复"：他想尽快将邦联各州带回联邦，并且将公民身份和公民权利事务留给各州决定。

自由民继续提出他们的要求：联邦同盟（Union Leagues）、共和党俱乐部和平等权利联盟（Equal Rights Leagues）召开了"自由民大会"，要求完全的公民身份、平等权利、选举权和土地权，并抱怨约翰逊给予邦联领导人特赦。他们在弗吉尼亚举行的黑人集会上指控约翰逊称，"我们的敌人中有五分之四的人被释放或特赦，而另外的五分之一正在被赦免。除了把我们和我们的妻儿带到拍卖台的特权，让我们任由这些战败却没有改过自新的反叛者摆布"。[15] 到1865年至1866年的冬天，由前分裂主义分子组成的南方立法机关批准了"黑人法典"（black codes），这些新的、基于种族的法令以契约、佃农制和其他服务形式继续有效地延续奴隶制。在南卡罗来纳，如果父母被指控未能教导孩子"诚实勤奋"，那么他们的孩子就会被从家里带走，被送到白人家里充当无酬劳学徒。[16] 奴隶制像一个怪物，每当它被斩首时，就会长出一个新的头。

在这时，三K党应运而生。1866年成立于田纳西州的三K党是一个兄弟会式的组织，由身穿白色长袍的邦联老兵组成。根据一名三K党初始成员的说法，这代表"邦联逝者的幽灵从坟墓里爬出来报仇雪恨"。三K党的确是一种复活，是长久以来充当逃奴追缉队的武装民兵的复活，几十年间，他们用火、绳索、枪支、威胁、酷刑和谋杀来恐吓男人、妇女和儿童。[17]

1866年2月2日，参议院通过了《民权法案》（Civil Rights Act），这是第一部定义公民身份的联邦法律。法案一开始就规定："我们在此宣布，所有出生于合众国并且不受外国势力支配的人，不包括不纳税的印第安人，均为合众国的公民。"它宣布所有公民都有权受到该法律的平等保护，它还规定要扩充自由民局。在参议院表决5天后——这是一个决定性的关键时刻——弗雷德里克·道格拉斯来到白宫寻求总统的支持。这是一场紧张激烈的会面，双方的交锋和曾经发生在这些大厅里的其他交锋一样，意义非凡，足以载入史册。

"您被置于这样一个位置上，拥有拯救或者毁灭我们的力量，"道格拉斯告诉总统，"我指的是我们整个种族。"

在这场漫无边际、避实就虚、自我辩护的交锋中，约翰逊向道格拉斯保证他是黑人的朋友。他说道："我曾经拥有奴隶，也曾买过奴隶，但是我从来没有卖过奴隶。"实际上，约翰逊无意反对黑人法典或讨论平权或签署民权法案。道格拉斯离开后，约翰逊向助手嘲笑道："他就和其他黑奴一样，但会更快地割开白人的喉咙。"[18]

威廉·约瑟夫·西蒙斯（William Joseph Simmons）上校为三K党写的小册子。这份小册子出版于1916年，赞美"重建时期的三K党"，并强调它"作为南方处于正当历史地位的救世主，因而也是国家的救世主"。非裔美国人国家博物馆

3月，众议院通过了《民权法案》，但是约翰逊否决了它。4月，国会驳回了约翰逊的否决。作为历史上联邦政府行政和立法机构之间权力斗争的里程碑，约翰逊的否决案标志着国会首次推翻了总统否决权。

国家重建开启了立法激进主义的新时代，联邦政府在重建过程中采取措施以界定公民身份并保护公民权利。约翰逊试图阻止这些变化，但事实证明他无法战胜那些支配国会并站在国家权力中心的激进的共和党人。[19]当激进的共和党人转向投票问题时，他们开始着手修改旨在防止剥夺自由人权利的宪法修正案：第十四修正案和第十五修正案。当然，也有一些理想岌岌可危：履行国家立国文件中的承诺，以及阐明发动战争的原因，但也有未经处理的政治问题。奴隶制的废除使得五分之三条款已经过时，由于每个黑人、妇女和儿童不再被统计为五分之三个人而是一个百分之百的人，南方各州在国会拥有了席位。如果黑人可以投票，他们毫无疑问会投给共和党。对国会里想要继续掌权的共和党人来说，他们需要确保南方各州不会阻止黑人投票。

为实现这一目标，激进的共和党人得到了大批为废除奴隶制、解放黑奴和争取妇女权利而斗争的妇女的支持。在林肯签署《解放宣言》和第十三修正案通过之后，伊丽莎白·卡迪·斯坦顿和苏珊·B. 安东尼已经开始努力地争取下一个修正案，她们希望下一个修正案能够保证所有美国人，包括妇女，都能享有公民的权利和特权。

由联合重建委员会（Joint Committee on Reconstruction）起草的第十四修正案标志着一个世纪以来的争论、战争、苦难和斗争在宪法上取得了显著成就。它给出了"公民"的定义，这一定义保证了公民的特权和豁免权，并确保所有公民都能受到平等保护并享有正当的法律程序。修正案第一款即为："凡出生于或归化于合众国并受其管辖的人，皆为合众国和他们所居住州的公民。任何州都不得制定或施行剥夺合众国公民特权和豁免权的法律；非经正当法律程序，不得剥夺任何人的生命、自由或财产；也不得在其管辖范围内拒绝给予任何人以平等的法律保护。"[20]

在修正案起草期间，委员会背叛了几十年来为争取废除黑人公民权利而奋斗的全国妇女阵线，建议在修正案第二款插入一条规定，如果任何一州剥夺了"该州任何男性居民"的投票权，那么该州将失去选举国会代表的权利。"男性"（Male）一词之前从未在宪法的任何部分出现过。伊丽莎白·卡迪·斯坦顿警告说："如果加入'男性'这个词，我们将至少要花一个世纪的时间才能把它去掉。"[21]她说的没错。

妇女表示抗议。出生于俄亥俄州的改革家弗朗西丝·盖奇（Frances Gage）问道："有没有人能告诉我，为什么人类平等的主要提倡者……忘了当他们还是一个弱小的政党，需要全国妇女的全部力量来帮助他们时，他们总是将这些词语联合起来使用，'不考虑性别、种族或者肤色'？"查尔斯·萨姆纳给出的回答是："我们知道黑鬼们将如何投票，但是我们不确定女人们会投给谁。"妇女怎样投票是不可能搞清楚的。黑人妇女会像黑人男性一样投票吗？白人妇女会像黑人妇女一样选择吗？共和党人宁愿不知道答案。他们告诉广大女性："这是黑人时刻。"斯坦顿向温德尔·菲利普斯（Wendell Phillips）问道："基于你把黑人和女人置于明显的对立面，我可以问你一个问题吗？我的问题是：你认为非洲族裔全部是由男性组成的吗？"[22]

在妇女的抗议下，"男性"一词没能进入正式文本，但是另一个词引发了更多的关注："人（person）"。"凡出生于或归化于合众国的人……皆为公民。"[23]对那些急于否定妇女平等权利的男人来说，"人"这个词过于宽泛了。即便保留"男性"一词，有没有什么办法可以将该修正案提交到国会，以支持妇女对权利平等的诉求？

在参议院辩论期间，来自密歇根州的共和党人雅各布·霍华德（Jacob

Howard）解释说，该修正案"保护黑人男性作为公民的基本权利，保护范围与白人男性的一样"。霍华德向其他参议员保证，修正案最强调的不是捍卫黑人的投票权（尽管他希望是这样），它只是建议，在没有提供任何执法机制的情况下，禁止男性投票的州将失去在国会的代表权。关于这一点，霍华德引用了詹姆斯·麦迪逊的话："那些受法律约束的人应该有发言权。"马里兰州的民主党人雷弗迪·约翰逊（Reverdy Johnson）起身问这一命题在逻辑上能够被延展到什么程度，尤其是考虑到修正案使用了"人"一词：

约翰逊：女性以及男性？

霍华德：麦迪逊先生从未就女性发表过任何意见。

约翰逊："人。"

霍华德：我相信麦迪逊先生足够年长也足够智慧，可以理所当然地认为，自然法则这样的东西是存在的，即使在政治事务中也有着一定影响力，而且根据该法律，妇女和儿童不能被视为等同于男性。[24]

过了一个世纪后，国会才再次讨论这个问题，而且还是在 1964 年对《民权法案》的辩论中偶然讨论的。然而，即使第十四修正案将某些保护措施扩展到"男性居民"，并且缩小了对人权的理解范围，也不能保证它一定会被批准。安德鲁·约翰逊反对这一修正案，并敦促南方各州不要批准它。只有田纳西州批准了它（该州总是和南方邦联对着干，是最后一个脱离的州，也是第一个重返联邦的州）。与此同时，在1866年秋季，大量激进的共和党人当选国会议员，这削弱了约翰逊的力量。尽管如此，约翰逊仍不放弃。共和党人认为扩大联邦权力是保证前奴隶公民权利的唯一可行方式，并通过了四项《重建法案》（Reconstruction Acts）。约翰逊猛烈反击，全部否决。但是国会驳回了他的每一项否决，这令总统颜面扫地。

《重建法案》将前邦联划分为五个军管区，每个军区都由一名军方将领管理。每个前叛乱州都将起草新宪法，并将其送交国会批准。在一项有关宪法强制力的法案中，国会使得联邦代表团重新批准了第十四修正案。根据重建条款，前邦联州的士兵不能投票，但曾是奴隶的人除外。在前邦联，大多数有能力投票的白人都是民主党人；80%符合条件的共和党选民都是黑人。不过，即使在联邦军队的保护下，黑人也不总是能够投票，在三K党兴起后，尤其如此。黑人在南方北部各州常常可以成功投票。弗吉尼亚有90%的黑人登记选民并参加了投票。在南方腹地各州，黑人男性一早起来，就得按照预先的安排一起成群结队地步行至投票站，以防受到攻击。一位来自亚拉巴马的选举监督员这样描述1867年投票日的第一天："有将近一千名自由人到场，他们当中的许多人是从三十英里之外的地方赶来的，所有人都热切盼望着投票。"[25]

尽管批准第十四修正案的斗争日益白热化，但黑人参与的活动却不仅限于选举日。有八百名黑人男子在州立法机构任职，他们担任了一千多个公职，主要在镇和县政府，还有一位黑人曾短暂地出任路易斯安那州的州长。一位政治家说道："今天属于黑人，白人当道已经够久了。"一名来自北方的记者在考察了南卡罗来纳州立法机构后写道："不夸张地说，该机构几乎就是一个黑人议会……议长是黑人，书记官是黑人，门卫是黑人，侍者是黑人，筹款委员会主席是黑人，而牧师黑得像煤炭一样！"白人将之称为"黑鬼当权"。[26]

在华盛顿，约翰逊挣扎着想要站稳脚跟。1868年年初，他企图罢免激进的共和党人、由林肯任命的战争部部长埃德温·斯坦顿，先是代之以尤利西斯·格兰特，然后是另一位野战将军，但是强硬而顽固的斯坦顿在自己的办公室外设置了路障，把自己关在里面两个月。这个国家跌跌撞撞地遭遇了宪政危机。众议院开启了针对总统的弹劾程序，指控他违反了刚刚通过的《任职期限法》（Tenure of Office Act）。国会对弹劾案的投票结果是126∶47，而参议院的投票结果是35∶19，仅差一票未能取得三分之二多数。约翰逊得以幸免，但是"弹劾"这一从未使用过的宪法武器，第一次装弹上膛。[27]

第十四修正案最终在1868年夏天批准通过。约翰逊在这个夏天未能获得民主党的总统候选人提名，被提名的是出生于俄亥俄州的美墨战争老兵和内战英雄尤利西斯·格兰特，他的竞选誓言是"让我们拥有和平"。每个不顾三K党威胁而能成功投票的黑人都把票投给了格兰特。

妇女也想要投票。在第十四修正案之前，女权改革者们已经在为妇女接受教育以及立法保护女性在婚后处置自有财产的权利而斗争；第十四修正案通过后，女权运动演变为女性参政权运动，从而使问题更为激化和集中。1868年，在一项名为"新起点"（New Departure）的计划中，黑人及白人妇女企图通过实际行动来获得投票权：她们进入投票站，随后在试图投票时遭到逮捕。这些年，黑人投票变得越来越困难，使得国会就此进行辩论并提出了另一项宪法修正案，该修正案将带来更多有关公民、个人和群众的问题，它们之间的界限长期以来受到妇女的挑战，并且正在接受来自中国移民的新挑战。

19世纪50年代，随着淘金热的兴起，第一批大规模的中国移民抵达合众国。1849年，加利福尼亚州有54位中国居民，1850年是791人，1851年超过了7000人，而到了1852年，则约为2.5万人。他们之中的大部分人来自广东，从香港起航，被一家名叫"六大公司"（Six Companies）的公司运到美国。他们之中绝大多数是男性。在旧金山上岸后他们成了矿工，先是在加利福尼亚，之后是在俄勒冈、内华达、华盛顿、爱达荷、蒙大拿和科罗拉多。在1860年的联邦人口普查中，34 935名中国工人中有24 282人在金矿里做苦工。尽管一些中国移民离开了金矿——其中有些是被迫的——但还是有许多人继续挖矿，直到80年代，他们常常在其他矿工废弃的矿井里工作。1867年的一份政府报告指出，在蒙大拿州，"矿场已经落入中国人手中，他们耐心地收集被白人遗弃的土地"。中国工人于1865年开始在博伊西（Boise）定居，仅仅五年之后，三分之一的爱达荷州定居者和近60%的矿工都是中国人。1870年，中国移民及其子女占加州总人口的近9%，占该州打工者人数的四分之一。[28]

根据州宪法等法规，他们的权利受到了明显的限制。1857年，俄勒冈州的州宪法禁止"中国佬"（Chinamen）拥有不动产，加利福尼亚州则禁止中国移民在法庭上做证，这一禁令在1854年州最高法院审理"人民诉霍尔案"的法庭意见中得到认可，该意见把中国人描述为"正如他们的历史所显示的那样，该种族的人生来就带着下等人的烙印，他们的进步和智力发展无法超越某个特定的水平"[29]。

中国移民数量的增长速度在19世纪60年代达到了顶峰，同时，联邦政府对公民身份与种族之间关系的辩论也进入了最为激烈的阶段。第十四修正案对生而拥有的公民身份做出规定：任何出生于合众国境内的人皆为公民，并无种族

在一幅1886年的漫画中，山姆大叔将中国移民踢出合众国，显示出《排华法案》（Chinese Exclusion Act）生效后头一个十年中强烈的反华情绪。Shober & Carqueville/美国国会图书馆

方面的限制。根据此条款，出生在合众国的中国移民的孩子即为美国公民。伊利诺伊州参议院莱曼·特朗布尔（Lyman Trumbull，一译莱曼·杜伦巴尔）在有关该修正案的辩论中说道："亚洲人的孩子与欧洲人的孩子是完全一样的。"[30]［对该修正案的解释在1898年的"合众国诉黄金德（Wong Kim Ark）案"中得到了最高法院的支持。］特朗布尔是国会中少数几个以赞许的言辞来谈论中国移民的人之一，他形容中国移民是"来自一个在艺术和科学领域的许多方面优于任何其他国家的公民，在这些人里有着被认为是最有学问、最卓越的学者"。而加利福尼亚州的国会议员，曾一度是矿工的威廉·希格比（William Higby）的看法则更为典型，他在1866年说道："中国人不过是没有开化的种族，你不可能让他们成为良好公民。"[31]

如果中国移民的孩子是美国公民的话，这些移民本身又将如何呢？关于中国移民在西方国家最重要的反歧视保护条款是1868年中美签订的条约[1]。该条约规定"中国的国民可以到合众国求学，在旅行和居住方面享有与最惠国国民同样的特权、豁免权和免责权"[32]。然而，该条约并未使得中国移民成为（美国）公民，只是表示他们会被像公民一样对待。

那么，美国出生的华裔美国人有没有投票权？许多人都对1869年年初提出的第十五修正案表示不满，尽管修正案的目的是保证非裔美国人有选举权和担任公职的权利，但其语言不可避免地涉及中国公民权和选举权的问题。修正案的反对者认为它的全部前提是可耻的。来自肯塔基州的民主党参议员加勒特·戴维斯（Garrett Davis）说："我不想要黑人政府；我不想要蒙古人政府；我想要由我们的父辈那样的白人组成的政府。"[33]密歇根州的雅各布·霍

---

1 《中美天津条约续增条约》，也称《蒲安臣条约》（Burlingame Treaty），两国之间正式建立了友好关系，美国给予中国最惠国待遇，它是中国近代史上首个对等条约。——译者注

华德竭力倡议第十五修正案应以本修正案仅适用于"非裔美国公民"这一解释性语言针对性地排除中国男性。[34]据猜测，霍华德认为这种等同于排华的修订版本将会提高修正案被通过和批准的概率，但国会对移民的热情使其拒绝了他的提议。佛蒙特州的乔治·F. 埃德蒙兹（George F. Edmunds）称霍华德对修正案的修改令人愤慨，他指出，后者的新措辞将会全然忽略"太阳底下生于本国的其他国家居民"，从而仅使黑人获得选民权。[35]

在谩骂的泥沼中，美国演说家难得地构想出了一个基于人权的关于公民身份的论点。弗雷德里克·道格拉斯在他语言艺术的巅峰时期，于1869年在波士顿的一次演讲中提出了这个论点。道格拉斯强调，谁应获得公民身份或者政治平等，不是这个或那个血统的人，不是这个或那个性别的人，而是所有人。他说道："中国人将来到这里。如果你问我，我是否支持这种移民，我的回答是支持。你会接受他们的规划并赋予他们美国公民的所有权利吗？我会。你会准许他们投票吗？我会。"道格拉斯谈到了所谓的"复合型国家"，这是一个引人注目的原创性理念，公民身份变得更好、更强大是由于多个种族的存在，所以不要拒绝他们："我希望这个家不仅仅是黑人、黑白混血儿和拉丁族裔的，我也希望亚洲人在美国找到一个家，在这里感觉到宾至如归，无论是为了他们，还是为了我们自己。"[36]

道格拉斯的包容以及他对平等的深切信念并不占有优势。1870年获得批准的第十五修正案的最终版本宣称"合众国公民的投票权，不得因种族、肤色或以前受奴役的身份而被合众国或任何一州拒绝给予或剥夺"[37]。但它既没有解决也没有处理中国移民是否可以成为公民的问题。而且，在实践中，它也几乎没有解决它承诺要解决的黑人投票权问题——面对日益增长的恐怖主义浪潮，那些能够投票的黑人投票只会更艰难、更危险。尽管由共和党人控制的国会通过了1870年的《强制法案》（Force Act）和1871年的《三K党法案》（Klan

Act）[1]，规定限制或干涉选举权是非法的，但三K党仍然加紧收回南方的脚步，横行无忌。

第十五修正案也没有解决妇女是否可以投票的问题。一方面，它并不保证女性有此权利，因为它不禁止基于性别的歧视（只有"种族、肤色或以前受奴役的身份"的歧视）；另一方面，它也没有暗示妇女不能投票。这一做法将会分裂平权运动，使得民权组织"美国平等权利协会"（American Equal Rights Association）一分为二，斯坦顿和安东尼成立了反对修正案的"全国妇女选举权协会"（National Woman Suffrage Association），退伍军人改革家露西·斯通（Lucy Stone）和诗人朱莉娅·沃德·豪（Julia Ward Howe）创建了竞争对手美国妇女选举权协会（American Woman Suffrage Association），后者表示支持第十五修正案。（当这两个组织在1890年合并为全美妇女选举权协会时，这些裂痕得到了修补。）

1870年，五名黑人妇女在南卡罗来纳州因投票被捕。但到此时，女性决定不仅应通过投票，还应通过竞选公职来测试女性公民身份的界限。维多利亚·伍德哈尔（Victoria Woodhull）是一位来自俄亥俄州有着神赐力量的占卜者，她曾参加过1869年的选举权大会。搬到纽约后，她将自己塑造为一名股票经纪人，并成为第一位竞选总统的女性。她是作为由自己协助成立的平等权利党（the Equal Rights Party）的自提名候选人参选的。她在1871年宣布："我们正在策划革命。"伍德哈尔说她参选的"主要目的是引起人们对男女政治平等诉求的关注"。她在面对众议院司法委员会（House Judiciary Committee）时机智地辩称，在宪法关于特权和豁免权的条款中，女性已经获得了投票的权利，这使得她成为第一位在国会委员会发言的女性。"鉴于我是第一个理解这些宪

---

1 全称应为：《三K党和执行法案》（*The Klan Act and Enforcement Act*）。——译者注

法和法律事实的人,因此也在此作为第一人向美国妇女宣布,你们被赋予了选举权。"但伍德哈尔的竞选并没有以体面的方式收场,她在监狱里度过了选举日,罪名是出版淫秽报纸。最终,最高法院在"迈纳诉哈珀塞特案"中对她的宪法解释做出裁定,宪法"并未自动赋予公民以投票权"[38]。

伍德哈尔富有冒险精神、魅力四射、令人震惊的竞选活动有助于选举权问题得到关注,即使争取额外权利的公民也应该得到尊重。共和党人在1872年的大会上宣称"任何公民阶层对附加权利的坦诚要求都应该得到礼貌的对待",斯坦顿认为这不是一项政策方针,而是件微不足道的琐事。在该党1876年召开的大会上,全国妇女选举权协会的代表莎拉·斯潘塞(Sarah Spencer)说:"在这个光明的新世纪,我请求你们赢得合众国妇女的支持。"然而她得到的只是嘘声。在同一届大会上,弗雷德里克·道格拉斯像以往一样充满激情和魅力,他乌黑的头发现在掺杂了灰色,他是在提名大会上发言的第一位黑人。斯潘塞恳求无果后,道格拉斯进一步逼问:"现在的问题是,"他说道,注视着那些喧闹的代表,他们在他震耳欲聋的声音中安静了下来,"你的意思是在我们的宪法中兑现给我们的承诺吗?"[39]

答案显然是否定的。在这个国家成立一个世纪后的关键一年里,重建失败了,被肮脏的妥协、卑鄙的交易、个人的恶意以及自私自利的人彻头彻尾的欺诈所击倒。格兰特没有参加第三届任期的竞选,于1876年卸任。罗斯科·康克林(Roscoe Conkling)是一位身材高大、留着络腮胡的拳击手,同时也是纽约州参议员,他确定他会得到党内提名,他竞选副总统的口号是"康克林和海斯/有益的选择",没想到却被他昔日的竞选伙伴——毫无作为的前俄亥俄州州长拉瑟福德·B. 海斯(Rutherford B. Hayes)击败。当民主党在圣路易斯举行会议时——这是第一次在密西西比河以西举行的会议,一个反对提名纽约州州长、以顽固的改革家塞缪尔·J. 蒂尔登(Samuel J. Tilden)为总统候选人的代表团在林德尔酒店的阳台上悬挂了一条巨大的横幅。上面写道："纽约是联邦最大的民主党城市,坚决反对塞缪尔·J.蒂尔登的总统提名,因为他无法赢得纽约州的选票。"[40]然而,蒂尔登还是获得了提名,并在普选中战胜了海斯。不愿意接受选举结果的共和党对佛罗里达州、路易斯安那州和南卡罗来纳州的计票结果提出质疑。最终,决定权交给了选举委员会,该委员会从中斡旋,达成了一项邪恶的妥协:民主党同意支持拉瑟福德·B.海斯,以便他可以当选总统,作为交换,共和党人承诺结束对南方的军事管制。为了取得对民主党的微小政治胜利,共和党人首先犯下了选举舞弊的罪行,然后通过斡旋达成妥协,放弃了长达一个世纪的民权斗争。

在南方,政治平等是可能的,不过是枪杆子的问题。联邦军队一撤走,自称为"救赎者"(Redeemers)的民主党白人就接管了南方各州的政府,黑人男性的参政权迎来了充满暴力的可怕时期。三K党让乡村陷入了恐怖,他们烧毁房屋,追逐、折磨并杀害人民。(在1882至1930年间,刽子手们以私刑处死的黑人男女超过了三千人。)当选的黑人政治家被赶跑。全部由白人组成的立法机构开始通过一系列新的"黑人法典",即《吉姆·克劳法》(*Jim Crow Laws*),法律规定在每个能想到的公共空间将黑人与白人相隔离,直到最后一个街角。田纳西州是第一个在1881年通过了《吉姆·克劳法》的州,要求火车车厢里的黑人和白人分开就座。1891年,佐治亚州成为第一个要求在有轨电车里分别为白人和黑人设置座位的州;法院要准备不同的《圣经》;酒吧里的凳子要分开;邮局要有单独分开的窗口;游乐场要有分开的秋千。在伯明翰,一个黑人孩子在公园里与一个白人孩子玩跳棋而被判有罪。[41]奴隶制是结束了,种族隔离才刚刚开始。

II.

玛丽·E. 里斯（Mary E. Lease）的演讲像龙卷风一样刮过平原。她说："别种玉米，全是灾难。"她可以滔滔不绝地说上几小时，听众们全神贯注地听着。她站起来几乎有六英尺高。一名记者说她"又高又瘦，丑得像一只泥母鸡"，另一名记者则说她是"亚马孙森林的人民党"。一位观察过她的作家称她"有着黄金般的嗓音"，是非凡的女低音，听她讲话会被催眠。里斯是民粹主义运动的创始人兼主要演说家，她认为，南北战争后，联邦政府与企业和银行家合谋，从农民和工人等普通人手中夺取政治权力。1891年，里斯告诉迷茫的听众："这个国家的事务中存在根本性的错误。我们的国家遇到了危机，这场危机甚至比引起全国人民注意的那个黑暗而血腥的内战年代更值得关注，对美国人民的影响也更加重大。"[42]

里斯对内乱有着切肤之痛。1850年，她出生于一个爱尔兰移民家庭中，在内战中失去了父亲、两个兄弟和一位叔叔。她的叔叔在葛底斯堡去世，父亲成

玛丽·E. 里斯的肖像，19世纪90年代，迪恩（Deane）绘。堪萨斯记忆（Kansas Memory）

为战俘，后来饿死了。她从未原谅南方或者民主党（她一生都认为民主党偏执、可恨、拥护奴隶性）。[43]1873年结婚后，她养育了四个孩子，还有两个孩子早逝，她一边在堪萨斯和得克萨斯的农场里务农，一边替人家洗衣服，同时练习写作并学习法律。她做过数百次演讲，赢得雷鸣般的掌声和欢呼声，她一直在问，这场危害国家的新危机到底是什么？她说道："资本买卖正是人类的心跳。"民主本身已经被资本所腐蚀："这个国家的投机者、土地劫掠者、海盗和赌徒不停地敲击着国会的大门，而国会每次都答应了他们的要求。"[44]资本家颠覆了人民的意愿。

21世纪美国政治中的民粹主义运动发端于南部和西部。里斯和持有同样观点的人借鉴了托马斯·杰斐逊的田园共和主义，以及安德鲁·杰克逊朴实的语言风格，同时，他们作为跨越19世纪末和20世纪初两大政治改革运动中民粹主义和进步主义之间的桥梁，也对富兰克林·德拉诺·罗斯福的政治承诺产生了影响。

里斯为被政府和资本家压制的农民和雇佣工人而战，同时也为妇女的选举权和戒酒而斗争，并在将独特的女性政治风格（道德改革运动）带入美国政治方面起到了促进作用。被挡在选民之外的、想参与公共事务的女性凭借在男性中逐渐式微的大众政治形式——集会和游行，使情况发生了出乎意料的逆转。男性政客从事的选举活动成了室内活动，好似教育和广告的办公事务——连投票都改在了室内。与此同时，妇女的政治表达以游行和集会的形式走上街头。在游行、集会和示威活动中，妇女们采取了十字军的模式，配备了19世纪宗教复兴的工具：布道、控诉和皈依。[45]

女性的政治风格在美国政治的每个部分都留下了痕迹，尤其是在民粹主义传统方面。到20世纪初，它推动了现代保守主义运动的发展。

19世纪的民粹主义，就像20世纪的保守主义一样，也是对联邦政府日益强大的力量的回应。里斯描述的联邦政府和资本家之间,特别是铁路公司所有者和银行家之间的阴谋,其根源在于内战本身,以及联邦政府对西部政策的转变。内战前,关于奴隶制的争论限制了联邦对西部事务的参与,但是当南方退出联邦后,国会中民主党的反对意见消失了,共和党得以一展身手。没有民主党扩张奴隶制的掣肘,共和党人得以加快将西部纳入联邦的进程,并开始左右西部的经济发展。共和党控制下的国会已批准的新领土构成有:达科他州(1861)、内华达州(1861)、亚利桑那州(1863)、爱达荷州(1863)和蒙大拿州(1864)。1862年,除了《宅地法》,共和党控制的国会还通过了《太平洋铁路法案》(Pacific Railway Act,该法案特许铁路公司建造从内布拉斯加州的奥马哈到加利福尼亚州萨克拉门托的铁路线)。1863年,国会又通过了《国家银行法》(National Bank Act,它允许相应银行可发行纸币以支付所有费用)。战后,政治权利由各州向联邦政府转移,由于南部政治影响力的衰退,西部的重要性日益凸显。国会不仅向各州提交了定义公民身份和保障投票权的宪法修正案,还通过了涉及西部土地管理、土著人口控制、大公司的成长与发展,以及建设国家交通设施等具有里程碑意义的各项立法。

独立的农民——挥之不去的杰斐逊式的自耕农理想——仍然是西部的口号,但事实上,没有政府干预的自给自足的家庭农业远远不如联邦政府资助的、供应国内乃至国际市场的资本主义农业和蓄养模式普及。小型家庭农场是杰斐逊的共和梦想,但在西部干旱的环境下不可能实现。根据《宅地法》条款分配的大部分土地(主要在大盆地)属于半干旱地区,在这种土地上,只有极少数的农民能够管理一个仅有160英亩可赢利的农场。相反,国会通常会把最好的土地批给铁路公司,并允许其他更大的利益集团参与,特别是在1874年带刺铁丝网获得了专利之后,购买了大片土地用于农业经营或蓄养牲畜,并将其围起来。[46]

西部的定居者常常抱怨联邦政府的权力，他们希望远离政府的触角，保持自由自在的生活方式。这是一种幻想。在合众国军队的压倒性力量下，联邦政府通过镇压印第安人的叛乱，包括6000多名达科他苏族人的叛乱，为定居开辟了土地。联邦政府以战争紧急状态为由，强迫原住民离开他们的土地，同时为企业修建铁路提供补贴。国会在短短十年之内就将一亿多英亩的公有土地拨给了铁路公司。1870年时只有200万非印第安人居住在密苏里河以西，到了1890年，这一数字就超过了1000万。[47]

大企业拥有的铁路像无数章鱼一样将触角伸向广袤土地的各个角落，肉牛养殖业也随之兴起。铁路可以将大量的牲畜运往芝加哥、圣路易斯、奥马哈和堪萨斯等城市的市场。在这片土地上长期繁衍生息的美国野牛几乎被屠杀殆尽，取而代之的是得克萨斯长角牛，1865年，来自不同背景的牛仔（白人、黑人、墨西哥人和印第安人）将500万只长角牛赶到铁路的终点站。到了1880年，仅在芝加哥就有200万头牛被屠宰。1885年，一位美国经济学家试图估算到目前为止的20万英里的铁路所带来的非凡变化，这一数字比整个欧洲的铁路线都长。将一吨货物运输一英里的费用还不到七分之一美分，这是完全可能的。他写道："这么少的一笔钱，在中国以外的国家很难找到等价的硬币，能够给一个男孩作为他将一盎司重的包裹送到街对面的小费。"[48]

西部的转型在很大程度上改变了美国经济，但也造成了经济的不稳定，特别是由于土地投机活动猖獗，以及联邦政府发行和管理的新型金融铁路股票和债券的流行。这种不稳定性引发了一系列更广泛的政治担忧，这些担忧成为玛丽·里斯的困扰，即所谓的"资金问题"，它可以一直追溯到汉密尔顿的经济计划：联邦政府是否应该控制银行业和工业。

联邦土地和铁路项目需要大量的支出，此时美国人却对如何偿还债务毫无头绪，就像独立战争期间印制的大陆券一样，内战期间发行的没有黄金作为担保的林肯绿币很快就变得毫无价值。战后，主张实行金本位的人提出要收回林肯绿币，将其作废，建立金本位制。"金银复本位制论者"支持有铸币做担保的货币标准，但不一定是黄金。1869年，国会《公共信贷法》（Public Credit Act）承诺以铸币或以铸币做担保的纸币来偿还自身的债务。但是，由于从联邦政府借款以及购买铁路和土地所必需的金融工具，1868年开始首次任期的尤利西斯·S.格兰特政府，因腐败和贿赂而臭名昭著。

对玛丽·里斯和国家来说，事情在1873年达到了危机点。那年春天，里斯和她的丈夫及孩子搬到了堪萨斯州的金曼，回到了他们通过《宅地法》获得的土地上。里斯免费获得了在堪萨斯州的土地，但是，玛丽的丈夫查尔斯不得不从当地银行借来大笔资金，用来购买工具并支付土地办的费用。他们住在草泥墙的房子里，玛丽把报纸钉在墙上，以便在揉面的时候能够阅读。前几个月，他们还能勉强维持生活，但是不到一年他们就无力偿还债务了，银行收回了他们的土地。[49]堪萨斯农场的生活就像试图在沙滩上种玉米，其实还不如下地狱。

在财政崩溃的1873年，里斯并不是唯一受困的人。这一年发生了自1837年大恐慌以来最可怕的金融灾难，崩溃的责任落到了一个名叫杰伊·库克（Jay Cooke）的白胡子费城银行家身上，他的身份可以追溯到引发1792年金融恐慌的威廉·杜尔（William Duer）的骗子团伙上，他是该团伙中最后一个人。他通过发行联邦战争债券以及投资1864年由国会特许的北太平洋铁路，在内战期间赚了很多钱。他的兄弟亨利被安置在1865年特许成立的自由民储蓄银行中工作。库克非法挪用银行自由人的储蓄资金，用于他兄弟的铁路投机中。在他的提议中，北太平洋计划穿过由苏族人拥有和占据的土地，苏族人开始与美国军队对抗。投资者撤出了杰伊·库克的计划，亨利·库克的储蓄银行也倒闭了。杰伊·库克公司关门并宣布破产，它的破产导致了全国性的大萧条。[50]超过

100家银行和近两万家企业随之倒闭。即使在经济萧条最严重的时期已经过去后,粮食价格也在不断下跌。1870年,一蒲式耳[1]玉米可以为农民带来45美分的利润;到了1889年,同等分量玉米的利润已降至10美分。[51]

民粹主义运动开始与农民联合,呼吁农业的合作经营,对银行和铁路进行监管,结束企业垄断。美国南部和中西部有将近100万的小农场主汇集在"格兰其",也称"农民协进会"这一组织之下。1873年7月4日,他们发表了《农民独立宣言》(Farmers' Declaration of Independence),要求终结"暴政"的垄断,他们将之称为"联合体的绝对独裁,在政府的扶植下,通过攫取人民的财富,成长为庞然大物,使全部土地蒙上了阴影,并且在所有属于它的立法大厅中为它们的自私目的施加不可抗拒的影响"。[52]

金融资本主义给投资者带来了巨大收益,创造了惊人的财富,开创了被称为镶着金边的"镀金时代"。它刺激了经济的发展,特别是大企业——大型铁路公司、农业公司,以及从19世纪70年代开始的大型钢铁公司——的发展。(安德鲁·卡内基的第一家钢铁厂在1875年正式投产。)但对像玛丽·里斯这样的贫穷农民以及加入"格兰其"的成千上万的农民来说,金融资本主义完全就像里斯所说的那样,"是对人民的欺诈"[53]。

金融资本主义对待雇佣工人也是如此。劳工骑士团(The Knights of Labor)成立于1869年,在19世纪80年代拥有70万成员,与工业巨头们展开斗争。"一百年前,我们有一个拥有有限权力的国王,"劳工骑士团的领导人说道,"现在我们有一百个国王进行统治。"[54]那些举起拳头反对新的无冕国王的工人也希望将新农民踩在脚下。没有哪一批土生土长的美国人比工厂工人更坚决地抵制中国移民。1876年,加利福尼亚工人党(Workingmen's

---

1 蒲式耳:英、美计量干散颗粒的容量单位。1蒲式耳=8加仑=32夸脱=65品脱。同公制的关系是:1英蒲式耳=36.37升;1美蒲式耳=35.24升。——编者注

Party of California）宣称："对美国人来说，若和中国佬平起平坐，还不如去死。"[55]1882年，受民粹主义者的本土主义煽动，国会通过了有史以来第一项移民法案，即禁止中国移民进入美国的《排华法案》，并且认定第十四修正案不适用于有中国血统的人，该法令规定，已经在美国的中国人永远不可能成为美国公民，是永久的外国人。

1877年，全国农民联盟（National Farmers' Alliance）成立于得克萨斯州，该联盟是为向铁路和公司征税、建立农民合作社、拆除公共土地围栏而战，美国政府从原住民手中夺取土地，联盟规模迅速蔓延到达科他、内布拉斯加、明尼苏达、艾奥瓦和堪萨斯等州。[56]民粹主义者现在所有的口号都是为了"人民"，他们倾向于对公民身份理解的狭义化。像劳工骑士团一样，农民联盟的成员也一致反对"金钱的力量"，同时也反对原住民、中国移民以及黑人的政治诉求。农民联盟将非裔美国人排除在外，因为后者组建了自己的协会——"有色人种农民联盟"（Colored Farmers' Alliance）。民粹主义者并没有将美洲原住民纳入"人民"的体系之内。

在哥伦布首次环球航行400周年纪念日前夕，始于1492年海地的长期驱逐和屠杀原住民行动在19世纪80年代掀开了新篇章。自安德鲁·杰克逊时代和切诺基人被迫从家园搬走以来，联邦政府的印第安政策就建立在条约的基础上，这些条约把印第安人限制在保留区，通常称他们为"国内依附族群"。这一政策导致了数十年的苦难、屠杀和战争，因为许多人，特别是在大平原坚守的夏延族人和苏族人，都拒绝强迫监禁。1886年，杰罗尼莫（Geronimo）这位奇里卡瓦阿帕奇部落的贝当可赫家庭的人，成为最后一名向美国军队投降的原住民领袖。四年后，印第安人平原战争结束，在膝伤河以残酷的拉科塔大屠杀结束。[57]但征服依然在持续，甚至在原住民要求主权的时候。

1887年，国会通过了《道斯法案》（Dawes Severalty Act），根据该法案，美国政府为原住民提供了一个获得美国国家公民身份的方法，使得他们的活动范围超越了他们的祖先。《道斯法案》赋予了联邦政府将印第安土地分成小块的权力，那些同意在分地上居住并宣布放弃部落成员身份的印第安人将得到公民身份。马萨诸塞州参议员亨利·劳伦斯·道斯（Henry Laurens Dawes）在解释这一分地计划时称，现在是印第安人在"灭绝或开化"之间做出选择的时候了，他强调这一法律为美国人提供了"一雪前耻"的机会，而不是使印第安人获得"公民身份，进入成年阶段"[58]。

但实际上，《道斯法案》认为原住民既不是公民也不是"有色人种"，其作用仅限于强制同化和土地侵占活动的持续。1887年，印第安人拥有1.38亿英亩土地，到了1900年，他们只拥有这些土地的一半。自1550年拉斯·卡萨斯与塞普尔维达大辩论以来，关于征服行为道德性的争论一直持续了数百年，几乎没有减弱。而且，到19世纪中叶，每一代欧洲人和美国人都面临着所谓的"印第安人问题"，但他们对正义缺乏自己的理解。

———

民粹主义者怨念深重。他们担心联邦政府对商业利益的支持会超过对劳工利益的支持，这尤其适用于铁路。1877年，抗议减薪的铁路工人在全国各地的城市举行罢工。海斯总统派出联邦部队镇压了罢工，这一事件标志着首次利用联邦政府的力量支持企业反对劳工。罢工继续进行，但在改善工作条件方面收效甚微。1881年至1894年间，平均每周都有一次重大的铁路罢工。劳工从整体上受到压榨，这并非夸张：一年内，在铁路上工作的70万人中，大约有2万多人受伤，近2000人死亡。[59]

这场持久的斗争也影响了法院。当州立法机构试图像加州那样征收铁路税时，联邦法官急切地争辩说，这种税收是违宪的，他们甚至还赞同这样的观点，即这些法律侵犯了公司作为"人"的权利。1882年，罗斯科·康克林代表南太平洋铁路公司对加州的税收规则发起挑战。他对美国最高法院说："我现在要说的是，南太平洋铁路公司及其债权人和股东属于第十四修正案所保护的'人'。"[60]

除了当过参议员和总统候选人，康克林还曾两次被提名为美国最高法院的法官（他拒绝了，他不愿意失去作为公司律师的收入）。在对第十四修正案中关于"人"一词的含义和初衷进行论证时，康克林拥有其他人不具备的影响力：他曾在起草修正案的联合重建委员会任职，到1882年，他是该委员会中唯一在世的成员。在没有人能反对他的情况下，康克林向法庭保证，委员会为了将公司包括在内，特意拒绝了"公民"一词，而赞成使用"人"这个词。（一部有关公司是"法人"的法律小说可追溯到18世纪。）康克林承认，弄清楚自由民的权利义务的确是该修正案的主要目的和动机，但是公司也同样是起草者们所考虑的对象。纽约一家报纸报道了当天的口头辩论，它的标题是"公司的公民权利"。[61]

然而，许多证据表明，康克林在撒谎。联合重建委员会的审议记录不支持他关于委员会初衷的论点，也没有说在1866年至1882年间，第十四修正案的制定者隐藏了他们的秘密意图，以保证对公司的平等保护和正当程序。但在1886年，当"圣克拉拉县诉南太平洋铁路案"被提交到最高法院时，官方记录暗示法院已接受"企业属于第十四修正案意义范围内的人"的说辞。[62]之后，为保证被解放奴隶得到平等保护和正当程序而制定并批准的第十四修正案，成为企业摆脱政府监管的主要手段。1937年，最高法院法官雨果·布莱克（Hugo Black）惊讶地发现，在这50年的历程中，"法院审理的有关第十四修正案的案件中，只有百分之零点五与非裔美国人或前奴隶有关，而超过一半的案件都是关于保护公司权利的"[63]。

III.

玛丽·E. 里斯喜欢说："男人是人，但女人是超人。"民粹主义宣泄了农民和劳动者对商业和政府的不满，但这场运动是由女性发起的——她们相信女性在道德上优于男性。[64]

里斯通过基督教妇女禁酒联盟（Women's Christian Temperance Union，简称WCTU）进入政界，该联盟是1874年在克利夫兰成立的妇女俱乐部联合会，它本身是一场女性针对酒吧的十字军运动。里斯在一次堪萨斯基督教妇女禁酒联盟集会上呼吁"为戒酒进行投票"[65]。她认为，为了消除酒精的灾祸——对女性来说，酒精是丈夫殴打妻子儿女，并且花光工资让家人挨饿的罪魁祸首，因此，妇女需要投票权。

这一论点重塑了国家的政党。1872年，禁酒党（Prohibition Party）成为第一个宣布支持妇女选举权的政党。7年后，基督教妇女禁酒联盟在弗朗西斯·威拉德（Frances Willard）的领导下，将"家庭保护"作为信条。威拉德曾是一所女子大学的校长，也是西北大学的第一位女院长，她的座右铭是"各尽所能"。当共和党未能支持禁酒令或选举权时，威拉德脱离了大老党（Grand Old Party，美国共和党的别称），并成立了家庭保护党（Home Protection Party），该党于1882年与禁酒党合并。威拉德写道："在此时此地，女性进入政界，她们既然来了，就会留下。"[66]

与里斯一样，来自密歇根的虔诚的普救论者莎拉·E. V. 艾默里（Sarah E. V. Emery）借助基督教妇女禁酒联盟、劳工骑士团和农民联盟成为知名演说家和作家。农民联盟售出了40多万本艾默里的反犹太主义小册子《奴役美国的七种金融阴谋》（*Seven Financial Conspiracies Which Have Enslaved the American*

People）。她写道："我的许多读者还记得那些百万富翁并不是土生土长的美国人的日子，但那个时代已经过去了，今天我们拥有比全球任何国家都多的百万富翁，流浪汉也呈几何级数增加，而罢工、骚乱和无政府主义者带来的麻烦在社会各阶层构成了大大小小的话题。"艾默里把这种状况归咎于犹太银行家的阴谋。[67]

为了推进他们的事业，被主要政党拒绝的民粹主义者和女性参政主义者转向第三党政治。如果共和党背弃了妇女的平等权利，民主党对这件事的兴趣就更少了。苏珊·B.安东尼希望在1880年的民主党全国大会上发表讲话，呼吁该党"确保数百万妇女的公民权利"。然而，事实是她只能默默地旁观，一名男性宣读了她的演讲稿。据《纽约时报》报道，"对此情况，安东尼小姐没有采取任何行动，她不再为这次会议而烦恼。"[68]报纸出版商玛丽埃塔·斯托（Marietta Stow）称"到了该拥有我们自己政党的时候了"，1882年，她作为"妇女独立党"（Woman's Independent Political Party）的候选人参加了加利福尼亚州州长的竞选。两年后，华盛顿特区的一位律师贝尔瓦·安·洛克伍德（Belva Ann Lockwood）作为平权党（Equal Rights Party）的总统候选人参选。1886年，艾默里在民主党和禁酒党的大会上就选举权问题做了发言，但是曾经促成基督教妇女禁酒联盟成立的朱迪丝·艾伦·福斯特（Judith Ellen Foster）在共和党的会议上对第三党进行了谴责。福斯特认为，第三党绝非尊重女性，它只是利用女性的劳动和影响力实现自身的目的。1892年，福斯特创立了女性全国共和党协会（Woman's National Repulican Association）。她在当年的年会上告诉党内的男性代表："我们来这里是为了帮助你们。"她又补充说："我们要留下来。"这是对威拉德的回应。[69]

此时，里斯协助成立的不是一个女性俱乐部或女性政党，而是一个人民党，该党与加利福尼亚一位名叫亨利·乔治（Henry George）的办报人所领导的运动相结合。1839年,乔治出生于费城,他的经历如同梅尔维尔小说中的角色一般,他在14岁时离开学校,不久便作为"印度人号"的船员前往印度和澳大利亚。按照浪漫主义者的描写,印度是一个到处是珠宝和茉莉花的地方,然而乔治却被它的贫穷所震惊。回到费城后,他成了一名排版学徒工,这是很多激进分子在进入政坛前所从事的职业。(本杰明·富兰克林曾是排版学徒工,威廉·劳埃德·加里森也是。)受西部的诱惑,他在1858年成为绕行合恩角(Cape Horn)的海军灯塔船船员,因为这是他能够支付到达加利福尼亚州费用的唯一途径。他曾经在旧金山创办一家报纸,但是很快就停刊了。到了1865年,已婚并且有四个孩子的他,靠在大街上乞讨为生。[70]

他终于找到了工作,最初是在《旧金山时报》做排版工,后来又当了作家和编辑。当铁路几乎横跨整个大陆时,乔治以西部的视角写了一篇名为《铁路会给我们带来什么》的文章。在文章中,他回答:富人会变得更富,穷人则变得更穷。在1877年7月4日的国庆节演讲中,他宣称:"没有哪个国家可以比它最受压迫的国民更自由、比它最贫穷的人口更富有、比它最无知的人民更聪明。"[71]

在1879年出版的《进步与贫困:工业萧条阵发,财富日增而贫困日深的原因及纠正方法》(*Progress and Poverty: An Inquiry into the Causes of Industrial Depressions and of Increase of Want with Increase of Wealth*)一书中,乔治认为,造就了如此多奇迹的技术进步为少数人带来了财富,却为多数人带来了贫困。他写道:"一次又一次的发现、一次又一次的发明并没有减轻最需要减轻压力之人的辛劳,也没有给穷人带来更多的东西。"他制订了一项经济计划,其中包括废除劳动税,代之以单一的土地税。托克维尔认为经济平等使得美国民主成为可能,地位平等的人终将赢得平等的政治权利。乔治对此表示同意。但和玛丽·里斯一样,他认为金融资本主义通过让经济平等变成不可能这一方式进而摧毁民主。他认为自己正在捍卫"杰斐逊的共和主义和杰克逊的民主主义"。[72]

乔治认为不改革选举方式就不能解决不平等的问题。女性参政论者认为让女性投票可以改变当前堕落的选举活动，还有一些人建议将这一特权从贫穷的白人男性手中收回（并给予富有的白人女性）。但是乔治在承认选举已然成为全国性腐败问题的同时，并不赞同"民主应因此受到谴责，或者必须放弃普选权"的结论。[73]他不希望贫穷的白人男性失去选举权，同时，他也支持女性选举权（不过他竭力反对将选举权或其他公民权扩大到中国移民和他们的子女身上）。他希望白人男性能够更好地投票。

在大众政治时代，选举日是一个饮酒和争吵的日子。党棍们站在投票站大派现金（被称为"肥皂"）收买选票，并将事先印好候选人名字的选票交给选民。选票的价格从旧金山的2.5美元到康涅狄格州的20美元不等。在印第安纳州，男人们出售自己选票的价格不会超过一份三明治的价钱。[74]禁酒主义者认为打击腐败的最佳方式是清除选举中的酒精因素，乔治则认为更应该清除其中的金钱影响。1871年，在《纽约时报》刊登对民主党大佬威廉·M.特威德（William M. Tweed）控制下的纽约市极其不堪的贿选行为的调查后，已经在澳大利亚生活多年并娶了一位澳籍妻子的乔治提出了一项改革方案，澳大利亚在1856年曾经实施过这项方案。根据澳大利亚的投票法，任何人不得在投票站一定距离之内进行任何拉票活动，选举官员们负责印刷选票，或者修建投票站，抑或是租个房间充当投票站，这些投票站必须要分出多个隔间，使投票人可以秘密地填写他们的选票。乔治写道：没有澳大利亚式的投票法，"我们可能会清醒地考虑，是否应该把我们的办公室拿去拍卖"[75]。

为了推广澳大利亚式的投票法，乔治创建了新的政党：统一工人党（the Union Labor Party）。玛丽·里斯在堪萨斯加入该党。1886年，搬到东部的乔治作为统一工人党的候选人参加了纽约市市长的竞选。民主党候选人艾布拉姆·休伊特（Abram Hewitt）赢得了竞选，但是乔治打败了28岁的共和党候选人西奥多·罗斯福，这位年轻人6年前曾在哈佛大学写下题为《法律面前男女平等的可行性》的毕业论文。3年后，亨利·乔治和玛丽·里斯共同协助成立了人民党（the People's Party）。1890年，里斯在该党的堪萨斯大会上说道："我们的成功依赖于自由民所投的选票，他们的选票不会被收买或出卖。我们的口号是：更多的钱，更少的痛。"[76]

随着农民和雇佣工人苦难的加深，人民党的规模也越来越大，逐渐成了美国历史上最成功的第三党。1889年至1893年间，许多农场的抵押贷款被取消赎回权，使得90%的农场落入了银行家手中。最富有的1%的美国人拥有全国51%的财富，而最贫穷的44%的人所拥有的财富总和还不到2%。民粹主义者并不反对资本主义，他们反对垄断，里斯称之为"资本的神圣权利"，预测它将成为"国王的神圣权利"。如果他们不是完全的社会主义者，那么肯定是集体主义者。"亨利·乔治不是任何政党、集团或'主义'的代表，"里斯说，"在数百万吃不饱的人与少数腰缠万贯的财阀之间展开的伟大斗争中，在人类的贪婪与自由之间的伟大斗争中，亨利·乔治是一位无畏的人权倡导者和捍卫者。"[77]

尽管热烈拥护政治平等和人权并积极捍卫选举权，但人民党仍然坚定不移地承诺，将会把非洲人或亚洲人排除在正式公民身份之外。（艾默里的反犹太主义充斥在这场运动中，但他并没有将自己与关于公民身份的争论捆绑在一起。）民粹主义中的种族主义和本土主义是其历史最悠久的传统，在一篇名为《文明问题解决》的宣扬白人至上主义的冗长且逻辑混乱的文章里，里斯将托马斯·马尔萨斯和托马斯·杰斐逊的人口学说与詹姆斯·麦迪逊认可的殖民计划以及社会达尔文主义者赫伯特·斯宾塞（Herbert Spencer）的种族主义拼凑在一起，建议全部体力劳动应由非洲人和亚洲人完成。她写道："历经时代变迁，高加索人已经登上全世界道德和智慧的最高点。"对白人来说，现在是实现他们"监督劣等种族这一使命"的时刻了。[78]

民粹主义者提出的许多改革都会削弱黑人和移民的政治权力，其中最重要的是以澳大利亚式投票（通常被称为无记名投票）作为实际的文化考试，这一方式剥夺了南部农村黑人和北部城市新移民的权利。1888年，在路易斯维尔市，肯塔基州成为全国第一个进行立法机构改革的州。一名《国家》（*Nation*）杂志观察员在选举日后写道："上周二的选举是我所知道的第一次没有贿选的市政选举。"[79]同一年的晚些时候，马萨诸塞州通过了一项无记名投票法，这项措施有可能削减民主党的票数，因为北方城市最新移民的文化程度最低，他们倾向于投票给民主党。在纽约州，民主党州长戴维·希尔（David Hill）三次否决了无记名投票的提案。[80]1890年，14名男子向纽约州的立法机构提交了一份重达半吨的请愿书，希尔的否决才被推翻。[81]

事实证明，马萨诸塞州和纽约州是仅有的两个对改革方案进行详细审议的州，但以最快的速度批准改革的是前邦联各州，那里的立法机构急于找到合法的方式让黑人远离投票站。1890年，密西西比州召开宪法会议并通过了一项新的州宪法，其中包括一条"理解条款"：选民必须通过关于《宪法》的口头考试，理由是"很少有黑人理解《宪法》条款"。（当然，大多数白人也不理解，尽管白人不需要参加考试。）在南方，不记名投票以同样的精神被采纳。一州又一州的南部立法者、一个选区接一个选区的投票站工作人员，以法律和暴力的手段，拒绝给予黑人选举权。在路易斯安那州，黑人选民登记从1898年的13万人减少到了1908年的5300人，最后到1910年减少为730人。1893年，阿肯色州民主党以歌声庆祝他们的选举优势：

澳大利亚式投票就像个咒语

那些人绞尽脑汁、胡乱涂写

当一个黑鬼拿着他的选票

一定会不知所措、无能为力[82]

民粹主义者的另外一项显著改革是累进所得税，他们相信这一措施对已经被经济不平等所破坏的民主制度的生存至关重要。南北战争结束后，在来自俄亥俄州的共和党人约翰·谢尔曼（John Sherman）的抗议下，战时联邦所得税即将被终止，而反对杰斐逊的人则指出关税不公平地加重了穷人的负担。他将继续撰写《谢尔曼反托拉斯法》（1890年），在文中，他写道："我们对茶叶、咖啡和糖这些穷人使用的物品征税。他所消费的每样东西我们都称之为奢侈品并课以关税，但我们害怕影响阿斯特先生的收入。这有任何的正义吗？有任何的正当性吗？先生，为什么所得税是唯一可以平衡这些贫富之间负担的税种。"[83]

唯一将这个问题讲透彻的是威廉·詹宁斯·布赖恩（William Jennings Bryan）。布赖恩身材高挑修长，肩膀宽阔，身上的蝶形领结和牛皮靴子都紧绷绷的，他把民粹主义从大平原带到了波托马克河，并把民主党变成了人民党。1860年，布赖恩生于伊利诺伊州，1876年，在一位好心警察的帮助下，他从窗户溜进了圣路易斯的民主党全国大会，他先后在伊利诺伊大学和芝加哥的联合大学法学院就读，特别研究过演讲术，并为此训练多年。尽管如此，1880年，当他问母亲对他第一次政治演讲的看法时，她说："有几处合适的地方，你应该在那里结束！"搬到内布拉斯加州后，他定居在林肯市，这是一个草原城镇，地处联邦发展最快的州。1890年，30岁的他当选为民主党的国会议员，人民都叫他"男孩布赖恩"。他第一次总统竞选是在离法定年龄差两个月的时候。他一生都在政治舞台上度过，最终在聚光灯下黯然离世。[84]

几乎每一个听说过"男孩布赖恩"的人都说，他是他们认识的最棒的演讲家。在扩音器出现之前，布赖恩也许是大多数人真正听见的唯一演讲者：他能够把声音投射到三个街区之外，而且在演讲者们轮番登场的情况下，经常只有他的声音盖过了底下听众们的窃窃低语。布赖恩魅力四射。作为第一位代表穷人竞选总统的候选人，布赖恩给美国政党政治带来了第二次大觉醒的光明前景，最终也给民主党带来了希望。一位共和党人这样说道："我觉得布赖恩是我见过的第一位说出真相的政治家，而且，他只讲真相。"然而在隔天的报纸上读到他的演讲稿时，他"几乎完全不认账"。[85]

里斯并不相信布赖恩，她不相信任何想要加入民主党的人。1891年，里斯和莎拉·艾默里一起签署了全国妇女联盟（National Woman's Alliance）的成立宪章，该联盟致力于将选举权和民粹主义事业统一起来，它的宗旨宣言是呼吁"两性拥有充分的政治平等"[86]。人民党不断壮大并开始赢得市政选举和州选举，里斯和艾默里仍把女性选举权作为它的核心。艾默里成为该党杂志《新论坛》（*New Forum*）的编辑。[87]1892年在奥马哈举行的人民党代表大会上，里斯支持该党总统候选人詹姆斯·韦弗（James Weaver）的提名。她12岁的女儿伊芙琳·路易斯·里斯（Evelyn Louise Lease）登上讲台呼吁女性选举权。小里斯说道："本联盟的标语是：所有人权利平等，没有人享有特权，但是如果你不给予女性权利，你就是对这一标语的不忠。"[88]7月4日通过的最终章程中包括了由明尼苏达州一个名叫伊格内修斯·唐纳利（Ignatius Donnelly）的农民所写的序言。唐纳利在序言的开篇中写道："我们所处的国家正处于道德、政治和物质崩溃的边缘。腐败控制了投票箱、立法机关和国会，甚至将手伸进了议员席。"[89]这一章程要求进行无记名投票、铁路公有制、累进所得税制、8小时工作制以及美国参议员的直接选举（他们现在仍由州立法机构选举产生）。

女性选举权不在该党的诉求之列。唐纳利说:"我们寻求将共和国政府归还给缔造她的'普通人'。"[90]该党的新领导层已然确定,这些"普通人"里不包括妇女。

人民党的支持者认为,该党最好的成功机会在于与民主党合并,而里斯反对合并,因为她讨厌民主党人,1892年,在堪萨斯人民党并入民主党后,里斯对民粹主义者的背叛感到失望。第二年,她受到鼓励参加参议员竞选,她说:"没有人可以挡在我与堪萨斯州人民中间,如果我想成为美国参议员,他们就会把这一职位给我。"她还考虑在堪萨斯州第七选区竞选国会议员,但两次她都决定放弃,因为她的身体状况在恶化。[91]

1893年之后,当费城与雷丁铁路公司破产所引发的经济萧条使国家再次陷入危机时,合并的呼声更加高涨。几个月之内,超过8000家企业、156家铁路公司和400家银行倒闭,五分之一的美国人失去了工作。"我拿起笔书写现状,让你知道我们正被饿死。"一位来自堪萨斯州的年轻农妇写信给她的州长,[92]但艰难时期也精简了人民党的工作日程,人民党专注于争取"自由白银"制:把白银与黄金一起作为货币基础来扩大货币供应量。此时,里斯开始倾向于社会主义,她在1893年说道:"将铁路、电报和所有节省劳力的机器国有化,以终结工业罢工和商业焦虑。"[93]

1893年恐慌之后的苦难推动了国会对所得税的论证,布赖恩是国会里最热切的所得税支持者。征收所得税的时机似乎已经成熟。在内战之后的几十年时间里,同样的节约劳动机制,既创造了美国的繁荣,又使许多美国人在新经济中落到了后面,也推动了关于财富分配的政治辩论。横跨大陆的铁路运输速度以及跨洋汽船的运输速度,意味着美国在全球货物和劳动力的运输中全面崛起,而新的通信技术,特别是电话和跨大西洋电报,对长期以来的关税和税收观念提出了新的挑战。此时,所得税在欧洲已经司空见惯。有人提出假设,如果国会通过所得税案，富裕的美国人会逃往欧洲，布赖恩回应说，他想知道他们可能会去哪里。他说："在伦敦，他们将被征收超过2%的所得税，而如果他们在普鲁士寻找避难所，将会面临4%的税率。"[94]

1894年，布赖恩为关税法案附加了一项所得税修正案，该法案获得了批准。但民粹主义的胜利并没有持续多久，因为这项法案仅适用于收入超过4000美元的美国人，他们将被征收2%的联邦所得税。第二年，在"波洛克诉农民贷款和信托公司案"中，最高法院以5∶4的比率裁定税收是直接税，认定其违宪，一名法官称此税是"穷人对富人的第一次战争"。[95]

民粹主义在19世纪末进入美国政治，从此再未离开。它使"人民"（除了富人之外的所有人）反对企业，而这些企业的反击方式是将自己定义为"人"，同时使"人民"（指的是白人）与那些争取公民身份的非白人进行斗争，这些非白人在法庭上的反击能力非常有限，因为这些斗争需要高薪聘请律师。

民粹主义也使人民反对国家。在民粹主义的第一次流行中，作为政治实体的国家成为政治科学中正式的学术研究对象，政治科学是社会科学的新学术领域之一。内战前，绝大多数的美国大学属于福音派教会，大学校长是牧师，每个学术分支都接受宗教的指导。1859年之后，《物种起源》的发表和达尔文主义的兴起促进了大学的世俗化，德国的教育模式也发挥了积极作用。在这一模式下，大学被分为学科和院系，每个学科和院系都需要世俗的专业知识，特别是在科学领域。这些社会科学，包括政治学、经济学、社会学和人类学，都使用科学方法，尤其是量化的方法来研究历史、政府、经济、社会和文化。[96]

哥伦比亚大学于1880年开设了政治学院，密歇根大学是在1881年，约翰·霍普金斯大学是在1882年。1886年，伍德罗·威尔逊在约翰·霍普金斯大学获得政治学博士学位，他计划写一部世界各文明国家的政府史，即《政治哲学》（The Philosophy of Politics）。1889年，他出版了初步的研究结果，简单地称之为《国家》（The State）。[97]

对威尔逊那一代政治科学家来说，对国家的研究取代了对人民的研究。在他们看来，国家的建立是文明的最大成就，还提供了对抗民粹主义的堡垒。在20世纪的前几十年，由于城市改革者将新的社会科学应用于政治问题的研究之中，加之国家的干预使问题得以修正，民粹主义将屈服于进步主义。

民粹主义和社会科学的兴起也重塑了新闻界。18世纪90年代，党派周报造就了两党制。19世纪30年代的《便士报》催生了杰克逊的民主主义和大众政治。在19世纪80年代和90年代，民粹主义精神和社会科学的实证主义驱使美国报纸痴迷于事实。

像政治学家一样，"新闻记者"也是19世纪80年代的产物。1883年创刊的《新闻记者》（The Journalist）杂志是一份行业出版物，它将"新闻记者"视为一种新职业，与社会科学家共享对事实的热爱。这一年，约瑟夫·普利策（Joseph Pulitzer）收购了《纽约世界报》（New York World）。[98]普利策是一名匈牙利移民，当他抵达美

1896年的《法官》（Judge）上刊登了威廉·詹宁斯·布赖恩的一幅画，画中的布赖恩扶着他的黄金十字架，举着荆棘花环，脚踏一本打开的《圣经》，他的身后是一位追随者，挥舞着写有"无政府主义"字样的旗帜。格兰特·E.汉密尔顿（Grant E. Hamilton）/美国国会图书馆

国时，还一个英文单词都不懂，在内战中加入的也是全部由德国人组成的军团。战争结束后，他在圣路易斯学习法律，并在一家德语报社工作，他使《纽约世界报》成为全美最具影响力的报纸之一。"报纸叙述的是当天的事件，"普利策说，"它并不制造关于腐败和犯罪的记录，而是在它们发生时说出来。如果它没有这样做，就是一个不忠实的记录者。"[99]

威廉·伦道夫·赫斯特（William Randolph Hearst）于1895年开始出版《纽约日报》（*New York Journal*）。1863年，赫斯特出生于富豪之家（他的父亲靠采矿积累了一笔财富），1887年大学辍学，接管了父亲的报纸《旧金山观察家报》（*San Francisco Examiner*）。1896年，巴伐利亚移民之子，世俗拉比阿道夫·奥克斯（Adolph Ochs）收购了《纽约时报》。奥克斯在田纳西州长大，11岁成为《诺克斯维尔纪事报》（*Knoxville Chronicle*）的报童，从而开始了自己的新闻界职业生涯。三年后，他离开学校，38岁时，他收购了《纽约时报》，并承诺要办一份"高标准报纸"[100]。

19世纪80年代和90年代的报纸充满了噱头、丑闻和讨伐之事，即使它们在为自己报道的准确性辩护时也是如此。记者雷·斯坦纳德·贝克（Ray Stannard Baker）写道："事实，不加修饰、确信无疑的事实，才是美国人民真正想要的。"朱利叶斯·钱伯斯（Julius Chambers）说，为《纽约先驱报》撰写文章涉及"事实；事实；只是事实。那么多的豌豆能供人挑选；那么多的糖浆可供人包装"。19世纪90年代的《芝加哥论坛报》（*Chicago Tribune*）上的一个标语写道："谁或者什么？怎样？何时？何处？"《纽约世界报》的墙壁上贴着印好的卡片："准确性，准确性，准确性！谁？什么？哪里？什么时候？怎么样？事实——本色——事实！"[101]

1895年，普利策的《纽约世界报》支持玛丽·里斯作为威奇托市市长的候选人。里斯竞选失败并且放弃了在威奇托房子的赎回权后，搬到了"美国的心脏"纽约。她协助亨利·乔治竞选纽约市市长,乔治看起来很有机会,但是在选举前死于中风,他的遗体停放在中央车站,超过10万名哀悼者前来致敬。里斯发表了悼词。据《纽约时报》报道,"连林肯的告别仪式都不如他的更加荣耀"。[102]

1896年夏天,威廉·詹宁斯·布赖恩这个被奥克斯的《纽约时报》称为"不负责任、不受管制、无知、偏见、不够诚实的狂热怪人",乘"内布拉斯加"银色列车穿越了平原。车厢上挂着巨大的标志,上面写着"密切关注内布拉斯加"。列车驶向伊利诺伊州,目的地是举行民主党全国代表大会的芝加哥体育馆。这家体育馆是一座三层楼的建筑,占据了整个街区。在那里,布赖恩将发表美国演说史上效果最佳,并且是最令人难忘的演讲之一。

"男孩布赖恩"穿着宽松的裤子和黑色的羊驼套装来到芝加哥,他乘势而来,将人民党融入民主党,将南方白人的聚会变成了西方农民和北方工人的聚会,将共和党变成了商人党。民主党首次批准了所得税,"以便税收负担得以平等公正地分配,最终使财富能够以适当的比例支付政府的开支"[103]。但将布赖恩提名为总统候选人对民主党而言,要比向其章程增加一项条款重要得多。

布赖恩跃上讲台。他说:"我为了捍卫像自由一样神圣的事业而来,这是人类的事业。"基于过于狭隘的商人的定义,商人和劳工之间的斗争被误解了。人民是"更广泛的商人阶层":"被雇用的人和他的雇主一样是商人,"布赖恩说,"农夫们早上出去,整天辛苦劳作……通过脑力和体力,利用国家的自然资源来创造财富的人,同样是商人,与来到商品交易所为粮食价格下注的人是一样的。"布赖恩将杰斐逊主义与复兴派基督教糅合在一起,反对共和党的金本位制核心经济政策。"政府有两种观点。一些人相信,如果你立法让小康之人更加富有,他们的成功就会惠及下面的人。然而,民主党的观点是,如果你立法使大众变得富裕,他们的繁荣将会给每一个依靠他们的阶级带来财富。"

当他结束演讲时,向两万多名听众大声呼喊,他把一个假想的荆棘花冠置于头顶:"我们将这样回应他们对金本位制的要求,你们不该把这一荆棘花冠戴在劳工的头上。"他伸出双臂,低下头。"你不该把人类钉在黄金十字架上。"然后他闭上眼睛,像死去一般静静地躺下。

"我的上帝!我的上帝!我的上帝!"人群开始唱诵。[104]他们摘下帽子,把帽子扔到空中,那些没戴帽子的人则把外套脱下来扔掉,每个带伞的人都撑开了伞。《纽约时报》的记者写道:"听众们被来自内布拉斯加声情并茂的天才演说家给迷住了,大会进入了高潮。"[105]

布赖恩这位天才演说家遭到了偏向商人利益报纸的大肆嘲讽,特别是在东部的大城市。《纽约时报》的标题是《无敌的银色狂热分子:狂野、肆虐、不可抗拒的暴民,没有什么可以阻止他令人憎恶的愚蠢行为》。即便是约瑟夫·普利策更为平民化的《纽约世界报》也拒绝支持布赖恩。与此同时,民粹主义者担心融合会破坏他们的运动,得克萨斯州的一位代表说:"我们不会将人民党钉在民主的十字架上!"[106]

但是,人民党最终将自己的票投给了布赖恩,因为他们没有准备自己的候选人,甚至玛丽·里斯也勉强表示同意。在圣路易斯的人民党大会上,里斯支持了他的提名。社会主义者也支持他。出生于印第安纳州的劳工组织者、后来成为社会党领袖的尤金·德布斯(Eugene Debs)写信给布赖恩说:"你在这一刻是共和国的希望。"[107]

布赖恩的对手是前俄亥俄州州长、共和党成员威廉·麦金莱(William McKinley),后者代表了商人的利益,在银行和企业的巨款赞助下参与竞选,这些银行和企业一想到布赖恩当选总统就感到害怕。投票的改革为选举带来了更多的资金以及新的政治风格:借用大规模的广告、宣传、口号和广告牌这种商业模式，利用大量资金来推销候选人的品格。麦金莱的竞选活动形式新颖，而布赖恩的方法则老旧落伍。布赖恩在全国范围内进行巡回演讲：他向27个州的500万人发表了大约600场演讲，走了将近2万英里。但威廉·麦金莱的竞选金库更加充实：共和党人投入700万美元，民主党人仅投入30万美元。仅约翰·D. 洛克菲勒（John D. Rockefeller）一个人就向"大老党"提供了25万美元。麦金莱的竞选经理、克里夫兰商人马克·汉纳（Mark Hanna）几乎被埋没在商人同行的捐款行列中。他用这笔钱印制了1.2亿份竞选刊物，并雇用了1400名发言人为麦金莱做宣传。他们把民粹主义者称作"暴民政客"（Popocrats）[1]，在选民中造成了一定的恐慌。[108]正如玛丽·里斯所说，金钱选出了麦金莱。对选举感到厌恶的里斯将兴趣从民粹主义转向新闻业，普利策聘请她做了记者。[109]

在大选日，90%的美国选民不记名地投下政府印制的选票。麦金莱以271张选举票战胜了布赖恩的176票。黑人男子几乎没有投票，女性和中国移民根本没有投票，但这是几十年来第一次没有人在投票站丧生。布赖恩和他的妻子收集剪报并出版了一本剪贴簿，他们将此命名为《第一次战斗》。

IV.

1893年，为了庆祝哥伦布第一次横渡大西洋，美国人在芝加哥600英亩的展览场地举办了有史以来规模最大的世界博览会——哥伦比亚博览会，在200多间建筑中容纳了46个国家的代表展馆和数以千计的展品，其中特别引人注目的是世界上第一个摩天轮。在参加博览会的数百名公开演讲者中，有两人提出从动荡的19世纪最后几年的角度来思考美国历史的进程。31岁的弗雷德里

---

1 这是一个讽刺性的自造词，用了民粹（Populist）的前半部分和民主党（Democrat）的后半部分。——译者注

克·杰克逊·特纳（Frederick Jackson Turner）是一个留着小胡子、戴着领结的潇洒又年轻的历史学家，他将美国民主的崛起理解为一场胜利和一座灯塔。75岁的弗雷德里克·道格拉斯的头发像一团白色的云，他是一位年迈的政治家，他认为《吉姆·克劳法》的兴起使美国进入暗夜。

1861年，特纳出生在威斯康星州，是最早获得历史博士学位的美国人之一。博览会期间，他在美国历史协会（American Historical Association）发表了讲话。美国历史协会成立于1884年，并于1889年得到国会法案的承认，它的宗旨是"促进历史研究，收集和保存历史手稿，以及维护符合美国历史和美洲历史利益同源的目的"。[110]历史和新闻业像记者一样成为行业，历史学家借鉴新兴的社会科学，依靠定量分析来理解变化如何发生。乔治·班克罗夫特在他宣扬杰克逊主义的《美国史：从发现美洲大陆到今天》中，一直在寻找天意的解释，而弗雷德里克·杰克逊·特纳则在人口普查中寻求解释。特纳与班克罗夫特的方法之间的差异标志着知识结构的深刻转变。像达尔文主义一样，社会科学的兴起牵扯到放弃其他的认知方式，它间接促成了宗教激进主义的兴起。在新定义的学科中，学者们放弃了"有些事情只有上帝知道"的神秘主义观念，而支持客观性的主张。[111]大学变得更加世俗化，宗教教育则仅限于神学院。但是在19世纪80年代和90年代，那些学校由自由神学家、现代主义者主宰，比如公理派的华盛顿·格拉登（Washington Gladden）。格拉登创造了所谓的新神学，承认进化论与现有的基督教信仰一致，是人类走向天国旅程的一部分。另一位神学家解释说："利用科学的、历史的和社会的方法来理解和运用福音派基督教以满足活人的需要，就是现代主义。"[112]这恰恰是那些最终将自己视为宗教激进主义者的福音派人士所反感的事。[113]他们的领袖是"宗教激进主义先生"威廉·詹宁斯·布赖恩。

现代主义塑造了信仰和历史。特纳将他演讲的标题定为《边疆在美国历史

第九章　公民、个人、群众　　367

上的重要性》，并在其中试图解释自哥伦布第一次航行以来这四百年的历史。受杰斐逊和达尔文的影响，特纳将美国的疆域视为政治进化的场所，从"野蛮"的"荒野"开始，使"每个人都进入更高阶段的进化"，最终达到文明的最后阶段：资本主义和民主主义。[114]

特纳在杰罗尼莫投降六年后提出这一论点，两年前，美国陆军在膝伤河屠杀了数百名拉科塔人——而在特纳进行演讲的博览会上，大约400名印第安人被放在一个相当于人类动物园的地方展出。波塔瓦托米印第安人西蒙·波卡贡（Simen Pokagon）在博览会上出售了一本影响深远的小册子，书名叫《红种人的复仇》（*The Red Man's Revenge*），用凸版印刷在白桦树皮上，波卡贡立刻提供了一段历史记录、一本清算书和一份起诉书，宣称"苍白的种族已经侵占了我们的土地和家园"，我们取而代之的是从塑造了这些展览的早期人类学工作中衍生出关于进化的观点。但他对边境地区的分析是基于对1890年人口普查结果的定量分析，人口普查是国家用以统计人口的工具，这次人口普查统计的时间破了纪录。1880年的人口普查花了八年的时间才完成制表工作，但是在1890年，来自布法罗（水牛城）的纽约人口普查局工程师赫尔曼·何乐礼（Herman Hollerith）——他曾在麻省理工学院教授机械工程——进行了一项改革，使人们在一年内完成人口普查成为可能。受售票员按照性别、身高和头发颜色识别乘客并在火车票上打孔的启发，何乐礼制作了打孔卡，可以将人口普查员调查得来的所有公民特征自动制成表格。

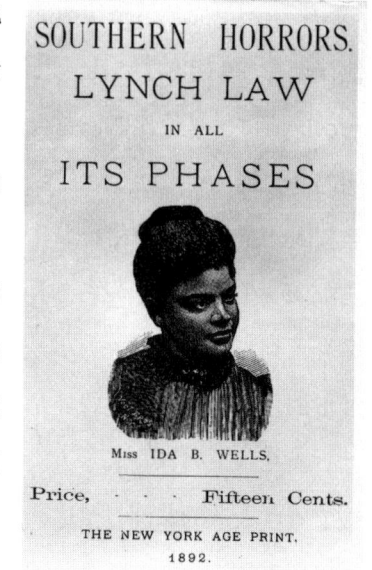

艾达·B.韦尔斯对私刑的控诉于1892年首次出版。乌多·J.开普勒（Udo J.Keppler）/美国国会图书馆

何乐礼将12排20列的打孔卡送入他设计的制表机中。1896年,他创立了制表机公司,该公司最终与其他公司合并,成为一家名为"国际商业机器公司"的公司,即IBM。[115]

在题为《边疆在美国历史上的重要性》的演讲中,特纳利用1890年的人口普查来计算全国的人口密度,并从中得出结论,在大陆的定居区和未定居区之间,不再有任何可辨别的界限。他认为边境,也就是他称之为"野蛮与文明之间的交汇点"的地方,是在1492年开放,四个世纪之后关闭的,但是,在它存在的时间中,美国民主已然被锻造出来:"美国的民主从根本上说是美国人民与西部打交道的经验结果",他指的是进入合众国的欧洲移民打败原住民,占领了他们的家园,并在那里建立属于他们自己的文明。对特纳来说,这就是美国的故事和美国历史的教训:进化。[116]

弗雷德里克·道格拉斯的年纪是弗雷德里克·杰克逊·特纳的两倍还多,他计划在1893年8月25日,也就是在博览会上制定的"有色人种日"那天发表自己的演讲。哥伦比亚博览会是通过种族习俗,而不是还没有扩张到伊利诺伊州的《吉姆·克劳法》实施隔离的。在这里,即使是守卫,也都是白人,只有看门人才是黑人。道格拉斯作为前美国驻海地大使,在海地展馆代表海地,他是唯一一位在展会上发挥作用的非裔美国人,他的活动由208名委员组成的委员会策划,该委员会全部是白人。[117]不过,在展会上的确有黑人:他们是被展出的。在农业大厅,曾经是奴隶的老年黑人男女在兜售微型的棉花包和纪念品,而在一系列旨在展示人类从野蛮到文明的特纳式进步的展览中,美国黑人被安置在人造的非洲村落中。"这似乎是要羞辱黑人,"道格拉斯写道,他们"将黑人装扮为令人厌恶的野蛮人"。[118]

道格拉斯计划发表题为《美国种族问题》的演讲。但艾达·B.韦尔斯(Ida B. Wells)去博览会拜访道格拉斯,试图说服他不要发表演讲,韦尔斯是一位眼睛大大的、头发像吉布森女孩[1]一样的31岁黑人女子,她的主要目的是说服道格拉斯抵制有色人种日。韦尔斯讽刺地称之为"酒馆与骨头的黑人节"。[119]

艾达·B. 韦尔斯是一个前奴隶的女儿,1862年,她出生于密西西比州的霍利斯普林斯。1883年,她是一名学校教师,在她乘坐火车时,被要求离开火车的"女士车厢"并换到黑人车厢。她拒绝了,把案子提交到法庭,并开始为黑人报纸撰稿。1892年,当三名黑人男子因闯入人民杂货店被以私刑处死后,她开始撰写关于"黑人男子强奸白人妇女的低俗谎言"的文章。韦尔斯猛烈而无畏地推动了黑人的战争精神,并号召以武力对抗私刑和《吉姆·克劳法》,她推荐使用温彻斯特步枪。"非裔美国人的退让、畏缩与乞求越多,"韦尔斯写道,"受到的侮辱、暴行和私刑就越多。"韦尔斯在孟菲斯创办自己的报纸,将其命名为《言论自由报》(*Free Speech*),该报继承了将言论自由作为种族正义斗争核心的传统。在一群白人暴徒将《言论自由报》的办公室烧毁后,她搬到了纽约,在那里,她以"流亡者"为笔名继续发表文章。1887年,她当选为黑人全国新闻协会的秘书。1892年,她出版了她的第一本书《南方恐怖:各时期的私刑法》(*Southern Horrors: Lynch Law in All Its Phases*),道格拉斯写了推荐文章,说他的语言与她的文章比起来简直相形见绌。[120]

1893年,当韦尔斯在芝加哥世界博览会见到道格拉斯时,他们决定一起去吃午餐。韦尔斯想去街对面的一家餐馆,但不确定是否有人会为他们提供服务。"来吧,我们去那里。"道格拉斯说。服务生吃惊地看着他们,直到他们认出了道格拉斯。在韦尔斯的恳求下,道格拉斯非常愿意谴责博览会,他同意为一本名为《为什么哥伦比亚世界博览会中没有美国有色人种》(*The Reason*

---

1 美国插图画家查尔斯·达纳·吉布森(Charles Dana Gibson)描绘的19世纪90年代的美国妇女形象。——译者注

Why the Colored American Is Not in the Columbian Exposition)的小册子写导言，在这篇导言中，他坚持认为，任何对美国国家的真实描述都必须是诚实的，尽管他希望能将美国的故事讲述为一个进步的故事，但事实并非如此。他认为，从奴隶制到《吉姆·克劳法》，美国的历史"必须坦诚地讲述曾经发生的错误和暴行，必须说出那些被扣留的权利，以及为吹嘘美国共和党的自由和文明而隐瞒的矛盾"。[121]

然而，尽管韦尔斯试图说服道格拉斯抵制"酒馆与骨头的黑人节"，但他仍决定继续他的演讲。[122]当这天到来时，他进入博览会，发现这里摆满了西瓜，准备捣乱的白人在等着他。他如老年人一般小心翼翼、步履蹒跚地站到了讲台上。他在开篇讲道："人们谈论黑人问题。根本没有黑人问题。"他提高声音继续说道："问题是美国人民是否有足够的忠诚、荣誉和爱国主义，能够实践自己的宪法。"[123]

这是道格拉斯最后的几场公开演讲之一，但不是最后一场。1894年9月3日，道格拉斯开始了从华盛顿的家到弗吉尼亚马纳萨斯的旅行，他将在那里的一所工业学校落成典礼上致辞，这是一所致力于教授自由的黑人小孩学习如何盖房子的学校。"一艘停泊的船，帆绳破裂，船帆发霉，船体空旷，底部覆盖着海草和藤壶，此时它没有遇到任何阻力。"道格拉斯在那天说道，并从"国家之船"这一概念转向"吉姆·克劳"问题。"但是，当它在微风中展开帆布，并将船头转向大海开始航行的时候，速度越高，阻力就越大。有色人种也是这样。"他停顿了一下，以便让听众们想象一个人与大海搏斗的场景和意义。道格拉斯在最后说道："我亲爱的年轻朋友们，拥抱希望的灵感吧！模仿勇敢的水手，在乌云和黑暗中，在冰雹、雨水和风暴中，与阻止前进的整个大海做斗争，你将安全地实现宏伟的抱负。"[124]

两年后，77岁的道格拉斯在与妻子谈论女性解放的餐后谈话中因心脏病发作晕倒了。在那之前,他与最亲密的朋友之一苏珊·B.安东尼在选举权会议上度过了一天的时光。[125]成千上万的哀悼者出席了他的葬礼,在葬礼上,牧师引用《圣经》的话说:"你们岂不知今日以色列人中有一位将领和伟人倒下了吗?"[126]拥抱希望的灵感吧!

几个月后,当最高法院的法官们再次讨论公民、个人和群众的问题时,道格拉斯向美国人民提出的要遵守他们自己宪法的挑战在最高法院的大厅里萦绕不去。霍墨·普莱西(Homer Plessy)是一个新奥尔良的鞋匠,他看上去皮肤很白,但根据路易斯安那州的种族法,他实际上是黑人。他因涉嫌违反1890年规定的为黑人和白人分别设置车厢的《吉姆·克劳法》而被捕,因为他坐在了白人车厢里。普莱西是为了挑战路易斯安那州的法律而故意被捕的,他的律师说该州法律侵犯了他在第十三和第十四修正案中享有平等保护的权利。下级法院法官约翰·弗格森(John Ferguson)做出了对普莱西不利的判决,1896年,最高法院审理了"普莱西诉弗格森案"。

此时,司法复核已被认为是法院最重要的权力,是国家对其立法机构所代表的人民行使的权力。1892年,美国律师协会主席宣布司法复核是"司法机构最崇高的职能和最神圣的职责——这在世界历史上是独一无二的"[127]。

最高法院以7:1的多数裁决支持了下级法院的判决,从而做出了具有里程碑意义的裁决,即《吉姆·克劳法》没有违反宪法——隔离的设施不一定是不平等的设施。第十四修正案承诺所有公民享受法律的平等保护。审理"普莱西诉弗格森案"中的大多数法官相信,隔离和平等是两个完全不相关的概念。"我们认为原告论点的根本谬误在于这样一种假设,即两个种族的强制分离给有色人种打上了劣等的烙印。如果是这样的话,那不是因为在这一行为中发现了什么,而仅仅是因为有色人种选择将其做出如此解释。"由此产生的公共设施可以"隔离但是平等"的这一法律原则将持续半个多世纪。

唯一反对者是约翰·马歇尔·哈伦（John Marshall Harlan），他反对建立隔离不同种族的公共设施，并坚持认为，合众国的成就是通过修正案建立了一套无视种族的宪法。哈伦写道："我们的宪法是有色盲的，既不知道也不容忍公民中划分的不同类型，对国家来说，仅仅因为种族而规范公民享有的公民权利，是对宪法的违反。"考虑到《吉姆·克劳法》和1882年《排华法案》的荒谬、扭曲和矛盾，哈伦极力劝说他的同事们。根据《排华法案》的条款，来自中国的移民不能成为美国公民，但根据路易斯安那州的《铁路车辆法》，"中国人可以乘坐与合众国白人一样的车厢，而路易斯安那州的黑人公民……如果他们乘坐白人公民使用的公共车辆，就会被宣布为罪犯，还可能被判监禁"。

哈伦并没有试图抗议对华人移民的歧视。相反，他指出了这一系列法律的荒谬性——这些法律赋予非公民而不是公民更多的权利。哈伦认为，这些法律的共同之处在于它们是以种族为基础的。然而，为了明确合众国的法律不能以种族为基础、公民身份也不能受到种族的限制，他们已经进行了一场战争，并且取得了胜利。哈伦警告说，就宪法的原则而言，法院在普莱西一案中的意见是极其错误的，"这一天所做出的判决终将被证明与德雷德·斯科特案中的判决一样有害"[128]。可悲的是，这一预言被证明是正确的。

在"普莱西诉弗格森案"确立了"分离但平等"原则之后一年，杜波依斯问道："为什么感觉这会成为一个问题？""一个人不停地感觉到他的两重性——一个是美国人，一个是黑人；两个灵魂，两种思想，两种不可调和的斗争；在一具黑色的身体中有两个相互冲突的念头，只有顽强的力量才能使其不被撕裂。"[129]

公民，个人，群众。自从被海洋隔开的大陆再次相遇以来，已经过去了四个世纪。自从杰斐逊宣布人人生而平等以来，已经过去了一个世纪。自第十四修正案宣布所有在美国出生或入籍的人都是公民以来已过去三十年。现在，最高法院裁定那些为了隔离而罔顾平等的人并没有违背国家的立国真理。这是美国历史上最惨的悲剧之一——一部不乏悲剧的编年史——邦联州虽然输掉了战争，但它赢得了和平。

第十章
效率与数量
EFFICIENCY AND THE MASSES

1913年的福特汽车装配线。亨利·福特于1903年创立福特汽车公司,首次将流水线应用于机械制造,大大提高了生产效率,使汽车在美国实现普及化

沃尔特·李普曼（Walter Lippmann）穿着一身三件式细条纹西装,就像老虎披着皮,但他的敏锐之处在于眉毛,就像箭头的尖端一样。李普曼在哈佛大学读书,师从威廉·詹姆斯（William James）和乔治·桑塔亚那（George Santayana）,他本来要从事高贵而文雅的职业,如哲学教授或历史教授,但后来又决定成为一名记者,还不是那种将铅笔塞进帽檐里的记者,他开创了一种新的记者形式：学识渊博的政治评论员。"阅读而非理解李普曼,成了突然间

要做的事。"一位深受其害的竞争对手写道。

1914年时，25岁的李普曼已经写了两本关于美国政治的尖锐著作，并协助创办了《新共和国》（*New Republic*）杂志。他身材魁梧，不喜言谈，朋友们叫他佛陀。他住在第19街一栋狭窄的三层红砖排屋里，与其他年轻的自由主义者在一起生活，访客们将此地命名为"真理之家"，他们之中包括曾经在晚餐时叼着未点燃雪茄的赫伯特·胡佛（Herbert Hoover）。西奥多·罗斯福称李普曼是"全美同龄人中最杰出的年轻人"，这种说辞对年长的人来说是一种小小的安慰，他们发现他们的想法被李普曼一一解开，就像小猫爪下的纱线团一样。一个如此年轻的人怎能拥有这样的权威性，并且获得如此广泛的吸引力？奥利弗·温德尔·霍姆斯（Oliver Wendell Holmes）说李普曼的作品就像捕蝇纸一样："我一旦接触它，就会被粘住，直到读完。"[1]

李普曼成年后，在19世纪最后的几十年和20世纪的第一个10年，工业主义给少数人带来了巨大而耀眼的财富，为国家带来了繁荣，为中产阶级带来了更便宜的商品，同时也给许多人带来了苦难和渴望。这"许多人"的数量比以往任何时候都多，他们谈论的内容从"人民"转向"群众"这一不断膨胀的贫穷、憔悴和饥饿的群体。和那一代的许多美国人一样，李普曼最初是一个社会主义者，当时甚至一提到群众就暗示着社会主义。《群众》（*The Masses*）是在纽约出版的社会主义月刊的名称，尤其在1917年俄国革命将布尔什维克主义者（"bol'shinstvo"一词的意思是"大多数"）推上权力舞台之后，"群众"一词听起来很"红"，但是李普曼开始把群众称为"迷茫的群体"，意思是不假思索，凭本能行事，像即将发生的踩踏事件一样危险。对李普曼以及整整一代以进步派（这个词的历史可追溯到1910年）自居的知识分子、政治家、记者和官僚来说，群众对美国民主构成了威胁。第一次世界大战后，进步人士改变了他们的目标，称自己为"自由主义者"。[2]

只有像李普曼一样一开始就对群众有强烈信念的人，最终得到的评价才会如此微弱。这种变化产生于这个动荡的时代。在1896年重新选举之后的几年里，一切似乎突然变得比以前更大、更拥挤，更没有特色，影影绰绰的，甚至建筑物也更大了：大型办公楼、大工厂、大厦、大型博物馆。量化成为唯一的衡量标准：多大、多少。像是有多少大型企业，如大银行、铁路、石油企业。1901年，美国第一家十亿美元的公司通过合并200多家钢铁企业成立。为了打击垄断，保护人民和土地，联邦政府也变得更为强大，在这一时期成立了数十个新的联邦机构，从国家标准局（1901年）到林务局（1905年）、海岸警卫队（1915年）和效率局（1916年），最后一个机构用于处理组织和加速这一孪生的艺术计划，是管理多个局的另一个局。

"大量"意味着任何数量巨大到可怕的东西，它的规模如此之大，以至于压倒了现有的机制，包括民主。"大规模生产"出现于19世纪90年代，那时的工厂变得更大、运转得更快，工厂里工人的数量激增，而拥有他们的人获得了惊人的财富。"大规模移民"可追溯到1901年，当时每年有近百万移民进入美国。"大众消费"则出现在1905年，"群众意识"出现在1912年。"群体性癔症"在1925年被定义，"大众传播"在1972年被定义，当时《纽约时报》将广播描述为"拥有大量听众的大众传播系统"[3]。

大众本身又如何呢？心理学家认为，他们构成了大众传播的大规模受众，有着群体性癔症——政治踩踏——的倾向，引发了詹姆斯·麦迪逊和托马斯·杰斐逊未曾预料到的政治问题，他们相信（北美）大陆的面积和人口的增长会使共和国更强大，使它的公民更有道德。他们无法想象镀金时代巨大的经济不平等，它的规模、奢侈和痛苦，以及数百万极端贫困的男人、女人和儿童对政治秩序构成的挑战，他们的观点很容易被大规模的洗脑工具所改变。

为了应对即将到来的进步时代的挑战，活动家、知识分子和政治家发起并促成了包括市、州和联邦立法机构在内的影响深远的改革。他们最有力的武器是新闻曝光，而最大的障碍是法院，他们试图通过宪法修正案来解决障碍。这些改革运动的内容包括联邦所得税、联邦储备银行、美国参议员的直接选举、总统初选、最低工资和最高工时、妇女选举权和禁酒令。在很多情况下，几乎所有改革都是由威廉·詹宁斯·布赖恩提出的。进步派最大的失败也是由于布赖恩不愿解决，甚至不愿讨论《吉姆·克劳法》。相反，他们支持它。进步派在大众民主管理方面所取得的成就很容易受到一些势力的危害，这令沃尔特·李普曼十分担忧：公众舆论的可逆性，变成了大众的妄想。

I.

进步派源于19世纪晚期的民粹主义，进步主义则与中产阶级密不可分，他们闭门而居、喜好安静、没有激情。民粹主义者发动骚乱，进步派则阅读小册子。民粹主义者认为，联邦政府与大银行、大型铁路和大企业联手巩固权力的阴谋，背叛了国家的创建原则和人民的意愿，政府本身也充斥着腐败。1892年人民党成立时的一位组织者说："人民党是被掠夺者对掠夺者的抗议，是受害人对劫匪的抗议。"[4]另一位组织者说："一场针对人类的巨大阴谋在两大洲组织起来，并迅速占领了世界。"[5]进步派支持与民粹主义者相同的事业，与他们一起痛斥大企业，民粹主义者希望减少政府的存在，但进步派想要更多，他们在改革立法机关和官僚机构，特别是在政府机构方面寻求解决方案。[6]

民粹主义者认为这一体系已遭到破坏，进步派认为政府可以解决这个问题，但保守派并不认为有什么需要修复的，他们相信如果有的话，市场会解决它。保守派主导了美国最高法院，不过进步主义在两党都存在。1896年，当民主党说服威廉·詹宁斯·布赖恩作为民主党而不是民粹主义者参加竞选时，民主党人吹嘘他们已经成功地将民粹主义者聚集到自己的政党中。1905年，阿肯色州州长杰夫·戴维斯（Jeff Davis）说："1896年，当我们提名世界上最伟大、最真实的人——威廉·詹宁斯·布赖恩为总统时，我们偷走了所有民粹主义者的仇恨，我们偷了他们的章程，偷了他们的候选人，把他们偷个了精光。"但共和党人也是进步派，西奥多·罗斯福说："合众国公民必须有效地控制自己所谓的强大的商业力量。"而且，正如伍德罗·威尔逊自己承认的那样，"当我坐下来将我的观点与进步共和党人的观点进行比较时，我看不出有什么区别。"[7]

进步主义中很多重要的观点来自新教，特别是出于一场被称为社会福音的运动，几乎所有的神学自由主义者和相当多的神学保守主义者都接受了这场运动。这个名字出现于1886年，当时一位公理会牧师将亨利·乔治的《进步与贫困》称为社会福音。乔治用福音派的热情撰写了这本书的大部分内容，认为只有对经济不平等进行补救，才能带来"基督教的极盛——地球的上帝之城，碧玉做墙，珍珠做门"！［更多持怀疑态度和不那么虔诚的自由主义者早已对乔治的乌托邦主义失去了信心，克拉伦斯·达罗（Clarence Darrow）精明地说道："我在亨利·乔治的哲学中发现的错误是其自负、简单，以及对人的自私动机的不屑一顾。"］[8]

社会福音运动由神学院教授领导，他们接受了进化论，认为它完全符合《圣经》，并且证明宇宙是有目的的、受神圣指导的学术神学家。与此同时，他们强烈反对英国自然科学家赫伯特·斯宾塞等作家的社会达尔文主义——他创造了"适者生存"这一词，并利用进化论来捍卫各种形式的武力、暴力和压迫。在目睹了1882年俄亥俄州的煤矿工人罢工之后，公理会主义者华盛顿·格拉登，这个永远穿着双排扣阿尔伯特亲王和过膝长礼服的男人，认为与工业主义产生的不平等做斗争是基督徒的义务："我们必须让人们相信基督教有权统治这个工业王国，以及世界其他王国。"[9]

社会福音派将废奴主义的热情带入工业主义问题。1895年,欧柏林学院召开了一次名为"贫困的原因和建议以及补救措施"的会议。1897年,托皮卡(堪萨斯州首府)的牧师查尔斯·谢尔顿(Charles Sheldon)通过与最贫穷的教区居民生活在一起来了解他的教区,他在黑人贫民区度过了三个星期,卖出了数百万册小说:《遵循他的脚步:耶稣会怎么做?》(*In His Steps: What Would Jesus Do?*)。他想说明基督将会如何对待工业主义(他们的答案是:进步主义改革)。卫理公会于1908年写了一篇"社会信条",承诺取消童工和提高生活工资,它很快被由33名成员组成的联邦基督教协进会采纳。[10]

威廉·詹宁斯·布赖恩被称为平原上的英雄,除了名不副实之外,他是一个不折不扣的社会福音传播者。[11]然而,在1896年输掉选举之后,他抛弃了十字架,很快投身于新的事业:抗议美帝国主义。布赖恩认为帝国主义与基督教和美国民主传统是矛盾的。其他进步主义者则不同意,特别是新教传教士,他们将古巴和菲律宾视为吸引新教徒的机会。

美国的帝国主义已经扩散到了夏威夷,尽管遭到了夏威夷原住民的反对,包括在1891年坚持"夏威夷人民有权选择他们自己的政府形式"的莉莉·奥卡拉尼女王(Queen Lili'uokalani),然而在1898年,美国将吞并夏威夷作为美西战争的一部分。1898年爆发了美西战争。自1868年以来,古巴人一直试图推翻西班牙的统治,菲律宾人自1896年以来一直在做同样的事情。报业大亨威廉·伦道夫·赫斯特和约瑟夫·普利策与古巴起义军站在一起,将这场战争视为大幅提高报纸发行量的机会,他们派遣的记者和摄影师不仅要记录冲突事件,而且在赫斯特看来,还要煽风点火。传说,当一位摄影师从哈瓦那发来电报说,战争似乎不太可能发生时,赫斯特回复道:"你提供照片,我提供战争。"作为预防措施,总统麦金莱向古巴派遣了一艘军舰,但是在1898年2月,这艘名为"缅因号"的船在哈瓦那爆炸,造成250名美国船员死亡。爆炸

1898年，报纸出版商约瑟夫·普利策（左）和威廉·伦道夫·赫斯特（右）都利用这场战争来增加报纸发行量。莱昂·巴里特（Leon Barritt）/美国国会图书馆

的原因未知，后来发现这是一起事故，但赫斯特和普利策都刊登了战舰舰长发给海军助理部长西奥多·罗斯福的电报，说灾难不是偶然的（电报后来被发现是假的）。报纸的发行量飙升。当国会被迫向西班牙宣战时，赫斯特从《纽约日报》大楼的屋顶发射了"火箭"。普利策后来对自己在战争中的角色感到后悔，并不是赫斯特的错。赫斯特旗下最重要的报纸的头条标题是《你觉得这场新闻大战怎么样？》。[12]

39岁的西奥多·罗斯福决心参战，他辞去了海军助理部长的职务，组建了第一支美国志愿骑兵团，负责圣胡安山的保卫，并作为一名英雄凯旋。甚至38岁的布赖恩也入伍了，他从内布拉斯加州组建了一个志愿团，前往佛罗里达准备参与战斗，但并未被送上战场，麦金莱显然要确保他总统选举的竞争对手没有获得荣耀的机会。

根据和约条款，古巴独立，但西班牙将关岛、波多黎各和菲律宾割让给美国，代价是美国付款2000万美元。美国的占领和殖民统治出乎菲律宾人民的意料。菲律宾宣布独立，菲律宾领导人艾米利奥·阿奎纳多（Emilio Aguinaldo）组建了临时宪政府。麦金莱拒绝承认它，1899年，美国军队向菲律宾民族主义者开枪。"我知道战争会造成很大损失，"阿奎纳多对菲律宾人民说道，"但从我的经验中同样知道奴隶制是多么痛苦。"布赖恩辞去了他的委员会职务，以抗议这一吞并，并加入了一个迅速成立但组织混乱的反帝国主义联盟，其支持者包括简·亚当斯（Jane Addams）、安德鲁·卡内基、威廉·詹姆斯和马克·吐温。布赖恩是他们的最佳发言人，他认为对菲律宾的吞并违背了菲律宾人民和美国人民的意志。他说："人民没有投票选择帝国主义，没有任何全国性的大会表示赞成它，没有任何国会批准它。"[13]

从1899年美菲战争爆发开始，就是一场野蛮得异乎寻常的战争，双方都遭受了暴行，其中包括屠杀菲律宾平民。美国军队对菲律宾人使用了一种被称为"水刑"的酷刑，迫使因犯喝下大量的水，大多数受害者就此死亡。与此同时，在华盛顿，在关于吞并菲律宾的辩论中，美国人重新审视了曾经在美墨战争期间撕裂国家的扩张问题，以及悬而未决的公民身份问题，这些问题仍然是战后重建的未竟之事，辩论也显示出了进步主义的局限性：本次辩论的双方都借用了白人至上主义的言论。从菲律宾到波多黎各、太平洋和加勒比地区有800万人，这里现在是美国的一部分，但这个国家实际上已经因为他们的肤色而否认了数百万人民的投票权。

在参议院的会议上，那些赞成帝国统治太平洋岛屿的人认为菲律宾人由于种族原因而不能自治。印第安纳州共和党人阿尔伯特·J.贝弗里奇（Albert J. Beveridge）问道："他们是怎么生存的？他们不是一个自治的种族，他们是东方人。"但是不赞同吞并的参议员指出，当联邦提出关于黑人的观点时，联邦已经因其不同意这一观点而打了一场战争，并上演了一次占领行为。南卡罗来纳州民主党人独眼本·提尔曼（Ben Tillman）说："在你正进行吞并，并使它们成为政府一部分的这些岛屿上，居住着大量有色人种，其中有一半或者更多的是最低等的野蛮人。"他曾吹嘘自己杀死过黑人，并表达了对暴徒动用私刑的支持。"这种行为是将污浊的血液和下贱愚昧的人注入美国的政体，这是我们所反对的。"提尔曼提醒共和党人，他们不久前释放了奴隶，然后"强迫南方白人在刺刀的威胁下，接受那些对前奴隶的管理和统治。这有什么不一样？为什么要改变？你承认你在1868年做错了吗"？[14]

《吉姆·克劳法》与菲律宾战争之间的关系并没有影响到在太平洋服役的黑人士兵。来自威斯康星州的一名步兵报告称，如果美国白人士兵没有对菲律宾人实施"为有色人种进行的家庭治疗"并"咒骂他们是可恶的黑人"的话，这场战争本来是可以避免的。第25步兵团的黎思济·B. 莱穆斯（Rienzi B. Lemus）记录了他在美国报纸上看到的内容与他在菲律宾的所见所闻之间的差异。他在给弗吉尼亚州里士满的家信里写道："每当我们从那里拿到一份报纸时，我们都会看到一些可怜的黑人因为所谓的强奸而被私刑处死。"莱穆斯写道，只有当"周围没有黑人可供定罪时"，才有两名白人士兵因强奸菲律宾妇女而被判刑。[15]

这场1898年开始于古巴，并于1902年在菲律宾宣布停战的战争大大恶化了美国有色人种的境遇，他们在国内正面临着一场恐怖主义运动，充满种族主义毒液的好战言论只会进一步煽动美国的种族仇恨。密西西比州州长在1903年时承诺："如果有必要，本州的每个黑人都将被处以私刑。"马克·吐温称私刑是"血腥而且会传染的精神病"。据估计，在南方，每四天就有一个黑人被绞死或烧死。法院在"普莱西诉弗格森案"中的裁决意味着没有法律手段可以用来打击种族隔离，这种隔离随着时间的推移愈演愈烈，歧视也不再只限于南部。北部和西部的市县通过了种族分区法，禁止黑人进入中产阶级社区。1890

年，黑人分居于蒙大拿州的56个县；到了1930年，他们仅能在其中11个县里生活。在巴尔的摩，黑人无法在白人占多数的街区购买房屋。1917年，在"布坎南诉沃利案"中，最高法院对第十四修正案做出了对自己有利的解释，即修正案不保证对黑人的平等保护，而是保证法院所理解的"契约自由"——企业有采取歧视行为的自由。[16]

1899年春，杜波依斯在亚特兰大大学任教期间，某次，他准备去一家城市报刊的办公室递交一篇关于黑人农民萨姆·霍斯（Sam Hose）遭受私刑的稍显克制的评论时，看到了一家商店的橱窗里正在展示霍斯的指关节。霍斯被肢解、焚烧，他身体的各部分被作为纪念品出售。1895年，杜波依斯去欧洲留学

1906年10月7日，《小日报》（*Le Petit Journal*）封面展示了佐治亚州亚特兰大发生的种族骚乱。吉姆·克劳时代，成千上万的黑人男子在这样的骚乱中被杀死

前曾获得哈佛大学历史学博士学位，他开创了一种新的社会科学研究方法——社会调查，成为进步时代改革的标志。1896年，他在费城第七区挨家挨户上门，亲自采访了5000多人，为他的费城黑人研究做准备。1898年，经过精心论证，他发表了一篇关于"黑人问题研究"的学术演讲，虽然很精彩，但夹杂着像"这种社会现象值得最细致、最系统地研究"这样的废话。1899年春，当他看到展出的霍斯的手指时，他转身走回房间，丢了文章，他认为"当看到黑人被处以私刑、被谋杀、被饿死时，一个人不可能做一个平静、清醒和超然的科学家"[17]。

其他人也无法保持冷静，像杜波依斯一样，他们也不能在佐治亚州这样的地方继续生活。"我们人数众多，没有武器。"艾达·B.韦尔斯写道。他们收拾行李离开，这就是所谓的大迁徙，即数百万黑人从南部到北部和西部的流动。在大迁徙开始前，美国90%的黑人都生活在南方。1915年至1918年间，有50万非裔美国人前往密尔沃基、克利夫兰、芝加哥、洛杉矶、费城和底特律等城市。1920年至1930年，另外有130万人离开了南方。到第二次世界大战开始时，美国47%黑人生活在南部以外的地方。他们在城市里建立了新的社区和社区组织。1909年在纽约，杜波依斯协助成立了全国有色人种协进会（National Association for the Advancement of Colored People），并于第二年开始编辑协会月刊《危机》（*The Crisis*），杜波依斯解释说，这一刊物的名称来自"人类进步史上的关键时刻，是人类的危机"这一信念。[18]

白人进步主义者借鉴了杜波依斯开创的社会科学方法，对《吉姆·克劳法》的种族歧视和原住民的主权要求视而不见。和之前的民粹主义者一样，当进步主义者谈论不平等时，他们的意思是指白人农民和白人雇佣工人相对于企业主的状况。然而，进步主义者受到了种族正义斗争，尤其是韦尔斯开创的调查性新闻手段以及她对私刑揭露的影响——揭露成为进步人士最尖锐的工具。西奥多·罗斯福在谈到《天路历程》时，曾怒斥那些"扛着粪耙的人"，他们"总是拒绝看见任何高尚的事物，一门心思盯着秽物不放"，之后，调查性的新闻工作就被称为"扒粪"。[19]"扒粪"成为国家现象是在《麦克卢尔》（McClure's）杂志上。1902年，爱尔兰移民塞缪尔·西德尼·麦克卢尔（Samuel Sidney McClure）作为出版商，给三位最佳作者布置了调查任务，旨在揭露腐败和违法现象，他让雷·史丹德·贝克（Ray Stannard Baker）撰写关于工会的文章，让艾达·塔贝尔（Ida Tarbell）去写标准石油公司，并派林肯·斯蒂芬斯（Lincoln Steffens）调查大城市政治（斯蒂芬斯后来聘请了沃尔特·李普曼作为他的助手）。这些人都不喜欢被描述为"只看到污秽"的作者。早些时候为拿破仑和林肯写过传记的塔尔贝认为自己不是扒粪者，而是一个历史学家。而且，正如贝克后来所坚持的那样，"我们扒粪不是因为我们讨厌这个世界，而是因为我们热爱它。"[20]

塔贝尔对标准石油公司的控诉，包括共谋、腐败、骚扰、恐吓以及公然暗杀，最初出现在《麦克卢尔》的十九期连载中。塔贝尔写道，标准石油公司是第一托拉斯，是后来者的典范，是"现存的发展最完善的托拉斯"。在"沉没于地下的巨大油坑"旁边长大的塔贝尔，见识过标准石油公司如何压垮竞争对手。标准石油公司经常受到州和地方政府调查，留下了一份书面记录，塔贝尔在档案馆中固执地

在1910年的一份杂志的封面上，戴着高礼帽的银行家约翰·皮尔庞特·摩根（J. Pierpont Morgan）霸占了纽约市的所有银行，甚至还想抢夺一个幼童的存钱罐。弗兰克·A.南基韦尔（Frank A. Nankivell）/美国国会图书馆

追查着这份记录。她的文章明白无误地表明了她的观点:"对他们来说,没有什么东西会嫌太好,没有什么是他们不期望、不敢做的。"她描写了一群年轻人凭着自己的力量在业内开始独立,并没有意识到标准石油公司采用的手段。"在信心全盛期,一只大手不知从什么地方伸出来,偷走了他们的战利品,扼杀了他们的未来。"[21]

塔贝尔控诉的结果是,洛克菲勒成了美国最受鄙视的人之一,他在1870年创立的标准石油公司成了工业化进程中出现所有问题的象征。洛克菲勒是浸信会教徒和慈善家的事实,并没有阻止威廉·詹宁斯·布赖恩提出任何机构都不应该接受他哪怕一分钱的捐赠(布赖恩拒绝在他的母校伊利诺伊大学的董事会任职,直到它与洛克菲勒断绝关系)。布赖恩说:"仅仅是因为洛克菲勒做祷告,所有基督徒就都应该认可洛克菲勒的赚钱方法。这是不必要的。"[22]

扒粪运动为进步主义的引擎增添了燃料,但这辆汽车是由两位美国总统伍德罗·威尔逊和西奥多·罗斯福驾驶的,他们几乎没有相同的地方,但他们都极大地扩张了总统的权力,与此同时,他们还同那些使公司成为垄断企业的资本联合做斗争。

当伍德罗·威尔逊还是一个读沃尔特·司各特(Walter Scott)爵士的小说的男孩时,他用纸制作了一支海军,任命

1900年的一幅漫画将西奥多·罗斯福描绘成一匹烙着"大老党"标记的半人马,前蹄高高跃起,两支手枪同时开火,其中一支的标签是"演讲",另一支是"胡扯"。乌多·J.开普勒/美国国会图书馆

自己为海军司令,并为他的舰队撰写了章程。他在普林斯顿大学毕业班上学时被评为班上的"模范政治家"。在弗吉尼亚大学,他学习法律并加入了辩论协会。早在一代人之前,他可能会像他的父亲一样成为传教士,但他却成了政治学教授。[23]无论在学院,还是后来在白宫,他一直致力于使轧棉机时代写就的宪法能够适应汽车时代。

作为一个对他的前辈不耐烦的现代主义者,威尔逊认为三权分立精神已经遭到破坏。在"议会制政府"一文中,他认为国会拥有太多权力,并且使用权力十分轻率,他们胡乱地通过法律,但几乎没有废除任何法律。他将进化论应用于宪法,他说,"宪法不是机器,而是活着的生物",它"受有机生命理论而非宇宙理论的支配"。他认为总统职位也在不断进化:"我们越来越倾向于世世代代将总统视为我们复杂体系中的统一力量,他既是党的领袖,也是国家的领袖,这样做并不与宪法的实际规定相矛盾,只是与宪法意义和意图的完全机械论原理不一致。"威尔逊总结说,总统的权力实际上是无限的:"他所拥有的睿智和力量可以使这一职务做任何事情。"[24]

在那些日子里,有写作爱好的、对理解美国民主有兴趣的人,往往会全面描述这个国家的诞生和崛起。在弗雷德里克·道格拉斯和弗雷德里克·杰克逊·特纳与美国故事纠缠的那些年里,威尔逊完成了五卷本的《美国人民史》(*History of the American People*)写作,而年轻的西奥多·罗斯福艰难地写成了四卷本的《征服西部》(*The Winning of the West*)。威尔逊对观念更感兴趣,而罗斯福对战斗情有独钟。

形如熊、吼如狮的罗斯福在纽约州议会任职期间取得了哥伦比亚大学的法律学位,他将大量时间花在了达科他州西部的牧场上,不过罗斯福在美西战争中的战斗使他享誉全国。从古巴返回后,他作为共和党代表当选为纽约州州长。两年后,当麦金莱面对民主党候选人威廉·詹宁斯·布赖恩的挑战时,称罗斯福为他的竞选搭档。

麦金莱的顾问马克·汉纳总说"提名那个野人是一个错误",但那个野人却是一个不知疲倦的活动家。人们说:"他不是在跑,而是在飞奔。"在罗斯福这里,布赖恩遇到了对手。布赖恩在竞选活动中走了1.6万英里,于是罗斯福走了2.1万英里。布赖恩做了600次演讲,罗斯福就讲了673场。在公开场合,罗斯福形容布赖恩是信奉"共产主义和社会主义信条"的疯子;私下里,他称布赖恩得到了"所有疯子、白痴、无赖、懦夫,以及愚蠢的老实人的支持"[25]。对罗斯福来说,布赖恩是笨蛋们的候选人。

当麦金莱获胜时,民主党人指责布赖恩,虽然他垄断了农村的选票,但除了银矿城丹佛之外,他没有赢得任何城市的支持。民主似乎正在使民主党垮台。1880年,美国有一半的劳动力在农场工作,到1920年时只有四分之一。许多人在工厂工作,越来越多的人,尤其是女性,在办公室工作。1880年,办公室职员占全国劳动力的比例不到5%,几乎都是男性;到了1910年,有超过400万的美国人在办公室工作,其中一半是女性。到1920年,大部分美国人在城市生活和工作。布赖恩的追随者是农民,只要他领导这个政党,就很难看出民主党人如何能够入主白宫。幽默专栏中的一个角色说:"我想知道……我们民主党人能否再次选出一个总统。"[26]

1901年,当麦金莱被布法罗的一个无政府主义者枪杀时,只有42岁的罗斯福成了这个国家最年轻的总统。罗斯福非常钦佩林肯,他手上戴着一枚戒指,里面装着从死去的总统头上剪下来的头发。他在房间里进进出出,拍着参议员们的后背以示鼓励,他广泛而深入地阅读报刊,尽管普利策的《世界报》称他为"白宫有史以来最奇怪的生物",但他知道如何操纵新闻界。他在白宫为记者们提供了一个永久性的房间,并且发现星期天是给他们讲故事的最佳日子,这样他们的文章将在一周之始见报;罗斯福喜欢说他"发现礼拜一"。他留下的政治遗产是监管型国家、专业化联邦政府的建立以及诸如森林开垦服务局这样的科学机构，它们影响深远；其次是他开辟的一系列野生动物保护区和国家公园；其余大部分都是虚张声势。"我不是在鼓吹任何革命性的东西，"罗斯福说，"我是在主张采取行动防止任何革命性事件的发生。"[27]

在白宫，罗斯福追求民粹主义者长期倡导的改革。他宣布"托拉斯是国家的产物"，开始着手利用反托拉斯的热情制定监管措施，主要是通过司法部反垄断局（Antitrust Division of the Justice Department）来进行。[28]1904年，当他轻易地击败民主党提名的、用来取代令人苦恼的布赖恩的保守党人奥尔顿·B.帕克（Alton B. Parker）再次当选后，他继续向左倾斜，规范铁路，通过纯净食品法和药品法，以及终止童工的工作内容，尽管他并不总能成功。

罗斯福也赞同征收所得税，此时在欧洲这已经是司空见惯的措施。在1897年至1906年之间，所得税支持者向国会提出了27项提案，建议通过宪法修正案，试图推翻最高法院在"波洛克案"中的裁定，这一裁定导致1894年联邦所得税无效。为期一年的环球之旅结束后，布赖恩在麦迪逊广场花园举行的集会上对上万名崇拜者说："我确信人们迟早会要求修改宪法修正案，该修正案将特别批准征收所得税。"[29]

变革的动力来自1906年旧金山大地震，整个城市里火灾蔓延，保险公司由于无法承担数亿美元地震损失索赔而倒闭，从而引发了金融危机。恐慌遍及全国各地。1908年的选举中，罗斯福承诺不会竞选第三任期，共和党人提名罗斯福的战争部部长威廉·霍华德·塔夫脱（William Howard Taft）为总统候选人。民主党再次找到布赖恩，布赖恩第三次，也是最后一次证明了，虽然他可以让人们起立并哭泣，但他无法将白宫交到他的政党手中。

曾担任联邦法官并将在卸任后继续担任美国首席大法官的塔夫脱总统愿意支持联邦所得税，但他希望避免签署一项最终还是会回到最高法院的法律。他谈及法院在"波洛克案"中的判决时说："没有比最终决议更损害最高法院声望的了。"[30]塔夫脱决定支持宪法修正案，该修正案于1909年提交各州批准。

众所周知，宪法修正案很难通过，但第十六修正案却不是，它的成功是衡量进步运动范围和强度的尺度。它轻松而迅速地得到了48个州中42个州的批准，超出所需数量6个之多，以平均89%的支持率在州参议院通过，在州众议院中这一支持率是95%。19个下级立法机构一致投票赞成。第十六修正案于1913年2月成为法律，众议院在5月份就所得税法进行了投票。国内税收署印刷了它的第一个1040表格，该表格有3页，说明只有1页。[31]后来，美国人对所得税的争议要大于他们曾经争论过的任何东西，但当它开始实施时，人们又非常迫切地想要它。

工业主义建起了高楼大厦，填满了货架，但是给工人的经济保障却极少。从19世纪80年代开始，工业化国家开始通过提供"劳动者保险"（包括医疗保险、工伤事故赔偿和雇工养老金）以及各种形式的家庭援助来解决这一问题，主要是面向有子女要抚养的贫困母亲或寡妇。这些计划创造了后来的现代福利国家。在1880年至1910年之间，根据向内战退伍军人及其遗孀和家属支付的福利条款来看，超过四分之一的联邦预算用于支付福利金。宾夕法尼亚州国会议员威廉·B. 威尔逊（William B. Wilson）提出为所有65岁以上的公民推出养老金计划，他在该计划的标题中暗示了这一传统，称其为美国陆军的老年家庭卫队。而且，从19世纪80年代开始，芝加哥的简·亚当斯和弗洛伦斯·凯利（Florence Kelley）等改革者一直在为女性的劳动立法改革而斗争，包括最低工资和最高工时的法律以及废除童工。1883年，她们取得了第一次成功，当时伊利诺伊州通过一项法律，规定女性8小时工作制。然而在美国，从社会保险到保护性立法的每一项进步主义改革，都面临着法律上的障碍——批评者说他们违宪。[32]

伊利诺伊州最高法院驳回了8小时工作制法，并且，当各法院不仅要支持政府干预，还要充当改革工具的时候，美国最高法院做出了一系列十分引人注目的裁定，否决了相当多的进步主义劳动立法，其中，最重要的裁定发生在1905年。在"洛克纳诉纽约州案"中，美国最高法院以5∶4的票数宣布，纽约州法律规定的面包师工作时间每天不得超过10小时、每周6天的规定无效，理由是该规定侵犯了企业主的契约自由，即与工人达成协议的自由，多数法官表示这一自由受到第十四修正案的保护。法院的放任保守主义部分来自社会达尔文主义，该理论认为争端的各方应不受干涉，自决胜负，如果一方拥有像企业主对员工那样大的优势，那它就应该赢。在洛克纳一案的反对意见中，大法官奥利弗·温德尔·霍姆斯指责法院违背了人民的意愿。他说："这个案件是根据本国大部分地区都不接受的经济理论裁定的。"法院也极大地突破了它的职权范围，并将社会达尔文主义纳入宪法。"宪法不应有意地体现特定的经济理论，"霍姆斯写道，"第十四修正案没有将赫伯特·斯宾塞先生的《社会统计》（*Social Statics*）认定为法律。"[33]

洛克纳案的裁定加剧了始于1803年"马尔伯里诉麦迪逊案"的关于司法复核的争论。批评者指责保守派"将法院卷入政治，迫使法官成为政治家"。同时，进步主义者把自己描绘成人民而不是腐败司法制度的支持者，并且在美国政治中延续了悠久的传统，他们坚持认为自己的政治立场代表了人民对《宪法》的看法——与腐败的司法制度相对立。罗斯福承诺提起司法撤销，这可能会使大法官受到实质性的弹劾，他坚持认为"人民自身必须是自己《宪法》的最终缔造者"[34]。

从任何政治角度看，斗争的核心都涉及福利国家预备措施的合宪性。没有成文宪法的英国奠定了包括健康保险和养老金在内的全面福利国家的基础，而此时的美国却未能做到。威尔逊指出，大规模工业化之前制定的宪法不可能被期望，也不可能解决工业化带来的问题，除非像对待进化的活物——例如器官——那样对待《宪法》。左翼批评者认为，法院已成为商界的工具。事实上，工会往往不支持劳动改革立法，部分原因是他们认为法院会判定这些立法违宪，另一部分原因则是他们希望工会为成员提供福利，这是组织工会的理由。（如果政府提供这些社会福利，工人就不需要工会了，或者一些工会领导人会担心。）[35]同时，保守派坚持认为法院保护企业利益是正确的，要么通过市场力量找到照顾病人、伤员和年老工人的方法，要么（对社会达尔文主义者而言）那些不想奋发图强的最弱小的人会衰弱和死亡。

由于这些原因，美国进步主义者在争取全民健康保险的时候远远落后于不列颠同行。1912年，即英国议会通过《国民保险法》（The National Insurance Act）后的第二年，美国劳工立法协会（American Association for Labor Legislation）成立了社会保险委员会，这是艾萨克·M.鲁比诺（Isaac M. Rubinow）心血的结晶，他出生于俄罗斯，开始是一名医生，后来转做了政策制定者，他在1913年出版了具有里程碑意义的《社会保险》（Social Insurance）一书。鲁比诺曾希望"疾病保险"能够消除贫困。1915年，委员会起草了一项提供全民医疗保险的法案。《美国医学会杂志》（Journal of the American Medical Association）的编辑写道，"现代经济发展中没有其他社会运动对公众如此有益"。1916年，耶鲁经济学家欧文·费舍尔（Irving Fisher）指出，"目前美国是唯一一个没有强制性医疗保险的工业大国，这是一种不值得羡慕的特殊性。"[36]它将在接下来的一个世纪内保持这一特殊性。

国会对鲁比诺的法案进行了辩论，该法案也在16个州提出。费舍尔在提到该项政策的起源时说，"德国在1883年树立了典范"，"从那时起，她令人惊叹的工业进步，她在贫困问题上的相对自由……她的军人身体素质，这些在相当大的程度上要归功于健康保险。"但是在1917年美国向德国宣战后，批评者称国民健康保险是"德国制造"的，可能导致"美国的普鲁士化"。在加利福尼亚州，立法机构通过的一项宪法修正案规定了全民健康保险，但是，当它被提交投票以获得批准时，一家保险公司联盟会在《旧金山纪事报》上刊登了一则广告，警告它"将在美国引发社会的毁灭"。该州每位选民的邮箱都收到了一本小册子，上面有恺撒的图片以及"生于德国。你希望他出现在加利福尼亚吗？"的字样。该方案失败了。反对者称全民医疗保险是"不美国、不安全、不经济、不科学、不公平和不道德"的。[37]

事实证明，穿越宪法丛林的最快方式是为妇女和儿童而不是为男人争取福利。1900年时，美国有近五分之一的制造业工作由女性承担。[38]但妇女和儿童不能投票。在寻求劳动改革和社会保险方面，他们向国家要求的不是权利而是保护，母亲们以和退伍军人相同的名义对国家提出回报性服务。为了这些目的，甚至还没有孩子的女性也可以被理解为潜在的母亲。为此，大部分早期为保护妇女和儿童立法进行的游说，是由成立于1897年的全国母亲大会（最终成为家长教师协会，Parent Teacher Association，简称PTA）完成的。该协会由报业大亨的母亲菲比·阿珀森·赫斯特（Phoebe Apperson Hearst）和华盛顿特区律师的妻子艾丽斯·麦克莱伦·伯尼（Alice McLellan Birney）创立，旨在充当女性国家立法机构的助手。西奥多·罗斯福在1908年宣称："这是唯一一个我排在内战老兵前面的机构，说到底，母亲，只有母亲，甚至是比那些为国家而战的士兵更好的公民。"[39]

女性也是消费者。1899年，弗洛伦斯·凯利（Florence Kelley）成为全国消费者联盟的第一任书记。她是一位曾经协助建立共和党的废奴主义者的女儿。她的座右铭是："调查、记录、鼓动。"凯利1856年出生于费城，曾在康奈尔大学和苏黎世大学学习，在那里，她成为社会主义者，1885年，她翻译了弗里德里希·恩格斯（Friedrich Engels）的著作。19世纪90年代，她在芝加哥的简·亚当斯的赫尔馆工作，同时获得了西北大学的法律学位。在仔细审视了法院对洛克纳案的裁决，并了解到法院对待女性的方式与男性不同后，凯利想知道，如果这一判例是专门针对女性工作者的法律，那么最高工时立法是否有可能在法庭上取得成功。在此情况下，女性可以被定性为母亲或潜在的母亲，各州法院已经在这方面做出了裁决。1902年，内布拉斯加州最高法院裁定"针对这一情况，州必须有权将妇女作为一个阶层进行守卫和保护，在这个程度上，有关法律应保护公众的健康和福利"[40]。

对没有被写入宪法的妇女来说，赢得宪法辩论总是需要修修补补：剪切、粘贴、剪刀和胶水。在这个时代，法院明显倾向于不存在实际平等的论点，毕竟，"普莱西诉弗格森案"已经制定了"分离但平等"的原则，而不是向非裔美国人提供平等保护，凯利试图争辩说，与男性相比，在身体上较为柔弱的女性，应得到特别的保护。[41]

1906年，俄勒冈州最高法院支持了一项女性10小时工作制的法律，该法律曾经受到一名叫柯特·马勒（Curt Muller）的洗衣工的挑战，她向美国最高法院提出了上诉。凯利安排一位名叫路易斯·布兰代斯（Louis Brandeis）的律师为俄勒冈州进行辩护。被称为"人民律师"的布兰代斯，1856年出生于肯塔基州，1876年毕业于哈佛大学法学院，1891年与艾丽斯·戈德马克（Alice Goldmark）结婚。他在马勒案中的大部分工作是由那位不知疲倦的改革者约瑟芬·戈德马克（Josephine Goldmark）完成的。她为凯利工作，同时，她也是布兰代斯的妻妹。[42]戈德马克汇总了医院、市卫生局、公共卫生部门、医疗协会、工厂检查员和劳动局的数百份报告和研究结果，证明了长时间工作对妇女造成的伤害。她向布兰代斯提交了一份长达113页的法律顾问简报，布兰代斯于1908年在最高法院审理"马勒诉俄勒冈州案"时递交了这份简报。"本案的裁定实际上将决定美国几乎所有限制成年女性劳动时间的成文法的合宪性，"布兰代斯解释说，过度劳累"对女性的健康比对男性的健康伤害更大，更持久"。俄勒冈州的法律得到了维护。

"马勒诉俄勒冈州案"确立了（妇女）劳动法的合宪性、就业中性别差异的合理性，以及社会科学研究在法院判决中的地位。这份后来被称为"布兰代斯简报"的文件，实质上使揭发出的丑闻成为可能的证据。在"普莱西诉弗格森案"中，法院以传统的保护力量为由，对任何关于种族不平等事实的讨论都视而不见，同样是在这里，"马勒诉俄勒冈州案"确立了提交社会科学证据的条件，1954年的"布朗诉托皮卡教育局案"将废除种族隔离。[43]

布兰代斯在"马勒诉俄勒冈州案"中提出，"历史揭示了女人一直依赖男人的事实，这些事实将女性与另一性别区分开来，她们被恰当地置于合适的位置，为保护她们而设计的立法可能会持续下去，即使男性不需要，也无法维持类似的立法"。[44]凯利把这种差异当作楔子。1911年至1920年间，以母亲和寡妇养老金形式为妇女提供救济的法律在40个州通过；1909年至1917年间，在39个州通过了女性最高工时法；1912年至1923年间，15个州通过了女性最低工资法。[45]

但凯利和女性保护主义者进行了浮士德式的交易，这些法律基于这样一种观点，即女性不仅依赖于男性，而且依赖于国家。如果妇女能够实现权利平等，那么旨在保护妇女的大量立法就会被推翻。

"马勒诉俄勒冈州案"将才华横溢的路易斯·布兰代斯带向了一个新的方向。他开始对"效率"成为解决劳资关系问题的一种手段这一新领域感兴趣。布兰代斯深信"效率是民主的希望"。[46]

效率运动开始于宾夕法尼亚州的伯利恒钢铁公司，该公司聘请了费城一位名叫弗雷德里克·温斯洛·泰勒（Frederick Winslow Taylor）的机械工程师来提高生产速度，泰勒建议用"任务管理"，即后来称之为"效率福音"的系统进行生产。正如泰勒于1911年在其畅销书《科学管理原理》（The Principles of Scientific Management）中所表述的那样，他用一块秒表为伯利恒钢铁工人计时，从"十个强壮的匈牙利人"中找出最快的工人，记为"一等工人"，并计算出完成一个工作单位的最快速度。从那时起，所有工人都被要求以这样的速度工作，否则就会失去工作。[47]但事实证明，泰勒编造了大部分数据。在向伯利恒钢铁公司收取他可能为公司节省劳力成本2.5倍的费用后，他也被解雇了。[48]尽管如此，泰勒主义仍然经久不衰。

效率能够加快生产，降低商品成本，改善工人的生活，这些目标常常能得以实现，同时它也是一种减少罢工和管理工人，特别是管理移民劳工的方法。

1896年之前，美国的欧洲移民主要来自北欧和西欧，特别是德国和爱尔兰。1896年之后，大部分欧洲移民来自南欧和东欧，特别是意大利和匈牙利，被统称为"新移民"的斯拉夫人、犹太人和意大利人，数量远远超过了之前欧洲移民的数量，甚至有时超过100万。仅1902年至1914年的12年里来到美国的欧洲人的数量，就超过了1820年至1860年的40年里的总和。[49]

在实施效率制度方面，没有人比亨利·福特（Henry Ford）做得更好。1903年，40岁的密歇根州农民的儿子福特在底特律开办了一家汽车厂，在时钟的计时下，工人将生产线上的零件装配在一起。到了1914年，福特的工厂每年生产近25万辆汽车，这些汽车的成本是他在一个世纪前销售汽车的四分之一。[50]在生产汽车之前，只有部分企业拥有大型机器。正如沃尔特·克莱斯勒（Walter Chrysler）所说的那样，"我们制造了世界历史上第一台大尺寸的机器，每个人都是潜在的客户"。[51]如果铁路是19世纪进步的象征，那么汽车就是20世纪进步的象征，这是一种崇尚个人主义和选择的消费品。福特宣布：

"机器是新的弥赛亚。"[52]

随着"家庭经济学"的建立,效率也进入了家庭生活。[53]福特通过社会学部(Sociological Department)对主要是移民工人的家庭生活进行了特别的控制。"在家中,员工应该和孩子使用大量的肥皂和水洗澡,"福特在一本小册子中建议,"没有什么比清洁更能促进正确的生活方式和健康状况。请注意,最先进的人是最干净的。"福特还成立了一所英语学校,使用与工厂里相同的组装方法来使新移民工人美国化。福特的英语学校宣称:"这是关于职业和效率、节俭和经济、家庭关系、改善劳资关系的课程,这是我们所寻求的人类产品,就像我们调整车间的机器以生产出我们心里设想的那种汽车一样,我们已经构建了我们的教育系统,以期生产出我们内心想要的人类产品。"[54]

路易斯·布兰代斯逐渐相信泰勒主义可以解决大规模工业化和大众民主化问题。在为参加州际商业委员会关于铁路运费问题的讨论做准备时,布兰

1910年,摄影师杰西·塔博斯·比尔斯(Jesse Tarbox Beals)在纽约拍摄的选举游行。哈佛大学拉德克利夫高等研究院施莱辛格图书馆

代斯召开了一次效率专家会议,站在他的角度,将他们的工作称为"科学管理"。[55]在商业委员会的听证会上,他认为铁路不应该提高运费,而应该更有效地开展工作。布兰代斯说,凭借科学的管理,铁路公司每天可以节省100万美元。他赢得了这场辩论,但是那些在铁路和工厂工作的人开始试图让他相信,这些节省是以他们的付出为代价的。第二年,当布兰代斯向工会发表关于效率的演讲时,一位女士对他大喊:"你可以按你的意思称之为科学管理,但我称之为科学驱使。"[56]

一些国会议员持有同样的怀疑。1912年,9岁进入煤矿、11岁加入工会的威廉·B. 威尔逊主持了"调查泰勒及其他工厂管理系统的众议院特别委员会"。当被叫来做证的泰勒谈到"一等工人"时,威尔逊问及那些非一等、被泰勒称之为"笨得像驽马一样的工人":"科学管理容不下这些人吗?"泰勒回答说:"在科学管理中,没有那些可以唱歌但并不唱的鸟儿的立足之地。"威尔逊告诉泰勒:"我们不是……在对待马匹和唱歌的鸟儿。我们正在面对的是人,他们是社会的组织部分,福利社会已经为他们建立起来。"[57]

人是动物吗?人是机器吗?机器是弥赛亚吗?效率是福音吗?当企业驱使工人以极快的速度辛苦工作时,越来越多的美国人被社会主义所吸引,特别是两个主要政党都没有对威廉·威尔逊与弗雷德里克·温斯洛·泰勒的痛苦交流给出任何令人满意的回答。斯克内克塔迪(Schenectady)的一名工会成员说:"人们对投票给共和党人和民主党人感到十分厌恶,因为这是'正面我赢,反面你输'的把戏。"在1908年的总统选举中,超过40万人投票支持社会党候选人尤金·德布斯。1911年,社会党人成为18个城镇的市长、镇长,1000多名社会党人在30个州担任公职。[58]

1912年,民主党和共和党对很多人的看法也是正反两面的,德布斯再次出战,伍德罗·威尔逊赢得了民主党的提名,西奥多·罗斯福则有望赢得共和党的提名。威尔逊相信，联邦政府有义务对经济进行监管，以保护普通美国人"免受他们无法改变、控制或单独应对的重大工业和社会进程的影响"。这使他与罗斯福几乎没有区别。罗斯福说："政府的目标是人民的福利。"正如罗斯福所言，"威尔逊只是一个不那么有男性气概的我"[59]。

1912年的选举相当于对进步主义的公民投票，受到妇女政治煽动的影响很大。《纽约先驱报》报道说："女性出其不意的力量让观察家们倒吸冷气，她们今年以一种美国政治中前所未有的方式投入到全国性的运动当中。"尽管只有之前未曾留意的记者认为它是突然间发生的。[60]

自1848年女性开始正式争取权利以来，她们在8个州获得了投票权：怀俄明州（1890）、科罗拉多州（1893年）、爱达荷州（1896年）、犹他州（1896年）、华盛顿州（1910年）、加利福尼亚州（1911年）、亚利桑那州（1912年）、堪萨斯州（1912年）和俄勒冈州（1912年）。她们在争取选举权的同时也开始争取更多权利。"女权主义"一词在20世纪前10年进入英语，其中许多受过大学教育的女性，被称为"一代独立的女性"，她们为争取平等教育、平等机会、平等公民身份、平等权利，尤其是节育而斗争。"节育"一词是一位名叫玛格丽特·桑格（Margaret Sanger）的护士在1914年她推出的第一份女权主义报纸《女反抗者》（*The Woman Rebel*）中创造的一个术语。在1912年和1916年，女性参政主义者在全国各地的城市游行，她们在女子学院里组织起来，进行绝食抗议。她们举着路牌、打着横幅展开旧式的政治游行，她们乘气球飞行，她们把大象和驴子装扮起来。那些因为示威而入狱的妇女穿着狱服乘火车穿越全国。她们扮成雕像，身着红色、白色和蓝色的衣服，戴着脚镣游行。她们以废奴主义者的风格展开道德运动，但是这项运动在街头却以杰克逊主义民主党人的风格进行。[61]

在一项争取直接民主和社会正义的特殊运动中，罗斯福希望从塔夫脱手中夺得共和党人的提名，他一方面吸引女性选民，另一方面主要是进行一项进步主义改革：直接初选。进步主义者认为提名大会充斥着腐败，他们为国家的初选而战，这样选民们可以选择自己的总统候选人。第一次初选于1899年举行，这场由威斯康星州的罗伯特·拉福莱特（Robert La Follette）领导的改革在1905年获得了大力支持。"让人民统治"成为罗斯福在1912年竞选时的口号。他说："现在摆在共和党和人民面前的根本问题可以简明地表述为：美国人民是否适合管理自己、统治自己、控制自己。我相信他们适合，我的反对者不相信。"13个州举行了初选（都是无约束力的），罗斯福赢得了9个州。[62]

与无记名投票一样，初选部分是进步主义的改革，部分是吉姆·克劳主义的改革。罗斯福需要在共和党全国代表大会上取得他们的支持，因为他没有赢得黑人代表支持的真正机会。由于在南方几乎没有白人支持共和党，共和党的南方代表只能是黑人，他们由塔夫脱政府任命，在党派办公室供职。罗斯福试图使他们放弃对总统的支持，但这是徒劳的。"我喜欢黑人种族。"大会前一天，他在非洲卫理公会主教派教堂的演讲中说道。但是第二天，《纽约时报》上显示的宣誓书证明罗斯福的竞选活动绝非试图讨好黑人代表以收买他们。当罗斯福在提名上败给塔夫脱后，他组建了进步党，该党大会拒绝接纳黑人代表。"这绝对是一个白人党。"罗斯福的一位支持者，所谓纯白人的领袖这样说。[63]

但是，进步党实际上并非严格意义上的白种男性党，它也有白种女性成员。罗斯福的新政党采用了选举章程，而且他承诺任命简·亚当斯为他的内阁成员。[64]亚当斯在大会上发表了第二次提名演讲，之后她举着写有"为妇女投票"字样的旗帜穿过大厅。回到办公室后，她发现了一位黑人报纸编辑发来的电报："除非女性完全拒绝与罗斯福结盟，否则女性选举权将被黑人血统玷污。"[65]

罗斯福在1912年的竞选活动标志着美国政治的转变，他大胆地提出允许国家的总统制政府在没有政党或国会代表作为中介的情况下能够回应全国公共舆论的新方式。罗斯福认为，候选人比党派更重要。罗斯福还用一种以前的候选人没有用过的方式——利用电视短片和大量广告，通过现代化的宣传工具获取民众的支持，并且绕过政党制度直接联系选民。他未能赢得总统职位，但并没有削弱美国政治和宪法中新概念的本质影响力。[66]

最后，罗斯福赢得了27%的普选票（比之前或之后的任何第三党候选人都多），但是大部分选票本来是属于塔夫脱的。罗斯福的参选使得威尔逊入主了白宫，威尔逊成为南北战争以来的第一位南方总统，民主党也是几十年来第一次控制国会两院。"人们的心在等着我们。"威尔逊在就职演说中说。前来观礼的群众数量超过以往任何一次总统的就职演说。[67]获得威廉·詹宁斯·布赖恩支持的威尔逊，提名他为国务卿作为奖励。在就职典礼上，布赖恩坐在威尔逊身后，这标志着来自堪萨斯和内布拉斯加大草原的民粹主义完成了它的旅行。

很少有总统能像威尔逊那样如此迅速地取得众多成就，威尔逊完成了相当多的他所承诺的渐进式改革。在白宫时，威尔逊向罗斯福学习，与新闻界保持良好关系。威尔逊上任后的第一个月，邀请了100多名记者到他的办公室，有问必答，阐述了他近期的计划，仅在他任职后的前10个月，他就举行了60次新闻发布会。作为《议会制政府》的作者，威尔逊让第63届大会连续召开了18个月，这是前所未有的：要求国会降低关税；改革银行和货币法；废除童工；通过了新的反垄断法、第一个8小时工作制法和第一次针对农民的联邦援助。

威尔逊最艰难的战斗之一是他提名路易斯·布兰代斯担任最高法院的大法官，这是该法院历史上最具争议的一次提名，不是因为布兰代斯是法院的第一位犹太人——尽管这在某些方面的确存在争议——而是因为布兰代斯是一个顽固的财阀反对者。除了他所参与的案件，布兰代斯还成为一个揭发丑闻的人，他出版了一本对富豪统治的控诉书：《别人的钱：投资银行家的贪婪真相》（Other People's Money and How the Bankers Use It），其中一部分看起来似乎是由玛丽·E. 里斯所写。他写道："金融寡头的权力及其权力的增长来自对他人储蓄和流动资本的利用，""束缚人民的桎梏是从人民自己的财富中产生的"。他指出，摩根大通和第一国家及国家城市银行（The First National and National City Bank）一共在"112家公司中拥有341名董事职位，总财力或资本总额为222.45亿美元"，是"纽约市所有不动产估值的三倍以上"，"超过密西西比河以西、以南、以北全部22个州所有不动产的估值"。在司法委员会关于布兰代斯提名的辩论中，一位参议员评论道："这名有罪的男人真正的罪行是，他揭露了我们金融体系中高层人士的罪孽。"[68]

威尔逊为布兰代斯奋力斗争，他赢了，而布兰代斯在法官席上的表现对进步主义改革的耐力至关重要。但是，与其他进步人士一样，威尔逊不仅没有对种族不平等做出任何补救，他还支持它。在葛底斯堡战役五十周年之际，他在5万多名联邦和邦联退伍军人重聚的战场上发表讲话。《华盛顿蜜蜂报》（Washington Bee）问道："这是谁的重聚？"黑人士兵不在其列。相反，它是北方和南方的团聚，是对将内战纪念为超越各州权力之战的一致同意，是对忘记奴隶制起因的一致同意。威尔逊告诉葛底斯堡的退伍军人："我们再次找到了一个个兄弟和战友，我们不再是敌人，而是慷慨的朋友，我们的战斗已经过去了，争吵应该被遗忘。"一周之后，威尔逊政府要求为财政部的黑人和白人提供单独的卫生间，很快，他分割了整个公务员队伍，将吉姆·克劳制带进了这个国家的首都。[69]

"可能还有其他总统持有同样的观点，"全国有色人种协进会的詹姆斯·韦尔登·约翰逊写道,"但威尔逊先生是第一个背负可耻名声的总统,自《解放宣言》以来,只有他对歧视黑人的行为进行公开宽恕和辩护。"[70]吉姆·克劳制日益茁壮,在1877年重建结束后,早些时候曾为民权事业而战的改革者为了各州和联邦政府的团结,以及南北之间的团聚而放弃了这一事业。这不是威尔逊干的,而是他这一代人的工作,是他之前一代人的工作,以及之后那一代人的工作。

II.

1914年7月,欧洲爆发战争,这是一场规模前所未见的战争,也是一场由效率专家和批量弹药推进的战争,还是一场没有节制和没有怜悯的战争。机器屠杀普通大众,欧洲陷入瘫痪,美国站了出来。这次大战将美国引入世界,它标志着欧洲作为西方世界中心统治的终结,战争结束后,这一地位被美国所占据。[71]

一开始,美国人只是冷眼旁观,但他们惊奇地发现19世纪伟大的发明——代表进步的蒸汽船,将那么多不明真相的乘客带到了深渊的边缘。亨利·詹姆斯(Henry James)写道:"潮流不停地推着我们前进,直到来到尼亚加拉大瀑布。"[72]相比之下,当时数目惊人的美国内战的死亡人数——4年战死了75万人——就不值一提了。仅在战争的前8个星期内,就有将近40万德国人被杀、受伤、生病或失踪。1916年,短短几个月的时间里,凡尔登有80万人伤亡,索姆河有110万人伤亡。这些是军队的伤亡,平民也遭到屠杀。奥斯曼帝国政府屠杀的亚美尼亚人有150万之多。飞机第一次投入战场,炸弹从高空中落下,就像是神灵亲自投掷,大教堂被轰炸,图书馆被轰炸,医院被轰炸。在战争结束之前,已有近4000万人被杀,另有2000万人受伤。[73]

一个理智的人怎么会相信在大屠杀时代会有进步?大战像强风一样改变了

美国的政治进程。屠杀的幽灵削弱了进步主义，压制了社会主义，还导致了反殖民主义。而且，通过展现人类永恒的邪恶，以及作为对现代主义道德扭曲的惩罚，战争似乎实现了末世的预言，从而助长了宗教激进主义。

宗教激进主义者对新教的异议与真理的概念有关，这种异议会对一个将国家信条建立在一套特殊的真理观之上的国家历史产生巨大的影响。宗教激进主义始于对达尔文主义的排斥，一些记忆好的宗教激进主义者传教士是向西迁移的南方人，比如出生于亚拉巴马州的得克萨斯浸信会教徒弗兰克·诺里斯（Frank Norris），他身高六英尺，皮肤像橡树一样硬。"在狗尾茴香繁茂的季节的月黑之夜，就在一只黑猫跳上一副黑色棺材之后，我出生了。"诺里斯喜欢这样说。1897年，受命教职的诺里斯继续痛斥"生于地狱、破坏《圣经》、否认基督神性、被称为进化论的德国理性主义"[74]。但宗教激进主义始于受过教育的北方牧师们。受苏格兰常识哲学家的影响，像普林斯顿神学院的查理·霍奇（Charles Hodge）这样的早期宗教激进主义者主张，神学的目标是确立"《圣经》的事实和原则"。霍奇认为，达尔文主义会导致无神论。他宣称《圣经》"没有任何错误"，他的儿子A. A. 霍奇也是普林斯顿大学的教授，小霍奇进一步巩固了这一立场。（小霍奇坚持认为，《圣经》原典没有错误，副本则未必，然而原典没能留存下来。不过这种区别通常不会被信徒们注意到。）

坚持《圣经》字面真理的宗教激进主义者向自由主义神学家和社会福音派发起挑战，特别是在1910年出版了12卷《原教旨：真理的见证》（*The Fundamentals: A Testimony to the Truth*）小册子之后。宗教激进主义者坚持认为，教会的目的是通过教导实际的、字面上的福音，而不是通过传播善行和社会正义来将人转变为基督。1912年，复兴主义者、前棒球运动员比利·桑代（Billy Sunday）抱怨："有些人试图在没有耶稣基督的情况下通过社会服务来建立宗教，我们已经受够了这种无神论的社会服务的废话。"[75]

威廉·詹宁斯·布赖恩是一位宗教激进主义先生,但实际上,他并不是真正的宗教激进主义者。一方面,他相信社会福音,另一方面,他似乎从来没拥有过一本《原教旨:真理的见证》,而且,作为一个不关心神学问题的人,他几乎没有费心去捍卫《圣经》的字面真理。"基督做好事"是布赖恩神学的概括。布赖恩被误认为宗教激进主义者是因为他领导了一场禁止在公立学校教授进化论的运动,他认为反进化论运动是其长达数十年反对财阀统治运动的一个手段,他告诉一位漫画家:"你应该把我画成手握双管猎枪的人,一支枪管对准试图进入金库的大象,另一支对准试图进入学校的达尔文主义猴子。"[76]

布赖恩的困难在于达尔文主义与社会达尔文主义之间没有区别,但他所攻击的是社会达尔文主义,后者似乎只相信适者生存的野蛮政治哲学,或者是布赖恩所称的"仇恨法则——强大的人借助无情的法律赶走并杀死弱者"。[77]无情的战争怎么可能不给这场运动火上浇油?德国是敌人,但这个国家的教育模式使美国的学院和大学得以世俗化,而这些大学现在正在教授优生学,这一学科有时被称为"人类改良学",它要求从人类中清除那些因智力、罪行和背景因素被认为不适合繁殖后代的人。

布赖恩并不是在和怪物战斗。美国的大学确实在培养优生学家。动物学家查尔斯·达文波特(Charles Davenport)在撰写《概率统计:特别参考生物变异》(Statistical Methods, with Special Reference to Biological Variation)一书时还是哈佛大学的教授。他在1910年将优生学定义为"通过更好的育种改善人类的科学"。1906年,时任斯坦福大学校长的生物学家戴维·乔丹(David Jordan),还主导着美国育种者协会(由达文波特创立的一个组织)的一个委员会,该委员会的目的是"调查和整理人种遗传",记录"优等血统的价值以及劣等血统对社会的威胁"[78]。

这一学术研究不是没有影响。自1907年以来,包括印第安纳州在内的三分之二的美国州通过了《强制绝育法》。1916年，协助纽约建立动物学协会的麦迪逊·格兰特（Madison Grant）出版了《伟大种族的逝去》（The Passing of the Great Race）或称《欧洲历史的种族基础》（The Racial Basis of European History）一书，这是一部人类的"遗传史"。他在书中指出，北欧人（北欧"蓝眼睛、金发种族"，他称之为"日耳曼人种"）在基因上优于南欧人（他称之为"阿尔卑斯山人种"，是拥有"黑发、黑眼睛"的人），并对"成群的犹太人"和"混血种"的存在感到遗憾。格兰特认为，在美国，阿尔卑斯山人种压倒了北欧人种，威胁着美国的共和，因为"当两个在价值上不平等的种族并存时，民主对进步而言是致命的。"[79]

进步人士嘲笑宗教激进主义者是反知识分子，但是，如果有学者想要听的话，宗教激进主义者会进行知识分子式的辩论。1917年，和 J. 弗兰克·诺里斯（J. Frank Norris）一样在南浸信会神学院接受过训练的威廉·B. 赖利（William B. Riley）出版了一本名为《现代主义的威胁》（The Menace of Modernism）的书，在书中，他对进化论的攻击包括了对世俗大学的自由派教师在公共辩论中优势的广泛攻击，以及对保守派观点的压制。赖利指出，对保守派而言，"在土耳其的宫中演讲和被邀请在现代州立大学的校区内发言都是好机会"。1919年，在赖利的协助下，6000人参加了世界基督教原教旨协会（World's Christian Fundamentals Association）的第一次会议。战争的恐怖推动了这场运动的开展，使许多福音派人士相信，社会日益世俗化是造成这种怪诞的非人道武力炫耀的原因。"新的神学导致德国陷入暴行"，一位宗教激进主义者在1918年指出，"它将致使所有国家陷入同样的道德堕落"[80]。

即使对欧洲的屠杀不满，美国也在慢慢地向战争走去。布赖恩在进入伍德罗·威尔逊政府时承诺："在我担任国务卿期间，不会有战争。"[81]但是布赖恩在1915年辞职了，他无法阻止美国参战的趋势。

主要由女性领导的和平抗议活动是在战争爆发几周后开始的。1914年夏天，在纽约举行的妇女和平游行中，有1.5万名妇女穿着丧服进行游行。与此同时，女性也在争取选举权，这两项运动是并行的。理论上，如果妇女可以投票，她们就会投票反对送她们的儿子和丈夫参战。

1916年，威尔逊承诺让美国免于战争并以此竞选连任。共和党提名的是前最高法院法官查尔斯·埃文斯·休斯（Charles Evans Hughes），他的立场是相反的。一位俄克拉何马州的参议员表示："投给休斯就是投给战争，投给威尔逊就是投给和平。"[82]

"如果再次当选总统取决于我是否要参战，那么我不想当这个总统。"威尔逊私下说道。"他让我们远离战争"成为他的竞选口号，西奥多·罗斯福称其为"卑鄙的责任推卸"，威尔逊反驳道："我是美国人，但我不相信我们每个人都喜欢狂暴的国家。"[83]

威尔逊拒绝支持女性的选举权，但是女性的投票又倾向于支持和平。女性参政主义者爱丽丝·保罗（Alice Paul）认为，受两党冷落的女性需要自己的政党。全国妇女党（National Woman's Party）进而开始在丹佛的街道上游行，牵着一头名叫"伍德罗"的驴子，驴子身上的标语是："这意味着妇女可以自由地投票反对这头驴所代表的政党"。最后，团结在和平运动背后的女性选民帮助威尔逊险胜：他赢得了女性能够投票的12个州中的10个。[84]

但当威尔逊为第二任期做准备时，争取平等权利的女性主导了新闻。在布鲁克林，玛格丽特·桑格和她同为护士的姐姐埃塞尔·伯恩（Ethel Byrne）在美国开设了第一家避孕诊所。桑格认为投票权与生育控制没有可比性，这一立场似乎与保守的优生学家一致，但由于优生学家反对女权主义，因此二者也不尽相同。1917年1月，埃塞尔·伯恩因涉嫌违反禁止讨论避孕措施的纽约刑法而被捕，这个故事出现在全国各地的报纸上。她的律师辩称，该刑法是违宪的，因为它侵犯了女性"追求幸福"的权利。伯恩于1月8日被判有罪，她在监狱里以绝食进行抗议。两天后，爱丽丝·保罗和国家妇女党在白宫外为争取选举权而进行守夜抗议，她们打出了"总统先生，女性还要多久才能等到自由"的标语。[85]

美国离战争越来越近，公众对选举权的支持率急剧下降，但质疑总统似乎是一种不忠的行为。1917年1月，威尔逊公布了截获的德国外交部长阿瑟·齐默尔曼（Arthur Zimmermann）发给德国驻墨西哥大使的电报，在电报中，齐默尔曼要求墨西哥作为德国的盟友参战，并承诺，如果美国向德国宣战的话，德国将帮助墨西哥收回"丢失的新墨西哥州、亚利桑那州和得克萨斯州的领土"。[86]威尔逊就职典礼后几天，德国潜艇击沉了三艘美国舰船。威尔逊认为，没有任何办法可以避免战争。4月初，他要求国会宣战。

"世界必须保障民主的安全。"威尔逊告诉国会，但不是每个人都被说服了。俄亥俄州的沃伦·G.哈定（Warren G. Harding）在参议院发言时说："我特别想要说的是，总统先生，我不是以民主的名义投票支持战争，我是经过审慎的判断，认为地球上的任何一个国家选择拥有什么类型的政府，这不关我们的事……我今晚投票支持战争是为了维护美国人的权利。"[87]

国会宣战了，但是，认为美国是为了世界民主安全而战的观点没有得到简单解释。事实上，威尔逊没有承诺让世界变得民主，或者支持在全球各地建立民主机构，而是在有可能实现民主的地方营造稳定的局面。和平之战通常是强行推销。战争需要大规模的动员：所有18至45岁的美国人必须登记参加征兵，有近500万人被要求服役。他们是如何被战争的目标说服的呢？在对新兵的演讲中，威尔逊的新任国务卿罗伯特·兰辛（Robert Lansing）给出了大胆的解释。兰辛用一个又一个条件从句说道："如果地球上的每个人都能够表达自己的意志，那就不会有侵略战争，如果没有侵略战争，就没有战争，就会有持久的和平来到这个世界。""人民表达意愿的唯一方式是通过民主制度,"兰辛继续说道,"因此,当我们为民主创造一个安全的世界时……和平将是一个业已实现的事实。"[88]

政治学家威尔逊试图通过复杂的民主与和平关系理论来赢得美国人民的支持,但没起太大作用。为了重铸他的战争咨文并巩固民众的支持,他成立了一个公共情报委员会(Committee on Public Information),其领导人是来自密苏里州的乔治·克里尔(George Creel),他是一个已经41岁却长了一张婴儿脸的扒粪者,他以发表揭露童工问题的简报《被奴役的孩子们》(*Children in Bondage*)而闻名。克里尔将进步时代的曝光丑闻方法应用于煽动战斗激情,他在庞大的部门雇用了数百名员工和数千名志愿者,通过出版物、广播和电影等方式传播参战信息。社会科学家将战时宣传所产生的影响称之为"从众心理学",哲学家约翰·杜威(John Dewey)称其为"思想上的征兵"。[89]

思想征兵威胁到言论自由。为了压制异议,国会于1798年通过了惩治煽动叛乱法案。自从1798年通过了《客籍法和镇压叛乱法》(*Alien and Sedition Acts*)以来,国会还未如此肆无忌惮地违反第一修正案。根据1798年的《客籍法和镇压叛乱法》,只有不到20人被捕,而在第一次世界大战期间,司法部指控了2000多名美国人煽动叛乱,其中一半的人被定罪。提交到最高法院的上诉败诉了,和平主义者和女权主义者被捕入狱,社会主义者尤甚。被判有罪的人中有96人是世界产业工人组织(Industrial Workers of the World)的成员,其中包括其领导人比尔·海伍德(Bill Haywood),他被判处20年徒刑。尤金·德布斯因发表演讲而被判处10年徒刑,因为他告诉听众:"你要……知道你适合比奴隶和炮灰更好的角色。"[90]

在这种制度下,看起来毫不妥协的全国有色人种协进会共同创始人兼领导人杜波依斯屈从了。1915年,在《大西洋月刊》一篇名为《战争的非洲根源》

的文章中，杜波依斯将欧洲列强在非洲殖民竞争中的冲突起源归咎于全球秩序本身。"如果我们想要真正的和平，"杜波依斯写道，"我们必须将民主理想扩展到黄色、棕色和黑色人种那里。"但在美国参战后，克里尔召集了31名黑人编辑和出版商前往华盛顿参加会议，并警告他们小心"黑人的颠覆活动"。杜波依斯提出了一项解决方案，或多或少地承诺了在战争期间不去抱怨种族关系，并承诺非裔美国人"不会在这场巨大的危机中将他所有的抱怨和不满都记录在案"。然后，他为《危机》杂志（全国有色人种协进会的期刊）撰写了第一篇社论，兑现了承诺。他以克里尔本人的口吻写道："让我们在这场战争持续期间忘记我们特有的抱怨，与我们的白人同胞和盟国团结起来，为民主并肩而战。"杜波依斯要求那些在美国不能投票的黑人为了这个世界的"民主安全"而献出自己的生命，并要求黑人在战争期间推迟与数量不断增加的私刑的斗争。[91]

"黑色的身体在南风中摇摆，"比莉·荷莉戴（Billie Holiday）后来在一篇痛苦的悼词中唱道，"杨树上结出了奇怪的果实。"[92]

为《新共和》撰稿的沃尔特·李普曼赞成美国参战。美国参战后，他报名参军并被招募到一个名为调查局的秘密情报机构，这个调查局的工作是通过重新绘制欧洲地图来设计和平条款。调查局需要大量地图储备，因此接管了美国地理学会的纽约办事处。在那个图书馆里，28岁的李普曼起草了一份名为《战争的目标及其和平条款》的报告。经过威尔逊的修订，李普曼的报告变成了威尔逊的"十四点计划"。1918年1月8日，总统将这份计划提交给国会联席会议，呼吁实现和平自由，涉及自由贸易、海上自由、削减武器、殖民地人民的自决权，并提出成立一个"国际联盟"。[93]

但在威尔逊开始为这种和平进行谈判之前，美国必须赢得战争，必须为战争付出代价。为此,威尔逊签署了一项税收法案,提高了收入税的税率,企业所得税的税率翻了一倍,取消了对股息收入的豁免,并引入了遗产税和超额利润税。最富有的美国人的税率从2%上升到77%,但绝大多数人根本不用缴税(财政收入的80%来自美国1%的最富有家庭的收入)。之后,当收入税和企业税不能弥补战争开支时,联邦政府开始出售战争债券。2200万美国人响应购买"自由和胜利债券"的号召,这是战争的一个出人意料的结果:它使美国的普通人有了购买证券的经验。战争贷款计划的言论推动了公民身份作为一种投资形式的观念。"民主意味着越来越多,"一份公告承诺道,"政府的经济利益,无论大小,都将有助于培养更好的公民。"[94]

像以往一样,战争扩大了国家的权力。它重新规划了联邦政府与企业之间的关系,建立了新的合作、监督和监管形式,相当于为企业主建立福利国家。国家战争劳工委员会(The National War Labor Board)负责防止出现罢工,以免影响军火的生产,而战争工业委员会(War Industries Board)则负责监督与战争有关的制造业。联邦政府以"效率"作为口号管理美国经济。一张来自军方的订单表明:"工业的历史证明了,合理的工时、公平的工作条件和适当的工资标准对于高产是必不可少的。在战争期间,应尽一切努力保护我们在社会改良方面的全部成就。"[95]

政府也主张对公民的身体状况采取新的权力形式。政府开展了一场反对性病蔓延的"社会纯洁"运动,这也是军事条例的主题。一部军事电影指出:"你不要用别人的牙刷。""为什么要用他用过的女人?"长期以来的女性革命所追求的另一场道德运动——禁酒令——也成为国家权力在战时扩张的一部分,它在1917年12月被国会批准为一项战时措施。田纳西州参议员肯尼思·麦凯勒(Kenneth McKellar)表示:"醉酒的人在日常或军事生活中都没有效率。"而国会之外的美国人对此将信将疑。克拉伦斯·达罗的看法是"一个男人在没有酒的情况下会更好，在没有饼吃的时候也是一样的"[96]。

与此同时，李普曼动身前往欧洲，开始为威尔逊所计划的和平而努力。被任命到盟军宣传委员会伦敦办事处的李普曼指出，写作的目标不是美国人而是德国人和奥地利人。敌后飞机和无人气球扔下了数百万份李普曼写的传单。就像他写的所有东西一样，它们像捕蝇纸一样抓人。他以一个德国战俘的口吻写道："别担心我，我没有参战，我吃得很饱。美国军队为战俘们供应和自己的士兵一样的口粮，有牛肉、白面包、土豆、李子、咖啡、牛奶和黄油。"在许多逃亡的德国士兵背包里都发现了这样的传单。[97]李普曼不免疑惑：人的头脑如此容易就被引导吗？

随着战争接近尾声，清算开始了。与欧洲国家令人震惊的损失相比，美国的损失微不足道。相对于美国11.6万人的伤亡，法国有160万人失去了生命，英国损失了80万人，德国损失了180万人。全欧洲的城市被夷为平地，但美国安然无恙。战前由17个国家组成的欧洲，现在分裂成了26个国家，这些国家都负债累累，主要是欠美国的钱。战前，美国人欠外国人37亿美元；战后，外国人欠美国人126亿美元。哪怕是1918年使全世界2100万人丧生的可怕的大流感也仅夺走了67.5万美国人的生命。战争使欧洲经济陷入瘫痪，而美国经济蓬勃发展。1913年至1920年间美国的钢铁产量增长了四分之一，其他地方则下降了三分之一。[98]

《停战协定》于1918年11月11日签订，德国同意了威尔逊"十四点计划"的相关投降条款，但该计划并没有得到盟军本身全心全意的支持。威尔逊决定率领1300人的美国代表团参加1919年1月的巴黎和会，这明显违背了美国的惯例，当然，这出于他对总统职权范围的看法，但并不是每个人都表示同意，许多美国人反对总统离开美国本土，而且他意图代表的又是谁的利益？"威尔逊先生现在无权代表美国人民说话。"西奥多·罗斯福说。[99]宪法第二条第二款规定，总统可以就条约进行谈判，但条约需要参议院三分之二的投票批准。值得注意的是，威尔逊没有带任何共和党参议员参加和会。

最初，威尔逊受到了人们的爱戴和期盼。人们在巴黎街头夹道欢迎他的到来，称他为"和平之神"，这种欢迎并没有减少他的使命感。李普曼报道说："这些酒店里住满了代表团，那是假装代表或希望代表世界上每一个群体的代表团。"威尔逊特别受到无国籍代表和殖民地代表，包括埃及人、印度人、中国人、韩国人、阿拉伯人、犹太人、亚美尼亚人和库尔德人的热烈欢迎。越南的未来领导人，当时正居住在巴黎的年轻的胡志明向凡尔赛宫的世界领导人们发出了一份名为"越南人民诉求"的请愿书："一个权利和正义的时代正向所有臣民开放，这一前景使得所有被压迫的人民充满希望。"他试图面见威尔逊，但是未能如愿。威尔逊关于民族自决的言论引发了中东和亚洲一系列的民众抗议活动，其中包括1919年的埃及革命，它使民族国家成为无国家社会的努力目标，并为19世纪反殖民主义的出现和壮大提供了依据。[100]

杜波依斯在威尔逊启航4天后，和新闻界成员一起乘船前往巴黎，他代表全国有色人种协进会正式出行。作为学者，他是去收集战争资料的，同时他也参加了2月份在卡布辛大道大饭店召开的"泛非大会"。他去巴黎可能是试图挽救他的名声，他的名声曾因敦促黑人同胞忘记不满并为战争做出一切牺牲而严重受损。1917年，有30名黑人死于私刑，第二年，这个数字翻了一番，而到了1919年，增长到了76名，其中包括10名退伍军人，他们当中有些人仍然穿着军装，曾经在这场有些人认为是错误的战争中英勇战斗。[101]

在法国，威尔逊得到了大部分他想要的东西，但是没有得到他想要的或者世界所需要的和平。相反，总统在巴黎病倒了，这可能是第一次中风。此外，随着谈判的进行，他的出现引来了很多怨恨。[102]"几乎所有经验丰富的评论家都认为他应该留在美国。"威尔斯评论道。同样令人怨恨的还有威尔逊的妻子伊迪丝（Eidth），她以一个游客的姿态出现在满目疮痍的欧洲。"这在人类历史上看起来似乎是一件琐事，"威尔斯承认，"但就是这样微不足道的一件小事，给1919年的和会带来了不良影响。"[103]

条约的制定者主要是美国人、英国人、法国人和意大利人，他们重新绘制了欧洲地图，与沃尔特·李普曼在美国地理学会办公室中重新绘制的地图完全不同。他们通过建立新国家，如捷克斯洛伐克、南斯拉夫、波兰和芬兰，将欧洲分割成多个小国。他们惩罚了德国，限制德国工业的发展，不仅剥夺了德国对本国事务的控制权，还要求德国赔偿330亿美元。李普曼写道："从任何角度来看，这个条约除了给欧洲带来无穷无尽的麻烦，我看不到还有其他内容。"对李普曼来说，反对该条约是一个特别困难的决定，但是《新共和》得出的结论是"国际联盟没有足够的力量保障条约的履行"，李普曼也在社论中谴责它。《新共和》杂志还连载了一位名叫约翰·梅纳德·凯恩斯（John Maynard Keynes）的英国年轻经济学家的争论文章，题目叫作《和平的经济后果》，这篇文章振聋发聩。凯恩斯称威尔逊是一个傻瓜、一个"又聋又瞎的堂吉诃德"[104]，他说，和平条约只是延续了战争的剥夺，警告它将给欧洲带来痛苦——"欧洲人民的生活水平已经迅速下降到了饥馑的程度"。

威尔逊认为，建立国际联盟可以弥补和平条款的缺陷，因为他认为条约带来的任何问题都可以由国际联盟出面解决，他认为只有联盟才能实现持久的和平。回到美国的两天后，他向参议院提交了《凡尔赛和约》（*Treaty of Versailles*），解释了其中的条款，包括建立国际联盟的条款："我们敢拒绝它而让全世界伤心吗？"[105]

在参议院，威尔逊仅有的支持来自民主党同僚，而共和党人是很难被说服的。参议院外交关系委员会的共和党主席亨利·卡伯特·洛奇（Henry Cabot

Lodge）将这份长达264页的条约打印出来，宣布他将就这个问题召开听证会，这几乎等同于搁置了这个问题，因为他光是逐字逐句地大声朗读条约中的所有文字就花了两周时间。[106]

1919年9月3日，仍在病中的威尔逊决定离开华盛顿，进行一次经过多达17州的火车游说之旅。他告诉伊迪丝，"我向我们的士兵承诺过，当我要求他们拿起武器时，这将是一场终结所有战争的战争"，"如果我不尽一切努力使条约生效，我将成为一个懦夫，永远不能直视那些男孩的眼睛"。在内华达州，他的脸开始抽搐；在犹他州，他的衣服被汗湿透；在怀俄明州，他语无伦次。最后，1919年10月2日，在科罗拉多州登台时，他跌倒了。"我似乎已经摔成了碎片。"他说。他失去了对左侧身体的控制。接下来的五个月，他住在白宫的西翼，谁也不见，甚至连他的内阁成员也不见。

伊迪丝·威尔逊完全拒绝公众的打探，即使是参议院议员也不知道威尔逊的状况。参议院试图妥协，但总统对此没有反应，参议院只能认为他不接受妥协。[107]1920年3月，参议院以七票否决了《凡尔赛和约》及国际联盟。持久和平的机会来了，又悄悄地溜走了。

III.

1922年，32岁的沃尔特·李普曼写了一本名为《公众舆论》（*Public Opinion*）的书，他在书中得出结论：在现代民主制度中，大众被要求做得太多，他们该做的决策超出了他们的直接认知范围。他曾经评论说："现代国家容易依赖公众舆论和行政部门之间、而不是国会和行政部门之间的相互作用来制定决策。"[108]李普曼认为，大众民主是行不通的，因为大规模说服的新工具——特别是大众广告——意味着少数人可以轻易说服大多数人相信任何希望他们相信的东西。

对大众民主来说，最大的希望似乎是对新闻进行严谨和诚实的报道，但李普曼认为，由于事实与真相之间的差距，这注定会失败。记者记录事件，提供事实，但他说："他们不能通过片段、事变和突发事件来治理社会。"[109]事情变成了这样：为了治理国家，人们需要真理，需要从整体上讲道理，但是当人们整天像拉车的马一样被驱赶时，他们无法在晨报上读到或者在晚间新闻中听到足够的东西，无法将事实变成真理。

李普曼针对这个问题提出的解决方案是荒谬的，是基于一个对世界持怀疑态度的男人的头脑。他建议政府设立十个情报局，对应内阁所代表的每个部门，在那里，终身任命的专业学者（享有进修和培训的年假）将汇总所有事实并对群众解释真相。[110]最终，他意识到这有多么愚蠢，而实际发生的事情更糟糕：这个十年结束时，管理公众舆论将成为一项产业，其形式是"公共关系"。

在那之前，妇女将获得投票权，选民人数会增加一倍，问题将进一步恶化。1920年8月批准的第十九修正案是进步时代通过的最后一部宪法性法案。事实证明，这是一场一波三折的胜利，只有在政党政治风格发生变化之后——从游行示威的和群众动员（以及高选民投票率）的公众政治，到大规模广告的居家政治（以及较低的选民投票率）——妇女才能获得投票权。在争取投票权时，妇女采用了一种不受欢迎的政治模式。从19世纪90年代开始，在进行政治活动时，男性更像女性，女性更像男性。一种女性政治风格在美国政治上留下了印记——私下说服选民，而不是通过公开动员，但是一些数据显示，妇女的政治权利减弱了。正如一位女权主义者在1926年指出的那样，"妇女运动的不幸恰恰是在女性的政治权利价值低于18世纪以来的时代，它确保妇女政治权利的斗争取得成功。"[111]

争取投票权也使妇女运动分为两派，一派主张争取平等权利，另一派则认识到，平等权利必然会导致一整套的劳动保护法失效，她们没有这样做。所谓的均衡者组成了"妇女平等机会联盟"（Women's League for Equal Opportunity）和"平等权利协会"（Equal Rights Association），争取通过1923年首次提交到国会的《平等权利修正案》（Equal Rights Amendment，简称ERA），该修正案是以嘲讽和怀疑的态度看待保护主义的。一位中立者在1929年写道："男性劳动者只想要保护女性的法律，这样他们就可以在骑士精神的伪装下偷走女性的工作。"与此同时，保护主义者成立了女性选民联盟（League of Women Voters）。[112]半个世纪后，当《平等权利修正案》最终被批准时，女性中的这种分歧使它功亏一篑。

在1920年的总统大选中，共和党人沃伦·G.哈定轻松战胜了民主党候选人、俄亥俄州州长、进步改革家詹姆斯·考克斯（James Cox），以及并不怎么出名的竞选伙伴——海军助理部长富兰克林·德拉诺·罗斯福，罗斯福被选中的主要原因是他显赫的姓氏。威尔逊的理想主义和国际主义已经成为过去式，改革时代也同样如此。哈定借由保守主义的上升势头入主白宫，保守主义的上升是对进步派改革的回应，保守派认为进步派是对国家建国原则，特别是对宪法的背叛。哈定在就职演说中说："我必须表达出我对开国元勋们天赐灵感的信仰。"他命令美国国会图书馆馆长将最初的宪法——那张签着字的羊皮纸——从仓库里取出来，竖着存放在国家圣地。他任命詹姆斯·蒙哥马利·贝克（James Montgomery Beck）为司法部副部长，这是一位前反托拉斯人士和企业律师，贝克曾写过一系列非常畅销的书籍来解释宪法，以及解释托拉斯是如何违宪的。他是一位宪法普及者和简化者，被称为"宪法先生"。[113]

"宪法既不是直布罗陀的岩石，能够完全抵抗时间或环境的不断冲刷，也不是沙滩，会被波浪侵蚀，慢慢摧毁，"贝克写道，"它更像是一个漂浮的码头，固定在它的系泊处，不会因为波浪而反复无常，而是会随着时间和环境引起的潮流起伏不定。"法学教授托马斯·里德·鲍威尔（Thomas Reed Powell）回顾贝克在《新共和国》杂志的工作时说，贝克的宪法既不向前走，也不向后退，它像果冻一样"上下摇晃"。鲍威尔建议写一首《油滑贝克的天真之歌》（Becksniffian[1] Songs of Innocence），包括以下歌词："宪法是一个码头/停泊在那里，晃来晃去/它不是一片海滩，它不是一块石头/这就是为什么我们如此喜爱它"[114]。贝克和鲍威尔之间的争执不是小吵小闹，相反，它意味着在美国人之间存在深刻而广泛的鸿沟，他们持有两种完全不同的信仰，这些信仰植根于不同的真理观念。关于宪法性质的争论与新教徒之间的争论有很多共同之处，一些新教徒认为《圣经》是字面真实，而另一些人则不这么想。贝克是宪法宗教激进主义者，鲍威尔是进化论的信徒。

在就职典礼上，哈定结合了副部长贝克对弗雷德里克·温斯洛·泰勒效率福音的理解，概述了废除进步派改革的议程。泰勒主义现在已经被应用于办公室工作，特别是政府本身所做的各种工作。办公室工作人员在新的、两边各有两个金属顶文件柜的现代化高效办公桌旁就座，他们将出勤卡塞进打卡器，并使用打字机和由计算-制表-记录公司（Computing-Tabulating-Recording Company）制造的计算器进行工作。该公司成立于1911年，合并了包括赫尔曼·霍勒瑞斯（Herman Hollerith）的制表机公司在内的多家公司。1923年，一部名为《计算器》（The Adding Machine）的戏剧讽刺了流水线式的办公室工作的单调，这也预示了人们对机器自动化的恐惧。该剧的主角"零先生"整天都在"一张方形横格纸上"记录数字，[115]当老板告诉他他将被一台计算器取代时，他干掉了老板。和工厂工人一样，所有办公室工作人员可能知道

---

1 Becksniffian是个派生词，源于狄更斯小说《马丁·翟述伟》中人物赛斯·贝克斯尼夫（Seth Pecksniff）。按此人物性格，凡与他有关的词通常含有"油滑""虚伪""假正经"的意思。——译者注

该怎么做的事情越来越少，而所从事的行业则变得越来越广阔，包括1924年的IBM。该公司创始人托马斯·沃森（Thomas Watson）说："我们必须通过阅读、倾听、讨论、观察和思考来学习。"IBM的格言是"思考"（THINK），它要求员工这么做，但是观察者担心，随着岁月的流逝，思考将更多地成为机器的工作。[116]

哈定想要将联邦政府泰勒化。他在有史以来最糟糕的就职演说中说："我提倡行政效率、减轻税收负担、建立良好的商业实践、提供充足的信贷服务、关心协助所有农业问题、减少对商业活动不必要的政府干预、结束政府的商业尝试，以及提高政府管理效率。"[117]

以"效率"为口号，哈定在他的内阁中聚集了一群地位显赫的保守商人，他们在美国历史上最繁荣的几年里领导着联邦政府。1922年至1928年间，工业生产增长了70%，国民生产总值增长近40%，人均收入增长30%，实际工资增长22%。新的电网无差别地为商业和住宅提供电力，这个国家在20世纪20年代实现了电气化：1916年，只有16%的美国家庭能够用电，但到了1927年，这一比例上升到63%。[118]

哈定任命继约翰·洛克菲勒、亨利·福特和埃德塞尔·福特（Edsel Ford）之后美国第四富有的安德鲁·W. 梅隆（Andrew W. Mellon）为财政部部长。作为工业家和慈善家的梅隆将在三位共和党总统哈定、柯立芝和胡佛的政府中担任该职务，他的目标是提高税收效率。正如梅隆在《税收：人民的事业》（*Taxation*：*The People's Business*，1924）一书中所说的那样，高额税收会扼杀"商业冒险精神"。梅隆坚持认为，减税将减轻住房成本、降低商品价格、提高生活水平、创造就业机会，并"促进普遍繁荣"。梅隆为争取公共支持而给出的承诺得到了美国纳税人联盟（American Taxpayers' League）的大力支持。美国纳税人联盟以前被称为美国银行家联盟（American Bankers' League），他们从梅隆家族成员那里募集了部分资金,该家族提供了赞助和宣传材料,并支付州税务俱乐部的费用,这些俱乐部的成员随后在国会做证,敦促减税。奥利弗·温德尔·霍姆斯在1927年时说"税收是我们为文明社会付出的代价",这句话后来被刻在华盛顿国税局大楼门前,但不是每个美国人都认同这句话。在梅隆任职期间,国会废除了超额利润税,削减了不动产遗产税,将资本收益排除在收入之外,并对最高税率做了限制。[119]

哈定任命下巴突出的赫伯特·胡佛为商务部部长。胡佛出生在艾奥瓦州西布兰奇的奎克镇,9岁时就成了孤儿,他曾经在斯坦福大学学习地质学。作为一名采矿工程师和组织天才,他在澳大利亚和中国赚了许多钱,成了一个令人惊叹的成功的国际商人,在他37岁撤出商界时,他已经是位千万富翁。之后,他全身心地投入到公众服务和慈善事业中。他大部分时间都生活在美国之外的地方。在战争期间和战争结束后,他一直在欧洲开展人道救援工作,挽救了数千万人的生命。(当威尔逊获得诺贝尔和平奖时,有相当多的欧洲人认为胡佛更应该获奖。)回到美国后,他成了李普曼"真理之屋"颇受欢迎的客人。"很多人和我一样觉得,"李普曼说,"他们从来没有见过比他更有趣的人。"1920年,两党都支持他竞选总统,虽然他在共和党初选中试了一下水,但却悄无声息地败给了哈定。[120]

胡佛是一位效率专家,因一份影响深远的400页的报告——《工业中的废物》(Waste in Industry)而闻名。他的名声如此之大,几乎所有涉及清除废物的东西,包括吸尘器,都以他的名字命名。尽管胡佛反对大型政府,但他明白商务部部长的角色使他能够控制整个美国经济。他的办公室位于第19街和宾夕法尼亚大道转角处一栋建筑的顶层,其下的楼层是他为商务部众多机构准备的。他凭借令人畏惧的效率扩大了商业部,从而使自己成为"其他所有部门的副国务卿",以此实现他的"新时代"计划。胡佛设计的是一个联合国家,将商业和劳工领袖、农民和渔民共同带到合作会议,以规划政府的优先事项。在胡佛任职期间,商务部的预算比之前增长了近六倍,从86万美元增加到500万美元。《华尔街日报》报道说:"在此处或其他任何地方,政府和企业从来没有像现在这样完全融合。"[121]

在20世纪20年代,美国人对进步的信念在消费的推动下变成了对繁荣的信念。"我们的民主已经发生了变化。"一名记者报道说,"它被称为消费主义。美国公民现在认为国家的第一重要

1921年的一幅漫画描绘了"山姆大叔"用漏斗阻止来自欧洲的移民潮。
美国国会图书馆

性不再是公民,而是消费者。"[122]无论如何,美国的经济规模都越来越大,进而跃居世界首位,还成了世界上最大的债权国。1929年,它贡献了世界总产量的42%(英国,法国和德国的产量合计占28%)。[123]钢铁生产和铁路收入打破了所有纪录,增长的曲线一路高攀,如同耸立在纽约第五大道、芝加哥密歇根大道和旧金山加利福尼亚大街的摩天大楼。

然而,这个国家开始变得封闭。在大战之前,大多数工业化国家都实行向商品和人员开放边界的政策。人们离开欧洲前往世界其他地区,特别是去美国,欧洲人还投资殖民地建设。战争的破坏和和平条件的残酷,特别是对德国而言意味着要停止这些活动。由于欧洲列强只是攫取资源,世界上被殖民化的地区也受到了影响,这最终会导致全世界反殖民主义运动的爆发。[124]战争结束后,美国成为全球贸易中心,但很快就开始对人员和货物关闭了它的边界。1921年和1922年,哈定和共和党控制的国会提高了进口税;1921年和1924年,

他们又实施了移民限制。受战争蹂躏的欧洲国家无法向大西洋对岸输送多余的劳动力，也无法在美国销售生产的商品，从而无力偿还欠美国的债。为了报复，欧洲国家也开始提高关税，将美国农民和制造商赶出市场，[125]从此开始了经济的恶性循环。后来，李普曼沮丧地写道："现在回头来看，我们居然毫不怀疑地相信在这种危险条件下可以实现永久繁荣，这真是一个奇迹。"[126]

哈定政府将其经济计划称为"恢复正常"。他的政治计划是反移民运动，文化计划是一种被称为殖民复兴的唯美主义运动。两者都是封闭而复古的，编造并赞美美国的传统——一个从未出现过的、过去的美好世界。慈善工业家更强化了他们对本国历史的看法，亨利·福特修建了一座美国历史博物馆，约翰·洛克菲勒还原了殖民地时代的威廉斯堡，历史借此在真人大小的玩具屋里呈现。[127]在纽约证券交易所拥有一席之地的R. T. H. 哈尔西（R. T. H. Halsey）曾为银行进行辩护，驳斥西奥多·罗斯福对"金融托拉斯"的攻击。他放弃了在交易所的职位，协助在大都会艺术博物馆策划一座新的美国馆。该馆于1924年亮相，展示了1825年以前美国精美的装饰艺术，大部分展品被安放在具有历史特色的展厅里。"今天，大部分美国人忘记了它的传统，"哈尔西警告说，"我们当中的许多人都不了解，我们的父辈为此奋斗和牺牲的传统和原则。"对哈尔西来说，对过去的缅怀是为了警示现在："我们国家性格的巨大变化以及外国观念的涌入，与共和国的缔造者所持的观念完全相悖，这会威胁并可能动摇共和国的根基，除非经过核准。"[128]

在美国馆开馆的那年，国会通过了《移民法》。它有两个部分：《排亚法案》（Asian Exclusion Act），该法案扩充了1882年《排华法案》，完全禁止了来自亚洲任何地方的移民；《民族起源法》（National Origins Act），该法案规定，每年欧洲移民的数量限制在15万，并确立配额制，使新移民的人数与他们在现有人口中的比例相称，该法案具现化了麦迪逊·格兰特在《伟大种族的逝去》一书中的优生学逻辑。配额制度的目的是拒绝亚洲移民并遏制南欧和东欧人入境，他们被认为不如欧洲其他地区的移民更有价值。印第安纳州共和党人弗雷德·S. 珀内尔（Fred S. Purnell）说："美国人民头脑敏捷、自我管理的血统与这股不负责任的支离破碎的残骸之间没有任何相似之处，这些残骸将旧世界的社会和政治弊病带进了美国的命脉。"纽约州共和党人内森·D. 珀尔曼（Nathan D. Perlman）是一位犹太立法者和移民限制的反对者，他在国会记录中读到了在战争期间被授予杰出服务十字勋章的所有种族的美国人的名字，但他的争辩是徒劳的。[129]

同年，国会还通过了《印第安人公民权法案》，通过法令赋予所有印第安人公民权，包括奥内达加在内的许多人都反对强迫入籍。1924年实行的政策强化了种族之间的界限，将新的种族歧视形式制度化，将"白人种族"的传言编成了法律，并在美国人的生活中引入了新的法律范畴："非法的外国人"。欧洲"白人"被归入美国人的民族起源之列，并根据价值的大小排序，数量有限的移民可以作为合法的外国人进入美国，他们可以成为归化公民。被视为非白人的中国人、日本人、印第安人和其他亚洲人则不能合法地移民到美国，他们被认为是不可同化的，并且因种族原因被排除在公民身份之外。更为极端的是，该法认为欧洲人属于民族，这是按"民族起源"分类的，非欧洲人属于"种族"——他们被分为五个"有色人种"（黑人、黑白混血儿、中国人、日本人和印度人）。它拒绝承认土著民族的国家地位。

值得注意的是，1924年的《移民法》并没有限制墨西哥的移民，尽管他们的数量也在不断上升。1890年至1920年间，约有150万墨西哥人进入美国，他们是为了逃离独裁者何塞·德·拉·克鲁兹·波菲利奥·迪亚斯（José de la Cruz Porfirio Díaz）的统治而来，尤其在1910年反抗他的起义爆发之后，移民更多了。数十年来一直住在美国西南部的墨西哥裔美国人倾向于保留他们的语言和文化，他们喜欢住在城里，而且讨厌这些新来的人。新来的墨西哥移民最常见的工作是在灌溉农场里进行采摘。1890年，加利福尼亚州、内华达州、犹他州和亚利桑那州的灌溉土地总面积约为150万英亩；到了1902年，仅加利福尼亚就有200万英亩的灌溉土地。1882年的《排华法案》生效后，大型种植园主转向寻求日本劳工，但日本和美国之间所谓的绅士协议于1908年阻断了日本移民前往美国之路，之后，种植园主开始派中介跨过边境，进入墨西哥招募工人。但是，在一个科学管理体制将匈牙利人、意大利人和犹太人贬为近乎动物的时代，他们认为需要借助秒表而非鞭子来进行统治，企业主和政策制定者倾向于将墨西哥移民——极度贫困的政治难民——描述成理想的工人。1908年，美国政府的经济学家维克多·S. 克拉克（Victor S. Clark）称墨西哥移民"温顺、耐心、在营地里井然有序，在主管的监督下表现得相当聪明、服从和廉价"。1911年，一个美国国会小组报告说，墨西哥人"不容易被同化，只要他们中的大部分人在短时间内返回故土，这一点就不是很重要"[130]。

但是，越过边境寻找工作的墨西哥人当然并不是都会回到墨西哥。在关于移民限制的辩论中，印第安纳州议员艾伯特·H. 维斯塔尔（Albert H. Vestal）问道："当你允许成千上万的墨西哥人从后门进来的时候，关闭前门以阻挡那些来自欧洲不受欢迎的人有什么用呢？"来自科罗拉多州的国会议员爱德华·泰勒（Edward Taylor）回答说，除墨西哥移民外，没有人会做他们现在所做的工作，"美国的劳动人民不会手脚并用地跪在泥土里，拔出杂草，给甜菜间苗，还因此让自己的脊背受伤。事实上，很少有人能够承担这种工作，无论付多少钱，他们都不能，也不会这样做。"这并不能安抚本土主义者，美国优生学会警告说："我们广阔的西南地区正在迅速地为自己制造一个新的种族问题，就像我们的旧南方从非洲进口奴隶劳动力时那样。墨西哥人的出生率很高，而每个在美国土地上出生的墨西哥孩子都是美国公民，在成年后，他们将获得投票权。这不是经济上的民生，或者'劳动力需求'的问题，这是未来的种族品质问题，这是优生学，而不是经济学。"国会受到优生学家和南部及西部农学家的压力，最终使墨西哥人不受新的移民制度的限制，但同时要求任何进入美国的墨西哥人不仅要提供护照，还需要签证。借此，它设置了障碍，使墨西哥人能够暂时过境，但是无法获得公民身份。随着时间的推移，在联邦人口普查中被划分到新类别"墨西哥人"之列的墨西哥人将与新的合法而种族化的"非法外国人"类别联系得最为密切。在1919年之前，从边境进入美国的墨西哥人不需要提交入境申请。1924年，美国边境巡逻队成立后，配备士兵武装入境点和驱逐"非法外国人"成为美国政府的一项政策。[131]

实际上，新的移民限制政策将《吉姆·克劳法》的黑白种族意识形态扩展到新的欧洲移民和土著居民（他们被归入白人类别，并有资格获得公民身份）、亚洲人和墨西哥人身上（他们是非白人，没有资格获得公民身份）。这一政策得到了1915年出现的第二个三K党的支持，20世纪20年代，该党500万成员像攻击黑人一样猛烈地攻击犹太人、天主教徒以及移民。在1924年的纽约民主党全国代表大会上，成千上万的三K党成员在街道上游行，该党混乱无序，他们在与种族有关的问题上的分歧相当大，以至于本次大会是通过破纪录的103次投票才提名了注定会被遗忘的约翰·W. 戴维斯（John W. Davis）。[132]

在本土主义和优生学的可燃混合物的驱使下，政治学家洛斯罗普·斯托达德（Lothrop Stoddard）将美国历史重写为白人历史。"20世纪的问题是种族界限的问题。"杜波依斯在1903年写道。[133]黑人知识分子，特别是哈莱姆文艺复兴运动中的作家和艺术家，对国家的黑人历史抱以一种新的、批判性的关注，并借此抵制殖民复兴的怀旧情绪。艾伦·洛克（Alain Locke）在《黑人新生代》（*The New Negro*，1925）一书中写道，是时候"坦然面对现实了"。该书还包括一篇标题是《黑人发掘历史》（The Negro Digs Up the Past）的文章。[134]斯托达德通过《有色人种反抗白人世界霸权浪潮的兴起》（*The Rising Tide of Color Against the White World-Supremacy*）一书进行回应，该书将欧洲的不满和低迷归咎于有色人种。他在鼓吹《移民法》时，认为同样的社会问题使美国面临被拆散的危险。到这个十年结束时，他开始庆祝移民限制政策的胜利。"我们知道我们的美国是一个白人的美国，"斯托达德在芝加哥讲台上与杜波依斯进行辩论时说道，"历史和科学的压倒性证据表明，只要美国人民维持其白人血统，她的制度、理想和文化将继续符合其居民的气质，并因此而存续。"

"你们的国家？"杜波依斯问，"她怎么成你们的了？"然后他提出质疑，"如果没有黑人，美国还会是美国吗？"[135]

斯托达德对这些问题没有真正的答案。从20世纪30年代直至40年代，他为希特勒喝彩。他不光彩地死去，被人遗忘，但他与杜波依斯之间对国家起源的辩论并未完全结束。

IV.

我们认为这些真理是不证自明的。在美国诞生一个半世纪之后，其建国宣言中的每一个字都受到了质疑。我们是谁？什么是真理？什么算作证据？

美国政治因基本事实的争议而陷入困境，这些争议的核心是对宪法相互对立的解释，这种解释来自对宪法本质的不同理解，也是对《圣经》字面真理争论的延伸，但美国人也表达了他们在科学和历史辩论中的政治分歧，以及由新的公关业所造成的辩论。

艾维·李（Ivy Lee）是该领域最早的从业者之一，他称公关为宣传，将其定义为"传播思想的努力"。1877年，李出生于格鲁吉亚，是卫理公会牧师的儿子，他在接受代表铁路公司利益的任命之前曾做过报纸记者，并试图让他们得到更好的关注。在他最早的客户中,有试图从艾达·塔贝尔对标准石油公司的揭发中恢复名誉的约翰·D. 洛克菲勒,还有因泰勒引发罢工而遭受损失的伯利恒钢铁公司。卡尔·桑德堡(Carl Sandburg)称李是"骗子",厄普顿·辛克莱(Upton Sinclair)叫他"毒藤"。在20世纪20年代的面向新闻教师的演讲中,李辩称,事实是不存在的,或者至少是不能报道的:"陈述绝对事实的努力只是企图实现人类不可能实现的目标,我所能做的只是给你们提供我对事实的解释。"[136]

记者,特别是曾在战争中服役的记者,往往不同意这一点。1923年,两位年轻的退伍军人亨利·卢斯(Henry Luce)和布里顿·海登(Briton Hadden)决定创办一本杂志,他们想给它起名为《事实》(*Facts*)。最后,他们决定将其称为《时代》(*Time*),他们相信,在效率至上的时代,它能够为读者节省时间。《时代》周刊的目的是为忙碌的读者,尤其是商人,提供一周内有价值的、可以在一小时内读完的新闻。每期杂志都包含100篇文章,每篇文章不会超过400字,除了事实之外什么都没有,杂志最初由剪切七天内报纸中有意义的句子拼凑而成。他们借助泰勒的任务管理体系将新闻分门别类地整理,这是以前没人做过的事。它讲究速度而且短小精悍,尽管声称不会有错误,是"准确叙述"的事件记录,但这与客观性要求并不是一回事。卢斯曾说:"给我一个自认为自己客观的人,我会告诉你他是一个自欺欺人的人。"[137]客观性是不可能的,而主观性导致了错误的发生。人们能做的最好的事情,是检查每篇文章是否存在事实错误。《时代》周刊开创了事实检查的方式,而且是精心核查的方式,好像信息可以被分解为一个个单元,就像流水线上的零件一样。

为了这项工作,他们雇用了一批刚毕业的女大学生。一位来访的记者观察到,"她们需要核对每一个单词,并在单词上面标个点,以表示已经核对过。"《时代》周刊早期"核查员"手册的作者建议她们:

428　第三部分　国家

　　校对……有时被视为一份枯燥乏味的职业，但这种看法是极其错误的。任何聪明的女孩都能很好地胜任校对工作，她可以在校对中度过非常愉快的时光，并使每周都有快乐时刻和难忘瞬间。校对时，最重要的一点是要记住作者是你的天敌，他正拭目以待，看看他能逃掉多少错误。请记住，当人们写信来指出错误时，受到严厉指责的将会是你。所以，请保护自己。

　　当读者写信来抱怨错误时，《时代》周刊会刊登信件，并印制修订本。《时代》周刊的编辑保留了一本黑皮书，里面记录着每一个错误及其修订痕迹。[138]

　　这种做法使《时代》周刊的主要竞争对手、隔壁办公室的《纽约客》（The New Yorker）杂志感到十分紧张，这是一本完全与《时代》周刊对着干的杂志——除了对事实的痴迷。1924年秋天，前城市报纸记者、和卢斯及哈登同为一战老兵的哈罗德·罗斯（Harold Ross）为《纽约客》写了一份创办计划书，这本杂志不是为节省任何人的哪怕一分钟的时间而创办的。但是，像卢斯和哈登一样，罗斯拒绝错误、欺诈和胡说八道，尤其是在公关方面。罗斯承诺："这本杂志将与空谈势不两立。"但他们犯了一个明显错误，罗斯发现后宣布："特别注意避免在《纽约客》中出现任何错误。"一位作者说罗斯像"一个溺水的人紧紧抓住木头一样""坚持事实"。后

《基督教是否应该保留基督教教义？》是1922年出版的一本小册子，里面描绘了从怀疑论到无神论的过程，称这是一段不可避免的下坡路。长老派成员历史协会

来，罗斯给编辑发了一份备忘录："将事实的核查添加到任务清单中。"[139]

但是，如果说记者正在发明提高报道准确性的新工具，那么企业就正在利用公关这一工具来确保媒体听到的是每个故事的某一方面。没有人比爱德华·伯奈斯（Edward Bernays）在这一转变中扮演的角色更重要，他是西格蒙德·弗洛伊德的外甥，他使用弗洛伊德的无意识理论来帮助企业向美国消费者推销产品。伯奈斯出生于维也纳，在纽约长大。战争爆发时，他在乔治·克里尔的战争宣传办公室工作，并与威尔逊一起前往巴黎参加和平谈判，他喜欢说他的贡献是无价的，但谈判结果证明，事实并非如此。回归平民生活后，他开始了公共关系的职业生涯，他把公关称作"应用社会科学"，但《国家》则认为公关是"更高级的废话"。1924年，伯奈斯在白宫见到了卡尔文·柯立芝（Calvin Coolidge），后者在哈定突然去世后于1923年继任总统。伯奈斯认为柯立芝树立了强硬的、顽固的佛蒙特人形象，应该通过提高个人魅力得到改善，所以，他安排了好莱坞电影明星访问白宫。[140]

"好的宣传是看不见的政府，它影响着美国大多数人的习惯和行为。"伯奈斯解释说。如果使用得当，它会是一种快速有效的手段，可以产生对社会有益的变化，政治运动中的宣传活动将使民主政体更有效率地运作，他预测："高效而可靠的宣传将在下一次政治竞选中节省数百万美元。"[141]

在1928年的《宣传》（Propaganda）一书中，伯奈斯承认，他也受到了沃尔特·李普曼《公众舆论》的影响，因为他把李普曼对容易上当受骗的公众的关注解读成了精明公关人士的机会。"有意识、有智慧地操纵群众有组织的习惯和意见，是民主社会的一个重要因素，"伯奈斯解释说，"那些操纵这种看不见的社会机制的人构成了一个无形的政府，这是我们国家真正的统治力量。"宣传之于大众即无意识之于大脑，是人民"看不见的统治者"。[142]

在1925年夏天的五个漫长日子里，在田纳西州代顿小镇的舞台上上演了一场美国大众民主导致的悲剧。一个名叫约翰·斯科普斯（John Scopes）的高中生物老师以教授进化论的罪名遭到批捕。已经谢顶的65岁的威廉·詹宁斯·布赖恩主持了这次起诉，并发起了一场禁止在公立学校教授进化论的活动。并非所有的宗教激进主义者都排斥进化论本身，像《基要》（Fundamental）的编辑R. A. 托里（R. A. Torrey）那样，他们认为基督徒"完全相信《圣经》的绝对正确，同时也是信奉某种类型的进化论者"。[143]但是，像许多宗教激进主义者一样，战后布赖恩的观点变得强硬起来。许多人试图理解战争的恐怖，但他们无法理解，也无法与慈爱的上帝和解。

"进化不是真理，"布赖恩指出，"它只不过是由数百万个猜测串联而成的假设。"他特别反对将其应用于人类社会。1921年，在一篇名为《达尔文主义的威胁》的文章中，他表达了对许多进步派改革者的支持，这些改革的目的是挑战只有最适者才能生存的观点："为了防止制造商毒害用户，必须制定纯净食品法；为了防止雇主阻碍儿童身体、思想和灵魂的发育，必须制定童工法；为了防止过于庞大的企业扼杀小公司，必须制定反托拉斯法，而且我们仍然要与农产品中的奸商和赌徒进行殊死搏斗。"布赖恩在世俗化的现代性中，看到了慈悲、同情和善良的终结。他谴责科学的无情，1923年，他在西弗吉尼亚州立法机构发表讲话时说道："不会穿过马路拯救灵魂的人已经为寻找骷髅走遍了世界，今天这个世界迫切需要的就是回到上帝身边"。对布赖恩来说，始于对事实和真理的神学争论的宗教激进主义，成了一场关于信仰的民粹主义运动。[144]

1925年，在田纳西州成为第一个禁止进化论教学的州之后，美国公民自由联盟（American Civil Liberties Union，简称ACLU）说服斯科普斯去校验法律。美国公民自由联盟成立于1917年，目的是保护依良心而拒绝服兵役的人。在红色恐慌期间，这项工作变得更加紧迫，因为在战争的最后几年里，反布尔什维克的歇斯底里症一直支配着美国。该联盟的创始人写道："全国各地都严重侵犯个人和少数群体的权利。"因此,它将战时任务延长至和平时期,即保护美国公民的自由不受侵犯。和斯科普斯本人一样,它对田纳西州法律的兴趣与宗教无关,而与言论自由有关。(事实上,斯科普斯自己就是一位教徒和布赖恩的崇拜者,1919年,他曾在伊利诺伊州的高中毕业典礼上担任发言人。)美国公民自由联盟希望并设法让斯科普斯被判有罪,这样就可以向上级法院提起上诉。

当布赖恩被说服加入控方并被任命为田纳西州司法部部长的法律顾问时,该计划发生了变化。布赖恩的参与使得克拉伦斯·达罗答应为斯科普斯进行辩护。达罗身材高大、肩膀宽厚,固执而暴躁,喜欢假装自己是一个朴实的哲学家,他穿着宽松的背带裤,打着领带。"关于达罗的一切都暗示着愤世嫉俗,"一位记者说,"除了一件事之外,那就是他根本不是真正的玩世不恭。"作为全国最著名的辩护律师,在漫长而卓越的职业生涯中,他参与了大约两千场审判,在超过三分之一的案件中,他一无所获。斯科普斯一案是他自愿提供服务的唯一一场审判。[145]

达罗和布赖恩成为对立双方的领头人这一事实很令人惊讶。他们的经历很相似,都在农场长大,成为乡村律师后,为穷人和受压迫者奉献了一生。他们参加同样的战斗,布赖恩是"伟大的平民",达罗是"下贱者的律师"。他们说的是同一种语言。1903年,当达罗代表宾夕法尼亚州的矿工联合会(United Mine Workers)在一场仲裁中出庭时,他告诉法庭,"一年五百美元的薪酬是一个很大的诱惑,它可以夺走你的生命、你的四肢,让你到地下挖煤,让别人变得富有。"[146]布赖恩很可能也会说这些。

但达罗知道,尽管布赖恩反对进化论教学的运动是针对社会达尔文主义的,是保护失败者的运动,但它也是对科学的攻击。达罗无法接受这一点,大多数与布赖恩在劳工问题上并肩作战的人也无法接受。1924年，布赖恩的长期支持者尤金·德布斯称他"浅薄、夸夸其谈，是个伪善的江湖骗子，是石器时代的先知"[147]。达罗表示同意。阅读查尔斯·达尔文和弗雷德里克·道格拉斯著作长大的达罗，其兴趣在于教育。他说："我知道教育处于危险之中，这种危险从源头开始就一直阻碍着它——宗教狂热主义。"他认为布赖恩是"所有笨蛋的偶像"[148]。

代顿有两条铺砌的街道和一家可容纳75人的电影院。当这个小镇被一百多名记者、数十名传教士和赞美诗歌手，尤其是一群受过训练的黑猩猩所充斥时，这场审判就成了一场马戏表演。没有人对斯科普斯违反法律提出异议。"事情真是太棒了，"H. L. 门肯（H. L. Mencken）在给《巴尔的摩太阳报》的报道里写道，"我已经积累了足够的材料，可供我用20年。"[149]

辩方希望辩论法律本身的合理性。它首先传唤了多位生物学家来证明进化论是一门科学。"这里不是试图证明法律应不应该通过的地方，"布赖恩说，"证明或传授进化论的地方应该是立法机关。"但布赖恩和达罗一样，甚至他更想让进化论受到审判。法官支持布赖恩并拒绝让陪审团听取生物学家的证词。第二天，法庭内非常热，庭审移至法院大楼前的草坪上。辩方之后请布赖恩本人作为《圣经》专家进入证人席。

"你已经对《圣经》进行了大量的研究，不是吗？布赖恩先生。"达罗问道。

"是的先生，我尝试过。"

但布赖恩不是神学家。在漫长的两小时里，达罗把他的见解像切火腿一样切成薄片和小块。地球真的是在六天之内被创建的吗？约拿真的被鲸鱼吞没了吗？如果夏娃是由亚当的肋骨制成的，该隐是怎么得到他的妻子的？布赖恩心慌意乱，词不达意，达罗步步紧逼。满头大汗的布赖恩毫无招架之力。

"达罗先生唯一的目的就是诋毁《圣经》。"布赖恩抱怨道。

"我反对你的陈述,"达罗说,"我正在查验你那愚蠢的想法,地球上没有一个聪明的基督徒会相信的想法。"[150]

法官命令将布赖恩的证词从记录中删除,陪审团认定斯科普斯有罪。五天后,布赖恩在睡梦中去世,当时他的妻子正在窗外的门廊上看报纸。有线电台报道说,平原之子、伟大的平民、三次总统候选人——倒下了,"他是最后一场伟大战役的受害者"。[151]

布赖恩已逝,但宗教激进主义并没有消失。宗教激进主义留存了下来,它对国家的立国原则,尤其是对真理的本质所发起的挑战,将在21世纪得到更深刻的体现。克拉伦斯·达罗并不认为布赖恩去世前几天结束的斯科普斯案埋葬了宗教激进主义。"听到布赖恩去世的消息,我感到十分痛苦,"达罗清醒地说道,"我从1896年就认识布赖恩了,并曾两次支持他的总统提名。"但现代性害死了威廉·詹宁斯·布赖恩的想法占了上风,甚至在他刚去世后的几个星期内,大城市记者,特别是门肯都回过头来讽刺布赖恩及其追随者是"愚蠢的乡巴佬",并用侮辱性的恶毒语言来描写他们。私下里,门肯承认,他害怕他在代顿法院草坪上遇到的人,他们的偏见和愤怒让他感到不寒而栗。"我想大笑,"门肯写信给朋友说,"但颤抖着退缩了。"[152]

沃尔特·李普曼并没有颤抖,也没有嘲讽。相反,他坐下来思考布赖恩在代顿为宗教自由、调查自由以及政教分离所做论辩的后果。对李普曼来说,布赖恩和达罗之间的争斗不是关于进化论的,而是关于人们如何决定什么是真实的,以及真理来自信仰还是理性的。更为深刻的是,当人们不能就他们如何决定什么是真实达成一致时,民主政体会怎样处理,少数服从多数吗?

李普曼将这个问题追溯到托马斯·杰斐逊时代。在1786年的弗吉尼亚《宗教自由法》(*Bill for Establishing Religious Freedom*)中,杰斐逊曾说过"强迫一个人为传播他所不相信和厌恶的观点而贡献财物是罪恶和无理的"。1925年,在田纳西州的《禁止进化论教学法》(*Act Prohibiting the Teaching of the Evolution Theory*)中,州立法机构禁止在"田纳西州的所有大学、师范院校和其他公立学校教授进化论,而这些学校全部或者部分是由州公立学校出资支持的"。

根据杰斐逊所说的原则,布赖恩问道:"一个自称知识分子的不负责的寡头集团,有什么权利要求控制美国的学校呢?在美国,每年有2500万儿童接受教育,费用高达100亿美元!"他们对控制权的要求不仅违反了田纳西州的法规,还违反了宗教自由本身,不是吗?

达罗已经用自己的方式解决了这个问题。"我不喜欢洋葱汤,但是你可以来一些,"他喜欢说,"我不会对你产生偏见。"[153]达罗喜欢在谚语中找到安全感。但李普曼发现这种说法并不可取,因为这不是一个人喜欢洋葱汤的问题,而是大多数选民喜欢洋葱汤——就像投票禁止在任何一家获得政府支持的餐馆里提供除洋葱汤之外的任何东西那样。更不用说,天启宗教和诉诸理性都不是洋葱汤,它们是认识论。

李普曼认真地思考布赖恩的论点。

他写道:"杰斐逊坚持认为人民不应该为英国国教的教学付费","布赖恩先生则问道,为什么他们要为不可知论的教学付钱"。[154]

这对民主会有什么影响?如果大多数选民认为查尔斯·达尔文错了,并且不应该在学校教授进化论,那么其他人应该做些什么呢?如果进化论是关于自然界如何发生变化的强大、合理且重要的理论,那么发现该理论具有说服力的少数人怎么可能展开与接受其他教育的多数人的争论呢?

李普曼决定通过想象一场对话来解决这个问题,在这场对话中,杰斐逊和布赖恩轮流向苏格拉底陈述他们的理由,杰斐逊为理性辩护,布赖恩为宗教辩护，但他们都表达了对民主政治的热情。他们每个人都提出了论点，并同意遵循苏格拉底的决定。

  杰斐逊：你从这一切中得出什么结论？
  苏格拉底：普通人讨厌理性，而理性是精英的宗教，是像你这样优秀的绅士的宗教。
  布赖恩：理性是一种宗教？这是什么意思？
  苏格拉底：普通人一直都知道理性是一种宗教，这就是为什么他们如此强烈地厌恶它。[155]

李普曼总结说，如果普通民众讨厌理性，那么人民政府就无法捍卫思想自由。信教的人不能在没有放弃信仰的情况下接受理性成为真理的仲裁者，而理性的人不能接受真理不属于理性的范畴。因此，公民无法就基本事实达成一致意见，他们无法就如何共同教育子女取得一致。"这是宣传者的机会。"李普曼写道。[156]有了足够的资金和大众传播工具，经过有效地部署，宣传者就可以将政治转变为真理。

李普曼陷入了困境。他认为他解决了宪法中没有预料到的问题，这个问题表明，在这些情况下，人们不能像亚历山大·汉密尔顿所希望的那样，通过理性和选择来治理自身，而是需要借由事件和力量。他因害怕而感到沮丧。效率无法解决这个问题，它是这个问题的一部分，所以必须要有一个解决办法。

  "先生们，这个世界是黑暗的，"克拉伦斯·达罗告诉陪审团，他宽阔的身躯向前倾斜，"但不是没有希望的。"[157]不过还有一个问题：希望在哪儿？

第十一章

空中宪法

A CONSTITUTION OF THE AIR

1925年，俄勒冈州胡德河的一家人围坐在收音机前。美国国家档案馆

"如果在我们的商业社会中没有高度的道德责任感，整个商业体系将在一天内崩溃。"1928年，长了一张斗牛犬脸的赫伯特·胡佛在53岁竞选总统时说。胡佛赢得了"救世主"的名号，同时还有另一个绰号"危机管理大师"，这也是他竞选短片的标题，该影片记录一战期间他在欧洲的活动，以及1927年他在密西西比州大洪水时所做的救济工作，这些特写镜头非常感人——苍白而饥饿的孩子们终于吃饱了——惹得剧院里哭声一片。胡佛是美国有史以来最热心和最有才华的总统候选人之一，他认为美国企业的领导者和普通公民已经成

为建国以来推动美国政治和抗议活动的道德进步哲学的最佳代表，他们像对待自己的利益一样坚定不移地捍卫着公共利益。[1]没有什么比无线电更能恰当地说明胡佛的政府-企业合作理念了。这是一种试验性的技术，胡佛是一位完美的工程师，他将美国民主的希望寄托在其中。

作为商务部部长和管理所有事务的副国务卿，在1922年至1925年间，胡佛在白宫召开了一系列年度广播会议，将政府机构、新闻机构和制造商召集在一起，包括刚起步的美国无线电公司。当时，美国有220个广播电台以及250万台收音机。电报线和电话线像许多条圣诞节彩灯一样，通过数英里的电缆将共和国连为一体，乘着空中电波，无线电可以去往任何地方。然而，像电报和电话一样，早期无线电设备是采用点对点通信的，通常是由船到岸。在艾奥瓦州农场小镇长大的胡佛了解到，无线电的未来在于"广播"（1921年创造的一种说法），即向分散在远处的接收器传递信息，就像在田地里播种众多种子一样。他准确地预测到，无线电是这个国家下一个伟大的机械实验，将从根本上改变政治沟通性质——无线电将使政治候选人和公职人员能够不用花差旅费就可以轻松地与选民交流，这也将使治理成为一件更平易近人的事情。1926年，国家广播公司（NBC）电台开始广播，1928年，哥伦比亚广播公司（CBS）开始广播。到了那十年结束之时，几乎每个家庭都有一部收音机，通常是自制的。胡佛承诺，广播将使全体美国人"真正成为一个人"[2]。

胡佛拒绝让它听天由命，或由商人的共同意志决定。早期无线电波十分混乱，这一情况使他认识到，政府可以通过向广播公司发放频率许可，并以要求广播公司回应公众利益的方式来管理无线电波。"天空是公共媒介，"他坚持说，"对它的利用必须是为了公共利益。"[3]他强烈要求通过被称为"空中宪法"的《联邦无线电法》（*Federal Radio Act*）。该法案在1927年获得通过，事实证明，它是进步时代最重要的改革方案之一。

根据《联邦无线电法》的规定，联邦无线电委员会［Federal Radio Commission，即后来的联邦通信委员会（Federal Communications Commission）］采取了一项等时政策，政治候选人之间的辩论成为早期电台最受欢迎的特色之一。后来，这个无线电所造就的世界给胡佛带来了麻烦，他在回忆录中谈道："电台比报纸更容易被宣传机器所利用。"但他早期的技术乌托邦主义得到了广泛的流传：毕竟，像沃尔特·李普曼这样的人对大众民主的疑虑，解决方案会是无线电吗？"如果我们民主的未来取决于公民的智慧和合作，"美国无线电公司总裁詹姆斯·G. 哈博德（James G. Harbord）在1929年写道，"无线电可能比其他任何单一影响力更能帮助它取得胜利。"[4]

在20世纪20年代末，这个国家的乐观情绪似乎无穷无尽，不仅仅是在无线电方面。"今天，美国比以往任何时候、任何国家都更接近战胜贫困，"胡佛在1928年夏天接受共和党提名时说，"我们将在上帝的眷顾下看到贫穷从地球上彻底消失。"美国的经济增长似乎不可阻挡。1928年7月，《华尔街日报》这样报道："一切都表明，企业继续以创纪录的速度展开生产，而且似乎看不到任何东西可以抑制上升的趋势。"股票价格持续上涨，这是有史以来第一次股票不再只卖给富人了。"每个人都应该变得富有"，一位投资者在一篇文章中称，他建议没有储蓄的美国人以分期付款的形式购买股票。爱德华·伯奈斯曾敦促普通美国人投资股市和他们所从事的行业，而他们确实投资了。到1929年，1/4的美国家庭拥有股票，而一代人之前这个比例还不到1%。当胡佛于1928年11月当选总统时，股市一直在历史高位上不断浮动，它的收盘平均指数是1918年的3倍，1924年的2倍。[5]

3月一个下雨的星期一，胡佛乘坐着像他那大礼帽一样时髦的皮尔斯银箭汽车前往就职典礼。他的当选似乎标志着效率和繁荣运动的最终胜利，这是一种由具有公益精神的商人和效率工程师有序推进的大众民主。"政府首脑首次具备了现代技术思想，"《纽约时报》首席记者安妮·奥黑尔·麦考密克（Anne O'Hare McCormick）写道："我们几乎是带着给天才机会的神情，等待表演的开始。"但是，私下里，胡佛担心美国人将他视为"某种超人"。[6]

他习惯以商人的方式迅速进行工作。他在椭圆形办公室的桌子上安装了一部电话，每8分钟安排一次会见。他开始重组联邦政府。"回办公室。"他在午休15分钟后说。他担心股市失控，却发现自己无法阻止牛市的疯狂。道琼斯工业平均指数在1928年飙升至240；1929年夏天，它超过了380。[7]

1929年10月21日，胡佛与500名贵宾，包括美国大部分有影响力的公司业主，聚集在密歇根州迪尔伯恩的亨利·福特的爱迪生研究所里，共同庆祝白炽灯发明50周年。这一金色庆典是伯奈斯的心血结晶，他提前开展了包括向全国所有报纸编辑发放白炽灯泡在内的宣传活动。在晚会上，全国各地的电力公司关闸一分钟，以此向托马斯·爱迪生致敬。然后，82岁的爱迪生重现了他第一次点亮灯泡的那一刻，国家广播公司现场报道的播音员激动得呼吸困难，"爱迪生先生手里拿着两根电线，现在他正在向旧灯泡走去；现在他正在接通。灯泡点亮了！"[8]

那天晚上，电台播报的消息显示，纽约证券交易所的股票已经开始下跌，就像是一个过于耀眼的灯泡，破灭了。

I.

1928年，陷入萧条的欧洲已是一片黑暗，这是第一次世界大战结束后实行的政治解决方案的后果。在1929年秋天之前，美国似乎离那个阴影很远。但随后，道琼斯工业平均指数在三周之内从326跌至198，股市蒸发了将近40%。起初，市场有所反弹，1930年3月，道琼斯交易所内的股票收复了大约75%的失地。尽管如此，经济仍然摇摇欲坠，步履维艰，大萧条来了，到了春末，股价

加利福尼亚州贫困的豌豆采摘者，1936年3月，多萝西娅·兰格（Dorothea Lange）摄。照片展现了大萧条对美国人民的影响。美国国会图书馆

再次暴跌。[9]

　　胡佛这位危机管理大师引导国家应对崩溃，但是当大萧条开始时，除了等待恢复并试图安抚恐慌的公众之外，他做得很少。他相信慈善，但他不相信政府救济，他认为如果美国提供这种救济，国家将会"陷入社会主义和集体主义"之中。[10]

　　当胡佛开始采取行动时，他切断了美国与欧洲的联系，他说服国会通过一项新的惩罚性贸易法案——1930年关税法案取消了美国最后的金融吊桥。作为报复，其他国家很快开始实行自己的贸易限制措施，他们的吊桥也升起来了。世界贸易减少了四分之一，美国进口随之下降。1929年，美国进口了44亿美元的外国产品，但1930年的进口额下降到31亿美元。之后，美国的出口也减少了。为了保护美国种植小麦的农民，进口粮食的关税增加了近50%，但到了

1931年，美国农民发现自己只能卖掉约10%的农作物，债权人在拍卖会上买下农场然后又卖掉。由于无法在美国出售货物，外国债务人无力偿还美国债权人的债务。

1929年至1932年间，有20%的美国银行倒闭。失业率从1930年的9%上升到1931年的16%和1932年的23%。那时，有将近1200万美国人失业，这个数目相当于纽约全州人口。1929年的国民总收入为874亿美元，1932年降至417亿美元。许多家庭的收入为零，25%的美国人缺乏食物。[11]

工厂关闭，农场落荒，气候更使这一情况雪上加霜：干旱折磨着大平原，播下的是绝望，收获的是死亡。土壤变成灰尘被风吹走了。学校关门，孩子们越来越瘦，婴儿在摇篮里夭折。因债务和干旱而流离失所的农民家庭向西部游荡，落满灰尘的破旧汽车里装着他们全部的身家。从美国独立开始的民主实验似乎处于失败的边缘。

"自政治民主兴起以来，从来没有出现过像现在这样严重的挑战"，《新共和》如是说，这份杂志刊登了一系列关于未来自治政府的报道。在全世界范围内，群众压垮了民主国家。俄罗斯帝国、奥斯曼帝国和奥地利帝国分崩离析，到了1918年，已经产生了十几个新国家，其中有很多像立陶宛、匈牙利、保加利亚和波兰这样的国家，它们进行了民主试验，但并没有作为民主国家存续下来。这一情况是惨淡的，年年如此，因为一个又一个欧洲国家纷纷转向法西斯主义或其他形式的威权主义。[12]

19世纪漫长的推行宪政、法治、代议制和放弃独裁的运动——这些原本是18世纪关于理性和争辩、探究和平等的思想在现代生活中的应用——现在统统停滞不前，甚至开始逆转。几乎每周都有专业的评论员宣布这种试验失败了。"为民主写墓志铭流行一时。"法律学者费利克斯·弗兰克福特（Felix Frankfurter）在1930年评论道。英国历史学家阿诺德·J. 汤因比（Arnold J.

Toynbee）这样记录那决定性的一年："1931年，世界各地的男女都在认真思考并坦诚地讨论西方社会制度崩溃并停止运转的可能性。""代议制民主似乎走进了一条死胡同。"政治理论家哈罗德·拉斯基（Harold Laski）在1932年写道。[13]

上一次和平孕育了下一场战争。匮乏导致恐惧，恐惧带来愤怒。1930年，超过300万德国人失业，而纳粹党成员的人数增加了一倍。1933年，疯狂而无情的阿道夫·希特勒上台执政，他在1936年将莱茵兰重新军事化，在1939年入侵波兰。持续多年的悲剧敲响了历史的钟声。被国际联盟禁止对外扩张的日本于1931年入侵满洲，1937年入侵上海。意大利独裁者兼领袖贝尼托·墨索里尼渴望荣耀、胜利和战利品，他于1935年入侵埃塞俄比亚。在纳粹德国宣传部的带领下，暴君以恐怖的谎言进行统治。墨索里尼曾预言："自由主义国家注定灭亡。"[14]

这在很大程度上似乎取决于美国的命运，以及它在自由放任的资本主义和国有经济之间寻求的新的第三条道路。1933年，沃尔特·李普曼在伯克利的一次演讲中宣布："我们处在人类命运的紧要关头，它预示着人类习惯、习俗、惯例、承袭和传统观念都出现了危机。""地球上大规模的人民群众之间的旧关系已经消失，"他说，"我们父辈驾驭国家航船的锚点已经消失了。"[15]

国家之船在海上迷失了吗？"我们，我们所有人，仍然或多或少都是原始人——私刑生动地证明了这一点，法西斯主义的系统性也证明了这一点。"历史学家查尔斯·比尔德（Charles Beard）在1934年痛苦地写道。广大人民群众坚持认为自己有权进行统治，但事实证明，他们的统治是危险的，他们很容易被宣传所欺骗。"现代性的自由文化对于面临社会制度解体和构建新制度感到迷茫的一代人，是完全无法提供指导和方向的。"神学家雷茵霍尔德·尼布尔（Reinhold Niebuhr）在那一年写道，他的文章有一个贴切的名字："对一个时代结束的反思"。[16]

现行的这套政治措施已经失效,将采取哪些措施来取代它们还有待观察。股市崩盘之后,选民们开始反对胡佛及其政党的领导,在1930年的中期选举中,共和党人在众议院中失去了52个席位。顾问们敦促胡佛每周向全国发表10分钟的电台广播讲话,以安抚和慰藉大众,并为他们指引方向,但胡佛拒绝了。

很少有声音不适用于这一新的媒介。胡佛在担任总统期间一共发表了95次广播讲话,在少数几次广播中,除了僵硬的问候之外,他还以一种可怕而单调的语气照本宣科。"如果我们辜负了许多不幸的美国同胞的期望,那么任何一个有同情心的人对同胞遭受的苦难都不可能无动于衷。"他曾经在宣读一篇精彩甚至是激动人心的演讲时说道,这听起来就像一个疲惫不堪的校长在中学毕业典礼上无精打采地宣读毕业生的名字。[17]

任何尴尬都不会让富兰克林·德拉诺·罗斯福感到困扰。他戴着宽边帽和无绳圆形眼镜。他的讲究和挑剔为他赢得了"鸡毛掸子罗斯福"的绰号,如果他想展现贵族风格,他在收音机里平易近人、充满魅力,给人博学、耐心、善意以及不达目的誓不罢休的印象。像往常一样,他的声音"有着来自理性与友善的力量"[18]。出身卑微的胡佛,致力于公共服务,人们认为他背弃了最贫穷的美国人的苦难,而像贵族那样长大的罗斯福将作为胜利者被铭记。

1882年,罗斯福在海德公园出生,年轻时,罗斯福非常钦佩他的远房表哥,即猎狮人西奥多·罗斯福,甚至会模仿他。他会说,"很高兴!""非常好!"1910年,他当选为州参议院的民主党议员,年仅28岁。3年后,威尔逊任命他为海军助理部长。1920年时,他已达到总统竞选伙伴的级别。但是在接下来的一年里,他的政治生涯似乎就要结束了,年仅39岁的他患上了小儿麻痹症,双腿无法正常行走。私下里,他被困在轮椅上;在公开场合,他借助腿部支架和拐杖进行伪装，带着极大的痛苦行走。他的妻子埃莉诺说，正是瘫痪，教给了罗斯福"痛苦的含义"[19]。

他对痛苦的认识改变了他的声音：痛苦让他变得更加温暖。胡佛了解无线电的重要性，而罗斯福知道如何使用它。1928年，罗斯福在民主党全国代表大会上发表提名演讲，这是第一次被广播的大会，罗斯福感到——并且听起来好像——他不是在麦迪逊广场花园的观众面前，而是在全国各地的美国人面前发表演讲。之后，身为纽约州州长的罗斯福像无线电广播员一样磨炼自己的技能，定期从州府奥尔巴尼的WOKO电台"向人民汇报"。该州的报纸大部分被共和党人控制，为了绕过他们，罗斯福每月发表广播讲话，直接与选民联系。

1932年，罗斯福代表新型自由主义为争取民主党提名发表竞选演说，这一自由主义借鉴了布赖恩的民粹主义和威尔逊的进步主义。他在旧金山的一次集会上说："过去半个世纪的历史……在很大程度上是一群金融巨头的历史。但是，伟大的发起人或金融巨头——只要他想建设或开发，我们就会给予他们任何东西的日子已经结束了……属于开明政府的日子已经到来"[20]。

当罗斯福在奥尔巴尼的州长官邸的广播里得知他在民主党芝加哥全国代表大会上被提名时，他打电话给会场说他正在路上。罗斯福在代表们以及电台观众充满期待的等待中飞往芝加哥，并在克利夫兰加油。之前没有任何总统候选人亲自到场接受提名，但时代不一样了，罗斯福说，时代也呼吁改变，"从现在开始，让打破愚蠢传统成为本党的任务"。在他振奋人心的接受提名的现场直播演讲中，他向美国人承诺要实施"新政"。

"我向你们保证，也向我自己保证，会给美国人民一个新政，"他这样告诉在芝加哥体育场欢呼着、挥舞着草帽的人们，"让我们聚集在这里，使自己成为一种能力和勇气的新秩序的先知。这不仅仅是政治选举，还是战争号令。帮助我，不仅仅是为了赢得选票，更是为了赢得这场将美国归还给人民的运动。"[21]

正如他们在谈到威廉·詹宁斯·布赖恩时那样，共和党人经常说，在听罗斯福演讲时会发现自己同意他所说的，即使他们实际上并不同意。有人说："那个男人要做的就是在收音机里说话，他的声音、诚意，以及他表达的方式，真的感动了我。"胡佛在风格和实质上将罗斯福与布赖恩进行比较，称新政只不过是"新言论和新方法下的布赖恩主义"。在政治和选民上，这不是真的，但有不可否认的相似之处。新政"与基督教伦理一样古老，因为它们的道德基础是相同的"，罗斯福说，"它承认人确实是兄弟的守护者，认为劳动者值得雇用，要求正义统治强者和弱者。"[22]

尽管如此，从罗斯福的竞选活动开始，一直到总统任期，他的新政还有很多新的内容。他在全国各地的讲台上发表的竞选演讲被拍成影片，并在电影院作为新闻片放映，这是美国历史上首次出现的情况。在接受提名后，他开始在州长官邸发表全国性的广播演说，一次比一次让人放松。

"我想在这次竞选中经常使用收音机，向你们讲述与我们有关的重要事情，"他告诉听众，"今晚，我坐在自己家里，远离激烈的竞选活动，只有几位家人以及一些私人朋友在场，我希望你能听到我的声音。"大多数美国人只听过国家政治候选人大喊大叫，试图让他们的声音响彻整个宴会厅或足球场。听到罗斯福如此平静地说话，就像他正坐在厨房的桌子旁与你进行理智的争论，这为他赢得了美国人民的支持。"这是上帝赐予的礼物。"他的妻子说。他"可以和别人交谈，让他们觉得他是在和他们单独交流"。[23]

11月，在选举团的投票中罗斯福以472∶59击败胡佛，赢得了48个州中42个的支持。这一结果最简单的解释是公众将大萧条归咎于胡佛，但实际上，胡佛溃败的原因还有很多。罗斯福的当选引入了新的政党制度，民主党和共和党围绕着所谓的新政联盟重新进行安排，这个联盟将蓝领工人、南方农民、少数民族、自由派知识分子，甚至是工业家，更不可思议的是，还有女人，将他们组织在一起。罗斯福的上台植根于19世纪的民粹主义和20世纪初的进步主义，这标志着现代自由主义的兴起。

但罗斯福的当选和新政联盟的成立也导致他的妻子埃莉诺·罗斯福发生转变。她有着不屈不挠的性格，而且野心勃勃。1884年，埃莉诺生于纽约，小时候就成了孤儿。1905年，她与五堂兄罗斯福结婚，他们有6个孩子。在他们婚后第9年，罗斯福与埃莉诺的社交秘书发生了婚外情，埃莉诺发现后准备离婚，但罗斯福不同意，他担心这会结束他的政治生涯。于是埃莉诺把精力转向了家庭以外的地方。在战争期间，她致力于国际援助，并且当罗斯福在1921年患上小儿麻痹症后，她开始公开发表演讲，成为第一个听从让众多女性登上舞台的召唤的人：她代表丈夫出席活动。

就在女性加入政治团体的时候，埃莉诺·罗斯福凭借自己的能力成为美国政坛中的重要人物。由于对主要政党回避平权一事感到挫败，爱丽丝·保罗在1916年创建了全国妇女党（National Woman's Party）。[24]民主党和共和党担心获得选举权的女性选民会组建自己的投票集团，因此开始招募女性成员。1917年，民主党全国委员会成立了女性分部，第二年，共和党人如法炮制，党主席表示要"遏制任何形成单独妇女党的倾向"。1920年，第十九修正案获得通过后，女性选民联盟负责人凯莉·查普曼·卡特（Carrie Chapman Catt）带领妇女脱离了国家妇女党，并敦促她们加入两大政党："在这个国家有所成就的唯一方法就是在政党内部找到她们。"很少有女性比埃莉诺·罗斯福更有力地回应这一呼吁，她在丈夫竞选并担任纽约州州长期间成为纽约州民主党女性分部的领导人。到了1928年，埃莉诺·罗斯福成为美国政治中最有权势的两位女性之一，也是民主党全国委员会妇女分部的负责人。[25]

埃莉诺·罗斯福又高又瘦，经常穿着花裙子，一头鬈发，戴一顶软帽，帽檐里别着花朵,她的脊柱像摩天大楼的钢梁一样挺直。她不想让丈夫竞选总统,主要是她没有兴趣成为第一夫人,除了特殊情况外,这个角色只意味着在国宴上扮演女主人,并在男人们的谈话转向国事时提出抗议。她自己也可以成为这样的角色,所以她决定利用自己的地位推动她关心的事业:妇女权利和公民权利。她参加全国巡回演讲,定期为报纸写专栏,从1932年12月开始发表了13期的全国性广播。她虽然不是天生的演讲者,但追随者相当忠诚,她成了广播明星。在白宫,她发表了大约300次广播演说,几乎和罗斯福一样多。最重要的是,她接触到了农村妇女,除了收音机之外,农村妇女几乎和国家文化没什么联系。"正如我和你们说的那样,"她告诉听众,"我试图在田纳西州的高山农场,在得克萨斯平原上的偏僻牧场,在成千上万的家庭中实现这一目标,那里有女性在听我说话。"[26]

埃莉诺·罗斯福不仅将女性引入政治,重新塑造了第一夫人的角色,而且还使民主党重新开始考虑妇女的利益,这是一个戏剧性的逆转。共和党自1854年成立以来,一直向女性提供支持,而民主党则把妇女拒之门外,对她们关心的事视而不见,但这一切因埃莉诺·罗斯福而得到了改变。在妇女首次选择政党的那些年里,成为民主党人的女性比成为共和党人的要多。1934年至1938年间,虽然共和党女性成员的人数增长了400%,但民主党女性成员的人数增长了700%。[27]

1933年1月,埃莉诺宣布要写一本书,《波士顿环球报》对此表示怀疑:"自从罗斯福当选总统以来,富兰克林·罗斯福夫人一直是本国最活跃的女性之一,她打算在三月份的就职典礼之前写完一本四万字的书,并且每个字都将由她亲自写就。"[28]

《这由女人决定》(*It's Up to the Women*)一书在春天完成了。她认为,只有女性才能领导国家走出大萧条,这需要节俭、勤奋、常识和公民参与。埃莉诺·罗斯福常说,"人民真正的新政"与女性的觉醒息息相关。[29]

II.

富兰克林·德拉诺·罗斯福坐在敞篷车的后座上前往国会大厦,旁边坐着胡佛,他们的膝盖上铺着一条毯子。在1933年3月4日那个寒冷的日子之后,这两个男人再也没有见过面。"这个伟大的国家将会走下去,一如她之前的坚持。"罗斯福在他的就职演说中说,他试图安抚这个陷入困境的国家,他靠在讲台上,忍受着身体带来的巨大痛苦。"我们唯一要害怕的是害怕本身——莫名其妙的、丧失理智的、毫无根据的恐惧。"[30]

当时,许多美国人对经济危机充满恐惧,所以要求新总统像独裁者那样接管权力,以避免来自国会的故意阻挠。"富兰克林,情况危急,"沃尔特·李普曼写信给罗斯福,"你可能别无选择,只能行使独裁者的权力。"[31]1933年3月,威廉·伦道夫·赫斯特与人合拍了一部好莱坞电影《天使降临白宫》(Gabriel Over the White House),该片在总统就职典礼期间上映。片子描绘了一位虚构但鲜明的罗斯福式总统,受到弹劾威胁时,他在国会联席会议上大发雷霆。

"你们将数周和数年的时间花在徒劳无功的讨论上,这就是浪费,"他告诉代表们,"我们需要采取行动,立即采取有效行动!"他宣布国家进入紧急状态,让国会休会,并完全掌管了政府。

"总统先生,这是独裁!"一位参议员喊道。

"我不会被言语吓倒!"总统回答道。[32]

"我们需要独裁者吗?"《国家》杂志在电影上映的那个月问道,并回答,"绝对不是!"[33]

与此同时,世界各国在观察德国。在很长一段时间里,美国记者都低估了希特勒。世界知名杰出记者多萝西·汤普森（Dorothy Thompson）于1930年采访了希特勒，对他不屑一顾。她写道，"他健谈，但没有逻辑，是病态的、靠不住的"，"就是'小男人'的原型"。到了1933年，那个"小男人"的意图越来越清晰，汤普森在提高美国人对希特勒迫害欧洲犹太人的意识方面所做的努力，几乎超过了任何作家。她将纳粹主义描述为"对西方人整个过去的否定"，"是对理性、人道主义，以及作为自由主义和民主基础的基督教伦理的彻底破坏"。她因为批评纳粹政府而被德国驱逐，她把驱逐令装在画框里挂在了墙上。[34]

1933年1月30日，希特勒被任命为德国总理。在3月5日举行的议会选举中，纳粹党以微弱的劣势未能赢得多数席位，这也是之后几十年中，德国人民最后一次投票。6天后，希特勒告诉内阁，他打算成立宣传部。3月13日，约瑟夫·戈培尔（Joseph Goebbels）被任命为第一任部长，4天后，他在日记中写道："现在，广播完全掌握在国家手中。"在控制了无线电之后，希特勒掌握了政府的其他控制权。3月23日，他在德国立法机构发表讲话，党卫军成员为其把守大门。在巨大的卍字旗帜下，希特勒要求国会通过《人民和帝国的苦难补偿法》，国会基本上放弃了自己的全部权力，并授予了希特勒立法权。然后，政府宣布除纳粹党外的所有政党都是非法的。10月，德国退出了国际联盟。试图逃往美国的犹太难民发现自己被一个怪诞的悖论拦住了：纳粹法律规定，犹太人不能从该国带走超过4美元的财物，而美国的移民法拒绝接收任何"可能成为公共负担"的人。[35]

对世界各地的许多人来说，罗斯福是民主政府的希望，他的新政是自由秩序最后的也是最大的希望。约翰·梅纳德·凯恩斯给总统写信说："你已经使自己成为各国人民的受托人，这些人民在现有的社会制度框架内，通过理性实验，寻求改善悲惨境遇的方法。如果你失败了，全世界将对理性变革抱有严重偏见，从而让正统和革命来一决雌雄。但是如果你成功了，那么新的、更大胆的方法将在各地试行，而我们将会把你的就职日视为新经济时代第一章的开启。"[36]

与普通美国人的期待相比，凯恩斯的期望不算什么。在罗斯福总统上任的前7天，他收到了超过45万封来自公众的信件和电报。当然，不是所有的信件都表示赞扬，但罗斯福一样欢迎它们，这些信件告诉了他，人们在想什么。他每天都会挑选出一些信件进行阅读。[37]

自乔治·华盛顿就职以来，人们一直给总统写信，但是，从数量上计算，没有任何一位总统收到过如此多的信件。（胡佛每天收到800封信，而富兰克林·德拉诺·罗斯福是8000封。）[38]20世纪20年代之前没有"粉丝来信"这样的表达方式，这是收音机的产物。广播电台和广播网鼓励听众给它们写信，并借助他们的反馈来改进节目。在20世纪30年代，国家广播公司每年收到1000万封信（不包括发送给其附属机构、赞助商和电台的邮件）。像广播电台一样，白宫开始阅读、整理和统计邮件。仅在1933年，埃莉诺·罗斯福就收到了30万封信，之后，邮件也潮水般涌向国会。1935年，参议院每天收到4万封信件。到了20世纪30年代末，选民们也会写信给最高法院的大法官。[39]

罗斯福通过阅读选民邮件仔细聆听美国普通人的意见，他还组建了一个不同寻常的顾问团队。在全国紧急状态下当选的罗斯福组建了一个"智囊团"，其中包括美国总统内阁的第一位女性成员、劳工部部长弗朗西斯·珀金斯（Frances Perkins）。他是如何依靠自己的智囊团，并将自己的想法付诸实践的，这一点在他如何处理广播稿件中得到体现。珀金斯在替他撰写的、准备在广播中播出的演讲草稿中写道："我们正努力建设一个更具包容性的社会。"而当他发表广播讲话时，他说的是："我们打算建立一个没有人被遗弃的国家。"[40]

他关闭国家银行，银行和企业倒闭率达到了历史最高点，数百万美国人一贫如洗。纽约证券交易所和芝加哥期货交易所暂停了交易，32个州的州长关闭银行以防止全面崩盘。在银行继续营业的州，存款人可以提取不超过其储蓄5%的资金。罗斯福关闭银行以避免这一情况进一步恶化。3月5日，即他就职后的第二天，他要求国会宣布银行放假四天。根据《紧急银行法》（*Emergency Banking Act*）的规定，一旦发现银行状况良好，它们就会开门。3月12日，罗斯福发表了电台经理称之为"炉边谈话"的第一次广播讲话，这种讲话一共300多次。在解释他的银行计划时，他做出保证。他说："我想告诉你在过去几天里我们做了些什么、为什么要这样做，以及接下来的步骤。"他说："当你把钱存入银行时，银行不会把钱存入安全的保险库。"他要求美国人要有信心，"我可以向你保证，将钱存入重新开业的银行比藏在床垫下面更加安全。"[41]

借助无线电，罗斯福获得了普遍的支持，这强化了他采取这些措施的能力。人们说，夏天，你走在城市的街道上，经过房屋和汽车敞开的窗户时，不会错过炉边谈话的每一个字，因为每个人都在听。"我们已成为新的、真正意义上的邻居。"罗斯福说，他描述了电台广播连接大陆两岸的情景。演讲播出后，罗斯福会再听一遍录音，以便在下次广播时进行改进。他一遍又一遍地修改草稿，以至于当他在麦克风前坐下时，已经能够把讲稿背下来。每次发表演说之前，他会小睡一会儿以便让嗓子得到休息。他的语速很特别，比大多数电台播音员要慢得多，并且每天都有一个关键词。罗斯福对无线电的掌握是天赋和勤奋的结果。他还与联邦通信委员会主席联手阻止报纸出版商拥有广播电台，从而挫败了威廉·伦道夫·赫斯特试图将他的帝国扩展到广播领域的企图，并拒绝允许重要的政治对手在频道调节器上占有一席之地。[42]

罗斯福与国会的合作也受到了谴责。他在执政后第一个一百天里每天都和立法者见面，并提出了旨在稳定和改革银行体系、通过政府规划来规范经济、借助公共援助计划提供经济救济、开展公共工程计划以减少失业、允许为美国农村人口提供上好资源的农场主保留其农场等一系列立法，其后，国会予以通过。"作为一个国家，"珀金斯说，"我们认识到，某些长期以来被认为仅仅是劳工福利的计划，例如更短的工时、更高的工资，以及在劳动合同和工作条件上的发言权，都是复苏的重要经济因素。"[43]

罗斯福的计划建立在政府计划对经济复苏是必要的这一观点上，在某种程度上，也建立在凯恩斯主义的观点上，即政府支出是治疗萧条的药方。此时，1936年凯恩斯的《就业、利息和货币通论》（The General Theory of Employment, Interest, and Money）还没有出版，但他已经采纳了这一观点。罗斯福的银行改革措施包括《紧急银行法》、建立联邦存款保险公司的《格拉斯–斯蒂格尔法》（Glass-Steagall Act），以及成立证券交易委员会（Securities Exchange Commission）。公共工程管理局（The Public Works Administration）负责监督数以万计的基础设施项目，从修复道路到修建水坝，到文化和艺术的创新活动，包括联邦作家项目和联邦剧院项目。《农业调整法》（The Agricultural Adjustment Act）解决了三分之一以上的在农场工作的美国人所面临的问题。

20世纪20年代，纽约州有超过30万个农场被遗弃，罗斯福在担任纽约州州长时就一直在处理这个问题。像许多后来被称为新保护派（New Conservation）的改革者一样，罗斯福认为美国最大的财富差异是城市和农村之间的差异。农村社区的学校差，医疗服务落后，税收高。他认为，贫瘠的土地造成了人的贫穷。1931年，罗斯福在成立纽约电力管理局（New York Power Authority）时说："我希望增加土地的价值，至少从部分上为抵御未来的萧条提供保险。"《农业调整法》、农场安全管理局（Farm Security Administration）和其他农业倡议致力于更好、更公平地分配土地、电力和水资源。美国农村人最大的痛苦主要体现在棉花生产带，罗斯福将国家的这一部分称为"国家的头号经济问题，这是国家的问题，而不仅仅是南方的问题"[44]。

改革、救济和复苏是罗斯福方案的三个支柱。初期成果势头喜人，但大萧条仍在继续。"当有人预测新政方案的效果时，他或多或少都是在猜测，"查尔斯·比尔德在1934年写道，"什么是'成果'或'结果'？它是1936年、1950年还是2000年的成果或结果？"新政的启动很勉强，但选民还是表达了他们的支持，民主党在中期选举中表现良好，使得罗斯福能够进一步推行新政。"伙计们，这是我们的时刻，"他的顾问哈里·霍普金斯（Harry Hopkins）说，"我们必须得到我们想要的一切，包括建设方案、社会保障、工资和工时在内的所有一切，要么是现在，要么永远得不到。"也许，不是一切。1934年，曾在20世纪头10年为全民健康保险奔走的艾萨克·鲁比诺出版了《追求安全》（*The Quest for Security*）一书，他敦促罗斯福将医疗保健纳入新政。但此时，在战前赞成鲁比诺提议的美国医学协会（American Medical Association）改变了立场。《美国医学协会》杂志的编辑说，政府对医疗的干预可以归结为"美国主义与苏维埃主义"的问题。[45]

即使没有全民医疗保健，新政的覆盖面也非常广泛。1935年，国家仍然经历着大萧条，国会通过了《全国劳资关系法》（*National Labor Relations Act*），赋予工人组织和建立工程项目管理局（Works Project Administration）的权利，以雇用数百万工人修建道路、学校和医院，并且也可以雇用艺术家和作家。与此同时，珀金斯起草了《社会安全法》（*Social Security Act*），该法在当年晚些时候得以通过，它确立了养老金体系，规定了联邦政府对失怙家庭的援助以及失业救济。

1936年，在加入佃农协会后，阿肯色州的佃户被驱逐出家园。
约翰·瓦尚（John Vachon）/美国国会图书馆

改革依然是有限的。在20世纪30年代创建福利国家的自由主义政策制定者反对救济。罗斯福总统表示："联邦政府无意，也不想强迫国家或失业者接受一种与美国个人自力更生理想相悖的救济制度。"而且他们对直接税也颇有微词，这种厌恶最明显的表现在为了向《社会保障法》提供资金而对工资征收间接税上。这使得新政能够区分养老和失业计划（作为保险金发放，由工资税作为保险费构成的养老金支付），以及贫困计划，如《贫困儿童援助方案》（作为福利发放）。这种区别的一个遗留问题是：对福利怀有敌意的美国人很少将《社会保障法》视为其中的一部分。[46]

饥饿、绝望，是20世纪30年代苦难的根源。土地本身已经变得贫瘠。"当我们摘棉花时，我们可以看到两三个月前耕种时留下的痕迹。"威利斯·马格比（Willis Magby）在回忆阿肯色州小石城以西的比顿镇干旱时说道。1933

年,当父母将他和六个弟弟妹妹塞在一辆老式T型车里从阿肯色州送往得克萨斯州南部时,马格比才13岁。这家人在路边宿营,为了给车加油,沿途典当了最后一件家当。他们曾经在得克萨斯州连着几个星期只能吃被雨水泡过的玉米面。还有一个冬天,他们靠捕食兔子维生。直到马格比的父亲获得了政府贷款,买了几头骡子,情况才有了好转。[47]

一项所谓的"印第安新政"结束了道斯分配制度,允许印第安人建立自己的国家,奥卡诺根作家克里斯蒂娜·昆塔斯科特(Christine Quintasket)1934年在俄勒冈州说,情况不会比现在更糟。在大萧条时期,几乎有一半的白人家庭和十分之九的黑人家庭要在某些时候忍受贫困。黑人家庭的情况更糟,不仅因为陷入贫困的人数更多,而且摆脱贫困的道路往往不对他们开放,比如说新政贷款、救济计划和保险计划通常专门把黑人排除在外。

1900年,路易丝·诺顿(Louise Norton)出生在格林纳达,1917年,在费城举行的团结黑人进步协会会议上,她遇见了她未来的丈夫厄尔·利特尔(Earl Little),他是一位浸信会牧师。1925年,利特尔一家住在奥马哈,当时,怀着儿子马尔科姆的路易丝与她另外三个孩子在家,三K党徒骑马来到他们家,威胁要处死利特尔牧师。发现他不在家后,他们打碎了他家中所有的窗户。利特尔一家被赶出奥马哈后,最终定居在密歇根州的兰辛,在那里,治安维持者甚至烧毁了他们的家。1931年,利特尔牧师在一次有轨电车事故中丧生,大量证据表明,他死于谋杀。利特尔死后,保险公司拒绝向他的遗孀赔付人身保险。有一段时间,路易丝和孩子们只能靠吃蒲公英为生。1939年,在生下第八个孩子后,路易丝·利特尔被送进了卡拉马祖州立医院的精神病院。她的儿子马尔科姆被送到寄养家庭,之后又被送入少年之家,最后和他同父异母的妹妹一起住在波士顿。有一天,他改名为马尔科姆·艾克斯(Malcolm X)。[48]

如果说艰难时期使一些裂痕扩大,那么它也会使另一些裂痕缩小。今天过得很好的人可能第二天就会陷入穷困潦倒的地步，事情不可能没有目击者。失业有一个副作用：人们有更多的时间来听收音机。三分之一的电影院关闭了，但仅在1935年至1941年间，就有近300个新的广播电台开播。到这个十年结束时，美国广播电台的数量超过了全球的一半，当时的无线电广播记录了穷人的苦难并将其戏剧化，之后以新闻报道和新兴广播剧的形式向全国观众播放，为此还出现了一个新的音效词汇：即兴真情（immediate and visceral）。[49]

大部分记录苦难的工作是由剧作家、摄影师、历史学家和作家完成的，他们受雇于政府并得到公共事业振兴署（Works Progress Administration）的资助。他们为联邦作家项目和联邦剧院项目（包括其无线电部门）工作，在采访、摄影、拍摄、绘画和电台广播中记录了普通人、农村人，特别是穷人的生活，批评者称其为"口哨、小便和争论"部，但在近四分之一的出版业人员失业的时候，公共事业振兴署的联邦作家项目为超过7000名作家提供了就业机会，其中包括拉尔夫·埃里森（Ralph Ellison）、佐拉·尼尔·赫斯顿（Zora Neale Hurston）、约翰·契弗（John Cheever）和理查德·赖特（Richard Wright）。[50]无线电将苦难者的声音带进了千家万户，带进了那些境遇尚可的家庭，甚至是极少数兴旺之家。詹姆斯·特拉斯洛·亚当斯（James Truslow Adams）的《美国史诗》（The Epic of America，1931）一书展示了最卑微的美国人的生活，该书后来被美国联邦剧院改编成戏剧。亚当斯在这本书的序言中写道："美国不乏优秀的将政治、军事、外交、社会和经济等各方面巧妙交织在一起的单卷本叙事史。"但《美国史诗》不是这种历史书。相反，亚当斯曾试图"为自己和他人发现，大多数人属于哪一类，普通的美国人是如何在观念、性格和观点上变成今天这样的人的"。亚当斯把他的书称为"美国梦"，这个词是他创造的，他用语言庆祝普通人的斗争，这种斗争将激励后世的领导人，从小马丁·路德·金到巴拉克·奥巴马。[51]

公共事业振兴署和其他新政计划的纪录片项目，包括多萝西亚·兰格和沃克·埃文斯（Walker Evans）代表农场安全管理局拍摄的照片，体现了大致相同的精神。农场安全管理局摄影项目的负责人要求工作人员阅读查尔斯·比尔德的《美国史》（History of the United States），这是一部支持穷人斗争、雄辩且尖锐的社会史。公共事业振兴署的民俗指导本杰明·博特金（Benjamin Botkin）希望将"街道、畜栏和招聘大厅都写进文学作品"。通过1万多次的访谈，作家项目出版了大约800本书，其中包括《美国民俗宝藏》（A Treasury of American Folklore），以及一本名为《这是我们的生活》（These Are Our Lives）的书，书中摘录了两千多场对曾经是奴隶的美国人的采访。[52]

如果说大萧条和新政催生了对穷人新的同情心，那么它同时也造就了一代政治家，他们致力于实践政府可以减轻痛苦和调节经济的理念。1937年，又高又瘦的得克萨斯州前教师林登·B. 约翰逊（Lyndon B. Johnson）当选为国会议员，他竭力为他的选区争取联邦资金，用于修建水坝等农田改善项目。当约翰逊还是个孩子的时候，他的父亲失去了农场，他在极度贫困的环境中长大成人。身高六英尺三英寸、长着一双长耳朵的约翰逊，浑身有使不完的劲儿。他搭便车进入州立师范学院，毕业后在得克萨斯州国境线以北60英里的科图拉的一所小学教书，他的学生是墨西哥裔美国人。这里没有午休，因为孩子们没有午饭可吃。约翰逊组织了一个辩论小组，教他们如何为自己的观点而战。当他竞选国会议员时，他的标语上写着"富兰克林·D. 和林登·B."。像他崇拜的英雄一样，林登·B. 约翰逊也在广播电台上开展竞选活动，如奥斯汀的KNOW和圣安东尼奥的KTSA等，并曾经一度在理发店里进行广播，以响应民粹主义的呼声。[53]

在国会，约翰逊经常每天工作16至18小时。1937年，他努力使《班克赫德-琼斯法》（Bankhead-Jones Act）获得通过，以帮助佃农购买土地，他也在争取更多的改进，并试图将农村电气化交由农民合作社管理，而不是由电力公司掌管。后来他说："我们在河上修建了六座水坝，控制了洪水。我们为人民提供廉价的电力……这一切都源于政府使最多数人得到最大利益的能力。"[54]

这个最多数人的数量有多大？当统计时代取代了量化时代，新的方法和新的信息来源也使衡量新政的效果成为可能。1912年，意大利统计学家、卡利亚里大学统计学教授科拉多·基尼（Corrado Gini）发明了一个名为"基尼系数"的指标，以从0到1的数字来衡量经济的不平等程度。[55]如果世界上所有收入都属于一个人，而其他人一无所获，那么这个世界的基尼系数将为1。如果世界上每个人的收入都完全相同，这个世界的基尼指数就是0。在0和1之间，数字越大，贫富差距就越大。在第十六修正案通过后，利用1913年开始提交的联邦所得税申报表，就可以计算出美国的基尼指数。1928年，根据财政部部长安德鲁·梅洛（Andrew Mellow）批准的纳税方案，美国收入最高的1%的家庭占有了全国24%的收入。到了新政改革之后的1938年，收入最高的1%的家庭只获得了全部收入的16%。[56]正是这种再分配，在美国与法西斯主义暧昧不清的时候，让保守派惊恐不安。基尼自己提倡的那种经济计划与非民主国家联系紧密。1925年，在他写下名为"衡量不平等"的文章后的第四年，基尼签署了《法西斯主义知识分子宣言》。作为科学家，他的工作与法西斯国家关系密切，以至于在法西斯政权倒台后，他作为"法西斯主义的辩护者"受到了审判。[57]

美国人也开始搜寻法西斯主义，特别是共产主义的信徒，并抓捕美国的颠覆分子。在大萧条时期，约有7.5万名美国人加入了共产党。1938年5月，得克萨斯州像牛一样健壮的37岁的保守派民主党人小马丁·戴斯（Martin Dies Jr.）成为林登·约翰逊眼前的一只苍蝇，他召集众议院非美活动委员会调查可疑的共产主义者和共产主义组织。对此，多萝西·汤普森抨击道："小男人，卑鄙的小男人，他们跑来跑去，给人们乱贴标签。这个是'赤色分子'，这个是'犹太人'。从什么时候开始，美国成了窥探一族？"窥探已经持续了一段时间。戴斯的大部分工作延续了J. 埃德加·胡佛（J. Edgar Hoover）的联邦调查局（FBI）发起的骚扰和恐吓运动，联邦调查局监视了数百名黑人艺术家和作家，渗透进他们的组织，特别是骚扰"哈莱姆文艺复兴"时期的作家和艺术家。正如理查德·赖特在"FB之眼"中所写的那样，"主啊，无论我看向何处/我都看到了FB之眼/我厌倦了政府的密探"。[58]

在国会听证会上，戴斯将他的怒火发泄到公共事业振兴署雇用的作家和艺术家身上，试图证明他们的作品，包括戏剧、诗歌以及民间传说整理和纪实照片中隐藏着共产主义信息。在一次令人啼笑皆非的交锋中，戴斯将联邦剧院项目主任海莉·弗兰纳甘（Hallie Flanagan）传唤至他的委员会。弗兰纳甘出生于南达科他州，是一位颇有造诣的剧作家，也是瓦萨学院杰出的戏剧教授，她在那里创立了实验剧场。1938年12月，当她出现在戴斯的委员会面前时，亚拉巴马州议员约瑟夫·斯塔恩斯（Joseph Starnes）问及她所写的一篇学术性文章，她在该文中使用了"马洛式疯狂"一词。［剧院项目在新奥尔良、波士顿、底特律、亚特兰大和纽约资助了由奥森·威尔斯（Orson Welles）执导的马洛的《浮士德博士的悲剧》。］

"你引用了马洛的话，"斯塔恩斯问道，"他是共产党员吗？"

观众大笑起来，但弗兰纳甘严肃地回答道："我引自克里斯托弗·马洛。"

"告诉我们马洛是谁。"斯塔恩斯说。

"请记录在案，"弗兰纳甘不耐烦地说，"他是莎士比亚时期最伟大的剧作家。"[59]

弗兰纳甘的担心是正确的。联邦剧院项目上演了八百多场戏剧，戴斯的委员会只反对其中的少数几场，包括描述一位女总统的《真命天女》（Woman of

Destiny），以及关于大规模生产的《机器时代》(Machine Age)，但在弗兰纳甘做证后几个月，联邦剧院项目和联邦作家项目的资金供应全停了，国会与戴斯做了一笔交易，和浮士德与路西法（Lucifer，魔鬼）做的交易差不多。

III.

富兰克林·罗斯福的总统任期标志着"新政秩序"的开始，这是由美国主导的、以权利为基础的自由主义，林登·约翰逊将把它带入20世纪60年代。在19世纪，"自由主义"意味着倡导自由放任的资本主义，这一术语的含义在进步时代发生了改变，当时，自封的进步主义者借用民粹主义，开始试图通过集体行动，以及民粹主义者所采用的呼吁人民的工具来改革自由放任的资本主义，20世纪30年代，这些努力一起构成了新政自由主义。[60]

与此同时，一种新的保守主义也在成长，它不仅存在于反对政府监管经济的商人之中，也流行于反对政府干涉他们生活的美国人（主要是农村人）中间。这两股保守主义在20世纪30年代基本上是分开的，但它们已经开始逐渐靠近，尤其是在对待家长式自由主义的敌意方面。[61]

在罗斯福的第一个任期开始后不久，曾经支持他的商人开始质疑他的规划。杜邦兄弟——皮埃尔、伊雷内和拉蒙分别来自靠油漆、塑料以及军火起家的家族。1934年，一本谴责军火商为第一次世界大战生产弹药的畅销书《死亡贩子》(Merchants of Death)，引发了一场由北达科他共和党参议员杰拉尔德·P. 奈（Gerald P. Nye）领导的国会调查，他对共和党支持罗斯福表示不屑。当时，对军火商的关注超越了党派分界，由此带来的对枪支的关注也是如此。但在奈的参议院弹药委员会中，埋藏着20世纪70年代关于私人枪支拥有权辩论的源头。

当然，美国人一直拥有枪支，但各州也一直管理着枪支的制造、拥有和储存。肯塔基州和路易斯安那州（1813年）、印第安纳州（1820年）、田纳西州和弗吉尼亚州（1838年）、亚拉巴马州（1839年）和俄亥俄州（1859年）的法律禁止携带私藏武器。得克萨斯州、佛罗里达州和俄克拉何马州也通过了类似的法律。得克萨斯州州长说："私藏致命武器的用途是谋杀。检查私藏武器是每个有自尊而守法之人的责任。"城市和乡村拥有不同的规则。在西部城镇，治安官会像搜查托运行李那样搜查游客的枪支。1873年，堪萨斯州威奇托市的一个标志物上写着："把你的左轮手枪留在警察总部，并通过检查。"在进入道奇的道路旁，一个广告牌上写着"严禁携带枪支"。当怀亚特·厄普（Wyatt Earp）遇到一名违反1879年城市管理条例，没有把枪留在治安官办公室的男子时，亚利桑那州墓碑镇科拉尔街道上发生了枪战。[62]

全国步枪协会（National Rifle Association）于1871年由一名《纽约时报》的前记者成立，作为一个运动和狩猎协会，它的大部分业务是为标靶射击比赛提供赞助。全国步枪协会不仅不反对枪支管制，还支持它，并为之提供赞助。20世纪20年代和30年代，全国步枪协会拥护枪支管制立法，为这一时期通过新的州法而进行游说。对城市犯罪的关注促进了20世纪30年代的联邦立法，出于公共安全意识而进行枪支管制是无可争议的。全国步枪协会既支持1934年单一的《国家枪械法案》（National Firearms Act），即第一部联邦枪支管制法，也支持1938年的《联邦枪械法案》（Federal Firearms Act），它们共同对私人拥有自动武器（机关枪）征税，批准手枪经销商的许可证，引入手枪买家的等待期，要求任何希望携带隐蔽武器的人都要有执照，并建立了经销商许可证制度。1939年，在"美国诉米勒案"的一致裁定中，美国最高法院维持了这些措施的实施，尽管罗斯福的司法部副部长罗伯特·H. 杰克逊（Robert H. Jackson）称第二修正案"仅限于人民为他们的共同防御和安全而拥有武器"。杰克逊认为，该修正案的文字明确指出："（持有枪支）不可以用于私人目的，它们只是在民兵或法律规定的其他军事组织中为保护本州而持有的武器"。[63]

1934年和1938年的枪支立法得到了两党的支持，但是作为孤立主义者的保守派，却推动了对弹药制造的监管。两年来，奈反对"死亡贩子"，他召开了93次听证会，对联邦政府任何一个分支机构所经营的军工厂进行了最严格的调查。他认为生产武器的能力应该仅属于政府。他说："从战争中清除获利这一因素将大大消除更多战争的危险。"从杜邦兄弟的角度看，曾被称为英雄的商人现在成了恶棍，成了死亡贩子，他们认为，将武器制造权移交给政府的前景是极其糟糕的，因为这意味着自由经济向计划经济屈服。杜邦家族也关注工会的壮大、罢工的次数以及证券交易委员会的成立。伊雷内·杜邦写道："现在每个有理性的人都已然知晓，政府倡导的所谓'新政'，完全就是社会主义学说的另外一个叫法。"[64]

为了使美国公众了解情况，杜邦及全国制造商协会（National Association of Manufacturers）开始开展公关活动。协会主席说："民众不了解工业，很大程度上是因为工业本身没有真正努力讲述它的故事，我们要向这个国家的人民表明，我们较高的生活水平几乎完全是从工业活动所建立的文明中获得的。"为此，该协会聘请了一个名叫沃尔特·W. 威森伯格（Walter W. Weisenberger）的公关专家，任命他为执行副总裁。威森伯格利用无线电和付费广告等工具反对工潮和政府监管，他认为商人和自由市场的主导能够最好地保证和平与繁荣。他的运动口号是"繁荣驻留在和谐主宰的地方"。[65]全国制造商协会坚持认为它的工作具有教育意义，但由威斯康星州进步派部长罗伯特·M. 拉福莱特（Robert M. La Follette）领导的国会调查却得出了不同的结论。拉福莱特委员会报告说，商业领袖"不问经济结构的弱点和弊端是什么，以及如何纠正它们，而是花数百万美元告诉公众不存在任何错误，并且，他们提出的补救措施中还潜藏着巨大的危险"。[66]

其他企业领导人也追求类似的目标。1934年7月，杜邦在通用汽车公司的纽约办公室召集同行成立了一个反对新政的"财产所有者协会"。8月，该协会已被纳入美国自由联盟。通过小册子和演讲，自由联盟认为商业的声音正被新政"饥不择食的疯狂"所淹没。该联盟的成员尤其反对社会保障，认为这是"在没有正当法律程序的情况下剥夺他人的财产"。该联盟的大部分资金来自30名富豪，因而被民主党人称为"百万富翁联盟"。[67]当然，它也有其他名字。在1936年美国总统大选中，自由联盟成立了一个名为"农民独立委员会"（Farmers' Independence Council）的组织，他们支持共和党候选人、石油公司总经理、堪萨斯州州长阿尔夫·M.兰登（Alf M. Landon）。但农民独立委员会和自由联盟的邮寄地址是相同的，它的成员中没有一个是农民，而是芝加哥肉类加工商，它的大部分资金来自拉蒙·杜邦，拉蒙·杜邦辩称自己是以"农民"的身份进行游说的，因为他拥有4000英亩的土地。[68]

20世纪30年代，多股保守主义在美国国内共存，但并不享有同样的意识形态。反对新政的商人通常与保守派知识分子没什么共同之处。1935年，《自由人》（The Freeman）杂志的编辑艾尔伯特·杰伊·诺克（Albert Jay Nock）出版了《我们的敌人：国家》（Our Enemy, the State）一书。虽然他对中央集权的国家多有抱怨，但诺克主要关注的是大众民主和大众文化的兴起，这是西方文明衰落的先兆，他认为激进的平等主义造就了一个平庸和乏味的世界。美国保守派知识分子反对社会主义，他们是孤立主义者，他们当中的许多人有反犹太主义倾向。1941年，诺克为《大西洋月刊》撰写了一篇名为《美国犹太人问题》的文章。[69]

只有在战争结束后，保守派运动才会找到它的基础和方向。与此同时，20世纪30年代，美国政治的左倾受到政治咨询和民意调查等新兴产业的制约，这是自政党制度出现以来，美国民主中最重要的力量。

选战公司是世界历史上第一家政治咨询公司，由克莱姆·惠特克（Clem Whitaker）和莱昂内·巴克斯特（Leone Baxter）于1933年在加利福尼亚创建，批评者称其为"谎言工厂"。

政治咨询在一开始借助广告和新闻展开业务，它通常被认为是广告业的一个分支，但反过来说更接近事实。当现代广告在20世纪20年代开始出现时，该行业的大客户们对推进政治议程的兴趣不亚于商业议程。扒粪者和国会的调查往往试图使标准石油公司显得贪婪，使制造军火的杜邦公司显得阴险。大公司聘请广告公司让自己看起来更友好——向公众宣传他们的理念，顺便提一句，也是为了推进有利于商业的立法。[70]

政治咨询起源于新闻业，这要归功于威廉·伦道夫·赫斯特。34岁的惠特克最初是一名报纸记者，或者说是一名报童，他13岁时就已经做过记者了。19岁时，他在《萨克拉门托联盟报》（*Sacramento Union*）任本地新闻编辑，两年后作为政治撰稿人在赫斯特旗下的《旧金山观察家报》（*San Francisco Examiner*）供职。20世纪30年代，四分之一的美国人靠赫斯特获得消息，他在19个城市拥有28份报纸。赫斯特的报纸都非常相似：热血沸腾、长篇大论。第一页让读者脱口而出："哎呀！"第二页："神圣的摩西！"第三页："全能的主！"赫斯特用他的报纸来推动他的政治。1934年，他要求编辑将记者送进大学校园冒充学生，找出哪些教员是赤色分子，被赫斯特认为是共产主义者的人常常把赫斯特视作法西斯主义者。赫斯特公开表示他对希特勒和墨索里尼的钦佩。他不在乎别人对他的看法，他无情地、凶猛地在他的报纸上攻击他的批评者，让他们闭嘴，一些人也进行了还击。查尔斯·比尔德说，"只有懦夫才会被赫斯特吓倒"。1935年2月，比尔德向大西洋城的1000名教师发表讲话，在提到赫斯特时，他说："任何理性诚实或人品正直的人都会远离他。"人们起立为他鼓掌。[71]

在奥森·威尔斯于1941年发行的电影《公民凯恩》中，美国文化中的赫斯特继续存在。这部电影与1936年出版的由比尔德作序的赫斯特传记——《帝王赫斯特》（Imperial Hearst）一书有着不可思议的相似之处，以至于传记作者起诉了电影制片人。奥森·威尔斯在做证时坚称"我从未见过或听说过《帝王赫斯特》这本书"，最终，这一案件在庭外解决。威尔斯认为他的《公民凯恩》不是一个角色，而是一种类型：美国的苏丹（这部电影最初的名字是《美国人》）。像赫斯特一样，凯恩是一位投身政治的报业大亨，根据威尔斯的说法，这是因为"像凯恩这样的人总是倾向于涉足报业和娱乐界"，尽管他们讨厌他们所渴求的观众，但他们对"大众有一种病态的关注，同时又对公众心态和道德品质评价极低"。威尔斯说，像凯恩这样的人认为，"政治作为交流手段，甚至包括国家本身，都是为了个人的愉悦而存在的"。[72]赫斯特不会是最后的美国苏丹。

克莱姆·惠特克经赫斯特培训后，离开了《旧金山观察家报》，开办了一家报纸电信服务机构，即国会新闻社（Capitol News Bureau），向80份报纸推送故事。1933年，来自怀俄明州的加州进步派律师谢里登·唐尼（Sheridan Downey）聘请惠特克帮助他击败太平洋瓦斯与电力公司（Pacific Gas and Electric）资助的公投。唐尼还聘请了《波特兰俄勒冈人报》（Portland Oregonian）的一位作者，26岁的寡妇莱昂内·巴克斯特，建议她和惠特克联手。当惠特克和巴克斯特击败公投时，他们给太平洋瓦斯与电力公司留下了深刻的印象，后者于是把他们招至麾下。后来，已婚的惠特克和巴克斯特成立了选战公司并开展业务。[73]

选战公司专门为企业开展政治活动，特别是标准石油公司和太平洋电话电报公司（Pacific Telephone and Telegraph Company）等垄断企业。为左翼的唐尼工作对惠特克和巴克斯特而言是一个例外。正如朋友所说，他们喜欢"在街道右侧工作"。1933年，古怪而多产的作家厄普顿·辛克莱决定在这一年竞选加利福尼亚州州长，他最著名的作品是1906年对肉类加工厂进行揭发和控诉的《屠场》（*The Jungle*）。辛克莱是一位长期的社会主义者，但为了寻求民主党提名而加入了民主党，他的竞选纲领被称为EPIC：终结加州的贫困（End Poverty in California）。在他意外获得提名后，他选择唐尼作为他的竞选伙伴（他们的选票被称为"厄皮和唐尼"）。辛克莱将美国的历史视为商业与民主之间的战争，并且，"到目前为止，"他写道，"大企业赢得了每场小规模的战役。"[74]

在罗斯福赢得白宫的鼓舞下，辛克莱决定尝试竞选州长一职。像大多数加州共和党人一样，惠特克和巴克斯特对辛克莱当选的前景感到恐惧。[75]选举前两个月，他们开始为乔治·哈特菲尔德（George Hatfield）工作，乔治·哈特菲尔德是副州长候选人，在共和党的选票上排在现任州长弗兰克·梅里亚姆（Frank Merriam）之后。他们把自己和辛克莱写过的所有东西锁在一个房间里三天。"厄普顿失败了，"惠特克后来说，"因为他写过书。"[76]《洛杉矶时报》开始每天在头版上刊登引自厄普顿·辛克莱的花边文字，这种做法持续了六个礼拜，直到选举日当天。例如：

辛克莱论婚姻：
婚姻的神圣性……我曾有这样的信念……现在我不再拥有它了。[77]

辛克莱在一本名为《我，州长候选人，以及我是如何失败的》（*I, Candidate for Governor: And How I Got Licked*）的书中解释道，这段文字摘自他的小说《爱的朝圣》（*Love's Pilgrimage*，1911），书中一个虚构的人物给与他妻子有染的男人写了一封伤心欲绝的信。[78]"日复一日地阅读这些花边文字，"辛克莱写道，"我承认选举失败了。"[79]

这个国家建立在不证自明的真理之上。但是，正如辛克莱所说，选民们现在被一家谎言工厂左右，他写道："有人告诉我，他们有十几个人在图书馆翻阅我曾发表过的每一个字。"他们找到了他写的文字、小说中虚构人物的演讲，并把它们复制到报纸上，好像是辛克莱本人所说的那样。"他们在《宗教的利益》(The Profits of Religion)一书中度过了特别快乐的时光。"辛克莱说，他指的是他在1917年所写的关于制度化宗教的论战。"我收到很多激动的老太太和绅士写来的信，他们质问我渎神。有人问：'你相信上帝吗？'"他对此无能为力。"他们有一群政治化学家在工作，准备在100天里的每个早晨都在加利福尼亚的空气中释放毒气。"[80]

"当然，这些引文都是毫不相关的，"巴克斯特后来说，"但我们有一个目标：阻止他成为州长。"他们成功了。最终的投票结果是梅里亚姆1,138,000票，辛克莱879,000票，第三党候选人雷蒙德·海特（Raymond Haight）获得了302,000票。如果海特没有参选，辛克莱可能会取胜。[81]惠特克和巴克斯特使政治成了一桩生意，没有任何一种演变像他们所建立的行业那样如此全面地改变了美国民主的运作方式。"每个选民都是消费者，每个消费者都是选民"是这一产业的箴言。[82]他们以最不引人注意的方式取得了最大的成功。进步派改革者拆除了政党机器，但是，当政治顾问取代党魁成为政治权力的行使者时，新政人士几乎没有注意到，因为他们不是通过投票而是通过金钱获得这一权力的。

惠特克和巴克斯特几乎赢得了他们参与的所有竞选活动。[83]他们选择的竞选活动以及他们决定使用的竞选方式书写了加州和这个国家的历史。他们制定了后面几十年开展选战活动的规则。当他们参加选战时，做的第一件事就是

"休眠"一周,撰写选战计划。之后他们写对手选战计划,以预测针对他们所采取的行动。每个广告系列都需要一个主题。[84]要简单,能押韵最好("投吉米和我,在3上打钩")。永远不做任何解释。"你解释得越多,"惠特克说,"越难获得支持。"他们一遍又一遍地重复同样的话。"假设我们必须得到一个选民的七次注意才能做成这单生意。"惠特克说。精明是你的敌人。对巴克斯特来说,对头脑有需求的词不适合我们。"他们必须要弱化头脑。"简化,简化,再简化。"会有一堵墙阻止你,"惠特克警告说,"当你试图让普通美国男女公民工作或思考的时候。"[85]

惠特克和巴克斯特总是建议让竞选变得个人化:候选人比问题更容易被接受。如果你没有反对者,或者你的候选人没有对手,那就制造一个。有一次,当与罢免旧金山市市长企图作战时,惠特克和巴克斯特发动了一场反对最终有可能取代现有市长的无面人(Faceless Man)运动——这是巴克斯特的主意。巴克斯特在桌布上画了一幅画,上面是一个叼着雪茄、脸被帽子遮住的胖男人。他把这幅画贴满了整个城市的广告牌,旁边写着"罢免的背后是谁?",以此假装是人民之声。在"反对罢免公民委员会"的赞助下,惠特克和巴克斯特购买了电台广告,有一个不祥的声音在广告中说道:"真正的问题是市政厅是否要被全部移交锁定和封存,然后交给一个无面人的邪恶联盟。"(罢免活动被击败了。)进攻、进攻、再进攻。惠特克说:"你不能靠防御战赢得胜利!"永远不要低估对手。[86]

他们建议,不要回避争议;相反,要赢得争议。"普通美国人,"惠特克写道,"不想接受教育,不想提升心智,甚至不想努力成为一个好公民。但是,可以通过两种方法让他对竞选活动感兴趣,而且,只有通过这两种方式我们才能获得成功。"你可以进行一场战斗("他喜欢没有任何人劝架的激烈而流血的战斗"),或者你可以进行表演("他喜欢电影、推理小说、烟花和游行"):"所以如果你不能战斗,就来一场表演!如果你举办了一场精彩的演出,美国先生和美国太太就会看到它。"[87]

惠特克和巴克斯特比任何政治家都更有效地用优雅的方案解决了大众民主问题:他们把政治变成了产业。但他们的成功,部分取决于另一个政治产业的兴起:民意调查。

美国舆论业是作为对法西斯宣传的民主回应而出现的。1933年年底,约瑟夫·戈培尔(Joseph Goebbels)在他的宣传部设立了一个广播部门,并开始生产廉价的收音机,即国民收音机,也称"人民收音机",目的是确保政府的声音能够覆盖每个家庭,戈培尔喜欢将这一活动描述为"精神轰炸"。[88]法西斯主义者告诉人们该相信什么,而民主党人则询问他们要相信什么,但是,民意的科学衡量取决于准确预测全国选举结果的能力。从一开始,该行业就陷入了悖论,公开和可靠地预测选举结果似乎会削弱民主,而不是促进民主。尽管存在这种矛盾,民意调查仍在继续。

德国宣传部长约瑟夫·戈培尔充分有效地利用了广播电台,图中希特勒青年团在听演讲。赫尔顿-多伊奇(Hulton-Deutsch)/赫尔顿-多伊奇收藏/卡比斯图片库(Corbis)/盖蒂图片社

几十年来，报纸一直在预测地方选举结果，但预测全国大选的结果需要一个报纸网络。1904年，《纽约先驱报》（New York Herald）、《辛辛那提问讯者报》（Cincinnati Enquirer）、《芝加哥先驱报》（Chicago Record-Herald）和《圣路易斯共和报》（St. Louis Republic）联合起来预测选举，将他们得到的详细结果统计在一起。1916年，《先驱报》在36个州将多份报纸组织在一起，那一年，全国性的《文学文摘》（Literary Digest）杂志开始将邮寄选票作为宣传噱头。《文学文摘》利用民意调查来吸引新的订阅用户，它的计划是收集比其他杂志更多的选票。1920年，《文学文摘》分发了1100万张选票，而到1924年就超过了1600万张。[89]就覆盖范围而言，它唯一真正的竞争对手是威廉·伦道夫·赫斯特所拥有的一系列报纸，因为它们能够提供43个州的民意调查结果。虽然《文学文摘》有时会错误地估计普选结果，但它总能猜对选举团的获胜者。1924年，《文学文摘》的预测在除了两个州以外的所有州都是正确的，在1928年时则是除了四个州之外的所有州。

一个名叫埃米尔·胡尔亚（Emil Hurja）的新闻工作者发现，这种方法注定会失败，因为重要的不是样本的数量，而是它的种类。胡尔亚试图说服民主党全国委员会使用矿石采样的方法进行民意调查，他解释道："在采矿业中，你可以从矿石表面取几个样品，粉碎它们，然后找出每吨的平均回报率；在政治方面，你可以选取部分选民，将过去的表现与新的趋势做对比，从而确定不同选民阶层的百分比变化，再以合格的现场观察员提供的信息做补充，就可以准确地预测选举结果。"1928年，民主党全国委员会将胡尔亚视为怪人，但到了1932年，他已经参与到了富兰克林的竞选活动当中。[90]到1932年，《文学文摘》的邮件列表已经增加到了2000万个名字，这些名字大多来自电话簿和汽车登记档案。只有为数不多的人知道《文学文摘》一直低估了富兰克林的支持率，而胡尔亚就是其中之一，因为它的样本虽然非常庞大，但并不具有代表性：支持罗斯福的人与其他人相比很可能没有电话或汽车。[91]

胡尔亚借鉴了社会科学的见解。但是，舆论衡量的真正创新是社会科学家在20世纪20年代设计的一种方法，即通过调查具有统计学意义的代表性样本，利用数据统计方法来预测大规模群体的意见。

政治民意调查是新闻与社会科学的结合，乔治·盖洛普（George Gallup）是它的缔造者。"当我上大学时，我想学习新闻，然后去做报纸编辑"，盖洛普回忆起20世纪20年代在艾奥瓦大学度过的日子时说道，但"我上学时无法获得新闻学的学位，所以转修了心理学"。1923年毕业后，他开始研读一个新领域的研究生课程：应用心理学。在这里，每个人都在谈论沃尔特·李普曼1922年出版的著作《公众舆论》，而盖洛普则对《公众舆论》的计量问题产生了兴趣。他的第一个想法是使用抽样调查来了解人们如何阅读新闻。1928年，在一篇名为《确定读者对报纸内容兴趣的客观方法》的论文中，他认为"有一段时间大众是依赖报纸来作为获得指导和消息的主要途径的"，但公立学校的发展意味着报纸不再担任这一角色，它应该去满足"更大的娱乐需求"。为此，他设计了一种方法来测量"读者兴趣"，这是一种了解读者认为报纸的哪些部分更为有趣的方法。他把它叫作"艾奥瓦法"："它的主要步骤是让读者一栏一栏地阅读报纸。"然后，采访者会在报纸上标出读者喜欢的部分。"艾奥瓦法为报纸编辑提供了一种科学手段，使他的报纸能够满足社区居民的需要。"盖洛普写道，他可以聘请测量专家进行研究，找出读者最喜欢的专题和作者，然后停止刊登其他无聊的东西。[92]

1932年，当盖洛普还是西北大学的新闻学教授时，他的岳母奥拉·巴布科克·米勒（Ola Babcock Miller）正在竞选艾奥瓦州的副州长[1]。米勒的丈夫因

---

1 另有一说，她当时是在竞选州务卿。——译者注

公殉职，因而，她的提名在很大程度上是名誉上的，她不会获胜。盖洛普决定用他衡量读者兴趣的理念来预测她成功的概率。之后，盖洛普搬到了纽约，为一家广告公司工作，同时还在哥伦比亚大学任教，在那里，他完善了测量广播听众规模的方法。他在1933年和1934年进行了一些试验，试图找出如何更好地为报纸和杂志预测选举结果，还创办了一家名为编辑研究局（Editors' Research Bureau）的公司。盖洛普喜欢将调查公众舆论称为"一个新的新闻领域"。但他认为他的工作需要一定的学术传承。1935年，他将编辑研究局改名为"美国民意研究所"（American Institute of Public Opinion），并搬到了新泽西州的普林斯顿，这也使研究所更具学术色彩。[93]

盖洛普的方法是通过询问来调查民意，人口样本是经过精心挑选的，以代表全部人民。他说他是在给"民主的脉搏"把脉。（对此表示怀疑的怀特写道："虽然你可以给一个国家把脉，但你无法确定这个国家是不是刚刚爬上一段楼梯。"）1935年，《华盛顿邮报》宣布将开辟一个由盖洛普主持的新的每周专栏，为此，该报在国家首都放飞了一架小飞艇，飞艇尾部拖弋的横幅上写着："美国在说话！"[94]

盖洛普希望将民意调查作为民主政府的一个工具，一种与政治咨询工作完全相反的工具。政治咨询是管理民意的行业，而民意调查是发掘民意的行业。政治顾问告诉选民们应该怎么想，民意调查则询问他们在想什么。但是，这两个行业都不能对选民必须、应该，或者可以做出独立判断抱有幻想。

新产业、新技术和战争行为本身提高了人们对宣传力量的长期关注。1921年完成博士学位的约瑟夫·戈培尔受到了爱德华·伯奈斯的极大影响，他采纳了美国通过印刷、广播、电影和游行来传播信息的公关方法。戈培尔在他的办公室安装了一台设备，使他能够抢先收听全国性的广播节目，他还部署了"无线电监察员"，以确保德国人收听的是官方广播。法西斯宣传的目的是控制民众意见，并使其为国家权力服务。德国人曾试图雇用伯奈斯本人，他拒绝了，但其他美国公关公司接受了在美国制作亲纳粹宣传的委托。戈培尔希望在美国建立广播分支部门，部分工作由世界广播电台（Weltrundfunksender）这一宣传部的"远程宣传炮兵"通过短波无线广播系统完成。到1934年时，它已在非洲、拉丁美洲、远东、东南亚、印度尼西亚和澳大利亚播放亲德英语或其他外语的宣传节目，而它对北美的广播远远超过了其他宣传节目的规模。对美国来说，电台广播用的是"美式英语"，世界广播电台播放了虚假的"新闻"，主要内容是关于"共产主义犹太人的阴谋"。[95]

报纸把这类宣传称为"假新闻"。[96]但是，一些美国人担心惠特克和巴克斯特谎言工厂的产品，甚至是白宫采取的政治说服形式与假新闻并无多大区别。罗斯福的批评者指责他将收音机用于政治宣传。民主党全国委员会执行秘书谈及选民的方式与惠特克和巴克斯特的论调基本一致："普通美国人的头脑很简单，如果我们能够正确地告知他华盛顿正在发生什么、总统打算做什么，以及他寻求的特定目标是什么，让他支持总统并不难。"他指出，最好的办法是"借助收音机，这是我们的信心所在"。但是，与欧洲相比，美国政府既不拥有，也不控制广播电台。[97]在罗斯福的说服手段中，没有任何一种手段能与国家第一批政治顾问对选民的欺骗相提并论。

然而，即便是罗斯福最亲密的盟友也会担心。费利克斯·弗兰克福特是总统的亲密顾问，也是沃尔特·李普曼的老朋友，他们曾在真理之家共同生活，他警告罗斯福远离公关专家，称伯奈斯这样的人是"毒害大众头脑的老手，是愚蠢、狂热和自私的剥削者"[98]。尽管罗斯福没有被伯奈斯吸引，但他对盖洛普产生了兴趣。他通过每日选民邮件调整政策风帆以迎合民意，并且越来越多地利用到了每周的民意调查。罗斯福决心利用广泛的行政权力来实现自己的目标，但这也需要民众的支持。民意调查进入了白宫和美国的政治程序，并留在那里。

IV.

1936年6月27日，在宾夕法尼亚大学富兰克林分校，罗斯福在10万人面前接受了党内提名。"这一代美国人和命运有个约会。"他说。美国正在为拯救民主而战斗，"为他们自身，也是为全世界"[99]。拯救国内民主需要清除吉姆·克劳式的种族主义，但这件事罗斯福没有做。

吉姆·克劳式的种族主义为新政政治划定了界限。在暴力、人头税、识字测验和其他形式的剥夺公民权方式的共同作用下，只有不到4%的非裔美国人登记投票。安妮·奥黑尔·麦考密克在1930年写道："奴隶的报复使他的主人不得不屈从，即如果不去考虑他，他无法做出任何政治、社会、经济或道德方面的决定。没有选票，他只能主管政治。"[100]

罗斯福对民意调查的依赖使这个问题变得更糟。盖洛普早期的方法叫作"配额取样"。他对选区进行分析，并确定该选区的投票选民中男性、女性、黑人、白人、年轻人和老年人的比例。进行调查的人必须满足特定的份额，使受访者能够构成一个在比例上完全恰当的"迷你"选区。但是，盖洛普向美国公众提供的"公众舆论"是那些比例失调的、富裕的美国白人男性的观点。20世纪30年代和40年代，黑人约占全国人口的10%，还不到盖洛普调查组的2%。因为南方黑人被禁止投票，所以盖洛普在这些州没有分配"黑人份额"。[101]民意调查不能代表公众舆论的想法，它基本上清除了非裔美国人的声音。

罗斯福的选举联盟从共和党那里吸引来了非裔美国人，他向一个后来被称为"黑人内阁"的非正式顾问小组征求意见，任命了第一位非裔美国联邦法官。但新政计划通常带有种族隔离性质，而且罗斯福没有采取行动反对私刑。

在1933年发生23次私刑事件之后，反私刑立法被提交到国会。第二年，一个名叫克劳德·尼尔（Claude Neal）的人以强奸罪和谋杀罪被指控，随后被从亚拉巴马州的监狱带到佛罗里达，在那里，他在4000名旁观者面前被折磨、肢解和处决。在参议院，南部民主党阻挠反私刑法案的通过。[102]罗斯福告诉全国有色人种协进会的沃尔特·怀特（Walter White）："如果我现在站出来支持反私刑法，他们将阻挠我为防止美国崩溃而要求国会通过的每一项法案。由于国会的资历规则，南方人在大多数参议院和众议院的委员会中都担任主席或占据战略位置。"反私刑法案以失败告终。[103]

与此同时，盖洛普的影响力在增长。1936年，他在《纽约先驱论坛报》上刊文预计《文学文摘》将预测阿尔夫·兰登会以压倒性优势击败罗斯福，而《文学文摘》将是错的。他两个预测都对了。[104]但这只是盖洛普计划的开始。"我计划对每一个重大问题都进行民意调查，"他解释道，"对当今问题进行持续的民意调查。"鉴于世界在倒退，自由民主即将终结，盖洛普认为，把握民意对于打击法西斯主义、解决大众民主问题至关重要。在快速发展的现代世界中，"我们需要随时了解人民的意愿。"选举每两年才举行一次，但通过实时了解公众对各个问题的看法，民选官员可以更好地代表他们的选民，而且更有效、更民主。盖洛普相信他的方法已经将美国政治从政治机器中拯救出来，并将其恢复到美国的田园时代："今天，新英格兰城镇会议的思想在某种意义上已经得到了恢复。"他并不孤单。另一位早期民意调查人员埃尔默·罗珀（Elmer Roper）称，民意调查是"自推出无记名投票以来对民主贡献最大的方式"。[105]

《时代》周刊在1939年创造了"民意调查人"这个词，在公众心目中，"民意调查"这个词意味着两种不同的东西：民意调查和选举预测。当盖洛普开始他的职业时，仅仅是为了证明调查的准确性而进行选举预测。没有其他方法来预测结果。[106]除此之外,预测本身毫无意义。

国会要求进行调查。"这些民意调查是一种欺诈,它们的调查方法应该让大众知晓。"民主党众议员沃尔特·皮尔斯(Walter Pierce)在1939年写道。(像许多民意调查的批评者一样,皮尔斯是一个孤立主义者,他常常表示,美国人乐于参战。)这些担忧一部分是担心民意调查具有欺骗性,另外一部分则是这些调查妨碍了选举,也危害政府本身特有的功能。一位国会议员写道,民意调查并不代表人民,而国会代表人民:"民意调查与代议制政府是相互矛盾的。"[107]

法西斯主义的真正解药是以一种支持代议制政府的方式来促进公开、公正的公共辩论。1935年,公共事务性节目《美国空中城镇会议》(America's Town Meeting of the Air)在全国广播公司的电台播出,每一集都会响起口号:"肃静!肃静!来旧市政厅谈谈吧!""美国空中城镇会议"旨在使听众摆脱政治泡沫。它的主持人警告说:"如果我们坚持共和党人只阅读共和党报纸,只听共和党人的演讲,只参加共和党政治集会,只与社会上相投的观点混在一起,如果民主党人也是如此的话,我们就正在播下破坏民主的种子。"节目每一集都进行关于政策问题的正式辩论,例如,"美国是否需要强制性医疗保险"。这个节目要实现它的目标还有很长的路要走,但它催生了1000多个辩论俱乐部,在这些俱乐部中,公民一起听广播,并在节目结束后进行属于他们自己的面对面辩论。[108]

显然,罗斯福本人拒绝在广播上辩论。20世纪20年代初,地方、全州甚至国家的公职候选人一直在广播上进行辩论,但罗斯福避开了所有挑战者,他认为总统不应该在收音机里进行辩论,因为他可能会泄露国家机密。感到挫败的共和党人将他和其他人的演讲拼凑成共和党参议员阿瑟·范登堡(Arthur Vandenberg)的反驳,并将其送到广播电台作为"辩论"播出。66家电台打算播出这个节目，而有21家在得知辩论是伪造的时候，拒绝播出。[109]

观察者注意到了无线电的危险（它似乎是宣传者的完美工具），但许多人对无线电的热情正如弗雷德里克·道格拉斯对摄影的热情，或者互联网支持者在未来对互联网的热情一样。1930年至1935年间，美国收音机的销售数量翻了一番。心理学家哈德利·坎特里尔（Hadley Cantril）和高尔顿·W. 奥尔波特（Gordon W. Allport）在1935年写道："乡村社区与城市社区、男人与女人、老年人和年轻人、社会各个阶层、各种信仰、各州和各民族之间的区别被消除了。似乎像施了魔法一般，社会阶层之间的藩篱消失了，取而代之的是平等意识和兴趣共同体。"[110]毫无疑问，其中一些确实已经发生，但无线电也导致并强化了新旧隶属关系以及分裂形式。

无线电使宗教激进主义成为一场全国性的运动。1925年，芝加哥福音会幕（Chicago Gospel Tabernacle）主管保罗·雷德（Paul Rader）开始放送"国家广播教堂"（The National Radio Chapel）节目。在大萧条最艰难的岁月里，宗教复兴主义者们抨击现代性及其带来的苦难，呼吁听众回归上帝。密歇根州大急流城（Grand Rapids）播出的《〈圣经〉广播课程》（*Radio Bible Class*）将礼拜日和夏季《圣经》研究的传统带进了无线电信号可以覆盖的社区。纽约的各各他（Calvary）浸信会和洛杉矶的《圣经》学院等机构都拥有自己的广播电台。宗教激进主义者在那些年创建了新的大学，并且通过广播招收学生。鲍勃·琼斯学院于1926年在佛罗里达成立，并在1933年迁至田纳西州的克利夫兰市；威廉·詹宁斯·布赖恩大学于1930年在田纳西州代顿市成立。被称为"《圣经》地带[1]的哈佛"的伊利诺伊州惠顿学院，在1926年只有400名学生，而到了1941年就增至1100名，比利·葛培理（Billy Graham）牧师是其中

1　美国中西部正统派教徒最多的地带。——译者注

的一个学生。1939年，从洛杉矶通过共同网络播出的《旧式复兴时刻》（*Old Fashioned Revival Hour*）节目吸引了2000万听众。[111]

  电台也滋养了民粹主义。1926年，天主教神父查尔斯·考夫林（Charles Coughlin）开始在密歇根州的一家广播电台播放周日弥撒，1930年，哥伦比亚广播公司决定在其全国广播网上播送他的节目《小花的黄金时刻》（*The Golden Hour of the Little Flower*）。考夫林从宗教转向政治，支持反犹主义，并谴责"华尔街金融家"，起初他是罗斯福的狂热支持者，但到1934年，他开始考虑自己入主白宫。1935年5月，他在麦迪逊广场花园向3万名热情的支持者发表讲话，一些人的标语写着"我们的下一任总统"。[112]

  极端而激进的、被称为"拳头印章"的路易斯安那州参议员休伊·朗（Huey Long）也通过广播召集追随者。朗出生于1893年，在做流动推销员期间通过了律师资格考试，并于1928年当选路易斯安那州州长，这一年，罗斯福也当选为纽约州州长。作为一个狂热的民粹主义者，他在推行全国性的政治运动"分享财富社会"之前，就已经在路易斯安那州以铁腕手段积累了政治权力。1933年年末，朗与罗斯福关系破裂，称罗斯福为独裁者，并且很快开始在收音机上无情地攻击他。朗购买了覆盖美国全境的全国广播时间。"在我说话的时候，"他在广播开头说道，"我想让你去打电话，打电话给你的五个朋友，告诉他们，休伊正在广播。"然后他会花几分钟时间等待观众数量的增长。他是一个危险的煽动者，1935年9月，他在巴吞鲁日（路易斯安那州首府）被其最顽固的政敌的女婿枪杀，这时，他已达到了权力的顶峰，他被嘲笑是危险的煽动家。"人人为王"是休伊·朗的座右铭。他像波洛纽斯（Polonius）[1]一样荒谬地死去。考夫林希望争取到朗的追随者，他将自己的组

1　莎士比亚悲剧《哈姆雷特》中的人物，被哈姆雷特刺死。——译者注

织与朗的"分享财富协会"合并,组建联盟党,并作为最后一名候选人参选,以此来挑战他所称的富兰克林·背叛者·罗斯福。[113]最终他赢得了不到100万张选票。

1936年11月,罗斯福又赢得了另一场史无前例的压倒性胜利,以523∶8,以及超过60%的普选票再次当选总统,但他错误地判断了自己的权力,决定继续推进改革,这一计划需要与最高法院做斗争。

甚至在1933年就职之前,罗斯福就开始为他的立法议程寻求司法界的支持,他与奥利弗·温德尔·霍姆斯会面,霍姆斯告诉他:"总统先生,你在作战,在战争中只有一条规则,'组建你自己的部队并战斗!'"在他执政的前100天结束时,罗斯福使新政的15个立法获得通过。所有这些立法都与联邦政府在经济监管中的作用有关,因此,也与宪法第一条第八款中的贸易规定有关,宪法第一条第八款赋予国会"管理同外国的、各州之间的和同印第安部落之间的贸易"。最高法院将决定"新政"是否属于这一权力范畴。

新政扩大并激化了长期以来关于宪法性质的辩论。1931年,一位哲学教授写道:"我不相信一代人能决定其他世代的人应该做些什么。我们的祖先对一个拥有汽车、火车和收音机的1.2亿人口的国家一无所知。"一个投身进步思想的人怎么能够将自己和过去绑在一起?"今天,心怀希望的人们挥舞着旗帜,"罗斯福的司法部部长助理瑟曼·阿诺德(Thurman Arnold)说,"胆小的人则挥舞着宪法。"[114]

与此同时,法院设置了新的权力制约机制。1933年年初,就在离职前,胡佛为法院的新大楼奠基。建筑材料是从世界各地运到国会大厦对面的建筑工地上来的:有来自西班牙、意大利和非洲的大理石;来自洪都拉斯的红木。大楼的预算为1000万美元,计划建造世界上最大的大理石建筑。在奠基仪式上，胡佛撒下一锹泥土后，首席大法官查尔斯·埃文斯·休斯发表了讲话，回忆起法院的流浪生涯，在一个多世纪的时间里不断地从一栋联邦大楼狼狈地搬到另一栋楼。休斯说，"法院在刚成立时是一个无家可归的政府部门"，但"在我们今天奠定的基石之上将会竖立起比战争纪念碑更加崇高的历史丰碑"。[115]

休斯是一名改革者，曾两次被任命为最高法院大法官，在这之间，他还竞选了总统。1906年，休斯和威廉·伦道夫·赫斯特同时竞选纽约州州长，休斯花了619美元，而赫斯特花掉了50万美元，结果休斯赢了。[116]休斯一上任就通过了州立法机构的一项廉洁选举法，限制了候选人在竞选期间允许投入的金额。1910年，塔夫脱任命休斯为最高法院大法官，在那里，作为公民自由的捍卫者，他经常与霍姆斯共同写下反对意见。休斯在1916年辞去大法官职务，参加了总统竞选，但以一票之差惜败威尔逊。他在哈定和柯立芝的政府中担任国务卿，在胡佛当选后又回到了最高法院。

在休斯的法庭上，四名保守派大法官，又被称为"四骑士"，他们一直投票支持契约自由，而三位自由派大法官，路易斯·布兰代斯、本杰明·卡多佐（Benjamin Cardozo）和哈伦·斯通（Harlan Stone）一般支持政府监管，他们认为像最低工资法这样的立法尝试要符合宪法，这让休斯和欧文·罗伯茨（Owen Roberts）的票成为决定性的两票。在早期关于新政立法的裁决中，最高法院的票数是5∶4，休斯、罗伯茨和自由派一起让罗斯福的规划站住了脚跟。"虽然紧急情况不会产生权力，"休斯说，"但紧急情况可能会为行使权力提供机会。"[117]

1935年1月的一次开庭中，法院听取了另一套挑战新政的观点。罗斯福预计法院将做出对他不利的判决，就起草了一份演讲稿（"必要时使用"，他在稿件的顶端写道）。但在2月份，法院以5∶4的表决支持了他的计划，这使得四骑士之一痛哭道："宪法已死！"[118]到春天时，罗斯福可能会需要这份讲稿。1935年5月27日，法院最后一次在旧参议院议事厅开会。就在当天，法官们一致通过了三项决议，将新政批评得一无是处。最重要的是，它发现被罗斯福称为"美国国会历史上最重要、最具深远意义的立法"的国家复兴署（National Recovery Administration）是违宪的，因为国会超出了（宪法）贸易条款所赋予的权力范围。"这一裁定的含义，"罗斯福说，"比自德雷德·斯科特案以来的任何裁决都重要得多。"然后他对国会缺乏缓解经济崩溃的能力大发雷霆："我们已经被过时的规定降级到州际贸易时代。"[119]但是在州际贸易时代，法院所拥有的力量还不到1935年它所要求的一半。

6个月后，当最高法院再次开庭时，它已搬进了属于它的漂亮的新建筑中，有位记者将这栋建筑描述为一台由疯狂的室内装潢师装饰的"冰箱"。休斯的最高法院大发神威，在不到18个月的时间内驳回了十几项联邦法律。国会不断地通过法案，而法院则继续驳回。有一次，罗斯福的司法部副部长在法庭上晕倒了。"在我国历史上，从来没有人要求最高法院像1933年至1936年那样，对如此多的影响到每一个美国人生活的国会法案的合宪性做出裁决。"这一系列案子被写成数十本宣传册出版，试图向选民解释这一现象，而一位过去的宪法学教授在其中一本宣传册里写道，"有八项法案或部分法案被宣布违宪，两项法案被判定合宪，四次行政官员或委员会的行动被判定超出了宪法的赋权。"[120]

总统接受进行反击的建议。某参议员提了一个想法。"需要12名男子（一致同意）才能判定一个人犯有谋杀罪，"他说，"我不明白为什么不要求全部法官同意才能宣布法律违宪。"这将需要宪法修正案，因为这一过程是出了名的腐败。"给我1000万美元，"罗斯福说，"我可以阻止任何宪法修正案得到必需数量的州的批准。"[121]他在等待时机。

1936年11月，在选举日前一周，对休斯法院进行攻击的《九老人》（The Nine Old Men）一书开始出现在全国的报纸上和书店里，书中抨击休斯的法院是虚弱和愚蠢的，这本书成了畅销书。[122]1937年1月20日，罗斯福开始第二个任期后——就职典礼日已从3月4日起移至该日——他立即开始挑战司法部门。2月5日，他宣布重组最高法院的计划。因大选获胜而踌躇满志的罗斯福确信休斯的力量正在减弱，因而着手推行他的计划。他声称法官们老迈衰弱，跟不上手头的工作，他会为每位70岁以上的现任法官指定一个额外的法官，9位大法官中有6位超过了70岁，其中首席大法官是74岁。

罗斯福在1937年急于求成的部分原因是他对经济复苏过于乐观的估计。他相信危机即将结束，因而削减了联邦支出，尤其是公共事业振兴署的开支，经济衰退开始了。《时代》周刊11月的报道称"经济衰退比大萧条更引人注目"，工业生产比前一年的夏天下降了35%，这是"美国商业和金融史上最严重的衰退"。智囊团对此一筹莫展。"我们已经将所有兔子从帽子中拉了出来，没有兔子了。"一位众议院民主党人说。[123]然而，罗斯福在继续奋力前行。

在1937年3月9日的一次炉边谈话中，罗斯福将法院危机与银行危机进行了比较，这是他炉边谈话首次涉及的主题。他认为现在应该"将宪法和法院本身从法院中拯救出来了"。这一次，无线电魔术没有起作用。总统的支持率从65%下降到了51%，而且，休斯很快就把事情搁置了。他在3月22日写给参议院司法委员会的一封信很有说服力："最高法院完全跟得上它的工作进度。"如果效率真是个问题，那么有大量证据表明，更多的法官只会让事情变得更慢。[124]

在这时，转折发生了。在1937年3月29日宣判的"西岸宾馆诉帕里什案"中，由休斯撰写的5∶4的意见支持了女性的最低工资要求，最高法院自此开始支持新政。欧文·罗伯茨改变了立场,这个转变来得如此突然,但对维护最高法院至关重要,它被称为"挽救了九人的及时转换"。它看起来纯粹是政治性的。"即使是盲人也应该看到法院是属于政治的,"费利克斯·弗兰克福特写信给罗斯福说,"理解宪法是如何被'司法解释的',这是一次深刻的教学案例,也是极具戏剧性的示范——关于男人与宪法'意义'的关系。"[125]

1937年5月18日,参议院司法委员会投票反对让总统的提案通过,因此法院添人的计划破产。6天后,最高法院同意了《社会保障法》中有关养老保险的条款。总统和他的新政赢了。如果这种转变更多地与法律而不是与影响力有关,那么它肯定不会以这种方式出现,因为这是以公众信心为代价的。1937年6月,门肯发表了一篇名为《新政宪法》的挖苦文章,在文章的开头,他写道:"所有类型的政府权力都归于美国总统。"[126]

1938年,根据凯恩斯主义者提出的"公共支出是对抗经济衰退和停滞的最佳方式"的建议,罗斯福提出了一项50亿美元的支出计划。但凯恩斯本人很担心。2月,他写信给总统说:"我感到害怕,生怕所有民主国家的进步事业都受到伤害,因为你的措施过于轻率,给它们的威信带来风险,而这种风险可能是由于即刻繁荣所导致的失败造成的。"4月,国会有204名议员——包括108位民主党人——投票反对罗斯福重组行政部门、雇用更多白宫工作人员、将预算办公室从财政部搬到白宫的计划。该法案最终将在下一届国会手中通过,但1933年给予罗斯福的余地已经消失。正如罗斯福的批评者所写的那样:"我们刚刚在欧洲目睹了当一个人获得太多权力时会发生什么。"[127]没人希望在家门口看到这样的事情。

1938年3月15日,在维也纳的英雄广场上,在20万挥舞着卍字旗的德裔奥地利人面前，阿道夫·希特勒宣布德国和奥地利统一。（戈培尔安排他的宣传部接管了奥地利的广播系统。）[128]1933年，希特勒控制了所有的政府部门，清除了他在政治上的反对派，并在1935年根据《纽伦堡法令》（*Nuremberg Laws*）剥夺了德国犹太人的公民身份。他组建了空军和陆军。1936年，他派遣了一支3.5万人的军队进入莱茵兰，没有遇到任何武装抵抗。当年的晚些时候，他与日本和意大利缔结了一个名为"轴心国"的联盟。在争取实现"大德意志国"时，他首先迫使奥地利总理在1938年3月13日举行统一公投，但随后宣布德国不接受公投的结果，之后入侵了曾经是他的祖国的奥地利。奥地利军队没有抵抗。尽管德国违反了《凡尔赛和约》，但欧洲大部分国家都没有进行抵制。

关于这场危机的现场报道和突发事件新闻简报打断了常规广播节目。在奥地利危机期间，美国无线电网络中断了定期节目，播出来自罗马、巴黎、伦敦和柏林的空中新闻和评论观点，这些通常由短波电台播放。记者在现场采访了目击者，他们的麦克风捕捉到街道的声音、马蹄的咔嗒声，以及警报的嗡鸣声。9月，希特勒试图为德国夺取苏台德地区，这一地区本是捷克斯洛伐克的一部分，此时，欧洲在战争的边缘岌岌可危，世界各地的无线电播音员每小时都在提供紧急的事态更新。在为期18天的慕尼黑危

1938年，奥森·威尔斯的广播剧《世界大战》播出期间，全国各地的报纸一片恐慌。《纽约日报》档案室/盖蒂图片社

机期间，全国广播公司440次中断了节目播出。来自欧洲的新闻是如此迫切和紧急，以致哥伦比亚广播公司停止了广告的播放。在那18天里，从来不读脚本的哥伦比亚广播公司记者H. V. 卡滕伯恩（H. V. Kaltenborn）把现场报道拼凑在一起，在纽约做了102次新闻广播，如果他困了，就睡在广播公司9号播音室的行军床上，床边就架着麦克风。[129]

"首相向德国元首和总理……发出如下消息，"英国广播公司9月14日报道，并大声朗读了内维尔·张伯伦（Neville Chamberlain）发给希特勒的消息，"鉴于局势越来越严峻，我提议立即过去和你见面，力图找到和平的解决方案。"即使张伯伦准备飞往慕尼黑，捷克广播公司仍在努力回击纳粹的宣传。"今晚我们必须再次执行驳斥德国无线电台虚假报道的任务，"一名捷克的新闻主播在9月18日报道说，"匈牙利无线电台显然试图在捏造虚假新闻方面与德国人一较高下。"

"你好美国，"全国广播公司记者弗雷德·贝茨（Fred Bates）在9月27日说，"这里是伦敦。"贝茨的声音因焦虑而紧张，他大声朗读伦敦报纸上的主要社论，这些社论清楚地表明，对欧洲来说，文明的前景已经受到怀疑。"今天早上我从慕尼黑机场为您报道。"全国广播公司的马克斯·乔丹（Max Jordan）两天后报道说，他被派往巴伐利亚州首府报道希特勒、墨索里尼、张伯伦和法国总理之间的会面。[130]在后来被称为《四方协议》的协议中，意大利、英国和法国同意德国占领捷克斯洛伐克的部分地区。"周五发生的事情被叫作'和平'，"多萝西·汤普森第二天在她自己的电台广播中说道，"但实际上，这是一场国际法西斯主义政变。"她说，这项协议是由四个人在四小时之内决定的，其中没有一个人踏足过捷克斯洛伐克这个将被希特勒毁灭的国家，该国政治上的少数派要么被谋害，要么已流亡。汤普森说，该协议意味着"公开宣扬恐怖主义"。

回到伦敦的张伯伦宣布"全部欧洲都可以实现和平",他在现场直播中大声朗读与希特勒达成的协议,而他的主要批评者温斯顿·丘吉尔(Winston Churchill)谴责他为了避免战争而安抚希特勒是完全徒劳的。丘吉尔告诉张伯伦:"你有战争和耻辱两个选择,你选择了耻辱,你得到的将是战争。"[131]

欧洲的战争以及将要发生的世界大战,是在无线电时代发动的第一场战争,即空中战争。战争将释放野蛮和原始的力量。而令人恐惧的是,战争的广播将暗示"假新闻"是如何成为暴君的武器的。没有什么能比奥森·威尔斯在慕尼黑危机发生四周后的广播节目更好地说明这一点。

1938年10月30日刚过晚上8点,哥伦比亚广播公司开始定期播出奥森·威尔斯的"空中水星剧场",这是该广播网签下的长达一小时的广播剧,作为其公共服务节目的一部分。那个夏天,23岁的威尔斯对德古拉、基督山伯爵和夏洛克·福尔摩斯的奇遇进行了改编。作为一个戏剧神童,他还拥有导演的天赋、对音效的敏感,以及在惊悚片方面的特殊才能。

"哥伦比亚广播网络和附属电台正在播放奥森·威尔斯的《空中水星剧院》!"是这个节目的开场白,之后威尔斯将介绍本周的故事。但在那天晚上,那些碰巧错过主持人介绍的观众发现自己正在收听的似乎是夜间天气预报,在一段音乐节目之后,一名新闻记者突然插播进来紧急宣布:

女士们,先生们,现在我们要打断舞曲节目,为您带来洲际广播新闻的特别播报。在中部时间7点40分,伊利诺伊州芝加哥詹宁斯山天文台的法雷尔教授报告观测到,在火星上发生了几次间隔规律的炽热气体爆炸。

另一段音乐之后,一位名叫卡尔·菲利普斯(Carl Phillips)的记者再次打断节目，带来了对普林斯顿大学天文学家的采访。又一次中断之后，惊慌失措的菲利普斯回来了：

> 女士们，先生们，还是我，卡尔·菲利普斯，我现在位于新泽西州格鲁弗米尔的威尔姆斯农场……我几乎不知道从哪里开始为您描绘我眼前的奇怪场景，它就像现代版的《一千零一夜》……我想它……看起来不像流星。

未知和紧张加剧了恐慌情绪，广播网取消了舞曲节目，开始报道令人窒息的火星人入侵，以及美国人试图抵达安全区时引发的街头混乱。美国内政部长向国民发表演说，希望他们的抵抗能够有助于"维护人类在地球上的至高地位"。外星人的野心是这颗行星。另一个声音说道："显然，它们的目标是粉碎抵抗、阻断交流以及瓦解人类社会。"

军方控制了无线电波。美国的城市被烧毁，包括纽约。一个绝望的声音宣布："这可能是最后一次广播。我们会待在这里直到最后……"听众只听到他倒下发出的声响，他的声音消失了。接下来听到的像是短波无线电接线员在说话：

> 2X2L呼叫CQ……纽约。
> 没有人在广播吗？

这时一名播音员插线进来，告诉听众，他们刚刚听到的是"《世界大战》的原始剧本"。[132]但是，根据第二天的报纸报道，在此之前全国各地的听众一片恐慌，他们频频报警、找教区牧师做临终忏悔，从房子里尖叫着跑到外边。

公关和广播在十年里树立起来的权威使美国人对真相更加不确定。懊悔不已的哥伦比亚广播电台宣布，它不会再使用"模拟新闻播报技术"。联邦通信委员会决定对其进行惩罚，但全国各地的评论员都想知道无线电能够有多大的破坏力。群众是否变得过于被动，过于急于接受现成的意见？

多萝西·汤普森很感激。"今天，群体性的歇斯底里和大规模妄想的组织者，是那些利用无线电来激发恐怖、煽动仇恨、激怒群众，以此赢得群众的政策支持、制造偶像崇拜、废除理性并维护自己权力的国家。"她花了数年时间试图让美国读者相信法西斯主义的上升趋势，她总结说："威尔斯为了解希特勒主义、墨索里尼主义、斯大林主义、反犹主义以及我们时代的所有其他恐怖主义做出了更大贡献，其贡献将超过所有关于这些恐怖主义的文字描述。"[133]

在1938年和1939年，哥伦比亚广播公司在有关《世界大战》的诉讼中花了1200万美元，而威尔斯坚持说他从来不知道广播所带来的影响，当然也从未打算伤害任何人。[134]但他后来承认，在节目播出15分钟后，听众们开始惊慌失措，打电话给电台表示恐慌。一位纽约警察试图闯入播音室，他喊道："发生了什么事？"电台主管要求威尔斯停止广播，或至少暂停广播以安抚听众。

"拜托，你把人们吓死了，"哥伦比亚广播公司的主管说，"请中断并告诉他们这只是一个节目。"

"你说的中断是什么意思？"威尔斯兴奋地说，"他们吓坏了吗？很好，他们应该害怕。现在让我播完。"

威尔斯后来坚持说，他的主要目的是提高美国人在宣传时代对无线电危险的认识。"人们对他们在报纸上所看到的表示怀疑"，他说，但"当收音机来了……任何通过这台新机器播出的东西都会让人相信"[135]。这种情况并没有随着《世界大战》的结束而改变，它只会让美国人更难以知道该相信什么。除了这一点，他们还知道：世界上有一些邪恶的东西被释放出来了。

11月9日，在《世界大战》播出后不到两周，德国、奥地利和苏台德地区的纳粹分子烧毁了7000多家犹太商店和1000多座犹太教堂。他们谋杀了店主，逮捕了3万多名犹太人，这个晚上，破碎的玻璃洒满了街道，因而被称为"水晶之夜"。"这不是犹太人的危机，"多萝西·汤普森写道，"这是一场人类的危机。"[136]天都要塌了。

在白宫，罗斯福说他"几乎不能相信这种事情会发生在20世纪的文明世界"。[137]确实让人难以相信，但世界大战已经开始。